PASSAGE
de la MODERNITÉ

Andrée Fortin

PASSAGE
de la # MODERNITÉ

Les intellectuels québécois et leurs revues

Les Presses de l'Université Laval
Sainte-Foy, 1993

Les Presses de l'Université Laval reçoivent chaque année
du Conseil des arts du Canada une subvention
pour l'ensemble de leur programme de publication.

Données de catalogage avant publication (Canada)

Fortin, Andrée

Passage de la modernité : les intellectuels québécois et leurs revues

  Comprend des réf. bibliogr.

  ISBN 2-7637-7330-3

1. Québec (Province) – Vie intellectuelle.   2. Périodiques canadiens-français – Québec (Province).   3. Intellectuels – Québec (Province). 4. Discours politique – Québec (Province).   5. Modernité – Québec (Province).   6. Intellectuels – Québec (Province) – Activité politique. I. Titre

FC2919.F67 1993   306.4'2'09714   C93-097169-8
F1053.2.F67 1993

Conception graphique
  Norman Dupuis

  Les Presses de l'Université Laval
  Cité universitaire
  Sainte-Foy (Québec)
  Canada   G1K 7P4

TABLE DES MATIÈRES

Introduction **Volume 1, numéro 1 : les intellectuels en acte !** 1

Modernité 3

Intellectuels et modernité 4

Intellectuels et post-modernité 5

Revues et intellectuels 7

Le premier numéro 9

Histoire et histoires de revues 10

Passages de la modernité 12

Chapitre 1 **Du besoin qui se fait sentir et du vide qu'il s'agit de combler : contours d'un genre** 15

Le premier éditorial 16

Cohérence du genre 21

Limites de l'approche 22

De quelque cinq cents revues 24

Précisions sur les genres de revues 26

PREMIÈRE PARTIE **DU POLITIQUE À L'INTELLECTUEL : LES LUMIÈRES DU 19ᵉ SIÈCLE** 31

Chapitre 2 **Des gazettes aux revues : repères historiques** 35

Une presse dynamique 40

Chapitre 3 **L'univers politique** 43

La revue d'un homme ou celle d'un groupe 43

La bonne parole et les Rouges 46

La polémique : le pour et le contre 48

Signature et anonymat   50

Conclusion   51

Chapitre 4   **Objectif : progrès**   53

L'avancement du Canada   54

De la diffusion des lumières...   54

... au progressisme-conservateur   55

Contribution des revues et des intellectuels :
affirmation de l'identité nationale   57

L'avant-garde éclairée   58

Des mémorialistes   60

Des analystes   62

Des patriotes   63

Un public cible tous azimuts   64

Les femmes et les enfants... ensuite !   65

Conclusion   68

Chapitre 5   **L'ailleurs et l'ici des intellectuels**   69

Le Canada dans l'histoire universelle   70

L'autre par excellence : l'Anglo-Saxon   70

L'Europe et ses héritages   72

Le Canada-français-catholique   73

Conclusion : l'ici, l'ailleurs, le passé, le présent et l'avenir   76

Chapitre 6   **Émergence du milieu littéraire et intellectuel**   79

Prolégomènes   79

Un milieu littéraire qui se cherche une tradition   82

Un monde intellectuel qui se pose en rupture   84

La science comme cause patriotique   86

Conclusion   92

Conclusion de la première partie   **Des porteurs de flambeau**   93

DEUXIÈME PARTIE   **LA MODERNITÉ EN REVUE :
LES IDÉES MÈNENT LE MONDE**   97

Chapitre 7   **L'appel aux compétences**   103

Les spécialistes   104

Un nouveau rôle pour les revues et l'élite   106

Redéfinition du nationalisme   110

Les années 1920   113
Conclusion   115

Chapitre 8   **Les jeunes et la crise... intellectuelle**   117

Une génération s'affirme   117
La réponse de l'autre génération   123
Et la politique ?   130
Conclusion   133

Chapitre 9   **Différenciation et autonomie**   135

L'humanisme face à la guerre : continuités et ruptures   135
De l'autonomie intellectuelle   140
Affirmation globale du sujet de la modernité   143

Chapitre 10   **La place publique**   145

De l'autonomie intellectuelle à l'autonomie nationale   145
Artistes et écrivains sur la place publique   158
Conclusion   164

Chapitre 11   **Le Québec libre et sa révolution**
          plus ou moins tranquille   167

Dire la révolution   168
Le tout politique   176
La réaction   179
La révolution de l'État du Québec   180
Contestations et contre-culture   184
Silence, on tourne !   188
Conclusion   190

Chapitre 12   **Avant-gardes et institution**   193

Le Québec comme utopie   194
La juste ligne révolutionnaire   203
La rupture idéologique   207
Institutionnalisation de la culture et de la critique   212
Malaises : du sujet collectif au sujet individuel   216
La recherche d'une nouvelle voie   220
Conclusion : « révolution » = tourner sur moi-même ?   231

Chapitre 13   **L'universitaire : honnête homme, expert, savant...**   235

L'honnête homme des temps modernes   236
L'inventaire-invention de la société   241

L'affirmation d'une tradition scientifique originale 244
Dit et non-dit de l'après-guerre 250
L'institution littéraire et artistique 253
Les cent fleurs 255
    Les revues généralistes 256
    Tendance théorique 259
    Une sous-discipline 261
    Des objets plus ou moins problématiques 265
    Les cent jardiniers 267
Des universitaires sur la défensive 268
Réaction à l'académisme : nouveaux contenus 272
Conclusion : un siècle de vie universitaire 276

Conclusion de la deuxième partie   **Un épuisement de la modernité ?** 281

TROISIÈME PARTIE   VOIX DE LA DIFFÉRENCE :
LE PRIVÉ EST POLITIQUE 283

Chapitre 14   **Le mouvement féministe** 289

Les pionnières 290
Affirmation 293
Différenciation 299
Réponse et complicité des hommes ? 307
Institutionnalisation 309
Conclusion : l'avant-garde féministe 310

Chapitre 15   **Le discours de la pratique** 311

La nouvelle droite 312
Le chant du cygne de la gauche 313
Bilans et nouvelles balises 316
Sujets éclatés, causes éclatées 322
Dire les marges, dire les jeunes 325
La mouvance alternative et écologiste 328
Conclusion : la société duale 333

Chapitre 16   **Nouvelles images : de la littérature
à la paralittérature** 335

Poursuite du projet de la critique littéraire 336
Nouvelle culture, nouveaux critiques 339
Les écrivains de la modernité à la post-modernité 345

Images d'ici et de l'ailleurs !   346
Le renouveau des genres et des signatures   353
Conclusion : plein les yeux   356

Chapitre 17   **Ici, l'autre**   359

L'anti-terroir   359
L'interculturel   367
Conclusion : les voies de la différence   374

Conclusion   **Passage de la modernité et récit des origines**   377

Le Nous intellectuel   378
Le Nous éditorial   381
Le rapport au politique   382
Le Nous québécois   382
Un nouveau récit des origines   385

Annexe   **Corpus par ordre chronologique et selon les genres**   387

Bibliographie   397

INTRODUCTION

Volume 1, numéro 1 :
les intellectuels en acte !

Les revues me serviront ici de prétexte pour parler des intellectuels et cerner leur rapport avec le social et le politique. Depuis dix ou quinze ans, la transformation de leur rôle, de leur mode d'intervention a souvent été évoquée ; d'aucuns ont même parlé de leur silence, alors que ce qui les caractérisait auparavant c'était leur participation aux affaires de la cité.

Ce que je tenterai de mettre en évidence, c'est cette transformation du rôle des intellectuels ; cependant, pour comprendre leur silence, ou ce qui peut y laisser croire, il s'impose de retracer les modalités de leur prise de parole. S'il y a silence, c'est qu'il y avait eu parole. Quand et comment s'était-elle fait entendre ? L'exploration de l'action intellectuelle m'a entraînée jusqu'aux débuts du 19e siècle ; mon but est avant tout de comprendre la période actuelle, l'insertion des intellectuels dans le social aujourd'hui, mais pour cela il faut en retracer la genèse.

La place des intellectuels dans la cité ne peut se comprendre sans tenir compte de ladite cité et de ses transformations. Si le rapport des intellectuels au social et au politique s'est modifié, ce n'est pas seulement sous l'effet d'une dynamique du monde intellectuel ; la société dans laquelle œuvrent ces intellectuels a également connu des transformations importantes.

L'analyse des relations entre les sphères politique et intellectuelle révèle une autonomie croissante de chacune d'elles. C'est ce que le présent ouvrage s'emploiera à montrer. À partir d'une situation initiale où l'intellectuel est une sous-partie du politique, on assiste au fil du 19e siècle à leur différenciation graduelle, à l'émergence des intellectuels comme groupe. Dans la période suivante, dite de la modernité, qui au Québec va *grosso modo* de la fin de la première guerre à l'avant-référendum, le politique est subordonné à l'intellectuel : « les idées mènent le monde ». Puis, dans la période actuelle, se dissocient ces deux sphères, des domaines intellectuels acquièrent leur autonomie, se multiplient les créneaux au point de donner l'impression d'une atomisation, d'une dissolution du monde intellectuel.

Au cours des deux derniers siècles, toutes les modalités du rapport entre l'intellectuel et le politique ont été explorées, et la boucle s'est refermée. À la fin du 20ᵉ siècle, comme au début du 19ᵉ, l'intellectuel est immergé dans le social, dans la cité, mais la cité a radicalement changé. Aux trois étapes ci-dessus mentionnées du rapport entre l'intellectuel et le politique correspondent trois moments du politique. Dans un premier temps, le politique se confond avec la politique ; naissent les partis et la démocratie (à partir de 1791)… et les querelles politiques. Dans un deuxième temps, le politique préside aux destinées de la politique, et se met en place un État-providence. Enfin, se dissocient le politique et la politique ; cette dernière est laissée aux politiciens, alors que le politique est redéfini : « le privé est politique ».

Si, au début comme à la fin de ce cycle que je m'efforcerai de déployer dans les pages qui suivent, l'intellectuel est immergé dans le social, il doit aussi assumer la même tâche : fonder l'identité collective. À chaque époque, bien entendu, cette tâche attend les intellectuels, mais à certains moments l'identité collective doit être repensée à neuf, entraînant une sorte de changement paradigmatique de l'identité. Ces moments correspondent dans l'histoire du Québec au passage de la modernité.

Voici mon objectif : explorer les modalités et la signification de l'action des intellectuels québécois dans leur société, leur entreprise politique dans un monde politique changeant, et démontrer comment cela ne peut en aucun cas, dans la période actuelle, être assimilé à une démission, à un silence.

Modernité

Les transformations de la place de l'intellectuel dans la société correspondent, je l'ai dit, au passage de la modernité québécoise. Celle-ci n'advient pas du jour au lendemain ; elle émerge graduellement au fil du 19ᵉ siècle, pour se manifester explicitement à la fin de la Première Guerre. Vers la fin des années 1970, elle apparaîtra suffisamment ébranlée pour que foisonnent les discours sur la post-modernité. Sans entrer pour le moment dans le détail du cas québécois, ce qui de toutes façons fera l'objet de la suite du texte, il faut s'interroger sur ce qu'est en général cette modernité.

Selon Baudrillard, rédacteur de la rubrique « modernité » dans l'*Encyclopædia universalis*, celle-ci ne relève pas d'une théorie, il n'en existe pas de lois, mais plusieurs traits la caractérisent ; le concept serait surtout heuristique et descriptif. C'est en ce sens que je l'utiliserai, tout comme celui de post-modernité ; l'enjeu consistera à les caractériser dans le contexte québécois.

Modernité : la science remplace la foi comme modèle d'explication du monde, et le politique détrône la tradition comme modèle d'intervention dans celui-ci. Le *credo* cède la place au *cogito*... Autrement dit, les Lumières de la raison remplacent l'Illumination de la révélation, et la société amorce son auto-institution explicite, ou en tout cas entame un processus d'explicitation de son auto-institution ; elle marche vers la démocratie. En même temps se développe l'individualisme.

Modernité : la société est axée sur le changement ; sa seule tradition est celle du nouveau ; son mot d'ordre est : progrès ! Celui-ci se manifeste par une domination croissante sur la nature, grâce à la science et à la technique, et sur le social par l'intermédiaire d'un État centralisé. Todorov résume ainsi :

> Les individus sont égaux en droit, au lieu de se soumettre à une hiérarchie « naturelle », et le fondement du jugement moral est l'universalité plutôt que la conformité à la tradition ; on accède aux valeurs par la discussion rationnelle et non par un acte de foi. L'expression politique de la modernité philosophique est l'État démocratique (1990, p. 78).

Dans la modernité ainsi caractérisée, les intellectuels sont appelés à jouer un rôle central, à tout le moins privilégié.

Intellectuels et modernité

La fonction intellectuelle émerge avec la modernité. L'intellectuel est un « définiteur » de situation, il l'analyse de manière critique pour ensuite formuler des solutions, des propositions d'actions. Cette fonction est devenue nécessaire avec l'effondrement des interprétations religieuses du monde, qui fournissaient le sens à la société (dans les deux « sens » de signification et de direction) ; désormais celle-ci doit fixer ses propres objectifs. Et cela ne devient possible que lorsque l'intellectuel dispose d'une certaine liberté de pensée, mais surtout d'expression, et d'une relative autonomie d'action (action et expression étant étroitement liées, sans se confondre toutefois). Cette configuration apparaît à l'époque des Lumières. Mais en tant que groupe, les intellectuels ne deviennent visibles, en Europe, qu'avec l'affaire Dreyfus. S'interroger sur les intellectuels, c'est donc s'interroger sur la modernité et ses aléas (et vice-versa ; voir Ruby, 1990).

Même si les intellectuels ont beaucoup écrit sur eux-mêmes, se critiquant, s'autocritiquant, à titre personnel et collectif, la définition de l'intellectuel demeure problématique (voir entre autres Lipset et Basu (1975) ou Soulet (1987), qui font le tour de plusieurs définitions). Serait-ce le point aveugle du travail des intellectuels que de se définir ? Étiquettes et classifications foisonnent : intellectuels organiques ou traditionnels, critiques, engagés, novateurs ou intégrateurs... Certains ont réfléchi davantage au rôle de l'intellectuel, d'autres à sa genèse historique (Le Goff, 1985 ; Debray, 1980), à sa position de classe (Lourau, 1981), d'autres encore en ont proposé des typologies (Lipset et Basu, 1975). Les intellectuels québécois ne sont pas en reste ; en plus de prises de positions comme « Dire ce que je suis » de Chamberland (1964) ou « Profession : écrivain » d'Aquin (1964), ils ont débattu entre eux sur leur rôle (*Les Herbes rouges*, n°s 123/124, contre *La Nouvelle Barre du jour*, n°s 130/131, en 1984). Ces propos, s'ils permettent de saisir la vision que les intellectuels ont d'eux-mêmes, demeurent par définition au niveau de la représentation. Les discours des intellectuels sur eux-mêmes ne les révèlent pas en acte, c'est-à-dire dans leur intervention dans le social (laquelle peut aussi prendre la forme du discours).

Sartre qualifie l'intellectuel de « celui qui se mêle de ce qui ne le regarde pas » (1972, p. 12). Si l'action intellectuelle est une prise de parole, pour la saisir il faut trouver un angle d'analyse distinct – autant que faire se peut – des discours autojustificateurs. L'analyse des présentations de revues, de la définition de l'intellectuel et de son rôle qui s'y donnent à lire, fournit cette occasion de saisir les intellectuels en acte. De plus, comme ce ne sont pas tous les intellectuels qui ont parlé d'eux-mêmes de façon explicite, le recours aux revues permet de retracer de façon systématique un plus grand nombre d'entre eux.

Mon objectif, je le répète, étant de cerner l'insertion des intellectuels dans la cité, les revues ne sont ici qu'un prétexte pour parler d'eux, en même temps que le support d'une analyse systématique. Cette approche permet surtout d'objectiver l'analyse.

Il ne s'agit pas tant cependant de faire la chronique des intellectuels que de retracer les transformations de leur rapport collectif au social et au politique à travers une de leurs pratiques : la fondation d'une revue. La présente démarche est plus près de celle de Sirinelli (1990) sur les pétitions comme révélateur du monde intellectuel français, que de celle menée sous la direction de Fernand Dumont (1971, 1974, 1978, 1981) à l'Institut supérieur des sciences humaines sur les idéologies, et où les revues furent largement mises à contribution.

Intellectuels et post-modernité

Depuis quelques années, la post-modernité a fait l'objet de bien des discussions. Selon plusieurs, seraient dépassés autant le modernisme culturel que la modernité philosophique. Ainsi, Freitag (1986) affirme que la société actuelle, qui tend vers le mode de régulation décisionnel-opérationnel, se distingue fondamentalement de la modernité et de sa régulation politico-institutionnelle, et plus encore de la régulation culturelle-symbolique de la société tradition-nelle. Pour d'autres comme Habermas, qui pourraient être qualifiés de néo-modernes, le projet de la modernité n'est pas encore achevé[1].

La transformation, sinon du rôle des intellectuels, du moins de la façon dont ils l'exercent a déjà retenu l'attention de nombreux chercheurs. Le titre d'un ouvrage récent de Marc Henry Soulet (1987) sur les sociologues québécois résume bien le constat souvent posé : *Le silence des intellectuels*. Ceux-ci ne prendraient plus la parole, auraient cessé de prodiguer analyses, solutions... bref des projets de société, et ce depuis l'échec du référendum de 1980, qui marquait l'échec de leur projet national et modernisateur. Ils laisseraient dé-sormais le Québec, société refroidie, à lui-même. De façon analogue, selon Jacoby (1987), aux États-Unis l'intellectuel-journaliste serait disparu et ne demeureraient que des professeurs. Un constat plus nuancé est posé par Foucault, dans une entrevue de 1977. Si la fonction « classique » de l'intellectuel est connue, la vision de Foucault l'est moins, aussi je me permets cette longue citation :

> Un nouveau mode de « liaison entre la théorie et la pratique » s'est établi. Les intellectuels ont pris l'habitude de travailler non pas dans l'« universel », l'« exemplaire », le « juste-et-vrai-pour-tous », mais dans des secteurs déterminés, en des points précis où les situaient soit leurs conditions de travail, soit leurs conditions de vie (le logement, l'hôpital, l'asile, le laboratoire, l'université, les rapports familiaux ou sexuels). Ils y ont gagné à coup sûr une conscience beaucoup plus concrète et immédiate des luttes. Et ils ont rencontré là des problèmes qui étaient spécifiques, « non uni-versels », différents souvent de ceux du prolétariat ou des masses. Et cependant ils s'en sont réellement rapprochés, je crois, pour deux raisons : parce qu'il s'agissait de luttes réelles, matérielles, quoti-diennes, et parce qu'ils rencontraient souvent, mais dans une autre forme, le même adversaire que le prolétariat, la paysannerie ou les masses (les multinationales, l'appareil judiciaire et policier, la spé-culation immobilière, etc.), c'est ce que j'appellerais l'intellectuel « spécifique » par opposition à l'intellectuel « universel » (p. 22).
>
> L'intellectuel « universel » dérive du juriste-notable et trouve son expression la plus pleine, dans l'écrivain, porteur de significations

---

[1] Un résumé succinct des débats entre post- et néo-modernes est présenté dans Todorov (1990), et une analyse approfondie dans Ruby (1990).

et de valeurs où tous peuvent se reconnaître. L'intellectuel « spécifique » dérive d'une tout autre figure, non plus le « juriste-notable », mais le « savant-expert » (p. 23-24).

Sans vouloir pour le moment donner raison à une vision plutôt qu'à l'autre, à celle de Foucault ou à celle de Soulet et Jacoby, je souligne que dans les deux cas ce qui est en jeu, c'est la place des intellectuels dans la cité. Son action étant essentiellement parole, réflexion, certains ont pu dire que l'intellectuel était nécessairement engagé. Prendre la parole c'était prendre parti... Désormais on a le sentiment d'un éloignement croissant des intellectuels des enjeux globaux. Est-ce parce que, comme le prétend Foucault, ils se consacrent à des problèmes plus spécifiques ou parce qu'ils décrochent, comme l'affirme Soulet[2] ? C'est ce que je tenterai d'éclaircir.

Revues et intellectuels

> *En France, comme en Italie ou en Angleterre, l'Université est apparue avant le Livre ; le Livre avant le Journal ; le Journal avant l'Audio-visuel. (Debray, 1979, p. 51.)*

Il n'est pas possible d'importer telles quelles des analyses européennes ou américaines sur le rapport de l'intellectuel au social et au politique dans les cent et quelques dernières années, comme celles de Debray, Sirinelli ou Jacoby. Le Québec en cette matière est une société distincte. Ici, contrairement à l'Europe, le journal est apparu bien avant l'université. McGill fut fondée en 1821, Laval en 1852, alors que les premières gazettes sont publiées au lendemain de la Conquête. D'où l'intérêt de partir de la presse pour cerner le rôle des intellectuels canadiens-français dans leur société. C'est d'abord dans la presse qu'ils s'expriment.

---

[2] L'action intellectuelle connaît différents modes : politique, littéraire ou artistique, scientifique. Même s'ils se recoupent possiblement, il convient de distinguer ces domaines d'intervention avant de les réunir, et ne pas préjuger de la dynamique de l'un à partir de l'autre. Ainsi Soulet, quand il évoque le silence des intellectuels, pose son diagnostic à partir des professeurs de sociologie et de service social dans les universités québécoises ; il n'est pas évident *a priori* que ceux-ci soient représentatifs de l'ensemble des intellectuels québécois.

La revue, par opposition au livre, est un forum à voix simultanées. On se répond de revue en revue, ou de numéro en numéro. La polémique ou la discussion peut être très explicite, et les adversaires désignés nommément ; parfois cela demeure dans l'implicite, entre les lignes. Plus généralement, on fonde une revue parce qu'on ne se reconnaît pas dans celles déjà existantes ; c'est dès le départ une forme de polémique ou à tout le moins de critique.

L'expression des querelles dans les revues, le fait que toute nouvelle revue entende combler une lacune du champ intellectuel est important : à chaque époque il existe une parole dominante et une parole oppositionnelle portée par une contre-élite[3]. Des revues qui peuvent sembler très marginales ou éphémères révèlent néanmoins le sentiment d'une partie du monde intellectuel et permettent de saisir que l'émergence de certains discours à des moments précis ne relève ni de la cuisse de Jupiter, ni de la génération spontanée. Ainsi, en 1963, *Parti pris* aurait-il été possible sans les cinq revues indépendantistes apparues entre 1957 et 1959 ?

Fonder une revue, voilà le mode privilégié d'expression des intellectuels. Pour eux qui se définissent par la réflexion et la critique, c'est encore un mode d'action, à l'intérieur du monde intellectuel comme dans la société. Dans le premier numéro d'une revue, les fondateurs se présentent, précisent leurs objectifs, interpellent leur public cible, et sont ainsi amenés à se situer dans le monde intellectuel et social de leur époque[4]. Toute nouvelle revue entend combler une lacune du champ intellectuel ressentie par ses fondateurs.

Fonder une revue, c'est prendre la parole en tant que groupe intellectuel ; c'est la prendre, de plus, comme groupe autonome (sinon on écrit dans les pages d'une revue déjà existante). Un livre est le fruit d'un travail individuel. Une revue, à de rares exceptions près, est un travail de groupe, d'équipe ; s'y exprime la conscience d'un

---

[3] Falardeau (1966) évoque des élites dominantes, dirigeantes, clandestines, manifestes, conservatrices et contestatrices, ce qui recoupe la classification des intellectuels que certains proposent, en particulier Lipset et Basu (1975).

[4] Cette idée n'est pas nouvelle. Déjà en 1909 Camille Roy écrivait : « Les *prospectus* des journaux et des revues représentent généralement autre chose que la pensée personnelle du fondateur du journal ou du directeur de la revue. Ils indiquent, dans une certaine mesure, l'état d'esprit ou les préoccupations intellectuelles de la société où surgissent ces journaux ou ces revues » (p. 321).

Nous qui prend la parole dans un milieu donné. Polémiques et remises en question y trouvent un véhicule privilégié. L'ensemble des revues à un moment donné constitue un espace de débat, un tremplin pour de nouvelles idées, de nouvelles façons d'interpréter le monde et par conséquent d'agir sur lui : une place publique.

En ce sens, fonder une revue est l'acte intellectuel par excellence.

Quel est ce Nous qui prend la parole dans une revue ? Comment se définit-il, par rapport à quel milieu : société globale, monde politique, champ intellectuel ou artistique ? À ces questions générales, d'autres interrogations se greffent. Pourquoi prendre la parole à ce moment précis ? Quel est le public visé ? Comment se situe cette prise de parole par rapport à d'autres types d'action ? Voilà les questions auxquelles je devrai répondre pour cerner la place des intellectuels dans leur société.

Si, pour réaliser l'objectif poursuivi, la perspective historique s'impose, il n'importe pas moins de cerner le monde intellectuel dans la synchronie, à différents moments, pour évaluer enjeux et tensions à l'intérieur de ce champ, et entre celui-ci et l'ensemble du social. Selon les époques, les choix qui s'offrent aux intellectuels en ce qui concerne les types d'action envisageables, les modalités de prise de parole, varient. Le nombre de revues qui ont été lancées au Québec en deux siècles est suffisant pour fournir une vision tant synchronique que diachronique, et assez limité pour permettre une vision d'ensemble. Quelque cinq cents revues ont été mises à contribution dans la présente analyse.

Le premier numéro

La revue permet de répondre aux interrogations soulevées sur la genèse, la transformation du rôle de l'intellectuel, sur son action dans la société. Plus spécifiquement, l'éditorial de présentation du premier numéro d'une revue se révèle très riche ; presque un manifeste (Moisan, 1980), ce texte constitue un moment d'autoposition, d'autodéfinition des intellectuels où ils s'érigent à la fois comme sujet collectif d'une parole et comme acteur social. Le genre « premier éditorial » est bien caractérisé, il a ses règles définies, ses rituels, et veut qu'on mette l'accent sur le vide qui se fait sentir et que la revue comblera. En fait, un éditorial inaugural doit aussi bien se situer par rapport à l'ensemble du monde social et intellectuel qu'en proposer une vision nouvelle. C'est un programme d'action intellectuelle ; qu'il soit réalisé ou non par la suite, il révèle non seulement l'intention explicite, manifeste, des intellectuels, mais leur posture intellectuelle, leur rapport au social. Et bien que l'analyse ne puisse évacuer le discours manifeste de ces premiers éditoriaux, en le dépassant, elle permet l'accès à l'univers référentiel dans lequel leurs auteurs se situent. J'y reviendrai en détail dans le prochain chapitre.

Dans cette analyse, la durée de vie des revues n'intervient pas. En ne considérant que des premiers numéros, l'ensemble du champ intellectuel échappe au regard, qui se centre sur le « vide qu'il s'agit de combler » à chaque époque et sur la façon dont divers groupes entendent le combler.

Histoire et histoires de revues

Quelques dernières précisions. D'abord, l'analyse porte sur les revues, par opposition aux magazines et aux journaux, quoiqu'au 19e siècle, et surtout dans sa première moitié, la distinction ne soit pas pertinente. Parmi les revues du 20e siècle, trois sous-groupes seront définis : les revues artistiques, les revues d'idées et les revues savantes. L'ensemble fournit une vision globale, à la fois synchronique et diachronique, du champ intellectuel et se prête aussi bien à l'histoire des idées qu'à celle des intellectuels proprement dits. Faire l'histoire des intellectuels indépendamment de celle des idées qu'ils défendent est impossible ; cependant, l'accent portera ici sur l'entreprise intellectuelle.

La présente analyse, si elle croise l'histoire des idées, s'en écarte souvent pour deux raisons. Premièrement, l'éditorial du premier numéro d'une revue, s'il en donne le ton, amène aussi des surprises. Ce texte fondateur doit se situer dans le monde intellectuel de son époque, et ses rédacteurs sont parfois entraînés sur un terrain qui n'est pas le leur. Rétrospectivement, par exemple, on voudrait échanger l'éditorial très politique de *La Barre du jour*, fondée en 1965 et associée au formalisme, avec celui de *Quoi* faisant en 1967 l'éloge de la forme aux dépens du fond, mais dont les signataires sont associés à une poésie qu'on pourrait qualifier de bien des façons mais certes pas de formaliste !

Cette étude diffère de l'histoire des idées pour une seconde raison : elle ne met pas l'accent sur les revues importantes ou marquantes. Que la revue ait survécu ou non au-delà de son premier numéro, qu'elle ait eu ou non de nombreux lecteurs, sa première livraison révèle un état du milieu intellectuel ; le soin mis à la préparer et sa fonction d'autoposition demeurent. La justesse du regard fondateur ne se mesure pas à la longévité de la revue. D'ailleurs, parler de justesse du regard fondateur est un jugement rétrospectif, alors qu'il s'agit ici de cerner différents moments à l'intérieur d'une dynamique. Trois remarques s'imposent : 1° il faut parfois quelques essais autour d'idées dans l'air du temps avant qu'une revue survive, alors que d'autres qui tiennent à peu de chose près le même discours disparaissent rapidement ; 2° certaines revues n'ont pas pour objectif de durer ; elles sont très près du manifeste ; 3° en ce qui concerne la longévité de la revue, l'existence d'un mécène, privé, institutionnel ou public, fausse le jeu du « marché des idées ».

Si donc la réception des revues par le public n'intervient pas dans l'analyse, celle-ci met essentiellement l'accent sur leur réception dans le monde intellectuel, dont une partie tout au moins diagnostique un « vide à combler ». L'analyse sera donc centrée sur les textes, dont le contexte sera donné par l'ensemble des textes contemporains ou antérieurs. Bien sûr, comme il s'agit de textes programmatiques, les références au contexte social ne pourront être éliminées, mais elles seront réduites au minimum.

La présente étude, en résumé, flirte avec l'histoire des idées tout en s'en démarquant. Elle chemine plus ou moins parallèlement avec les analyses consacrées aux revues importantes ou marquantes. Enfin, elle adopte une définition de l'intellectuel qui peut sembler simpliste et très – trop – inclusive, mais qui en tout cas est opérationnelle : est considéré comme intellectuel celui ou celle qui contribue à la fondation d'une revue. Les limites et les avantages de cette définition apparaîtront au fil de l'analyse.

Passages de la modernité

Trois grandes périodes marquent les premiers numéros des revues québécoises, correspondant à trois modes d'intervention des intellectuels dans le social. Je les ai ici désignées respectivement pré-modernité, modernité et post-modernité. Ces appellations sont essentiellement descriptives, et non normatives. Elles indiquent le passage du temps, des transformations, mais sans jugement de valeur.

Les deux périodes extrêmes sont caractérisées par rapport à la modernité. Pré-modernité, c'est ainsi que je désigne l'époque qui va de la naissance de la presse au Québec (à la toute fin du 18e siècle) à la fin de la Première Guerre mondiale (1917-1918) : on n'est certes plus dans la société traditionnelle, les intellectuels existent, s'expriment, mais ils n'ont pas encore acquis leur autonomie par rapport au monde politique. L'expression post-modernité est utilisée ici simplement pour signifier qu'on a quitté la configuration classique de la modernité ; dans la vie des revues québécoises, s'il fallait fixer une date charnière, ce serait 1978-1979. La post-modernité n'est pas anti-moderne ; elle est plutôt non-moderne.

Après avoir précisé dans le prochain chapitre l'angle d'analyse, j'explorerai ces trois moments de la modernité. La première partie, qui couvre la pré-modernité, montrera comment au 19e siècle les intellectuels émergent comme groupe ; ils se donnent comme mission la diffusion des lumières, au niveau tant politique que proprement intellectuel. Se met en place un monde littéraire, scientifique et intellectuel, différent du politique, avec lequel, cependant, la rupture ne s'accomplit pas. Au fond, la tâche que les intellectuels s'imposent est avant tout patriotique : fonder l'identité canadienne-française. Cette partie adopte une perspective chronologique, puis thématique.

Avec l'avènement de la modernité, dont il faudra faire la démonstration au début de la seconde partie, s'imposent dans le monde des revues des sous-genres bien distincts. Cependant, chaque période de la modernité sera dominée par l'un ou l'autre genre de publication. De la fin de la Première Guerre jusqu'au début de la Seconde, les revues se consacrent surtout à la discussion des idées ; puis prédomineront les revues artistiques et littéraires. Toutes ces revues, à première vue très différentes, se répondent les unes les autres. Cette deuxième partie est structurée en chapitres couvrant *grosso modo* des périodes de dix ans. Un chapitre final portant sur les revues universitaires récapitulera plus ou moins les étapes de la modernité. On verra se déployer puis s'épuiser le projet national, le monde intellectuel acquérir son autonomie au point de se couper du social. Le projet intellectuel de cette époque est spécifiquement intellectuel, même s'il peut avoir des incidences politiques.

La troisième partie, qui couvre la période actuelle, désignée de post-modernité pour signifier qu'elle se démarque de la précédente sur plusieurs aspects, montrera l'émergence d'un nouveau projet : il s'agira ni plus ni moins de refonder l'identité collective et le travail intellectuel, lequel semble perdre sa spécificité, son rôle privilégié. La démarche sera ici thématique et non chronologique, car il n'est question que d'une dizaine d'années.

Intellectuels et modernité sont étroitement associés ; l'intellectuel apparaît avec la modernité ; les vicissitudes de celle-ci agiront sur lui. Aussi cette analyse sur les intellectuels québécois apportera-t-elle quelques éléments aux discussions actuelles sur la modernité québécoise, sur ce qui la caractérise du point de vue politique, sur les mutations de l'identité collective. À chaque nouvelle revue, dans le texte de présentation, se lisent les exigences d'une époque, et la nécessité de les dépasser.

D'où me vient cet intérêt pour les revues et les intellectuels qui les animent ? De ma participation aux comités de rédaction de *Possibles*, *Intervention/Inter* et *Nuit blanche* ; de mes fonctions de vice-présidente de l'Association des éditeurs de périodiques culturels québécois que j'ai assumées en 1980. Mais c'est surtout parce que Francine Saillant me parlait avec passion de *Dérives*, parce que j'ai rencontré plusieurs animateurs de revues, entre autres Gilbert David (*Jeu*), Marcel Hébert (*Les Herbes rouges*), Jean Jonassaint (*Dérives*), Robert Laplante (*Possibles*), Véronique Dassas et Serge Martel (*Le Temps fou*), Richard Martel et Guy Durand (*Intervention/Inter*), Andrée Savard (*Focus*), Denis Lebrun et Anne-Marie Guérineau (*Nuit blanche*) et Nicole Gagnon (*Recherches sociographiques*).

Cette recherche a été conçue en étroite interaction avec Éric Gagnon. S'il n'a pas pu, comme moi, s'y consacrer pleinement, il est demeuré tout au long un interlocuteur privilégié. Je le remercie d'avoir bien voulu lire et commenter toutes les versions de ce travail. Nicole Gagnon et Fernand Dumont, qui ont bien voulu lire une version préliminaire du manuscrit et m'en faire le commentaire, ont droit à toute ma reconnaissance, ainsi que Marc Chabot qui m'a généreusement donné accès à sa collection personnelle de revues.

1

Du besoin qui se fait sentir et du vide qu'il s'agit de combler : contours d'un genre

Il va sans dire que le premier numéro d'une publication ne doit pas être dépourvu de promesses et d'engagements solennels. C'est l'indispensable vagissement du nouveau-né, car depuis que les coquilles ont cessé de produire des Vénus tout élevées, c'est notre sort inévitable que d'arriver au monde bien petit. Conformément au cérémonial, nous associerons nos protestations de modestie et d'humble début à toutes les vantardises Du Besoin Qui Se Faisait Sentir Et Du Vide Qu'il S'Agit De Combler. Un Irlandais dirait que le pays est plein de ces vides dans lesquels nous allons puiser. (Le Samedi, 1889[1].)

Fonder une revue est plus facile à dire qu'à faire. Il faut regrouper des gens, des énergies, des dollars, des compétences. L'analyse de l'histoire des revues pourrait être celle des comités de rédaction, de leur période fusionnelle jusqu'à leur éventuelle institutionnalisation. Si en effet certaines revues sont éphémères, d'autres deviennent de véritables institutions, comme *Les Temps modernes* et *Esprit* en France, *Vie des arts* et *Écrits du Canada français* au Québec. La vie des revues, comme celle de tout groupe ou de toute association, passe nécessairement par les phases suivantes (Meister, 1974) : effervescence, tensions causées par une idéologie partagée mais plus

---

[1] L'année qui suit le titre de la revue est celle de la parution de son premier numéro. Dans les citations, les coquilles ont été corrigées, le cas échéant.

ou moins explicite, et enfin conflits qui se soldent en autodissolution ou en institutionnalisation. « L'histoire véritable de deux revues canadiennes », *Les Soirées canadiennes* (1861) et *Le Foyer canadien* (1863), telle que la raconte Léon Gérin (1925), met bien en évidence ces étapes. À la naissance des *Soirées canadiennes*, tout repose sur un consensus implicite, règne le non-dit entre le comité de rédaction et les imprimeurs-éditeurs ; à la longue, l'étendue de ce non-dit provoque des tensions, puis l'éclatement de l'association entre les deux groupes, et finalement la fondation du *Foyer canadien*.

Cet angle d'analyse ne sera pas retenu, car il nous entraînerait sur la piste de la vie intellectuelle comme dynamique de groupe, ce qui ne serait pas spécifique aux intellectuels. L'analyse des textes de présentation des premiers numéros des revues québécoises, si elle ne révèle pas tout – loin de là – de la vie intellectuelle, fournit un matériel très riche, spécifique aux intellectuels et ayant l'avantage de les saisir en acte.

Le premier éditorial

> *Il est d'usage en pareille circonstance, d'offrir aux lecteurs quelques explications, ou de faire, disons le mot, un Prospectus. C'est une tâche difficile. Le prospectus n'est pas comme on se le figure souvent, une introduction quelconque, une espèce d'exorde insinuant, une façon adroite d'entrer en matière, un tableau où tout l'art consiste à mêler habilement les lumières et les ombres, de manière à relever certains points pour en dérober d'autres à l'œil, encore moins doit-il être un ballon gonflé de belles promesses et rayonnant d'espérances. Non, le prospectus ne connaît pas ces allures, ni ces finesses, ni ces ressources, ni ces ménagements. C'est un document grave, sévère, franc et loyal. On y doit parler clairement, sans réticence, choisir son terrain, dessiner nettement sa position, faire connaître son plan d'action ainsi que la manière dont il sera exécuté, poser les limites que l'on prétend atteindre et ne jamais franchir, en un mot, on doit y découvrir le présent tout entier et tel qu'il est, sans spéculer ni escompter sur l'avenir au-delà de ce qu'il peut raisonnablement promettre.*
>
> *Tel est le prospectus en général.*
>
> *Tel sera le nôtre. [...]*

> Les points qui intéressent le lecteur et qui appellent notre attention, peuvent, il nous semble, se réduire aux suivants, savoir : *l'objet*, *les principes*, *l'autorité*, *l'esprit* et *le nom de la Revue* que nous offrons au public. (Revue de Montréal, 1877.)

Si dès 1877 les rédacteurs de la *Revue de Montréal* ont une conscience aussi claire des exigences du genre « premier éditorial », c'est que les périodiques québécois ont derrière eux déjà presque cent ans d'histoire. Mais surtout le genre a ses règles qui ne sont pas que littéraires. Du premier numéro dépend l'avenir de la revue : survivra-t-elle ou disparaîtra-t-elle ? Trouvera-t-elle son public ? L'espérance de vie des revues est assez courte[2] ; le premier numéro doit être un coup d'éclat, pour que les lecteurs achètent la revue, la lisent et surtout s'y abonnent. Aussi le prépare-t-on soigneusement. Il en va de la vie de la revue... et des finances de ses éditeurs.

Texte fondateur qui commande à la fois un travail intellectuel et un travail sur la société, l'éditorial du premier numéro d'une revue renseigne le lecteur autant sur ses auteurs et leur rapport à la société que sur leur programme et leurs intentions ; le style, le ton sont parfois très près de ceux du manifeste.

Daniel Latouche et Diane Poliquin-Bourassa (1977), à l'occasion de la publication d'un corpus de manifestes politiques québécois, caractérisent ainsi le « manifeste » en tant que genre : il porte un message ; il part de la réalité et y revient ; c'est une action concrète, un acte politique ; il est l'expression d'un collectif, d'un Nous ; il est nécessairement publié ; enfin, il recourt à la violence verbale (1977, p. 15-16). Ces caractéristiques des manifestes politiques se retrouvent souvent dans l'éditorial de présentation d'une revue. La réalité à laquelle fait référence un premier éditorial peut être politique, mais aussi académique ou littéraire ; en ce sens, si c'est une action concrète, ce n'est pas nécessairement un acte politique. De même, quoique tout premier numéro d'une revue révèle une

---

[2]   De Bonville (1988, p. 42) fournit l'indication suivante pour les quotidiens et hebdomadaires nés entre 1884 et 1914 : « Durant ces trois décennies, 283 feuilles apparaissent tandis que 269 cessent d'exister. Seules 28 publications traversent toute la période [...] les nouveaux journaux comblent, bon an, mal an, la vacance des feuilles emportées par la mauvaise fortune. »

lacune du monde intellectuel, cette critique ne se fait pas nécessairement dans la violence verbale. Cependant, communs aux deux genres sont le Nous, l'action concrète, le rapport à une réalité critiquée, plus ou moins violemment.

Clément Moisan (1980), pour sa part, analyse les textes de présentation de huit revues de poésie, cinq québécoises et trois françaises[3]. Certaines de ses observations concernent essentiellement le genre poétique et le milieu littéraire : « Une revue nouvelle et les membres de son comité de rédaction, responsable du texte introductif, veulent modifier une situation donnée dans laquelle ils sont juge et partie » (p. 134). D'autres remarques, cependant, sont valables pour tout premier éditorial :

> L'énonciation [...] en faisant intervenir l'émetteur en sa qualité de *nous* caractérisé, collectif et omniprésent, efface le récepteur ou du moins le masque et institue un procès d'énonciation particulier qui transforme la *déclaration*, qu'on retrouve dans les titres, en *intention*. C'est précisément cette intention manifeste-cachée que l'analyse du discours devrait faire émerger en dégageant l'implicite des textes. (Moisan, 1980, p. 133.)

Moisan affirme que le premier éditorial est un « cérémonial », un rituel, sorte de rite de passage dans le monde littéraire, et une « amplification oratoire » des règles implicites du genre... qu'il n'explicite pas. Que sont-elles au juste ? La présentation du premier numéro d'une revue contient les éléments suivants, dans une proportion variable :

1. Le Nous : « La revue est par excellence le lieu où s'affirme une identité de groupe, où se dessine le jeu du « nous » et du « eux » » (Julliard, 1987, p. 7). Il peut s'agir d'une génération, d'un collectif, d'écrivains, d'universitaires, etc.

---

[3] Camille Roy, en appendice à *Nos origines littéraires* (1909), reproduit sept éditoriaux de présentation ou prospectus de périodiques lancés entre 1778 et 1842. Martineau (1990), dans un opuscule sur les « babyboomers », *La chasse à l'éléphant*, où il fustige abondamment et avec humour toute cette génération, et en particulier sa frange intellectuelle, consacre un chapitre aux revues : « L'éléphant dans l'écrit ». Il utilise quelques extraits plus ou moins hors contexte des textes de présentation de *Parti pris*, *Mainmise*, *Nous*, *Le Temps fou*, *Hom-Info*, *La Vie en rose*, *Guide-ressources*, *Maximum*, pour mieux chasser ses éléphants et en souligner les travers. Cela ne se veut pas une analyse systématique, mais une satire.

2. Le milieu où se situe ce Nous, la délimitation du champ dans lequel il veut intervenir : politique, intellectuel, artistique, littéraire, académique, etc. ; québécois ou international.

3. La définition de la situation : le diagnostic posé sur le milieu dans lequel se situe le Nous.

4. L'action proposée : la revue en tant qu'intervention dans le milieu et réponse à la définition de la situation. Les fondateurs ont-ils l'intention de mener d'autres activités parallèlement à la publication de la revue ? Quel rapport entretiennent-ils avec le média : est-il une fin en soi ou un moyen en vue d'une fin ? Dans le premier cas, le milieu où intervient le Nous est tendanciellement intellectuel ou littéraire ; si, par contre, la revue est un moyen, le Nous s'insérera plutôt dans le social ou le politique.

5. Le public cible : élargissement du Nous ? une élite ? l'ensemble de la population ?

6. Le rapport au lecteur : s'agit-il de créer des liens entre gens qui partagent les mêmes intérêts ou de faire œuvre de propagande, de sensibilisation ?

Ces éléments sont présents dans un premier éditorial, implicitement ou explicitement. L'absence de l'un ou l'autre, ou l'insistance sur l'un d'eux est au moins aussi révélatrice que leur contenu proprement dit. Cela dit, une nouvelle revue entend nécessairement combler un vide. Ce n'est pas tant le vide en soi qui retient l'attention – ce serait la tâche d'une analyse des idées – que le lieu où on le situe : est-ce un vide politique, littéraire ? Comment le média revue peut-il le combler ? Le vide est-il ressenti uniquement par le Nous ou aussi par le public ? Et quel est ce Nous qui prend la parole ? Ces éléments concernent le discours manifeste du texte et en fournissent par le fait même le contexte. Par ailleurs, là ne s'arrête pas l'étude des éditoriaux inauguraux, puisque, selon Moisan, l'intention en serait « manifeste-cachée ».

Mon objectif étant de cerner la place des intellectuels dans la cité, une attention particulière devra être portée sur ce que Moisan qualifie, du point de vue littéraire, de « situation d'énonciation », et qu'on pourrait plus généralement appeler « posture intellectuelle » des fondateurs de revue. Ceux-ci en effet peuvent 1° se situer dans une tradition ou en rupture de tradition ; 2° appartenir ou non à une institution ; 3° proposer une vérité révélée ou même faire œuvre de propagande, ou discuter de nouvelles idées, voire les élaborer dans la discussion ; 4° chercher à rejoindre le grand public ou une élite (politique ou intellectuelle). Ces postures ne sont liées ni au type de revue, ni à son propos manifeste. On pourrait croire que le premier terme de chacune de ces oppositions renvoie tendanciellement à la pré-modernité et le second à la modernité. Mais ce n'est pas si simple dans la mesure où – les prochains chapitres le montreront – tout le 19ᵉ siècle essaie à la fois de se doter d'une tradition et de rompre avec la société traditionnelle, de fonder la démocratie, donc les conditions nécessaires à la discussion des idées, en même temps que de répandre des lumières, des connaissances bien précises.

C'est cette double lecture des éditoriaux fondateurs qui révélera la place des intellectuels dans la cité. Si les premiers éditoriaux, en tant que textes fondateurs, sont bâtis selon une même structure, varie cependant l'utilisation de certains mots qui apparaissent et disparaissent selon les époques, tels : religion, art, État, Canada, Québec, nation, race, culture, vérité, génération, quotidien. Ce vocabulaire ne caractérise pas un type de revue par rapport à un autre, par exemple les revues d'idées et les revues artistiques. Bien qu'il ne s'agisse pas ici d'entreprendre l'analyse des idées, je m'y arrêterai parfois dans la mesure où elle révèle une place publique, un consensus sur ce dont il convient de parler.

Faire l'histoire des intellectuels et des revues sans effleurer l'histoire des idées serait en effet un tour de force, tant elles s'entre-croisent. Nicole Gagnon définit l'idéologie par « trois aspects : la vision du monde et de soi-même qui en est le fondement ; le programme d'action lié à la situation actuelle ; entre les deux, le système de rationalisation qui vise à montrer le second comme découlant du premier » (Gagnon, 1963, p. 169). C'est ainsi que, pour elle, l'analyse des idées doit porter sur « cinq dimensions : le définiteur, le destinataire, la représentation de la situation, les prémisses, le modèle d'action » (Gagnon, 1984, p. 224). De l'analyse des premiers éditoriaux comme révélateur des intellectuels en acte à celle des idées, c'est l'accent qui se déplace, non seulement dans l'analyse proprement dite, mais dans les matériaux, car je ne tiens compte ici que des premiers éditoriaux alors que l'analyse des idées rend compte de l'ensemble des textes d'une revue.

Cohérence du genre

Le genre « premier éditorial » a ses normes ; dès le 19ᵉ siècle, comme l'illustre la citation en exergue du chapitre, ces règles sont assez définies et explicites pour que l'on ironise sur elles. Or, et là se situe l'intérêt, les lois du genre sont les mêmes pour tous les types de revues. Qu'on fonde une revue politique, cinématographique ou humoristique, on doit de la même façon s'en expliquer.

De plus, les textes de présentation des revues sont assez courts : un « bon » éditorial dépasse rarement deux ou trois pages et tient même souvent en quelques paragraphes.

L'homogénéité de ces textes, leur brièveté ainsi que leur nombre rendent possibles les comparaisons entre des revues *a priori* non comparables, d'époques ou de genres différents, et permettent donc une vision d'ensemble, synchronique et diachronique du champ intellectuel, à travers l'identification des « vides qu'il s'agit de combler » par la fondation de ces revues.

Voici quelques exemples de rapprochements inattendus que permet l'analyse des premiers éditoriaux : *Forces* (1967), revue de prestige d'Hydro-Québec, *Sociologie et sociétés* (1969), du département de sociologie de l'Université de Montréal, *Mainmise* (1970), porte-étendard de la contre-culture, et *Presqu'Amérique* (1971), à la recherche de l'anthroposocialisme, partagent une même vision de la situation géopolitique du Québec ; ce n'est pas le même Nous qui prend la parole dans ces revues, mais ces Nous se situent dans un même milieu, un même Québec-dans-le-monde, différent du Québec-révolutionnaire des fondateurs des revues des années 1960-1966. De façon analogue, *Nord* (1971), consacré à la littérature québécoise, et *Cinéma-Québec* (1971) insistent toutes deux sur la « prise de la parole populaire » dont la revue se veut à la fois l'écho et le véhicule. Les exemples seront nombreux. Je signale simplement pour le moment la cohérence du genre qui donne cohérence au corpus.

Le Nous qui s'exprime dans une nouvelle revue doit donc se situer dans un milieu spécifique ; c'est entre autres celui des revues, qui présente nécessairement des lacunes, sinon on n'en créerait pas de nouvelles. Un premier éditorial mentionne souvent explicitement d'autres revues, disparues ou toujours vivantes, avec lesquelles les rédacteurs se sentent en harmonie, en complémentarité ou en opposition. Exemple : *Recherches sociographiques*, en 1960, se situe par rapport à toutes les revues universitaires de sciences sociales déjà existantes ; *Sociologie et sociétés*, en 1969, se définit essentiellement par rapport à *Recherches sociographiques*, indiquant ainsi que le champ des sciences sociales s'est spécialisé. C'est une autre façon dont les premiers éditoriaux, malgré leurs limites, fournissent une vue d'ensemble du milieu intellectuel.

Enfin, à travers les premiers éditoriaux on peut retracer l'apparition et l'évolution de mouvements sociaux, le meilleur exemple étant le mouvement féministe. On peut encore y voir un champ à la manière de Bourdieu, ce qui est particulièrement évident pour les revues d'art visuel.

Limites de l'approche

S'en tenir au premier éditorial prive de perspective sur l'évolution, sur le devenir des revues. De nombreuses études ont porté sur cet aspect. La plupart ne concernent qu'une seule revue ; ainsi des ouvrages ont été consacrés à plusieurs des revues importantes dans l'histoire des idées ou de la littérature québécoises, entre autres : *Le Nigog* (Gallays, Simard et Wyczynski, 1987), *Le Jour* (Teboul, 1984) et *Parti pris* (Gauvin, 1975a ; Major, 1979). Les articles sur les revues de ce siècle sont nombreux, l'énumération en serait fastidieuse ; je ne mentionnerai ici que ceux sur *Mainmise* (Duchastel, 1976 ; Moore, 1973), *La Barre du jour* et *La Nouvelle Barre du jour* (Milot, 1987), *Stratégie* et *Chroniques* (Chassay, 1983a), *Amérique française* (Giguère, 1983), *Regards* (Moisan, 1983), *La Relève* (Falardeau, 1965 ; Pelletier, 1972).

Les revues du siècle dernier ont également retenu l'attention de nombreux chercheurs. Certaines ont été examinées dans une perspective d'analyse des idées, et par des sociologues ; en voici quelques exemples : *Gazette des campagnes* (Galipeau, 1969), *Le Nouveau Monde* (Bouchard, 1969), *Le Canadien* (Reid, 1980). Dans une perspective plus littéraire, d'autres ont été passées « en revue », dont :

Canada-Revue et *Le Réveil* (Chassay, 1983b) ; *Les Soirées canadiennes* (Robidoux, 1983), *Nouvelles Soirées canadiennes* (Hayne, 1983).

Les études concernant plusieurs revues à la fois sont rares : André J. Bélanger (1974 et 1977) fait exception, avec un ouvrage portant sur les années 1934-1936, et un second concernant trois revues qui ont joué un rôle marquant dans l'histoire des idées au Québec : *La Relève, Cité libre* et *Parti pris*. Micheline Dumont-Johnson (1981) fait un tour rapide des revues féminines et féministes, et Lise Gauvin (1975b), des revues littéraires ; Yvan Lamonde (1989) brosse en quelques pages l'histoire des revues dans l'histoire du Québec. Sous l'impulsion d'André Beaulieu et Jean Hamelin (1965), des études approfondies ont été consacrées à l'histoire des journaux (Hamelin et Beaulieu, 1966 ; Galarneau, 1984 ; de Bonville, 1988). Il est impossible en effet de passer sous silence le travail considérable de l'équipe sous la direction de ces chercheurs qui depuis le milieu des années 1960 se consacre à répertorier toute la presse périodique québécoise (c'est-à-dire les revues, les magazines et les journaux). De plus, certaines recherches qui ne concernent pas les revues les utilisent comme matériau : le livre de Lucie Robert (1989) sur l'institution du littéraire au Québec en est un exemple, ou celui de Dominique Garand (1989) sur la querelle entre les exotiques et les régionalistes vers 1918-1920.

Plus rares sont les réflexions portant spécifiquement sur les intellectuels québécois et leurs revues ; il faut mentionner Daniel Latouche (1990), qui traite de *Mainmise, Parti pris, Révolution québécoise, Vice-Versa* et quelques autres…

Cette liste, loin d'être exhaustive (la bibliographie donne un aperçu des travaux publiés sur les revues), illustre bien que les revues québécoises ne constituent pas un champ vierge d'études littéraires ou sociologiques. Ma démarche ne portant pas directement sur les revues, mais plutôt sur les intellectuels qui y sont à l'œuvre, les références à ces études seront peu nombreuses ; à l'occasion, même les conclusions de l'analyse des premiers éditoriaux s'en démarqueront.

Retenons que l'éditorial du premier numéro est un « indicateur », au sens sociologique du mot, d'un milieu intellectuel. C'est un instantané, pris en un moment crucial, le moment fondateur.

De quelque cinq cents revues

L'analyse porte sur les présentations, prospectus ou éditoriaux de 516 revues (dont la liste se trouve en annexe). Toutes ne seront pas discutées dans les pages suivantes. En effet, dans certains cas l'éditorial est très court, ou même absent. Dans d'autres cas, qui peuvent recouper les premiers, le texte est tellement conforme au genre qu'il n'apprend rien. Mais surtout certains textes sont redondants. Ne seront cités et analysés que ceux qui expriment le mieux ou le plus explicitement une même idée, les autres pouvant ou non être évoqués.

La suite de ce chapitre est entièrement consacrée à la définition plus précise du corpus et des règles qui ont présidé à sa constitution.

Ces présentations, prospectus et éditoriaux sont tirés des collections (sur papier ou microfilm) de l'Université Laval et de la Bibliothèque nationale du Québec, sur la base du répertoire de l'équipe d'André Beaulieu et Jean Hamelin (1977-1991).

Plus de cinq cents revues... il n'empêche que certains périodiques non disponibles en ces deux bibliothèques ont été laissés de côté. Plus on avance dans le temps, toutefois, plus le corpus est exhaustif. Au 19e siècle, il comprend approximativement une revue sur deux parmi celles répertoriées par Beaulieu, Hamelin et leur équipe, et il les contient pratiquement toutes à partir du premier tiers de notre siècle.

Mais qu'est-ce qu'une revue ? Le format n'est pas un critère : ce peut être celui du livre, du journal ou du magazine. La périodicité ? Celle-ci varie généralement, dans le cas québécois, de une parution par mois (pour les téméraires[4]) à deux ou trois par année, le plus souvent, ou même à une livraison par an (*Les Cahiers des dix*, 1936). Les hebdomadaires ont été rares ; *Le Jour* (1937) est l'exemple

---

[4] Les revues mensuelles, à part celles vivant de publicité comme *L'Actualité* ou *Châtelaine*, qui sont plutôt des magazines, sont assez rares. *Parti pris* a réussi à paraître mensuellement, c'est une des dernières revues à le faire. *Le Temps fou, La Vie en rose, Focus* s'y sont épuisées et en sont mortes... *Spirale*, spécialisée dans la critique artistique, tient bon mensuellement (en trichant un peu). En fait, la plupart des revues québécoises paraissent à la fréquence de quatre numéros par an, moins pour les revues savantes.

d'un hedbomadaire qui peut être considéré comme une revue (Teboul, 1984).

Le public cible, s'il est très large, fait-il nécessairement sortir du domaine intellectuel pour entrer dans le registre commercial ? Le critère de « non-commercialité », encore que toutes les revues se veuillent rentables, permet d'éliminer du corpus *L'Actualité*. Mais comment reconnaître le caractère commercial d'une publication ? Ce n'est pas toujours simple ; une première caractéristique serait l'importance accordée à la publicité, et une seconde, l'absence d'éditorial ou la réduction de celui-ci à une présentation. Il demeure difficile de trancher ; par ailleurs, ce qui facilite la tâche, les revues à visées commerciales ont été rares au Québec, à part *L'Actualité*, *Châtelaine*, *TV-Hebdo* (l'hebdomadaire le plus vendu au Québec actuellement), *Coup de pouce*, et quelques autres publications qui se démarquent sans ambiguïté de la revue d'intellectuels, qu'elle soit d'idées, ou artistique ou savante[5].

En général l'analyse ne porte pas sur les revues étudiantes, sauf quand elles entendent sortir de leur campus et s'adresser à un public plus large. Ainsi, j'ai laissé de côté *Le Quartier latin* (1918) et *Le Carabin* (1941), mais analysé *QL* (1969), *ESSE* (1984) et *Incidences* (1962). J'ai également exclu les revues à caractère pédagogique.

Je n'ai pas tenu compte non plus des bulletins des associations, comme *En bref*, bulletin du CEAD (Centre d'essai des auteurs dramatiques), *Le Nigog +*, bulletin de l'AEPCQ (Association des éditeurs de périodiques culturels québécois). Quand ces bulletins sortent de leur milieu ou association, ils entrent dans l'analyse, comme *Propos d'art* (1981), nouveau *Bulletin de la SAAVQ* (Société des artistes en arts visuels du Québec).

Bref, en ce qui concerne les bulletins et publications étudiantes, le critère d'inclusion dans le corpus est qu'ils sortent de leur milieu respectif, autrement dit qu'ils aillent, ou prétendent aller, sur la place publique.

Par ailleurs, j'ai considéré comme une nouvelle revue celle qui change de nom. Le nom constituant l'identité publique de la

---

[5] Quoiqu'à cet égard l'analyse de Marie-José Des Rivières (1992) sur *Châtelaine* et la littérature réserve bien des surprises.

revue, sa marque de commerce, au sens très strict du terme, un changement de nom ne s'effectue jamais à la légère ; c'est que le Nous qui produit la revue se transforme significativement. Parfois le changement est mince : *La Relève* (1934) devient *La Nouvelle Relève* (1941) ; *La Barre du jour* (1965) devient *La Nouvelle Barre du jour* (1977), *Intervention* (1978) devient *Inter* (1984) ; d'autres fois il est plus remarquable : *Pluri-elles* (1978) devient *Des luttes et des rires de femmes* (1979), *Pour le socialisme* (1982) devient *L'Autre Actualité* (1986), *Résistances* (1982) devient *Trafic* (1984).

Les revues du 19ᵉ siècle posaient des problèmes particuliers étant donné que la presse y était relativement indifférenciée et que ce n'est que graduellement qu'apparaîtront pertinentes les distinctions entre revues et journaux, et entre types de revues. J'ai retenu les périodiques à prétention nationale par opposition à régionale ou locale.

Précisions sur les genres de revues

Plus de cinq cents revues donc, des débuts de la presse québécoise à nos jours. Pour y voir clair, il fallait recourir à une typologie.

Celle-ci ne recoupe pas la classification (qui n'est pas une typologie…) établie par Julliard (1987) et qui tient compte de toute l'histoire de la revue[6]. Pour lui, il existe des revues spécialisées, scientifiques ou de vulgarisation quant à leur objet, générales ou militantes quant à leur ton et public cible ; il distingue encore les revues militantes, soucieuses de consensus, et celles d'avant-garde, recherchant la rupture. Dans le temps, il repère, selon leur durée, des revues-moment et les revues-période, dit autrement, les revues-coup-de-poing et les revues-institution. Il y a aussi des revues-personnes et les revues-carrefour, même si, comme Julliard l'affirme, à chaque revue « on puisse sans hésitation accoler un nom propre » (p. 5). Enfin, il distingue, selon le fonctionnement du comité de rédaction, les revues-recueil et les revues-famille. Comme mon analyse porte seulement sur les premiers numéros et que certaines des caractéristi-

---

[6] C'est à ma connaissance la seule classification des revues fondée sur l'ensemble de leur histoire et non uniquement d'après leur genre (c'est-à-dire littéraire, scientifique, etc.).

ques retenues par Julliard apparaissent dans le temps, sa classification n'est pas pertinente ici. Au fil des pages cependant, quelques-unes des caractéristiques qu'il propose affleureront ; d'autres se devineront dans les allusions aux revues contemporaines ou passées que contiennent les premiers éditoriaux.

J'ai regroupé les revues en quatre catégories (tableau 1) ; celles-ci ont été conçues de façon à respecter l'univers mouvant des périodiques et se veulent le moins artificielles possible. Ce sont, pour les périodes de la modernité et de la post-modernité : les revues « socio-culturelles » ou « d'idées », les revues « artistiques », les revues « savantes ». Les revues du siècle dernier ont été regroupées dans une catégorie spécifique : « dix-neuvième », car à l'époque une même publication pouvait aborder tous les sujets sur tous les tons ; les distinctions pertinentes au 20ᵉ siècle ne le sont pas encore au 19ᵉ, et plus on remonte dans le temps, moins elles le sont.

La catégorie « dix-neuvième » est constituée sur une base chronologique et va du début du corpus jusqu'à l'avènement de la modernité. Ce n'est que graduellement que des genres se différencient. Elle comprend 158 revues, dont les premières parutions s'échelonnent de 1778 à 1916. Quatre exceptions : des revues dont le premier numéro est antérieur à 1917 ont été incluses dans la catégorie des revues « savantes ». Il s'agit du *Bulletin de la Société de géographie de Québec* (1880), des *Mémoires et comptes-rendus de la Société royale du Canada* (1883), du *Canada français* (1888), « revue publiée sous la direction d'un comité de professeurs de l'Université Laval », et de la *Revue trimestrielle canadienne* (1915), publiée par l'Association des anciens élèves de Polytechnique.

La période de la modernité dans le corpus, avec les catégories « d'idées » et « artistiques », commence en 1917, avec la fin de la Première Guerre. *Le Nigog*, dont le premier numéro paraît en 1918, est souvent retenu comme la première revue moderne au Québec, et donc comme le moment de la naissance de la modernité québécoise ; c'est en cet honneur que l'Association des éditeurs de périodiques culturels québécois a intitulé son bulletin de liaison *Le Nigog +*. Par ailleurs, en 1917 paraît le premier numéro de *L'Action française*, avec l'éditorial très moderne d'Édouard Montpetit. Bien sûr, toute périodisation précise en cette matière est quelque peu artificielle.

Tableau 1
REVUES DU CORPUS
SELON LES CATÉGORIES ET LES ANNÉES

Années	Catégories dix-neuvième	d'idées	artistiques	savantes	Total
Avant 1800	2				2
1800-1809	2				2
1810-1819	6				6
1820-1829	3				3
1830-1839	9				9
1840-1849	16				16
1850-1859	12				12
1860-1869	18				18
1870-1879	13				13
1880-1889	24			3	27
1890-1899	26				26
1900-1909	16				16
1910-1916	11			1	12
1917-1919		5	3	1	9
1920-1929		7	3	1	11
1930-1939		20	2		22
1940-1949		9	3	9	21
1950-1959		13	13	5	31
1960-1969		19	14	12	45
1970-1979		37	47	24	108
1980-1989		41	50	16	107
Total	158	151	135	72	516

La revue socioculturelle ou « d'idées » consacre la totalité ou la majorité de ses pages aux idées socio-politico-culturelles. C'est une revue à caractère large, abordant surtout des questions sociales et politiques ; l'art et la culture peuvent y être traités, mais ils n'en constituent pas la préoccupation principale (exemple : *Parti pris*, 1963). Le corpus comprend 151 revues « d'idées ».

Quant à la revue « artistique », elle consacre la totalité ou la majorité de ses pages à l'art (arts plastiques, littérature, cinéma, musique, etc.), sous le mode de la création ou de la critique. Cette catégorie comprend 135 titres.

La revue « savante » est publiée par des universitaires, dans un cadre académique (par opposition au contexte extra-académique dans lequel est publiée, par exemple, la revue « d'idées » *Possibles*, 1976), ou par une association professionnelle. Soixante-douze revues savantes, dans les domaines des sciences humaines, de la littérature et des arts, c'est-à-dire dans les champs correspondant à ceux touchés par les deux types précédents de revues, ont été incluses dans l'analyse.

Pour classer les revues de la modernité dans l'une ou l'autre catégorie, je me suis fiée à l'éditorial du premier numéro (et le cas échéant, s'il y a ambiguïté, à sa table des matières). Si j'avais considéré les revues dans leur histoire, la classification aurait été légèrement différente : plusieurs connaissent une dérive entre l'intention initiale et sa concrétisation. Parfois, le changement d'orientation s'accompagne d'un changement de nom : le *Canada Artistique* (1889) devient *Canada-Revue* (1891) mais conserve son format et son animateur. Parfois c'est la pression extérieure qui oblige au changement : ainsi les revues saguenayennes *Focus* (1977) et *Résistances* (1982) auraient souhaité se consacrer à la culture, mais ont vite fait de réaliser que l'affirmation culturelle en région prenait des couleurs politiques. D'autres fois, une dérive interne se produit ou un nouveau comité de rédaction est constitué ; ainsi *Médiart* (1971), publication des professeurs du département d'histoire de l'art de l'UQAM, devient une revue culturelle ; au numéro 18 (1973), le format et l'équipe changent, ainsi que la périodicité. Il peut s'agir aussi d'une prise de contrôle ; ainsi *Protée* (1970), qui se voulait initialement la revue de tous les professeurs du département de sciences humaines de l'UQAC, devient au fil des ans une publication spécialisée en sémiologie.

Dans presque tous les cas, les critères retenus sont suffisamment clairs pour discriminer les périodiques, mais quelques ambiguïtés subsistent, certaines revues se voulant hybrides : ainsi *Le Beffroi* (1986), revue « savante » de philosophie, publie également des textes de création littéraire. Puisqu'il fallait trancher, j'ai considéré la proportion d'articles appartenant à l'un ou l'autre genre dans le premier numéro, le genre majoritaire l'emportant.

Le corpus, je l'ai déjà mentionné, comprend environ une revue sur deux au 19e siècle[7] et presque toutes celles du 20e appartenant aux catégories définies précédemment (de langue française, faut-il le préciser?). Certains périodiques du 19e siècle ne sont pas disponibles, leur premier numéro étant absent de la collection microfilmée (toutes les bibliothèques disposent de la même collection), par exemple *Le Défricheur* (1862). Parfois d'autres sources permettent de pallier cette lacune; ainsi le microfilm du *Spectateur* (1813) commence au numéro 2, mais Roy (1909) en reproduit le premier éditorial. Parfois l'état du microfilm rend pratiquement impossible la lecture du premier éditorial, par exemple *Le Pays* (1910). En somme, le corpus est aussi exhaustif qu'il a été possible de le rendre à partir des collections de l'Université Laval et de la Bibliothèque nationale du Québec.

---

[7] Si on se fie au répertoire établi par l'équipe de Beaulieu et Hamelin.

PREMIÈRE PARTIE

Du politique à l'intellectuel : les lumières du 19e siècle

Faire l'histoire du journalisme en Canada serait un travail intéressant et instructif. Mais ce qu'on trouverait de plus beau et de plus admirable, dans sa singulière persévérance, serait sans doute cet amour du progrès, des lumières et de la propagation des lumières, qui porte nécessairement des hommes dévoués à l'avancement de la patrie, à consacrer au journalisme leur temps et leurs travaux, malgré le découragement que doit jeter dans l'esprit, le sort, très peu souvent mérité, de ces nombreux journaux, qui depuis vingt ans sont apparus sur la scène de ce monde pour descendre aussitôt dans les ténèbres du tombeau, après avoir travaillé pendant quelques heures à cette glorieuse mais pénible mission qu'on appelle le bien-être du peuple. (Le Moniteur canadien, 1849.)

Dès 1849 la presse canadienne a une histoire. L'éditorialiste du *Moniteur canadien* la caractérise par l'amour du progrès, des lumières et de la patrie, le souci du bien-être du peuple... et son peu de succès. Cette première partie, consacrée à la pré-modernité, sera employée à étayer la citation précédente. Je tenterai de démontrer qu'il est possible de généraliser à l'ensemble des revues jusqu'au milieu de la Première Guerre mondiale l'affirmation suivante de Robidoux: « la prise de conscience qui aboutit à la fondation des *Soirées canadiennes* est d'ordre patriotique bien plus que littéraire » (Robidoux, 1958, p. 428). Pour avoir un sens, cette généralisation devrait prendre la forme suivante: la prise de conscience qui aboutit à la fondation des revues au 19ᵉ siècle est d'ordre politique et national bien plus qu'intellectuel. C'est dire que le champ intellectuel et *a fortiori* littéraire ou artistique n'a pas encore conquis son autonomie par rapport au politique ; en fait, à cette époque, il n'est qu'une sous-partie du champ politique ; tout au long du siècle, il tendra à s'en démarquer. C'est le second objectif de cette première partie que de mettre en évidence les étapes de la mise en place de la modernité québécoise.

Dans les débuts de la presse, il n'y a pas de distinction nette entre le journal et la revue : journal n'est pas encore synonyme de quotidien, ni d'information ; toutes les publications ont un caractère engagé, se proposant aussi bien de faire circuler de l'information, de l'analyser que de publier de la « littérature ». La confusion dans les termes n'est pas que rétrospective, elle se retrouve à l'époque dans les périodiques mêmes[1], dans leurs titres, dans leurs intentions. Le développement et la différenciation de la presse périodique au 19e siècle vont de pair avec l'émergence des intellectuels québécois en tant que groupe.

---

[1] Cette confusion a créé quelques problèmes, et parfois un peu d'arbitraire, au moment d'inclure – ou non – certains périodiques dans le corpus. De plus, les premières revues, au sens moderne du mot, sont contemporaines de « gazettes à tout faire ». Il règne aussi une confusion dans la terminologie. L'*Abeille canadienne* (1818), dont on a souvent dit qu'elle était notre première « revue », se définit comme un journal ; *La Revue populaire* (1907) se veut, explicitement, magazine.

2

Des gazettes aux revues : repères historiques

La revue a pris, de nos jours, dans le domaine intellectuel une place dont l'importance n'est contestée par personne. Elle est devenue la grande semeuse d'idées, le véhicule puissant et rapide des faits et des doctrines, l'organe quasi-nécessaire de toutes les écoles. Une revue sérieuse, facilement accessible à tous ceux qui s'intéressent aux travaux de l'esprit, peut contribuer beaucoup à l'avancement intellectuel de notre jeune pays. (La Nouvelle-France, 1902.)

La première gazette canadienne paraît en 1764, et la période ici qualifiée de pré-modernité se poursuivra jusqu'en 1916, alors que la Grande Guerre amènera une rupture marquante de ton et de préoccupations dans les revues. Évidemment, pour y voir clair, il faut périodiser cet intervalle de 150 ans, cette pré-modernité, où les intellectuels se confondent avec les écrivains, les journalistes et les hommes politiques, où les périodiques foisonnent, naissent et meurent à un rythme rapide. « Le nécrologue des revues canadiennes est assez riche pour nous inspirer quelques alarmes » (*La Nouvelle-France*, 1902).

Des « vieilles gazettes » de la fin du 18ᵉ, émaillées d'archaïsmes (la langue « françoise », le « sçavoir »), jusqu'à l'apparition dans les années 1910 du *Nigog*, que de chemin parcouru ! Les moments importants de l'histoire des revues ne correspondent que très approximativement à ceux de l'histoire politique. En ce sens, même si le champ intellectuel n'est pas encore détaché du champ politique, il jouit déjà d'une autonomie relative.

L'expression « vieilles gazettes » est empruntée à Benjamin Sulte qui, en 1875, consacre une série d'articles dans *L'Opinion publique* à retracer les soubresauts accompagnant la naissance de la presse québécoise. Sous un mode moins piquant, Vachon (1969), Hamelin et Beaulieu (1966), et plus récemment Galarneau (1984) en ont aussi discuté. Le thème récurrent des publications de la fin du 18e et du tout début du 19e siècle est la liberté de la presse. Cela ne va pas de soi dans un pays récemment conquis, quand l'ancienne mère patrie fait la révolution, dans un pays où le parlementarisme s'installe tant bien que mal en 1791, où les institutions d'enseignement supérieur sont pratiquement inexistantes.

La première gazette paraît à Québec en 1764, c'est-à-dire l'année suivant le traité de Paris. La presse débarque à Québec avec les Anglais... ou plutôt les Américains, puisque ce seront des imprimeurs américains, Brown et Gilmore, qui fonderont *La Gazette de Québec* (1764)[1].

En 1776, un imprimeur français arrive à Montréal en provenance des États-Unis, c'est Fleury Mesplet, « libertaire et voltairien » affirme Vachon (1969). En 1778, il fonde avec Valentin Jautard, un autre Français, la *Gazette du commerce et littéraire*, qui se propose de stimuler le débat intellectuel, il y fait l'éloge des lumières et en appelle aux jeunes « qui avancent dans la carrière du Sçavoir »[2]. Mais l'objectif est surtout de mettre en place une presse d'expression « françoise » pour répondre à l'« angloise ». Cette publication déplaît au gouverneur Haldimand qui fait emprisonner les deux compères.

En même temps que de la Constitution de 1791, les Canadiens héritent d'un Parlement ; des partis se forment ; rapidement la presse se politisera et défendra ces partis. Ainsi en 1810 paraît *Le Vrai Canadien*, qui entreprend de défendre la cause des juges, ceux-ci n'ayant pas le droit de siéger à l'Assemblée.

Le Courier de Québec (1806) réclamera « une liberté légale et modérée de la presse ». Malgré « le peu de succès qu'ont en cette province les publications de ce genre [le Courier sera] tout en fran-

---

[1] Séraphin Marion y consacre entièrement le premier tome de sa série sur *Les lettres canadiennes d'autrefois* (1939).

[2] Voir le second tome de la série de Marion (1940).

çais et dans un style à la portée de tous les habitants de cette province ». *Le Canadien* (1806), pour sa part, entend combattre sur plusieurs fronts : celui de la liberté de la presse, dont il fait l'éloge et qui contribue selon les rédacteurs aussi bien à la démocratie qu'à l'unité nationale ; celui de la politique, où il se donne comme tâche principale de vulgariser la Constitution de 1791, de faire connaître leurs droits aux Canadiens ; et surtout, le journal sera un outil pour répondre aux attaques de la presse anglaise. « Le Canadien [...] c'est celui dont l'honneur est à venger. » Encore une fois, le gouverneur est excédé : en 1810, Craig fait emprisonner quelque temps les rédacteurs du *Canadien*, Bédard et Blanchet.

Jusqu'en 1838 des journalistes sont emprisonnés (Galarneau, 1984) : en 1832 Ludger Duvernay de *La Minerve*, en 1837 R.S.M. Bouchette du *Libéral*, en 1838 Étienne Parent et Jean-Baptiste Fréchette du *Canadien*[3]. Par la suite, ce sont surtout les foudres de l'Église que devront affronter les écrivains et journalistes ; l'excommunication plutôt que l'emprisonnement les guettera. Le combat pour la liberté de la presse semble gagné du point de vue politique, en tout cas il n'en est plus fait mention dans les éditoriaux fondateurs. Vers 1820 l'insistance porte sur les Droits de l'homme et l'instruction qui permettent la démocratie[4]. Après 1837, ces thèmes disparaissent, momentanément.

Les mêmes idées étaient discutées dans la presse contemporaine en Europe. Ces premières gazettes canadiennes ne sont pas des revues au sens strict, mais plutôt des feuilles qui combattent pour la liberté de la presse, c'est-à-dire des publications d'opinion plus que d'information, à l'époque de la Révolution française et à l'ombre de la Révolution américaine. Si leur ton est parfois passionné quand il s'agit de défendre la liberté de la presse et la démocratie, l'une découlant de l'autre selon eux, ou les Canadiens face aux attaques des Anglais, elles ne sont pas pour autant bien écrites, comme le soulignent aussi bien Hamelin et Beaulieu (1966) que Vachon (1969). Le style s'améliore toutefois dès l'apparition des premières revues.

---

[3] La presse de langue anglaise n'y échappe pas. Jocelyn Waller du *Spectator* sera emprisonné en 1827, ainsi que Daniel Tracey du *Vindicator* en 1832.

[4] Voici une déclaration sur les Droits de l'Homme qui n'a pas perdu son actualité : « Bientôt même les devoirs les plus sacrés de l'homme seront mis en question tandis qu'on ne l'entretiendra plus que de ses droits » (*L'Abeille canadienne*, 1818).

L'aurore… des revues québécoises pointe en 1817, alors que naît le premier périodique qui, avec le recul, peut être associé à la revue plus qu'au journal. *L'Aurore* est fondée en 1817 par Henri Mézières, et *L'Abeille canadienne*, l'année suivante par Michel Bibaud. « Ce journal est le premier dans ce genre qui ait paru en Canada » (*L'Abeille canadienne*, 1818). Leur objectif est avant tout de faire une revue (parfois appelée « journal ») et non de combattre pour la liberté de la presse. Tout les intéresse, et jusqu'en 1864 on peut prétendre assurer « un développement régulier et simultané dans toutes les branches de la connaissance humaine » (*Revue canadienne*, 1864).

Les rédacteurs de ces premières revues se comparent aux « Anglais », et surtout aux Américains qui publient davantage de périodiques et qui seraient en avance sur le Canada du point de vue social, politique et scientifique. Le mot d'ordre, le leitmotiv, est progrès ; il s'agit de rattraper ce retard[5] sur tous les fronts, aussi les revues se consacrent à la fois à la littérature, à la science et à la politique. Certaines cependant, comme l'*Album littéraire et musical de la Revue canadienne* (1846), sont plus des recueils que des revues au sens propre.

Cent ans après la Conquête, au début de l'exode des Canadiens français aux États-Unis et dans l'Ouest, 1860 est une date marquante dans l'histoire des revues. Quoique le mélange des propos soit encore fréquent et que la politique ou l'économie voisinent la littérature et la musique, les revues commencent à se spécialiser. Apparaissent des revues littéraires et artistiques : *Les Beaux Arts* (1863), *Le Foyer canadien* (1863), *Le Canada musical* (1866) ; des revues politiques : *La Vérité*[6] et *La Lanterne*, respectivement en 1867 et 1868 ; et une revue scientifique, *Le Naturaliste canadien* (1868).

> Au reste nous faisons remarquer qu'en Canada chaque idée spéciale s'est créé dans la presse, un appui zélé et protecteur. La politique y trouve mille échos, dans ses diverses nuances les plus délicates et les plus opposées ; la vérité religieuse et le fanatisme ont leur

---

[5] Si Marcel Rioux parle d'idéologie de rattrapage pour les années 1960, l'expression pourrait tout aussi bien caractériser les revues du début du 19ᵉ siècle.

[6] Ne pas confondre avec *La Vérité* de 1881, publiée par Tardivel. Les homonymies sont fréquentes au 19ᵉ siècle. *La Vérité* de 1867 est publiée de façon anonyme ; l'éditeur en est O. Desjardins.

organe ; l'éducation veille à ses intérêts par la voie de journaux habituellement rédigés dans l'une ou l'autre langue ; la médecine, la jurisprudence, et l'agriculture sont également représentées dans la presse ; le gouvernement proclame par la voix de la « Gazette officielle » ; l'esprit, la gaîté prend ses ébats dans les Charivari, les Bourdons, les Figaros divers ; la littérature indigène a ses franches coudées dans les Foyers, les Revues, les Mémoires et les Soirées ; les écrits étrangers trouvent asile dans l'Écho de la France... seuls les beaux-arts seraient négligés, méconnus, abandonnés, sans conseil, sans avocat, sans gardien de leur tradition et de leurs faits et gestes au milieu de nous. (*Le Canada musical*, 1866.)

Les éditoriaux font de moins en moins référence au désert culturel ; au contraire, il s'agit désormais de créer des lieux de rencontre et d'échange, de faire converger des efforts épars en un foyer (*Le Foyer canadien*, 1863). La *Revue canadienne* de 1864 sera l'une des dernières à prétendre toucher à tout, et d'ailleurs ce sera pour coordonner ce tout qui déjà se fragmente. À mesure que le champ des revues se constitue, se multiplient les vides à combler et surtout s'en précise la nature. Les éditorialistes ont le sentiment que le progrès amène le progrès.

Vers 1870 la différenciation des créneaux des revues se double de celle des types de périodiques : apparaissent les journaux illustrés, qui s'adressent à toute la famille, c'est-à-dire également aux femmes ! Auparavant, les publications semblaient ne s'adresser qu'aux hommes, sur le ton : « À nos libres et indulgents lecteurs canadiens, Messieurs... » (*L'Abeille canadienne*, 1843).

Entre 1882, avec les *Nouvelles soirées canadiennes*, et surtout avec *Le Figaro* l'année suivante, et 1894, avec *Le Réveil*, le monde des revues est en pleine effervescence ; émerge timidement un milieu littéraire et intellectuel. Les thèmes de la modernité affleurent ici et là ; les intellectuels s'affirment en dehors de la politique, sinon du politique. Les revues se démarquent de plus en plus de la presse quotidienne ou hebdomadaire, grâce aux progrès de l'imprimerie (de Bonville, 1988). De nouveaux types de revues voient le jour : publications universitaires (*Canada français*, 1888) ou destinées aux ouvriers (*L'Ouvrier*, 1888). Cela correspond à l'élection de Mercier, à l'affaire Riel. Si l'Église radicalise son discours, les Canadiens français ne suivent pas ses consignes et votent Rouge.

Il faut attendre jusqu'à la Première Guerre mondiale pour que des thèmes nouveaux se mettent en place, ou du moins qu'ils soient répandus, acceptés. Au tournant du siècle prennent de plus en plus la parole, non seulement des intellectuels isolés, mais des groupes ou associations.

Au début du 20e siècle, les revues québécoises ont déjà une histoire, par rapport à laquelle les fondateurs de nouvelles publications se situent. L'objectif est toujours le même : répandre les lumières et ainsi assurer la marche du progrès. L'effervescence de la fin du siècle dernier a toutefois cédé la place à une entreprise plus rationnelle. La distinction est désormais nette entre les revues, les magazines et les journaux, et entre les premières selon la place qu'elles accordent aux idées, à la littérature et aux beaux-arts ou à la science. *La Nouvelle-France* (1902) entend se consacrer uniquement à la publication d'essais et, à l'instar de Platon, bannit les poètes de ses pages. *La Revue populaire* de 1907, malgré son titre, se veut – explicitement – un magazine, dans la foulée de ceux dont plusieurs grands journaux quotidiens d'Europe et des États-Unis se sont dotés en supplément.

Une presse dynamique

Cette presse qui réclame le progrès, le rattrapage par rapport au Canada anglais et aux États-Unis, n'est pas à la remorque des périodiques et des intellectuels anglo-saxons[7]. Ainsi, au sujet de *L'Opinion publique* (1870) et de son pendant de langue anglaise le *Canadian Illustrated News* (1869), publiés par Georges Édouard Desbarats, Yves Chevrefils Desbiolles écrit : « Bien que la plupart des livres d'histoire retiennent plutôt l'expérience du *Daily Graphic* de New York en 1880, le *Canadian Illustrated News* fut sans conteste le premier journal à imprimer avec succès des similigravures » (1988, p. 26). Quant à comprendre pourquoi le francophone Desbarats lance à peu près simultanément une revue (et non un journal...) anglo-

---

[7] Galarneau (1984) conclut : « Toutes choses égales, les conditions générales étant similaires au Québec et aux États-Unis, les mêmes besoins ont généré en l'occurrence de pareils comportements. C'est ainsi que les journaux ont connu une brève existence, qu'ils ne comptaient que peu d'abonnés, n'avaient que des tirages modestes. [...] Et les hommes qui ont fait les périodiques étaient surtout des hommes de métier, des imprimeurs-journalistes » (p. 166).

phone et une revue francophone, puis se tourne vers New York, cela m'entraînerait dans des considérations extérieures à mon propos, mais il faut en prendre acte, comme élément du contexte intellectuel, et retenir de l'anecdote que le 19e siècle québécois, loin d'être une ère de grande noirceur, pouvait parfois se retrouver à l'avant-garde du progrès.

3

L'univers politique

Que toutes les revues – sauf quatre – jusqu'en 1916 inclusivement soient regroupées dans une même catégorie ne nie pas l'existence de différences importantes entre elles. Le repérage de ces différences permettra de cerner l'univers dans lequel les revues du 19e siècle évoluent : le politique, la politique. Après les repères historiques, place aux repères stylistiques et organisationnels.

La revue d'un homme ou celle d'un groupe

Je publie cette Lanterne sans crainte qu'elle soit supprimée. [...] Si je suis supprimé, ce sera grâce à vous, et surtout grâce à moi-même qui n'aurai pas su montrer autant d'esprit que j'en ai positivement. C'est là qu'est le danger. Si je m'en tire, je jure de changer mes habitudes de vieux garçon, et de chercher à plaire aux femmes, ce qui est plus difficile que de plaire à des lecteurs. J'entre en guerre ouverte avec toutes les stupidités, toutes les hypocrisies, toutes les infamies, c'est-à-dire que je me mets sur le dos les trois quarts des hommes, ce qui est lourd. Restera bien quelques femmes, par-ci, par-là, mais elles sont si légères ! Et du reste je ne crois pas que les femmes aient des vices, je ne leur crois que des caprices ; c'est bien pis ! Pourvu qu'elles aient celui de me lire. (La Lanterne, 1868.)

La bonne parole et les Rouges

> *Notre profession de foi ne sera pas longue […] La succession des événements pourra apporter quelques modifications ou plutôt quelques additions à notre manière de voir aujourd'hui, mais à coup sûr elle n'altérera en aucune façon le principe de notre politique qui doit être franchement catholique et nationale.* (Le National, 1889.)

Cette première distinction concernant la rédaction ne recoupe pas tout à fait celle établie entre les revues de combat (*La Vérité*, 1867) et celles qui véhiculent une parole conforme à celle de l'Église, dispensatrice de l'idéologie dominante[5], comme *Le Foyer domestique* (1876), quoiqu'une revue comme *La Lanterne* (1868) soit à la fois la revue d'un homme et une feuille polémique.

Le souci de conformité avec la religion apparaît dans les premiers éditoriaux vers 1860 ; alors même que le milieu littéraire se met en place, le clergé s'impose dans la vie intellectuelle. Auparavant, les présentations des revues font assez peu référence à l'Église ou au clergé ; *L'Abeille canadienne* de 1818, par exemple, évoque « la funeste influence » du déisme qui cherche à remplacer la religion véritable ; l'*Ami du peuple, de l'ordre et des lois* (1832) déclare qu'il sera aussi celui de la religion. Dans ces cas, la religion est mentionnée, mais pas l'institution ecclésiale. En 1845, la *Revue canadienne* se dit soucieuse de moralité, sans pour autant faire référence à la religion. Exception faite des *Mélanges religieux* (1840) publiés par l'Église et qui entendent œuvrer à la « propagation des lumières » religieuses, le point tournant, en ce qui concerne les premiers éditoriaux, se situe en 1859, avec la parution de *L'Écho du cabinet de lecture paroissial* : le titre même évoque, non seulement la religion, mais aussi le clergé et l'institution.

À partir de 1860, même les revues libérales prennent garde de ne pas encourir les foudres de la censure pour les romans et poèmes qu'elles publient, ce qui ne les rend pas toujours pour autant « spécia-

---

5   Au sens d'Althusser.

lement destinée[s] à la propagation des Vérités religieuses, telles qu'enseignées par l'Église Catholique » (*Le Foyer domestique*, 1876).

Mais vers 1880, la référence à l'Église devient rituelle ; le clergé perd graduellement son influence sur la presse, au point qu'au début du 20ᵉ siècle, pour se faire entendre, il devra créer ses propres organes (de Bonville, 1988). *La Vérité* (1881) déclare même : « Il y a eu peut-être trop de journaux, dans notre pays, qui se constituant, sans mission, les organes du clergé, ont compromis la cause qu'ils entendaient défendre. » En cette fin de siècle, la conformité avec le dogme est souvent la première chose qu'on règle en éditorial, l'air de dire : bien sûr que nous sommes de bons catholiques, ceci dit, passons aux choses sérieuses. C'est le cas du *National* dont le début de l'éditorial est cité en exergue de cette section (ou du *Clairon* de 1889 par exemple). Les premières revues défendant les droits des ouvriers et abordant la question sociale s'inscrivent elles aussi dans les limites de la doctrine sociale de l'Église.

Dans d'autres revues, qu'on ne peut associer systématiquement à des publications littéraires, la profession de foi concerne uniquement le feuilleton : « Le choix de la littérature est confié à une personne qui ne laissera jamais passer dans nos colonnes des écrits contre la religion, les mœurs et la morale » (*Le Moniteur canadien*, 1849). Des déclarations analogues proviennent de revues aussi différentes que *Le Pays* (1852), *Le Figaro* (1879), *L'Album de la Minerve* (1872), *L'Écrin littéraire* (1892), *Le Passe-Temps* (1895). *L'Album littéraire* (1883) porte même comme sous-titre : *Recueil de littérature morale*. En effet, « le journalisme est un sacerdoce et [...] il nous faut non seulement instruire, mais par-dessus tout, rendre meilleur » (*L'Opinion publique*, 1870).

Ces déclarations relèvent-elles d'une rhétorique de bon aloi ou sont-elles sincères[6] ? Il n'est pas toujours possible de trancher. Ce qui est évident cependant, c'est leur omniprésence. Il existe toutefois un éditorial à propos duquel il est impossible de parler de rituel ou de rhétorique, et où affleure l'ultramontanisme : c'est celui de la revue de l'Université Laval le *Canada français* (1888), rédigé par un laïc, Adolphe Routhier. Dans ce cas cependant, ce n'est pas la politique

---

[6] Curieusement, la revue la plus souvent associée à l'ultramontanisme, *La Vérité* (1881) de Tardivel, ne se révèle pas en tant que telle dans son éditorial de présentation.

au sens strict qui doit être subordonnée au religieux, mais la politique scientifique.

Plusieurs revues semblent exploiter au maximum la marge de manœuvre dont elles disposent face à l'idéologie dominante (*L'Opinion publique* de 1870 survivra une quinzaine d'années ; voir Chassay, 1984), mais ce n'est pas toujours facile. Ainsi le *Canada-Revue* subira les foudres de l'Église, sous la forme d'une excommunication, ce qui dans le contexte de l'époque équivaut à un arrêt de mort... pour la publication, pas pour son rédacteur, car celui-ci reviendra à la charge avec une seconde *Opinion publique* en 1892 (de Bonville, 1978).

La polémique : le pour et le contre

> *Nous ne recherchons pas la lutte, mais nous l'acceptons, car un homme de cœur ne la refuse jamais. Notre titre, la Vérité, nous pose naturellement en face de M. Lanctôt et de son journal qui représentent le mensonge.* (La Vérité, 1867.)

La différence la plus marquante entre les revues d'après 1860[7] se situe sur le plan politique entre les revues conservatrices (*Le Foyer domestique*, 1876 ; *L'Avant-Garde*, 1896), libérales (*Le Populaire*, 1837 ; *La Lanterne*, 1868 ; *Canada-Revue*, 1891), et d'autres au caractère plus neutre, plus « éducatives » (*Les Beaux Arts*, 1863 ; *Le Naturaliste canadien*, 1868). Bref, ce qui les distingue est moins le style ou le genre que l'allégeance partisane, car la neutralité est rare.

Conséquence de cette polarisation, tout au long du siècle les revues polémiquent, s'interpellent. Bien que certaines reprennent le projet d'une publication précédente, dans une posture généalogique, l'ensemble des revues, malgré l'affirmation rituelle qu'elles ne feront pas de « personnalités », prend d'emblée une posture polémique. S'opposent libéraux et conservateurs, souvent dans une perspective électoraliste. Cette idée de lutte est omniprésente, parfois pour la récuser : « on ne s'occupera que peu ou point des hommes, qui s'effaceront devant les principes » (*L'Opinion publique*, 1870). Toutefois la

---

[7] En effet, celles d'avant 1860 sont toutes assez semblables dans la mesure où elles recherchent le progrès, comme on le verra dans le chapitre suivant.

position est souvent ambiguë : « Mais si toute vérité n'est pas bonne à dire, une chose certaine, c'est que toute erreur est bonne à combattre » (*La Vérité*, 1881). La polémique peut même être valorisée en tant qu'élément de la vie démocratique, et l'éditorial de vanter « l'utilité de la controverse politique car les intérêts sérieux du pays ne sauraient être trop débattus » (*Le Canadien indépendant*, 1849).

L'Église affiche ses couleurs, qui s'harmonisent avec le bleu du ciel, et s'en prend à ceux qui propagent des idées subversives ; son discours remporte un succès mitigé, car les libéraux, les Rouges, reviennent sans cesse à la charge avec de nouvelles revues. Le *Canada Artistique* (1889) est ainsi une nouvelle offensive de Filiatrault après que son *Album musical* (1881) eut péri sous la condamnation de l'Église ; la seconde revue connaîtra le même sort (de Bonville, 1978).

Une façon de polémiquer sans trop en avoir l'air est d'y aller d'un ton léger, d'emprunter le ton humoristique. Humour bien différent de l'humour actuel (*Croc*, 1979) qui ridiculise la politique, bien sûr, mais sans être lui-même politique. Au siècle dernier l'humour est une arme de combat, d'opposition.

> Mes principes seront Canadiens ! Mes faibles efforts seront dirigés contre les ennemis de notre langue, de notre religion et de nos droits. Gare au faible cœur qui s'est fait fort d'abandonner le pays pour s'unir aux amis du désordre et du despotisme. Je dis gare à lui, car il ne saura se soustraire à mes traits ; il n'aura de quartier qu'après avoir fait amende honorable et abjuré son apostasie. (*Charivari canadien*, 1844.)

Au fil des ans, la polémique s'essouffle, le dialogue se transforme en monologues. Les revues radicales se marginalisent : leur format rapetisse, les articles ne sont plus signés que de pseudonymes[8] (*La Petite Revue*, 1899).

Avec l'apparition des magazines, puis des journaux à grand tirage vivant surtout de leurs revenus publicitaires, la presse cesse de prendre parti en politique. En effet, comme elle vit non plus des

---

[8] Dans *La Revue libre* (1915), on peut lire des textes de Zoseph-Omer Pardivelle, de Marc O. Rhelle ! En un sens, cela se rapproche des noms de plume qu'utilisent les collaborateurs des revues « ordinaires » ; ainsi, collaborent à *La Revue populaire* (1907) : Mistigris, Léa Kébek, Passe-Partout, « le Reporter », Tante Pierrette, Cousine Yvonne.

subsides partisans mais de la publicité, elle doit maximiser ses tirages pour augmenter ses tarifs publicitaires ; pour ce faire, elle doit adopter un discours du juste milieu susceptible de plaire à tous (de Bonville, 1988). Par la même occasion, cela permettra à la discussion de se poursuivre plus librement dans les revues, celles-ci circulant dans un milieu plus restreint ; les échanges s'élèveront alors véritablement au-dessus de la mêlée électorale.

Signature et anonymat

> *Nous exigerons toujours le nom de nos écrivains, et lorsque nous le jugerons nécessaire, nous donnerons ce nom à ceux qui auront le droit de l'exiger.* (Le Moniteur canadien, 1849.)

Si plusieurs revues précisent qu'elles ont reçu la bénédiction de l'épiscopat (*La Nouvelle-France*, 1902), non moins rares sont celles qui affirment leur volonté de liberté et d'indépendance. Les revues d'opposition, qui se qualifient de libérales (pas nécessairement affiliées au parti du même nom), d'indépendantes, sont souvent rédigées anonymement ; les articles ne sont pas signés, ou le sont sous des pseudonymes. L'anonymat favorise la polémique, et la signature devient gage du courage de ses opinions, de la responsabilité de l'auteur (Brunet, 1989).

Qu'ils répandent ou combattent « la bonne parole », les auteurs ne signent donc pas toujours leurs textes. Si le pseudonyme et même l'anonymat sont parfois transparents[9], la signature ne s'impose d'emblée, ou presque, que dans la création littéraire (Robert, 1989). Les foudres du clergé et la menace d'excommunication incitent à l'anonymat, surtout du côté des Rouges, car on est nécessairement d'un côté ou de l'autre. Cela dit, l'absence de signature n'est pas qu'une précaution face à l'Église, puisque même la parole conforme n'est pas nécessairement signée. C'est que la signature sous-tend un rapport spécifique des auteurs à leur texte et à leur discours. Ils n'interviennent pas en leur nom propre dans un champ intellectuel où ils

---

[9] Comme on le découvre sur les microfilms ; par exemple, le propriétaire initial de la collection microfilmée avait annoté son exemplaire de *L'Avenir du Nord* (1892).

entendent, qui laisser leur marque, qui conquérir de la légitimité, mais dans un champ politique et national où ils défendent une cause pour le bien de tous. Et cette cause porte un nom : le progrès.

Conclusion

Les polémiques politiques font rage, et elles sont légitimes : après la Rébellion de 1837-1838, on n'emprisonne plus les opposants au régime. En ce sens règne donc la liberté de presse. Les vieilles gazettes s'étaient battues pour l'obtenir et elles l'ont – chèrement – gagnée. L'univers des revues est avant tout politique ; là se situent les polémiques, et l'objectif principal des fondateurs de revues.

Une évolution cependant se discerne : l'opposition entre les Rouges et le clergé, manifeste dans un premier temps (et qui n'est pas spécifique au monde des revues, comme l'illustrent les démêlés de l'Institut canadien avec l'Église), est graduellement remplacée par celle entre libéraux et conservateurs. L'opposition politique se dissocie des matières religieuses et, plus important, de l'opinion quant au progrès. À la fin du siècle (et jusqu'à nos jours !), on peut même se dire progressiste et conservateur ; de plus, le conservatisme politique n'est pas nécessairement ultramontain.

À ces polémiques participent groupes et individus. Au début, les seuls groupes organisés prenant la parole seront les partis politiques et l'Église ; les opposants, « fantasques », seront relativement isolés. Mais les intellectuels se regrouperont de plus en plus de façon autonome. Il y eut d'abord l'École de Québec des années 1860, mais il s'agit d'une étiquette accolée *a posteriori* à un groupe dont toutefois on ne peut nier l'existence, même s'il n'était pas structuré au sens où le seront les ligues et associations au tournant du siècle (sociétés savantes, Ligue nationaliste, sociétés Saint-Jean-Baptiste, etc.). Notons par ailleurs que si ces associations sont autonomes[10] par rapport aux partis politiques, c'est encore dans le champ politique qu'elles se situent et que les intellectuels interviennent.

Dans ce contexte, l'anonymat ne fait pas que révéler un rapport au texte des auteurs, il met également en évidence le fait que

---

[10] Soulignons ici l'analogie avec les groupes de femmes dans les années 1970 et 1980 qui se diront autonomes face aux partis et aux syndicats.

la libre discussion des idées – des questions de fond par opposition à l'affirmation de son allégeance partisane – ne va pas de soi et que la critique virulente n'est à l'aise que sous le couvert de l'anonymat ou de l'humour.

La discussion qui occupe les revues du 19e siècle se situe dans le monde de la politique et n'atteint pas le politique, autrement dit les enjeux fondamentaux de l'auto-institution du social. C'est une des raisons pour lesquelles on ne peut pas encore parler de modernité au sens strict.

4

Objectif : progrès

Tout cède aux lumières que le dix-neuvième siècle instruit par les fautes et les événements des temps, jette par torrents sur toutes les sections du globe. Un monde est devenu libre, un autre s'agite fièrement dans des fers rivés et appesantis par des siècles, et menace d'en écraser à son tour le despotisme et sa ligue. [...]

Depuis que le perfectionnement de la navigation a facilité les communications entre toutes les parties du globe, le commerce est devenu, chez presque tous les peuples, le gage et la mesure de la prospérité nationale. Le commerce va en proportion avec les produits du sol et des manufactures et ceux-ci avec l'industrie et l'esprit d'entreprise, qui ont pour mère l'éducation. (La Sentinelle, 1826.)

Pendant toute la période pré-moderne, l'objectif des fondateurs de revues demeure le même : contribuer à l'« avancement » du Canada, à son progrès sous toutes les formes. Dire qu'ils poursuivent tous le même objectif, celui du progrès, serait toutefois trompeur dans la mesure où cet objectif n'est pas nécessairement explicite ; c'est à l'analyse qu'il apparaît.

Le progrès prend des sens différents selon la conjoncture et les groupes sociaux ; cependant, sa promotion est un projet intellectuel, et c'est par la propagation des lumières que les revues veulent y contribuer. Parler de l'objectif que poursuivent les animateurs de revues amène à parler de leur public cible ; ils ne s'adressent pas à une élite lettrée, mais à l'ensemble de la population.

L'avancement du Canada

La vision du progrès proposée dans les premiers éditoriaux est globale, à la fois politique, économique et culturelle ; c'est toutefois grâce à l'instruction qu'on met le pied dans cet engrenage. Comme leurs homologues européens, les intellectuels québécois ont une vision évolutionniste de l'histoire. Les libéraux[1] veulent accélérer la marche de l'histoire, alors que les conservateurs, à sa remorque, cherchent à limiter les dégâts qu'elle pourrait occasionner dans sa course ; mais personne ne la remet en question.

De la diffusion des lumières...

> *Ce ne sont pas les considérations philosophiques qu'il importe de répandre parmi le peuple, mais des connoissances pratiques à la portée de tout le monde. Philosophes ! Voulez-vous bien mériter de l'humanité ? Cessez de parler aux peuples de leurs droits, sans leur apprendre leurs devoirs. [...]*
>
> *Si jamais on a eu lieu de s'applaudir du progrès des lumières, c'est sans doute dans notre siècle, qui par la régénération presque totale des institutions politiques du monde et la naissance de tant de nouveaux états fait une époque à jamais mémorable dans l'histoire des âges.* (La Minerve, 1826.)

Dans la première moitié du siècle, répandue est la vision selon laquelle la presse, par la diffusion des lumières, ne peut qu'accélérer, favoriser la démocratie (*Le Jean-Baptiste*, 1840) ; dans le même sens, on plaide pour l'instruction qui permet l'exercice de la véritable démocratie (*Ami du peuple, de l'ordre et des lois*, 1832). Mais les lumières que l'on appelle pour le Canada ne sont pas que théoriques, ce sont aussi – et surtout – des connaissances utiles, des savoirs et

---

[1] Dans son livre sur le libéralisme des milieux d'affaires francophones à Montréal au tournant du siècle, Fernande Roy (1988) établit plusieurs distinctions entre libéralisme, progressisme et conservatisme. Elle montre que le libéralisme n'est pas nécessairement inconciliable avec le conservatisme, et que par conséquent on ne peut l'associer uniquement au radicalisme. « La conception libérale présente une structure spécifique qui, dans l'articulation des valeurs de liberté, d'égalité et de progrès autour de la valeur centrale de propriété et dans la soumission du domaine public au domaine privé, assure la suprématie de « l'individualisme propriétaire » » (p. 58). En ce qui concerne la période qu'elle étudie plus spécifiquement, l'auteure conclut à un libéralisme conservateur.

savoir-faire concrets (*Le Courrier du Bas-Canada*, 1819 ; *La Bibliothè-que canadienne*, 1825 ; *La Minerve*, 1826 ; *La Sentinelle*, 1826 ; *Le Populaire*, 1837). Ce discours se met en place avant la rébellion de 1837, à une époque révolutionnaire en Europe et en Amérique, au point de vue tant industriel et économique que politique.

Les rédacteurs ont l'impression de participer à un mouvement universel ; ils évoquent l'indépendance de la Grèce, des pays de l'Amérique du Sud. Pour eux, la société est entraînée « invinciblement » (*Le Citoyen*, 1844) vers le progrès, et celui-ci est politique autant qu'économique. L'éducation amène l'esprit d'entreprise, donc la prospérité économique, donc le progrès. Cette conviction de *La Sentinelle* (1926 ; voir la citation en exergue du chapitre) est partagée par l'*Ami du peuple, de l'ordre et des lois* (1832), *Le Populaire* (1837), *Le Temps* (1838). Les *Mélanges religieux* (1840) visent également la « diffusion des lumières » ; c'est en ces termes que cet organe de l'Église définit son rôle : concession à la rhétorique de l'époque, mais certainement aussi souci apostolique. *Le Pays* (1852) affirme que la démocratie ne peut que découler de l'évolution de la société : « Les causes qui tendent à obscurcir ces idées [...] [de démo-cratie] sont des accidents [...]. »

Les intellectuels ont foi en la marche de l'histoire, ils sont d'emblée évolutionnistes. Dans cette vision positive de l'histoire sont étroitement associés développement économique et démocra-tie. « C'est au progrès, sous toutes ses formes que nous aspirons, et nous sommes convaincus qu'on n'y peut parvenir que par la liberté » (*La Revue libre*, 1915).

... au progressisme-conservateur

> *Nous devons passer l'ère des transformations avec calme ; car c'est par l'exercice de nos devoirs que nous obtiendrons le succès, et non pas par des agitations qui, quoique patriotiques, ne feraient que ralentir la marche des événements favorables, si elles étaient intempestives. [...]*
>
> *L'agriculture est, avant-tout, l'élément du Bas-Canada, c'est une des garanties de notre existence comme peuple. Soyons-en fiers et travaillons à la faire marcher dans la voie du progrès ; car, elle est éminemment efficace pour rendre un*

peuple fort, énergique, attaché au sol et à ses institutions, et pour rendre florissants le commerce et l'industrie de toute espèce. (L'Ordre. Union catholique, *1858.*)

Si pour les libéraux il s'agit toujours de « s'atteler au char de l'Humanité pour le pousser en avant » (*La Revue libre*, 1915), dans la seconde moitié du siècle on découvre l'envers du progrès, ses effets pervers selon le vocabulaire d'aujourd'hui. S'exprime alors une réaction aux changements ; il ne s'agit plus de les produire, ni de les accélérer, ils vont déjà bien assez vite. Le thème dominant n'est plus la marche invincible des lumières qui amène le progrès, mais les remous sociaux qui forcent à réagir. En particulier, la « question ouvrière » ainsi que l'exode aux États-Unis d'un grand nombre de Québécois, jumelé à l'arrivée massive d'immigrants irlandais, ne sont pas sans soulever d'inquiétude.

Le progressisme se fait critique ; souhaiter le progrès n'équivaut pas à y souscrire inconditionnellement. Même les libéraux et les plus optimistes font référence aux problèmes politiques et sociaux, et en général aux changements : « Dans l'état de vague et d'incertitude dans lequel se trouve actuellement le pays [...] » (*Le Pays*, 1852). En filigrane, dans les objectifs, dans l'énumération des sujets à traiter, se dessine un diagnostic : « la protection absolument nécessaire à donner à nos industries naissantes, les réformes à opérer dans l'agriculture et la colonisation ; les mesures propres à empêcher ou du moins à diminuer l'émigration ; les modifications à apporter à notre système d'éducation secondaire » (*L'Opinion publique*, 1870).

La *Gazette des campagnes* (1861)[2] s'inquiète de ce que tout bouge ; ce n'est plus le simple « développement régulier et permanent » du progrès auquel ses rédacteurs assistent, car « le sol bouge sous nos pas » ; même l'agriculture doit se moderniser. Dans certains cas le discours devient apocalyptique : la *Gazette des familles canadiennes* (1869) dénonce « les princes de l'enfer et ses [*sic*] satellites ». Plus posé, *L'Ordre. Union catholique* (1858), dans une combinaison d'évolutionnisme et de conservatisme, affirme s'appuyer « sur la main de Dieu ».

---

[2] Galipeau (1969) a longuement traité du texte de présentation de cette revue.

L'accent économique ne porte plus sur le commerce, mais sur l'agriculture ; demeure l'idée que le progrès est normal, inéluctable. Ce discours, on peut le qualifier, au sens propre, de « progressiste-conservateur » ; et une publication intitulée *L'Avant-Garde* (1896) n'a pas peur de s'afficher conservatrice. En effet, le conservatisme est souvent associé à la préservation de la langue et de la religion. C'est dans cette tradition que se situera *L'Action française* (1917), publiée par la Ligue des droits du français : « Organe vigilant, allègre, énergique et surtout traditionaliste ».

Le progrès économique, scientifique, démocratique constitue donc la toile de fond sur laquelle sont brodées les idéologies les plus diverses ; de toutes parts, on s'en réclame, autant en politique que dans le domaine culturel. « Chaque fois que les Beaux-Arts sont introduits dans un pays, le progrès paraît naître de toutes parts avec un élan qui montre la force vitale de son peuple » (*Les Beaux Arts*, 1863).

Contribution des revues et des intellectuels : affirmation de l'identité nationale

> *Mais que font donc de leur instruction ces milliers d'enfants sortis de nos écoles ? Comment continuent-ils à développer leur intelligence ? […] Un peuple qui ne lit pas, qui ne cherche pas à s'instruire connaît-il ses richesses, sait-il en tirer parti ? Évidemment non. Mais vraiment il est des choses qu'on ne peut pas démontrer sans craindre de se rendre ridicule : c'est à peu près comme si nous entreprenions une théorie sur l'utilité de la lumière.* (L'Opinion publique, 1870.)

Le progrès n'est pas qu'un mot d'ordre, mais d'abord et surtout un constat ; on l'observe aux États-Unis et au Canada anglais, tant dans le domaine intellectuel que dans le domaine industriel, le second découlant du premier selon les analystes. Il faut y participer, ne pas manquer le train et « prendre part dans le mouvement général » (*Revue canadienne*, 1845). Les animateurs de revues ont une idée très élevée de leur mission ; comme se plaisent à le rappeler plusieurs : « Le journalisme est un sacerdoce. »

Si la contribution des fondateurs de revues au progrès se fait par l'intermédiaire de leur publication, c'est dans le domaine politique ou patriotique qu'ils espèrent laisser leur marque. Au fond, ce qu'ils souhaitent c'est accélérer le progrès, mais pas n'importe lequel, celui de la patrie. Pour ce faire, la première étape, tout en diffusant les lumières, c'est l'affirmation du sujet canadien-français.

L'avant-garde éclairée

> Nous voulons avant tout populariser les connaissances en histoire naturelle, et pour y réussir plus sûrement, nous déduirons les conséquences pratiques de nos données, chaque fois qu'il y en aura de connues. [...] Chaque nouvelle découverte dans l'étude de la nature est un capital acquis qui devra tôt ou tard produire des intérêts. (Le Naturaliste canadien, 1868.)

Deux possibilités s'ouvrent aux animateurs de revues : pénétrer dans chaque foyer ou former l'élite. La deuxième option ne se manifestera qu'à la toute fin de la pré-modernité (*La Nouvelle-France*, 1902). Dans les deux cas, de toutes façons, les animateurs de revues ont une conception « diffusionniste » de leur action ; ils forment une élite éclairée, et ils entendent bien éclairer les autres. Quels autres ? Tout ceux qui savent lire ; ceux-ci forment-ils une élite en cette époque où l'analphabétisme est courant ? Les animateurs de revues ne se contentent pas de ce public potentiel, car ils prônent à qui mieux mieux la généralisation de l'enseignement. Ils espèrent joindre, idéalement, l'ensemble de la population.

Au début du siècle, les premiers éditoriaux insistent sur l'importance de l'instruction élémentaire (*Le Courrier du Bas-Canada*, 1819) ; un demi-siècle plus tard, *L'Opinion publique* (1870) parlera du secondaire, et avec la modernité *L'Action française* (1917) prônera l'éducation supérieure. À travers ces étapes peuvent se lire les progrès de l'éducation au Québec, mais en même temps la permanence du thème de la nécessité de l'éducation pour tous dont les revues se font à la fois les avocates et l'instrument. Elles ne peuvent agir seules, l'école joue un rôle important, mais elles veulent en prendre le relais.

Les revues à vocation proprement éducatives seront rares. *Le Naturaliste canadien* (1868) prétend faire œuvre à la fois de publication savante et de vulgarisation (en fait j'extrapole car ces catégories n'existaient pas à l'époque ; voir la citation en exergue de la présente section.) C'est encore et toujours de progrès qu'il est question en filigrane.

« En dépit de notre engourdissement, et malgré notre apathie, nous croyons à la marche progressive de la civilisation au pays » (*Revue canadienne*, 1845). Secouer l'apathie ! Que de fois ce mot d'ordre revient-il ! L'entonnent : *La Sentinelle* (1826) ; la *Revue canadienne* (1845), *La Patrie* (1854), le *Canada Artistique* (1889), *L'Écrin littéraire* (1892), pour ne nommer que quelques revues et bien différentes. Sans oublier les synonymes, qui ne sont pas moins pourfendus : la routine (*Le Glaneur*, 1836), la stagnation (*Le Courrier canadien*, 1838).

Le couplet sur l'apathie des Canadiens qui n'ont pas le souci de lire et de se cultiver se transforme fréquemment en plaidoyer pour les revues qui prétendent édifier la jeunesse, contribuer à sa culture, maintenir la flamme chez ceux qui ont terminé leurs études. Si donc ce sont des lumières que les Canadiens ont besoin, l'élite éclairée va les leur transmettre. Mais le type de lumières à répandre varie selon le cas. *Le Foyer domestique* (1876), pour sa part, réagit « en face de la propagande que des apostats » font circuler.

L'apathie est d'autant plus vigoureusement dénoncée que ses conséquences se font sentir non seulement au niveau intellectuel et scientifique – ce qui entraîne des retards économiques –, mais aussi en matière politique. Comme le soulignait déjà la *Revue canadienne* en 1845 et plusieurs années plus tard une revue dont le sous-titre est *Revue de droit rural* : « Puisque le peuple par la constitution et par la marche inévitable du progrès est forcé de s'administrer lui-même, qu'il s'instruise donc ! » (*L'Ami du foyer*, 1907).

Cela ramène à la vision des lumières dont j'ai parlé plus haut : les revues estiment tenir un rôle important dans leur diffusion, ce qui permettra ultimement l'exercice véritable de la démocratie. La liberté de presse va de pair avec la liberté tout court ; en fait, la liberté de presse est une condition préalable, nécessaire, à l'exercice démocratique, de par la discussion des idées qu'elle permet. Le rôle de la presse est donc essentiel, constitutif de la démocratie ; en ce sens, elle contribue à l'affirmation du Canadien français en tant que sujet politique. La mission que s'attribue l'élite éclairée que constituent les intellectuels est une mission d'animation sociale au sens où elle vise à tenir en éveil ses compatriotes, non seulement pour répandre les lumières, mais pour leur rappeler à chaque instant à quel point celles-ci sont nécessaires.

L'éloge de la presse, auquel plusieurs revues consacrent lignes et paragraphes dans leur premier éditorial, porte sur le fait qu'elle est utile socialement. Au 20ᵉ siècle, par contre, l'utilité de la revue, telle qu'elle est définie en éditorial, sera plutôt de servir de banc d'essai à de jeunes auteurs ou analystes, ou à tout le moins à de jeunes idées, de servir de moyen de communication dans un milieu bien précis, partageant un intérêt spécifique. Bref, au 19ᵉ on se situe dans l'univers plus vaste du politique et du social alors qu'au 20ᵉ siècle, tendanciellement, on restera dans le milieu intellectuel.

Des mémorialistes

> Ce recueil sera surtout consacré à soustraire nos belles légendes canadiennes à un oubli dont elles sont plus que jamais menacées, à perpétuer ainsi les souvenirs conservés dans la mémoire de nos vieux narrateurs, et à vulgariser la connaissance de certains épisodes peu connus de l'histoire de notre pays. (Les Soirées canadiennes, 1861.)

Autant les éditorialistes veulent répandre les lumières de l'instruction pour faire advenir le progrès et la démocratie, autant ils entendent se situer dans l'histoire du monde, et du Canada : pour progresser, il faut connaître ses racines. Ce souci habitera Michel Bibaud dont les présentations de ses cinq revues insisteront sur l'histoire du Canada. Déjà en 1825, *La Bibliothèque canadienne* se propose de « mettre au jour des monuments littéraires, des traits d'histoire, ou des faits à l'honneur ou à l'avantage du pays, restés jusqu'à cette heure dans l'obscurité ». Même souci dans *Le Citoyen* (1844), la *Revue canadienne* (1845), *Le Foyer domestique* (1876) :

« Que d'inspiration, que de poésie dans notre beau ciel du Canada ! »
(*Le Ménestrel*, 1844).

> Un Journal qui se compose principalement de pièces originales
> (nous voulons dire Canadiennes) ou du moins nouvelles, sur les
> différentes branches des sciences et des lettres ; de morceaux ayant
> immédiatement rapport à l'état passé ou présent de notre pays nous
> a longtemps manqué et nous manque encore. (*L'Encyclopédie cana-
> dienne*, 1842.)

L'Ordre. Union catholique (1858), se fixe l'objectif de « préparer l'avenir en nous rattachant aux exemples et aux traditions du
passé ». Mais il ne s'agit pas que de faire et refaire l'histoire. Il faut
préserver de l'oubli la culture orale, les contes, les légendes et les
chansons, comme l'illustre l'extrait en exergue de cette section. Le
sentiment de précarité de la culture française en Amérique, et plus
encore de sa portion orale, date du début du siècle dernier, et il est
déjà présent dans *La Minerve* en 1826[3] ! À quand donc remonte l'âge
d'or de la culture canadienne[4] ? Au Régime français ? (*Les anciens
Canadiens* paraissent en 1863.) L'exemple de *La Minerve* montre bien
que ce souci pour le passé n'est pas le fait que des conservateurs, il est
aussi celui des libéraux : ceux-ci sont d'emblée dans l'histoire, et si le
futur les aspire, le passé les inspire.

> L'histoire de notre pays sera aussi un des objets principaux de nos
> recherches. Nous prions ceux qui connoissent d'anciennes tradi-
> tions canadiennes, de vouloir bien nous les communiquer afin de
> les soumettre à la critique avant que les monumens qui peuvent
> servir à leur examen disparoissent entièrement. (*La Minerve*, 1826.)

---

[3] *L'Oiseau-Mouche* (1893), publié par les étudiants du Séminaire de Chicoutimi, fait
montre d'un souci analogue pour l'histoire orale : « Les pionniers d'un grand nombre
d'endroits sont encore pleins de vie, et il est temps de recueillir pour l'histoire bien des
détails qui se perdront bientôt si on ne les fixe dès à présent sous une forme qui les
préserve de l'oubli. »

[4] Galipeau (1969, p. 309) reproduit cet extrait de la *Gazette des campagnes* du 1er mai
1866, que je n'hésite pas à reproduire à mon tour : « Oui ! nous courrions si bien ! Nous
étions en si bon chemin ! À part les écarts causés par les boissons enivrantes, nos
campagnes étaient si belles, si aimables par la modestie des jeunes gens et des jeunes
filles ! Il y avait tant d'union, de charité, de vraie fraternité entre toutes les personnes
d'une même paroisse ! L'autorité paternelle et maternelle était si grande et si vénérable
pour les enfants ! Les prêtres si profondément vénérés, si religieusement écoutés !
L'esprit catholique dirigeait toutes les âmes, l'esprit de foi vivifiait toutes les actions,
l'esprit d'obéissance sanctifiait tous les travaux ! La religion était honorée, l'Église
édifiée, nos pasteurs heureux au milieu de nous ! » Si, en 1866, toutes ces choses
appartiennent déjà au passé, la question demeure : de quel présent sont-elles la description ?

Si le progrès projette le Canada français dans l'avenir, la patrie l'ancre dans le passé. Durham a affirmé dans son célèbre rapport que les Canadiens étaient un peuple sans histoire ; ce n'est pas la faute aux intellectuels ! Ceux-ci en effet cherchent sans cesse à mettre en forme l'histoire du Canada afin de s'y situer, et par la même occasion dans celle du monde. Avant même de constituer le champ intellectuel canadien-français, il faut fonder l'identité du peuple canadien-français, face aux Anglais, à l'Europe, et au fond face à soi-même. En ce sens encore, l'entreprise des intellectuels est patriotique.

Des analystes

> L'époque n'est peut-être pas éloignée où de simples lectures ne suffiront plus aux élans de la pensée et à la défense de l'ordre et de la vérité, violemment et sérieusement attaqués parmi nous. (Revue canadienne, 1864.)

Si les revues se situent dans le champ politique et social, c'est tout de même pour y faire l'éloge du savoir. Ce savoir, qui se veut pratique depuis le début du siècle, acquerra vers 1860 un nouveau volet : les sciences sociales appliquées. Il ne suffit pas de déplorer les changements, il faut les analyser, « combattre par l'intelligence » (*Revue canadienne*, 1845)[5]. Cette attitude prendra de l'importance dans la seconde moitié du siècle, alors que l'envers du progrès et surtout « la question sociale » retiendra l'attention. La philosophie, la religion et la politique se révèlent impuissantes devant les problèmes sociaux, aussi on en appelle à la science sociale, à la science politique. Celle-ci, cependant, sera essentiellement du ressort des intellectuels, par opposition aux savoirs nécessaires à l'exercice de la démocratie ou aux progrès de l'industrie et de l'agriculture. « Ne nous imaginons pas que ces grèves soient accidentelles. Elles se renouvellent régulièrement et à intervalles périodiques. Il faut en étudier les causes » (*L'Étendard*, 1883). *Le Nouveau Monde* (1867) voudra « ré-

---

[5] Ne pas confondre la *Revue canadienne* de 1845, de Louis O. LeTourneux, avec celle du même nom de 1864 à laquelle contribuèrent, entre autres, N. Bourassa, A. Boucher, P. Letondal, J.A.N. Provencher.

pandre la science politique », la *Revue canadienne* (1864), « éclairer l'opinion au moyen de recherches laborieuses ». Ce souci d'analyse sociale ne caractérise pas les libéraux ou les radicaux. Même les hommes d'Église se tournent vers la science politique.

Celle-ci devient un besoin non seulement parce que la situation sociale et économique s'est transformée, mais aussi parce que les modèles d'explication « prêts-à-penser » ne satisfont plus, même l'Église. C'est un autre élément du passage à la modernité, dont une des caractéristiques est que la science remplace la foi comme explication du monde. Cela ne peut que renforcer la position des intellectuels dans le social, et la légitimité de leur parole.

Des patriotes

Comment donc caractériser rapidement la contribution des intellectuels au progrès ? Ils veulent accélérer le progrès, mais pas n'importe lequel, celui de la patrie. Aussi régulièrement que le souci de secouer l'apathie, on lit en éditorial la profession de foi patriotique des rédacteurs (depuis *L'Abeille canadienne* (1818) jusque, par exemple, dans *L'Écho du cabinet de lecture paroissial* (1859) ou dans *L'Opinion publique* (1870)).

Un grand nombre de revues font référence à la patrie dans leur titre : *Le Canadien* bien sûr, mais aussi les *Magasin, Moniteur, Foyer, Naturaliste* canadiens ; les *Abeilles, Soirées, Revues, Encyclopédies* canadiennes ; tous les *National*, les *Jean-Baptiste*, les *Pays*, etc. Entre 1800 et 1819, 5 revues sur 8 ont un titre patriotique ; entre 1820 et 1839 : 4 sur 12 ; entre 1840 et 1859 : 12 sur 28 ; entre 1860 et 1879 : 9 sur 31 ; entre 1880 et 1899 : 9 sur 53 ; entre 1900 et 1916 : 7 sur 28. (Et cela ne tient pas compte des sous-titres.) La première revue universitaire, en 1888, se nommera le *Canada français*.

Le titre d'une revue n'en résume-t-il pas l'objectif ? N'en est-il pas la marque de commerce ? C'est presque le tiers des revues et gazettes qui ont un titre qui fait référence au Canada (terme qui, rappelons-le, excluait les Anglais), sauf à l'époque d'effervescence intellectuelle des années 1880-1890. Plus on remonte vers le début du siècle, plus la proportion en est grande, plus grand est le besoin de s'affirmer nationalement. Quand cette affirmation nationale ira de

soi, quand elle sera plus ou moins chose faite, les intellectuels senti-
ront moins la nécessité de s'affirmer Canadiens français jusque dans
le titre de leurs revues ; dans la modernité, les références identitaires
auxquelles renvoient les titres des revues ne seront pas d'ordre patriotique.

Cette analyse de la contribution des intellectuels au progrès
peut s'interpréter aussi comme l'analyse de leur posture intellectuelle
globale. Au-delà des polémiques qui les divisent, ils se rejoignent
dans le désir de propager des lumières. Au fil des ans s'ajoutent à leur
tâche de nouvelles dimensions qui sont de plus en plus spécifiques à
leur état d'intellectuels. Il faut éduquer, répandre des connaissances
utiles (tant politiques qu'économiques), fonder l'identité canadienne-
française et la situer dans sa propre histoire ainsi que dans celle du
monde. Quand une partie de ces tâches sera accomplie, une nouvelle
pourra s'imposer et qui caractérisera la modernité : celle d'analyste ;
l'intellectuel devra poser des diagnostics sur le social pour mieux y
intervenir par la suite, que cette intervention soit la sienne ou celle
des gouvernants.

Un public cible tous azimuts

> [...] une lecture à la fois saine, calme, variée, originale,
> nationale et du terroir le plus possible, partie populaire pour
> les uns, partie plus relevée pour les autres, pour tous instruc-
> tive et récréative, et, avec cela, à bon marché ! (L'Écrin
> littéraire, 1892.)

Conséquemment aux objectifs de ces revues, le public cible
est souvent tous azimuts, comprenant aussi bien les personnes que les
institutions : « les maisons d'éducation, les instituts, les bibliothèques de paroisse, les associations littéraires [...] et toutes les personnes qui ont à cœur la diffusion des lettres parmi les diverses classes de
notre société » (Le Foyer canadien, 1863). Le public visé est parfois

plus spécialisé : « Le Moniteur canadien est spécialement dédié à la classe mercantile » (1849)[6].

Le Canada musical (1866) est le premier exemple dans le corpus de présentation des différentes rubriques en fonction de publics cibles spécifiques. De même, Le Naturaliste canadien (1868) s'adresse à l'amateur qui cherche à « s'initier lui-même à l'étude de la nature », et au savant pour qui il se veut « un bulletin des progrès journaliers de cette importante science, et un médium pour faire participer le public à ses observations et ses découvertes ».

Les femmes et les enfants… ensuite !

> [...] la femme est encore la compagne attentive de son mari, son conseil le plus sûr, son ami le plus sincère, son trésorier le plus intègre, son intendant le plus ménager, son maître le plus adroit. Bien loin de blâmer la confiance que nos habitants portent à leurs femmes, nous les exciterons à en étendre encore la sphère. (Le Populaire, 1837.)

Le premier éditorial qui mentionne les femmes comme lectrices potentielles c'est, trente ans avant Buies dans La Lanterne (1868) (« j'espère qu'elles auront le caprice de me lire »), mais également sur un ton badin, celui du Fantasque (1837) : « Voyez chers lecteurs et aimables lectrices (j'ai la prétention d'avoir des lecteurs et surtout des lectrices) voyez-vous, je suis fantasque et c'est tout dire. » La même année, Le Populaire consacre la première page et tiers de son éditorial « aux habitants du Bas-Canada », le tiers de la seconde page « aux dames », puis un quart de page « à la jeunesse canadienne ». Les dames dont il est question ici ne sont pas celles de l'élite, mais les épouses des habitants : celles des Patriotes de 1837-1838 ?

---

[6] Dans le même sens, si on prétend parler au nom des hommes d'affaires, c'est que c'est en partie à eux que l'on s'adresse. « Il est temps que dans notre pays, l'on travaille à ouvrir l'esprit de la population aux idées de progrès social, d'indépendance intellectuelle et de démocratie égalitaire. [...] Les hommes d'affaire à Montréal ne sont pas absolument satisfaits de la condition d'insignifiance à laquelle on semble avoir voulu les réduire dans le parti » (Le Pays, 1910). Ici, on est à la veille d'entrer dans la modernité ; on voit l'affirmation d'un groupe qui se démarque du parti politique ; le politique et la politique se dissocient.

Après le soulèvement, les éditorialistes oublieront les femmes pendant une bonne trentaine d'années ; leur réapparition comme public cible correspondra à la parution des premiers magazines illustrés. *L'Opinion publique* (1870) aura deux éditoriaux ; le premier, politique, interpelle les hommes, et le second s'adresse explicitement aux femmes, mais davantage en tant que mères et épouses de lecteurs que comme lectrices proprement dites : « Car il s'adressera à vous mesdames toujours si bonnes et si tendres, vous le prendrez dans vos bras, vous l'adopterez au sein de votre famille, vous en ferez le compagnon, l'ami, le frère de vos enfants. » Cela dit, *L'Opinion publique* sollicite la collaboration des femmes !

Deux ans plus tard, un périodique s'adressera à la famille en tant que groupe : « La politique, les sciences, toutes les branches sérieuses ont leur organe, le foyer n'a pas encore le sien » (*L'Album de la Minerve*, 1872). Pour bien rejoindre les femmes et les jeunes filles, des patrons de couture leur sont offerts, mais on est déjà ici dans l'orbite des magazines. S'agit-il encore de répandre des connaissances utiles, propres à la sphère féminine, cette fois ? En 1892, *L'Écrin littéraire*, qui veut être une « véritable revue de la famille », s'adresse aux « lecteurs » et « lectrices », tout bonnement. *Le Passe-Temps* (1895) interpelle le « bienveillant lecteur » et l'« aimable lectrice ».

Les premières revues féminines ne sont pas dépourvues de paternalisme ; ainsi *Le Journal de Françoise* (1902) souhaite aider les femmes, leur servir de confidente[7]. Règle générale, le discours de ces revues sera d'autant moins paternaliste que les femmes signeront l'éditorial ou du moins collaboreront à la revue. Les premières signatures féminines apparaissent dans les deux dernières décennies du 19e siècle ; c'est dans les années 1890 que des premiers éditoriaux seront rédigés par des femmes, dans des revues féminines. (J'y reviendrai au chapitre 14.)

Une des premières revues féminines est *La Revue populaire* de 1907[8]. Or rien dans l'éditorial ne permet de deviner ce public cible ! Parce que c'est évident et que cela ne vaut pas la peine de le

---

[7] Ce qui ne l'empêche pas d'avoir des préoccupations politiques et de souhaiter le rapatriement des Franco-Américains... et Franco-Américaines, lesquelles font partie du public visé.

[8] Voir Micheline Dumont-Johnson (1981).

mentionner ? Parce que les femmes sont devenues des sujets politiques elles aussi, et que leur place dans la cité déborde de plus en plus la sphère domestique, même si elles n'ont pas encore le droit de vote ? En 1913 la Fédération nationale des sociétés Saint-Jean-Baptiste fonde sa revue féminine : *La Bonne Parole*. Son public cible, outre « celles qui ont charge des petites âmes d'enfants », comprend « celles qui travaillent hors du foyer », et la revue ne s'intéresse pas qu'aux problèmes domestiques :

> La bonne parole, c'est à cette heure de malentendus sociaux, d'erreurs pédagogiques, de fausses théories économiques, le mot clair et loyal qui fait lumière. Et ces questions intéressent tout particulièrement les femmes, puisque non seulement leurs devoirs en dépendent, mais aussi leur bonheur le plus intime. (*La Bonne Parole*, 1913.)

C'est vraiment l'aube d'un nouveau siècle. Mais même alors, quand une revue s'adresse à l'élite, celle-ci ne comprend pas nécessairement les femmes. Ainsi *La Nouvelle-France* (1902), qui souhaite « mettre en activité toutes les forces intellectuelles dont notre race peut disposer », ne publie pas de fiction, malgré le fait que « le roman nous vaudrait peut-être quelques lectrices de plus ». Les femmes ne s'intéressent-elles qu'au roman ? Si l'éditorial évoque des « lectrices de plus », c'est qu'il y en a peut-être déjà ; en tout cas le roman n'ira pas chercher de lecteurs supplémentaires !

La jeunesse est souvent un public privilégié, directement ou indirectement ; l'attitude à son égard ne souffre pas des ambiguïtés que je viens de noter envers les lectrices ; cette jeunesse serait-elle donc essentiellement masculine ? « Ces enfants, il faut songer à leur avenir, et pour cela les parents doivent sonder leurs inclinaisons afin de préparer leur esprit pour une profession » (*Les Beaux Arts*, 1863).

Les éditorialistes font fréquemment appel à la collaboration des jeunes écrivains pour meubler leurs pages. C'est souvent en tant que collaborateurs potentiels qu'ils sont interpellés ; ce qui suppose dans un premier temps qu'en tant que lecteurs ils aient pris connaissance de cet appel. Celui-ci se fait entendre depuis la *Gazette du commerce et littéraire* (1778), jusqu'à *L'Album universel* (1902) en passant par *Le Populaire* (1837), *Le Jean-Baptiste* (1840), *Le Sauvage* (1847), *L'Avenir* (1847), etc.

En général, les revues s'adressent à un large public ; d'ailleurs le milieu intellectuel proprement dit n'existe pas, il se constitue graduellement au cours du siècle. Ici et là, les éditoriaux font référence à des groupes de lecture (*L'Écho du cabinet de lecture paroissial*, 1859, ou *Le Foyer canadien*, 1863). Par ailleurs, dans la décennie 1880-1890, une nouvelle configuration apparaît, qui marque une tentative d'autonomisation du champ intellectuel : *Le Figaro* (1883) s'adresse d'abord aux écrivains. (Ce point sera abondamment discuté au chapitre 6.)

Conclusion

Le chapitre précédent avait montré comment la structuration même du champ des revues, son accent sur la polémique, situe celles-ci dans l'univers politique. Le présent chapitre, portant sur le thème commun à l'ensemble des revues et sur la mission que les intellectuels s'attribuent, a illustré le fait que ceux-ci constituent une élite éclairée, qui cherche à rejoindre l'ensemble de la population pour assurer et accélérer l'avancement du Canada. Les lumières qu'ils veulent répandre sont avant tout des connaissances appliquées, et ce tout le long du siècle, même quand leur position d'analystes commence à se dessiner (par opposition à la science pure et académique du 20e siècle). Se mettent en place les conditions nécessaires à l'exercice de la démocratie et à la discussion des idées, politiques mais aussi sur le devenir social. On cherche à asseoir l'identité du sujet canadien-français en le situant dans l'histoire (démarche théorique) et en le faisant participer à la marche du progrès (de façon plus pratico-pratique). Le prochain chapitre sera consacré à la construction de cette identité canadienne-française, à l'altérité par rapport à laquelle elle se définit.

5

L'ailleurs et l'ici des intellectuels

Nous donnerons des nouvelles dans notre journal, des nouvelles de tous les pays, de Rome, de France, des États-Unis surtout. Quant aux nouvelles du Canada nous en donnerons également. [...] Nous parlerons peu des meurtres, des pendaisons, des suicides, des accidents qui arrivent aux États-Unis ou ailleurs. Nous ne nous mettrons pas en frais de raconter à nos lecteurs que Jim Smith s'est battu avec Bill Jones dans une buvette de Chicago, et lui a enfoncé deux côtes et fracturé un doigt. Nous n'entretiendrons pas nos lecteurs des combats de matelots dans la rue Champlain [...] (La Vérité, 1881.)

Si le projet des intellectuels est patriotique, comment et quand définissent-ils leur patrie ? Quand commencent-ils à parler de la « race » ? Quand survient le passage du « Canada » au « Canada français » ? Il serait trop facile de répondre : en 1867 avec la Confédération[1].

Le discours nationaliste est difficile à distinguer, surtout dans un premier temps, des discours sur d'autres sociétés. L'identité se construit en rapport avec l'altérité. Dans la première moitié du siècle, tout semble possible ; la comparaison et l'émulation avec le monde anglo-saxon n'effraient pas les intellectuels. Dans un second temps, l'identité aura moins besoin de se mesurer à l'autre, malgré l'inquiétude que suscite l'omniprésence anglo-saxonne sur le continent.

---

[1] Reid (1980) montre comment, dans la période 1806-1842, *Le Canadien* passe d'une définition industrielle à une vision plus agricole de l'activité économique canadienne-française et de l'identité de la nation canadienne-française.

Le Canada dans l'histoire universelle

> *Quel tableau pour les siècles futurs que la Grèce se relevant de ses ruines, la monarchie absolue mitigée en Europe par le gouvernement représentatif, et l'Amérique couverte de nouveaux états et habités par des peuples [libres] [...] depuis l'embouchure de la Plata jusqu'aux glaces du Nord! (La Minerve, 1826.)*

L'éditorial de *La Bibliothèque canadienne* (1825) est un excellent exemple du nationalisme tout positif de la première moitié du siècle. Il se propose de « mettre au jour des monuments littéraires, des traits d'histoire, ou des traits à l'honneur ou à l'avantage du pays, restés jusqu'à cette heure dans l'obscurité », de faire ressortir « par un éloge mérité, les talents de nos compatriotes », et de « faire connaître toute l'étendue de pays qu'on appelle, ou qu'on peut appeler Canada, mieux et plus avantageusement qu'il ne l'est même de ses propres habitants ».

Ce sentiment national ne conduit pas au repli ; ainsi dès 1826 *La Minerve* se définit dans l'histoire et dans la géographie (voir l'extrait en exergue ci-dessus). La même année, *La Sentinelle* discute de la démocratie : « toutes les autres parties de l'Amérique se précipitent à l'envi vers la plus haute civilisation », et évoque la France qui s'est jetée « dans les bras d'un soldat ambitieux » et le Mexique qui a été « sur le point de perdre une liberté achetée dans des flots de sang ». De même, *Le Pays* (1852), citant Tocqueville, situe le Canada dans l'histoire de l'humanité et les différentes formes de gouvernement depuis la nuit des temps.

La première tâche qui attend les fondateurs de revues est l'écriture de l'histoire du Canada, mais pour que celle-ci ait un sens, il importe de la situer dans l'histoire du monde.

L'autre par excellence : l'Anglo-Saxon

> *Tout bon Canadien peut se flatter du doux espoir que le jour n'est pas éloigné où le peuple canadien rivalisera par les*

> lumières et ses connaissances générales, avec la population active et entreprenante des états voisins. (Ami du peuple, de l'ordre et des lois, 1832.)

Dans la première moitié du siècle, en concordance avec la vision du progrès, le nationalisme est plutôt militant. Les éditorialistes comparent les « Canadiens » aux « Anglais » dans un désir d'émulation réciproque ; les affrontements, s'il y en a, seront, selon eux, économiques ou politiques, mais pas de « race à race ». « Nous sommes partisans de la rivalité, entre les citoyens du Canada, dans le bien et dans le progrès. Point de jalousie, mais de l'émulation » (*Le Moniteur canadien*, 1849).

Même si parfois le nationalisme se fait piquant et si *L'Abeille canadienne* (1843) combat l'« anglification » par l'« angle-ification », en règle générale, les « Anglais » du Canada ou d'outre-frontière sont vus non tant comme ennemis que comme modèles, « quand on voit dans la population anglaise de pauvres journaliers payer dix ou douze piastres par année à des journaux » (*L'Opinion publique*, 1870).

Ces références ne se retrouvent pas que dans le domaine du savoir ou dans la sphère économique. *Le Samedi* (1889), voulant justifier la place d'un journal humoristique, présente un long article sur l'humour « sur le continent américain », c'est-à-dire essentiellement aux États-Unis (pas un mot sur l'Europe). De même, *Le Passe-Temps* (1895) souhaite devenir « une revue à la fois instructive et amusante à l'instar de celles qu'on trouve dans le monde du journalisme en Angleterre et chez nos voisins des États-Unis ».

Jamais dans les éditoriaux, au contraire des romans du terroir, les États-Unis ne sont dépeints comme lieu de perdition. Les références aux Franco-Américains y sont nombreuses (et le prix de vente de la revue est souvent précisé pour le Canada et pour les États-Unis). Les rédacteurs ont les yeux rivés vers l'Ouest et le Sud. Est-ce un effet de proximité et d'américanité ou simplement que la société américaine connaît un tel essor qu'elle devient bientôt un modèle également pour les Européens ? Les intellectuels ne sont pas les seuls à subir cet attrait pour la société voisine, comme en fait foi le nombre de Canadiens français qui y ont émigré.

L'Europe et ses héritages

Le Canada peut prouver à son tour que son sol n'est pas infécond, et montrer à la vieille Europe que lui aussi a ses littérateurs, ses musiciens, ses poètes. [...]

Aujourd'hui qu'on parle d'attirer sur ces bords une émigration nombreuse, nous voulons apprendre à nos frères d'outre-mer qu'ils trouveront sous ce ciel un champ dont la culture ne sera pas ingrate, des cœurs ardents, des mains amies qui sympathiseront avec eux et les aideront. (L'Artiste, 1860.)

La France est le lieu de la culture, la mère patrie, et appartient au registre du passé. Les éditorialistes manifestent parfois à son égard un peu de nostalgie, ou la fierté des racines, mais pas de véritable regret. Dès 1817, la coupure du cordon ombilical semble assumée, dans la mesure où la France révolutionnaire est condamnée. La référence à l'Europe n'est pas toujours positive : c'est une terre de culture, mais aussi le foyer d'idées subversives (*Revue canadienne*, 1864). Cette dernière revue parle de « la vieille Europe » sur un ton un peu péjoratif : celle-ci serait-elle trop décrépite pour résister aux mauvaises philosophies ? Quand est évoquée l'ancienne mère patrie, c'est plutôt pour dire qu'on n'a pas perdu le flambeau culturel qu'elle a transmis et qu'il n'y a pas lieu de rougir de la culture canadienne. Il serait facile de multiplier les citations affirmant que l'héritage français n'a pas été dilapidé, comme celle tirée de *L'Artiste* en exergue de cette section. Ce n'est plus d'émulation qu'il s'agit mais d'honneur. « Les qualités qui nous ont été léguées par nos ancêtres français ont été précieusement conservées intactes » (*Canada Artistique*, 1889).

La référence à l'ailleurs prend aussi la forme de la reproduction d'articles parus dans des périodiques d'outre-frontière. Une revue, *L'Écho de la France* (1865), y est entièrement consacrée, mais plusieurs autres adoptent cette stratégie qui révèle au moins autant un souci de répandre des lumières jaillies à l'étranger qu'un rapport à la propriété intellectuelle bien différent de celui d'aujourd'hui. « Notre plan est de reproduire tout ce qui se rattache aux beaux-arts. On ne saurait donc nous accuser de plagiat puisque nous avons la franchise d'en avertir le public » (*Les Beaux Arts*, 1863).

Si la France autant que les États-Unis font partie de l'univers référentiel des intellectuels d'ici, et si par exemple les éditeurs de la *Revue canadienne* (1864) se proposent de « fonder une Revue canadienne à l'instar des grandes publications de ce genre en Europe et en Amérique », le rapport à l'ailleurs est très diversifié. Ainsi, « le précieux héritage des ancêtres, cet esprit français personnifié et incarné dans le langage et les mœurs » que vante la *Revue canadienne* (1845), n'empêche pas ses rédacteurs de prendre comme modèle « la société voisine, si jeune et déjà si avancée ». La France n'en demeure pas moins la mère patrie avec qui on tient à maintenir, sinon à « renouer nos liens d'intérêt et d'amitié » (*L'Écho de la France*, 1865).

L'ambivalence à l'égard de l'Europe est plus évidente dans certaines revues, mais elle habite l'ensemble du corpus; il n'y a pas d'unanimité sur l'Europe, alors qu'il y en a une – relative – sur les États-Unis.

Le Canada-français-catholique

> Ce recueil destiné à réunir et à conserver nos essais de littérature indigène, sera consacré à la publication d'œuvres inédites : poésies, critiques littéraires, légendes – nouvelles, pourvu qu'elles soient de fidèles peintures des mœurs et de la nature de notre pays – impressions de voyage, esquisses historiques, biographiques et même topographiques, et enfin toute œuvre canadienne se distinguant par quelque originalité de vues, de pensée ou de style. [...]
>
> N'avons-nous point, dans nos archives et nos bibliothèques publiques ou privées, exposés à des accidents de toutes sortes, des documents manuscrits de la plus grande valeur et du plus haut intérêt ? N'avons-nous pas d'anciens ouvrages dont la réimpression serait désirable ? (Le Foyer canadien, 1863.)

Le nationalisme de la seconde moitié du siècle est centré davantage sur l'ici que sur la comparaison avec l'ailleurs[2]; il est culturel autant que politique, et en général moins préoccupé d'éco-

---

[2]   Rares sont les revues au début du 20ᵉ siècle qui conserveront l'esprit d'émulation avec le monde anglo-saxon. « Ah, nous aurions tôt fait de rendre notre revue telle que dans notre fierté patriotique nous la rêvons, reflétant l'intellectualité française, dont par

nomie (voir l'encadré 1). Désormais, les éditoriaux inauguraux s'inquiètent de l'immigration anglophone – et surtout irlandaise – et de l'exode aux États-Unis. L'inquiétude s'accentue avec les années, à mesure que ces phénomènes deviennent plus importants.

Après 1870 disparaissent les comparaisons. L'autre est encore très présent, mais plus comme modèle (sauf pour justifier les progrès de la presse). En cette période d'immigration, les « buvettes de Chicago » font partie de l'horizon de préoccupations des lecteurs – et des rédacteurs – autant que la rue Champlain... ou Rome, comme l'illustre l'extrait de *La Vérité* en exergue du chapitre. Bref, les éditoriaux inauguraux ne reflètent pas la société frileuse et repliée sur elle-même qu'une certaine historiographie a décrite. Même ceux qui voudraient se river à la terre, sont confrontés à l'émigration et à l'immigration, donc à l'autre (*Gazette des campagnes*, 1861).

Une association absente des éditoriaux avant 1860 se met en place, pour dominer après 1880 : religion et patrie, ou foi et langue. La deuxième formulation est moins liée aux institutions que la première ; aussi, autant le clergé et tous ceux qui se situent dans son orbite que les plus « progressistes » pourront véhiculer cette définition de l'identité canadienne-française. « Catholique et Canadien, car ces deux mots sont synonymes » (*L'Écho du cabinet de lecture paroissial*, 1859). Parfois on va encore plus loin ; *Le Foyer domestique* (1876) proclame « le mot d'ordre entre Foi et Patriotisme » et se veut « le symbole de la Patrie, avec ses gloires et ses monuments : objets de nos plus chères affections », ce qui ne l'empêche pas de prêcher la fidélité aux vainqueurs et de recommander le serment d'allégeance. Au fil des ans, l'association religion-patrie se renforce et devient la marque de la spécificité nationale : « Les « Nouvelles Soirées Canadiennes » seront avant tout et toujours canadiennes et catholiques, c'est-à-dire qu'elles seront essentiellement nationales » (*Nouvelles Soirées canadiennes*, 1882), ce que n'avaient pas senti le besoin d'affirmer les fondateurs des *Soirées canadiennes* en 1861, dont pourtant les

---

droit de naissance nous sommes héritières et le sens pratique anglais que nous apprécions » (*La Bonne Parole*, 1913). Mais cet éditorial appartient déjà pratiquement à l'époque de la modernité et n'est qu'un brouillon pour celui de *La Revue moderne* (1919).

« Les qualités qui nous ont été léguées par nos ancêtres français ont été précieusement conservées intactes et nous possédons aujourd'hui encore l'amour du travail, la patience inaltérable, et la ténacité qui nous ont fait vaincre les plus grands obstacles pour tenir notre place au soleil, et gagner pied à pied chaque pouce de terrain que nous avons conquis. Dans le commerce même, où les Anglais sont censés être les maîtres du monde, nous avons lutté avec avantage, malgré la position défavorable qui nous était faite par le conquête, contre l'envahissement systématique de la population anglaise qui nous est arrivée munie de capitaux énormes, et avec la ferme intention de détruire tout ce qui était français dans la colonie. » (*Canada Artistique*, 1889.)

Nouvelles Soirées reprennent, à peu de chose près, les objectifs et l'éditorial. Cela correspond-il à une montée de l'ultramontanisme ou à une redéfinition du nationalisme, à l'affirmation d'une « société distincte » ?

Au début du 20e siècle, l'association religion-patrie va de soi. Réapparaissent les revues aux titres patriotiques, qui s'étaient faites rares dans les années d'effervescence intellectuelle auxquelles le prochain chapitre sera consacré. L'objectif des intellectuels du 19e siècle de faire œuvre patriotique en fondant des revues est atteint. Les premiers éditoriaux du début du 20e siècle font l'éloge de la patrie, mais ils n'ont plus besoin de la dévoiler, de justifier son existence. Désormais la patrie existe, elle sera même nommée : la Laurentie.

Tout n'est pas gagné, loin de là. Une fois établie l'existence du Canada français ou de la Laurentie, et la spécificité de cette société, c'est sa survie, jamais mise en doute au 19e siècle, qui préoccupera les éditorialistes. « Le marché littéraire du Canada n'est pas surchargé de produits indigènes. Nous vivons d'importations. C'est un malheur et un danger » (*La Nouvelle-France*, 1902). Le discours canadien-français-catholique se laïcisera et sera pris en charge par des associations volontaires, pour employer le vocabulaire d'aujourd'hui. Le mot volontaire est pertinent ici car on cherche à mobiliser[3].

> Le Pays Laurentien » sera un des interprètes de cette Laurentie dont parlent nos poètes et qui s'étend bien au delà des pittoresques montagnes Les Laurentides. [...] C'est la terre peuplée par les colons français et leurs descendants, terre de liberté et de paix, que l'étranger, jaloux de notre bonheur, envahit sans entraves et menace d'inonder. Le « Pays Laurentien », héraut du moment, redira le passé de la patrie, ses gloires, ses coutumes, ses combats, ses luttes, ses victoires, ses héros, pour servir de leçon aux générations présentes dans les périls de l'heure. Le « Pays Laurentien » ne sera pas seulement un témoin ; il sera la voix qui apaise, qui réveille, qui entraîne. (*Le Pays laurentien*, 1916.)

La lecture des revues ne permet pas de mesurer l'ampleur de ce mouvement, mais on ne peut que constater la mobilisation des intellectuels et l'appel – politique – qu'ils lancent.

Conclusion : l'ici, l'ailleurs, le passé, le présent et l'avenir

> *L'anti-britannisme, ni même l'anti-impérialisme, ne sont notre raison d'être ; nous avons puisé dans une idée plus large, un sentiment plus profond et plus positif [...] Cette idée, c'est la création d'un esprit national qui nous distingue parmi les peuples du monde ; ce sentiment, l'amour du sol que nos aïeux n'auraient pas mouillé de leur sang s'ils avaient su qu'un jour, au lieu de porter un peuple souverain et de rendre des fruits de liberté, il se fondrait sans gloire dans un empire où les colonies, comme autrefois celles de Rome, n'existeraient plus que pour fournir à la mère patrie de l'argent et du sang. [...] Le nationalisme est la politique de l'avenir dans les pays comme le nôtre, où les éléments d'une forte civilisation se sont développés sur une terre riche et féconde.* (Le Nationaliste, 1904.)

---

[3] L'appel à la formation d'un mouvement social n'est pas le souci de sa contemporaine, *La Petite Revue*, qui se dit également patriote, mais d'un patriotisme bien différent, car elle appelle à « briser les chaînes de l'esclavage ». « Quant à la prétention de créer un « mouvement », alors que la masse populaire, ankylosée dans sa rouille séculaire a perdu, comme on dit, « l'erre d'aller », on ne doit pas y compter déjà » (*La Petite Revue*, 1916).

L'ici et l'ailleurs des intellectuels du 19ᵉ siècle est non seulement géographique, mais aussi historique. L'ici est d'abord situé dans l'évolution, aspiré par le futur, puis il se fondera essentiellement sur le passé. De même, l'ailleurs européen, plutôt culturel, fait référence au passé, et l'ailleurs américain, plutôt économique, est contemporain. C'est dans cette confrontation à l'autre que s'affirmera l'identité canadienne-française, que se précisera sa spécificité. Cette identité se caractérise par l'attachement à la Foi et à la Patrie ; elle s'est constituée en même temps que l'historiographie canadienne-française et, comme je l'ai montré dans le chapitre précédent, à la faveur du rôle de mémorialistes que s'attribuent les intellectuels.

Le nationalisme, qu'il lorgne outre-frontière au début du siècle ou qu'il se centre ultérieurement sur l'ici, n'est jamais replié sur lui-même, même dans des revues réputées conservatrices comme *La Vérité* (1881). La référence à l'ailleurs, surtout américain, est positive ; ce qui inquiète, c'est que l'ailleurs anglo-saxon s'installe ici.

Une fois que les contours de l'identité canadienne-française sont posés, les intellectuels peuvent se consacrer à d'autres tâches plus spécifiquement intellectuelles, par exemple poser ceux du milieu intellectuel canadien-français.

6

Émergence du milieu littéraire et intellectuel

Le journalisme franco-canadien a fait d'étonnants progrès depuis une douzaine d'années ; le nombre de lecteurs a augmenté dans des proportions inattendues, la curiosité, qui n'est pas encore un désir d'apprendre dans son acception élevée, dans ses résultats féconds, mais qui en est le symptôme, a envahi des classes jusque là étrangères à la conception même d'éducation [...] la prodigieuse multiplicité des relations a forcé l'esprit de nos compatriotes à sortir de la sphère étroite où il était emprisonné et attardé. [...] Le Canada français a un rôle admirable à jouer sur la terre d'Amérique, mais comme élément distinct et progressiste, non comme élément isolé et retardataire. (Le Signal, 1885.)

Le champ intellectuel autonome ne surgit pas, tout constitué, du jour au lendemain, au début de la modernité ; les premiers éditoriaux permettent de suivre sa mise en place à partir de 1860.

Prolégomènes

Nous espérons [que] [...] notre recueil [...] rapprochera tous ces amis des lettres, dont les voix isolées restent aujourd'hui sans écho – qu'il sera enfin comme le Foyer où se réuniront toutes les intelligences du pays pour échanger leurs vues, s'animer au contact les unes des autres, et s'entretenir un instant avec la grande famille canadienne. (Le Foyer canadien, 1863.)

Au 19ᵉ siècle, il est impossible de parler de milieu intellectuel proprement dit, mais plusieurs tentent de faire converger les efforts individuels, de les coordonner, dans un but patriotique au moins autant qu'intellectuel. Ainsi, la *Revue canadienne* (1864) parle d'un « but moral et patriotique » (voir l'encadré 1). Ceux dont il s'agit de « concentrer » les efforts et à qui « donner une organisation régulière » sont les membres de « sociétés académiques » ; il n'est pas clair si le « mouvement littéraire » évoqué relève de la littérature seulement ou embrasse le domaine plus large des idées. Cela dit, une préoccupation démarque cette revue de ses homologues partisanes et la situe davantage dans le monde intellectuel que dans la sphère politique : la *Revue canadienne* entend payer les auteurs[1] et vise par le fait même une certaine professionnalisation de l'écrivain.

Le rassemblement, condition nécessaire à l'existence du monde intellectuel, n'est pas suffisant. Une critique contrôlée par les producteurs est une des caractéristiques du champ de l'art (Bourdieu, 1971). On n'en est pas encore là au Québec de 1860, mais déjà le besoin s'en fait sentir. Plusieurs réclament une critique littéraire et artistique rigoureuse et dénoncent la complaisance et la promotion des amis sous le couvert de la critique.

> Pauvre et malheureuse critique ! Depuis quelques années on ne saurait croire jusqu'à quel point elle a perfectionné la stupidité, et quels effroyables démentis elle a donnés, sans vergogne, à la vérité et au bon sens. […] N'est-il pas plus que temps que l'on travaille sérieusement à opposer une digue solide au flot envahisseur de ces productions absurdes qui se traduisent en littérature par certains pamphlets, en musique par d'odieux tapotages, et en peinture par un déplorable abus de vert ? (*L'Artiste*, 1860.)

Une troisième caractéristique d'un champ intellectuel autonome est la présence de différentes tendances qui s'opposent et souvent cherchent à se supplanter mutuellement, par exemple quand une nouvelle génération tente de se démarquer de ses aînés. À

---

[1] Cet objectif est encore de mise à l'époque actuelle. Peut-être est-ce là une autre caractéristique qui différencie la « revue » du « magazine » ou du « journal » : en règle générale, une « revue » ne paie pas. Il ne s'agit pas d'une différence d'intention, toutefois, mais de moyens.

Encadré 1
FAIRE CONVERGER DES EFFORTS

« La spontanéité qui a caractérisé jusqu'ici le mouvement littéraire a déjà produit d'excellents résultats, le réveil des études s'est fait partout, il s'est fondé nombre de sociétés académiques, la jeunesse s'est mise à l'œuvre, et les hommes amis de leur pays ont salué ces gages rassurants d'une nouvelle ère de grandeur et de progrès moral. [...] Au lieu de laisser les études de chacun s'éparpiller sur tous les sujets et par conséquent rester sans profit réel pour le lecteur et le public, ne doit-on pas tenter de les concentrer et de leur donner une organisation régulière en leur ouvrant une carrière, en leur assignant un but moral et patriotique ? » (*Revue canadienne*, 1864.)

l'époque dont il est question, il n'existe pas encore de coteries, ni d'écoles au sens moderne. Les jeunes, dont j'ai dit précédemment que maints éditorialistes souhaitaient leur voir prendre la parole, ont-ils fondé des revues ? Mentionnons le *Journal des étudians*, à Québec en 1840, et deux ans plus tôt *Le Courrier canadien*, où pour la première fois les signataires s'identifient par leur âge : « des jeunes Canadiens tous ardens pour les intérêts de leur patrie » (voir l'encadré 2). Leur intérêt pour la littérature ne les empêche pas d'aborder aussi le commerce, « cette branche d'industrie si essentielle à la prospérité d'un peuple[2] ».

Enfin, quatrième élément significatif dans la mise en place du champ intellectuel : les appels à une « science politique » dont il a été question au chapitre 4. Ici et là, et surtout à partir de 1860, les premiers éditoriaux des revues canadiennes identifient un nouveau besoin à combler : celui d'un milieu intellectuel, et différents éléments en indiquent la graduelle constitution.

---

[2] Une centaine d'années plus tard, plusieurs revues de jeunes naîtront à la suite d'une nouvelle crise, économique plutôt que politique. Il serait intéressant de comparer systématiquement l'éditorial du *Courrier canadien* (1838) avec celui de *Vivre* (1934), également écrit par des jeunes interpellant leur classe d'âge, dans une autre période difficile de notre histoire.

« Nous présentons aujourd'hui cette feuille au public comme un essai que des jeunes Canadiens tous ardens pour les intérêts de leur patrie font dans le but de procurer le bien-être et le bonheur non seulement de concitoyens de même origine, mais même de tous ceux qui composent la société sans distinction. On sera peut être étonné que des jeunes gens osent entreprendre une tâche qui semble réservée pour un âge plus mûr dont les connaissances peuvent alors faire face à l'exigence du public éclairé ; mais nos lecteurs savent sans doute que rien n'est impossible au travail opiniâtre : *improbus labor omnia vincit*. D'ailleurs nous espérons l'appui de tous les jeunes Canadiens qui visent à la réputation littéraire, c'est pour eux une occasion qui leur offre les moyens de nourrir, et faire briller les talents que la nature leur a donnés ; [...] la jeunesse, jusqu'ici n'a montré que trop d'indifférence, la stagnation où elle est demeurée à trop d'exceptions près, peut être considérée comme un fléau qui a consumé les dispositions qui auraient pu l'acheminer vers la gloire que la nation dont ses pères faisaient partie s'est acquise dans le domaine de la littérature. » (*Le Courrier canadien*, 1838.)

Un milieu littéraire
qui se cherche une tradition

Plusieurs amis des lettres, désireux de donner à notre jeune littérature canadienne un nouvel essor, ont eu l'idée de faire revivre les « Soirées Canadiennes », publication sérieuse et charmante en même temps, qui a fait époque dans l'histoire de notre république littéraire. (Nouvelles Soirées canadiennes, 1882.)

Vers 1930 plusieurs diagnostiquent une « renaissance » culturelle. Quand donc y avait-il eu naissance ? Vers 1880 ! S'affirme alors « une république littéraire » et ce, aussi bien à Québec qu'à Montréal. Paraissent des livres, naissent des écrivains. Les périodiques québécois ont déjà une histoire ; cela fait une centaine d'années qu'il s'en publie, assez pour permettre le recul : en 1875 Benjamin Sulte se penche sur cette histoire. De plus, la différenciation des magazines et de la presse d'information fait prendre conscience aux revues de leur rôle spécifique (de Bonville, 1988). C'est l'époque de Mercier, de l'affaire Riel[3]. L'effervescence des années 1880 touche à la fois le monde littéraire et celui des idées.

À Québec en 1882 les *Nouvelles Soirées canadiennes* reprennent le projet des *Soirées canadiennes* de 1861, se situant ainsi d'emblée dans l'histoire des périodiques et de la littérature québécoise. L'existence de la « république littéraire » y est célébrée, malgré la « jeunesse » de la littérature canadienne. L'affirmation de cette existence est-elle une façon de la raffermir ? Comme l'identité canadienne-française, le milieu littéraire se situe d'abord dans l'histoire ; les *Nouvelles Soirées* adoptent clairement une posture généalogique : pour avancer, pour un « nouvel essor », elles s'appuient sur le passé.

Dans la même décennie, E.Z. Massicotte fonde des revues de poésie à Lévis : *Le Recueil littéraire* (1889) et le *Petit Recueil littéraire* (1889). Une revue qui se donne un titre significatif, *Le Réveil littéraire* (1887), qualifie la vieille capitale de ville littéraire :

> Ainsi, tout nous laisse présager que Québec, « ce bon vieux Québec », qui a été par excellence la cité des écrivains et des poètes, le boulevard littéraire qui a abrité les Garneau, les Ferland, les Crémazie, les Larue, les Laverdière et tant d'autres écrivains distingués, – mais qui depuis quelques années semble être tombé dans l'oubli de ses devoirs littéraires, va se montrer de nouveau digne de porter le titre glorieux de « Paris du Canada français » ! (*Le Réveil littéraire*, 1887.)

Un milieu culturel émerge, à la faveur de la constitution d'un fonds littéraire canadien, d'une histoire de la littérature canadienne. Au-delà, c'est le monde de l'art en général qui bouge. Le *Canada Artistique* (1889) souligne « les premières répétitions de la Société philharmonique canadienne-française fondée il y a quelques semaines seulement ». La même revue affirme son indépendance des groupes et coteries, et à son tour réclame une critique sérieuse : « Les éloges exagérés décernés par les amis complaisants, ou payés tant la ligne, n'auront pas cours dans les colonnes de ce journal. » Cette

---

[3] Ce serait aussi une période de crise économique : fermeture des marchés extérieurs, mauvaises récoltes ; la récession, selon Hamelin *et al.* (1981), ne se résorbe qu'en 1896, c'est-à-dire à la fin de cette période d'effervescence intellectuelle. Par ailleurs, Linteau, Durocher et Robert (1989) ne sont pas d'accord avec cette interprétation de la conjoncture économique.

revue va connaître un succès « inespéré » et deviendra après un an le *Canada-Revue*, qui accordera une plus large place à la politique.

Un champ littéraire se met en place. Québec en paraît le pôle dans les années 1880, et Montréal dans les années 1890. Il se situe en continuité avec le passé : un milieu littéraire pour exister doit s'appuyer sur un fonds littéraire, sur une littérature nationale.

Un monde intellectuel qui se pose en rupture

Les années 1880 et 1890 connaîtront aussi une effervescence dans le domaine des idées. Le pôle sera clairement Montréal, et on se situera en rupture plutôt qu'en continuité.

En 1883, à Montréal, naît une revue qui revendique l'autonomie intellectuelle et annonce la modernité. Fondé par H. Taché, *Le Figaro* est destiné aux écrivains et non au public, rompant ainsi avec la conception de l'intellectuel éclairé qui caractérise tout ce siècle. De façon cohérente, il prône l'« indépendance intellectuelle », et non simplement politique comme plusieurs revues antérieures qui essayaient d'échapper aux polémiques partisanes. (De larges extraits de son éditorial sont reproduits dans l'encadré 3.)

Taché se réclame de l'indépendance intellectuelle, mais il n'en fait pas usage dans l'éditorial, au sens où il n'émet pas d'opinion reflétant cette indépendance ; c'est pourquoi, si *Le Figaro* est proche de la modernité, il ne fait que la frôler. La présentation de la revue commence à contre-pied du genre éditorial, ce qui est aussi une façon d'y satisfaire. Taché dit que non seulement le besoin ne s'en fait pas sentir, mais qu'il existe déjà trop de publications, dotées chacune de leur créneau spécifique. « La spécialité du Figaro sera de n'en point avoir : ce qui nous permet de faire appel à toutes les plumes intelligentes. » L'intelligence prétend se placer au-dessus de la partisanerie, et ne critiquer ni l'Église ni l'État, parce qu'elle ne se situe pas dans la même sphère. *Le Figaro* réclame une critique rigoureuse ; cependant ce n'est pas seulement à la critique artistique qu'il fait allusion. La fonction critique est comprise au sens large : gageons qu'en l'exerçant les écrivains risquent de tomber en plein dans les plates-bandes de l'Église et de l'État, loin desquelles ils souhaiteraient demeurer. Il faut remarquer le tout nouveau besoin qui se fait sentir : au-delà de la

Conclusion de la première partie

Des porteurs de flambeau

Les intellectuels du 19ᵉ siècle, malgré des divergences en matière de politique partisane ou de religion, partagent dans les éditoriaux des revues qu'ils fondent une même préoccupation : la diffusion des lumières. Ce projet les situe dans la cité, car les lumières qu'ils appellent sont des lumières « appliquées » et permettront le développement du Canada français, en matière politique par la mise en place d'institutions démocratiques, aussi bien qu'en matière économique et culturelle. Mais qu'ils œuvrent dans le secteur plus explicitement politique, académique ou culturel, leur projet est avant tout patriotique ; ils sont dans la cité, mais pas n'importe laquelle : la cité canadienne-française dont ils s'emploient à tracer les contours dans le temps et l'espace.

D'emblée dans l'histoire, souhaitant le progrès ou aspirés par lui, regardant plutôt vers l'avant ou vers l'arrière, ils sont tout sauf immobiles. En fait ils ont, en règle générale, une vision léniniste – ou, pour ne pas faire de lecture rétrospective, une vision saint-simonienne – de l'histoire et de leur rôle : contribuer au progrès, et si possible l'accélérer.

D'emblée aussi sur le globe, héritiers de l'Europe ils sont portés par le développement de l'Amérique. Les autres sociétés servent de miroir, de modèle ou de repoussoir. Dans la première moitié du siècle, ils sont préoccupés par les révolutions et le mouvement des indépendances en Europe ou en Amérique latine, puis se branchent sur le Saint-Esprit, via Rome ; toujours cependant ils ont les yeux rivés vers les États-Unis et les progrès économiques et industriels.

D'emblée dans la cité, leur public cible n'est pas constitué d'une élite sociale ou intellectuelle – à l'exception du *Figaro* de 1883. Ils veulent rejoindre l'ensemble de la population et prônent la généralisation de l'instruction. Ils font front commun pour la propagation des lumières ; des tendances existent, mais surtout par rapport à la politique partisane ou au rôle de l'Église ; ce ne sont pas des options spécifiquement intellectuelles.

Au Québec du 19ᵉ siècle, l'insertion des intellectuels dans le social pourrait être caractérisée par la formule suivante : ce sont des porteurs de flambeau dans la mêlée. Ils cherchent à répandre des lumières, soit, mais ils ne se dissocient pas du social ; leur combat est avant tout patriotique, politique ; ils sont partie prenante de la nation en devenir. Le Nous des intellectuels est d'abord celui du citoyen ; leur combat a pour enjeu la cité, et le monde intellectuel ne se dissocie du politique que très graduellement, une fois le Nous canadien-français-catholique bien défini. C'est seulement quand cette tâche politique de définition du sujet collectif est accomplie que les intellectuels peuvent se consacrer à des tâches plus proprement intellectuelles.

Un élément sur lequel il convient d'insister en terminant, c'est le rapport à l'histoire de tous ces intellectuels. Ils ne cessent d'écrire et de réécrire l'histoire du Canada, dans les éditoriaux mais aussi dans les revues en général, s'il faut en croire les déclarations d'intention des fondateurs. Pour progresser, il faut connaître ses racines. Pour reprendre une formule utilisée plus haut, s'ils sont aspirés par l'avenir, ils ne sont pas moins inspirés par le passé. L'histoire est le genre littéraire par excellence aux yeux des fondateurs de revues, ce qui apparaît le plus clairement aussi bien en 1861 avec *Les Soirées canadiennes* que vingt ans plus tard quand on revient à la charge avec les *Nouvelles Soirées canadiennes*[1]. L'histoire n'est pas une science, mais, à travers les contes, les légendes, les récits, le genre fondateur d'une identité, avec la poésie lyrique des Fréchette et Crémazie. C'est le recours à l'histoire qui permet la définition puis l'affirmation du Nous canadien-français.

---

[1] Le feuilleton est surtout associé aux magazines, et aux journaux au sens moderne.

Le monde intellectuel n'est pas autonome par rapport au politique, les lumières ne sont pas valorisées en elles-mêmes, mais parce qu'elles permettent des progrès politiques, nationaux. C'est cela qui se transformera lors du passage à la modernité.

DEUXIÈME PARTIE

La modernité en revue : les idées mènent le monde

> *Il faut des hommes politiques : sur cela aucun doute. C'est à la politique que nous devons nos succès passés ; c'est vers la politique que se rendront demain ceux qui s'y sentiront attirés et qui, instruits des grandes questions actuelles, serviront notre race en lui faisant honneur. Nous sommes pleinement d'accord. Ce que nous craignons, pourtant, c'est que la politique ne soit chez nous une trop forte mangeuse d'hommes. Pour tout jeune homme qui a prononcé avec une certaine allure quelque discours, nous rêvons aussitôt d'un avenir politique. Je voudrais qu'on nous laissât quand même quelques électeurs. C'est clairsemer des rangs déjà bien clairs, c'est accaparer trop de forces, toutes les forces. Nous formons des hommes politiques, quand nous devrions laisser à quelques-uns de nos jeunes gens le temps voulu de se préparer à devenir autre chose. Comptons-nous : trop peu répondent à l'appel des spécialités. (L'Action française, 1917.)*

Les traits constitutifs de la modernité énoncés dans l'introduction étaient les suivants : la science remplace la tradition et la religion comme explication du monde ; la domination sur la nature s'exerce par la science et la technique, et celle sur la société par un État central ; la modernité marche vers le progrès, sa seule tradition étant celle du nouveau ; démocratie et individualisme la caractérisent. Dans ce contexte d'auto-institution de plus en plus explicite du social, les intellectuels sont appelés à jouer un rôle privilégié, celui de « définiteurs » de situation et de solutions. Tout au long de la période de pré-modernité, les intellectuels québécois ont jeté les bases de cette modernité, de différentes façons : création d'un espace public de discussion ; constitution graduelle d'un milieu intellectuel, tant littéraire que scientifique ; définition de l'identité, de la spécificité du sujet canadien-français.

Comment caractériser la modernité dans laquelle entre le Québec au sortir de la Première Guerre ? Selon Lamonde et Trépanier

7

L'appel aux compétences

Créons des hommes ; créons des compétences. [...] L'avenir est à ce prix. (L'Action française, 1917.)

La première étape dans l'affirmation du sujet intellectuel québécois sera la revendication de sa légitimité en tant que spécialiste, expert, en particulier dans les domaines de l'art et de la science ; pour cela, il doit se dissocier de la politique. Ce chapitre esquisse les contours de la modernité qui se dessine au Québec vers la fin des années 1910 ; les revues où elle s'affirme avec plus de force sont : *L'Action française* (1917), *Le Nigog* (1918) et *La Revue moderne* (1919).

La première revue généralement associée à la modernité québécoise est *Le Nigog* (1918), une revue artistique[1]. Fondé par des Canadiens français ayant vécu en France avant les hostilités, *Le Nigog* se démarque tant des revues qui l'ont précédé que de sa contemporaine *Le Terroir* (1918), avec qui il entretient une polémique (Garand, 1989 ; Gallays *et al.*, 1987), par son intérêt pour la « forme ». *Le Nigog* n'aime pas *a priori*, ne défend pas à tout prix ce qui est fait ici et pourfend le régionalisme en art. D'où l'étiquette d'« exotiques » −

---

[1] « On le voit, il est très difficile dans ce contexte discursif d'établir des cloisons étanches entre les champs. Aucun ne jouit d'une véritable autonomie, hormis peut-être le champ politique. [...] La crise qui affecte le champ littéraire de l'époque s'établit sur deux niveaux. On assiste d'abord à une lutte pour la constitution du champ, qui se fait en relation avec les champs politique, religieux et scolaire. Apparaît ensuite une série de luttes à l'intérieur du champ lui-même, au sujet de la définition de cette littérature naissante » (Garand, 1989, p. 106).

ou plus tard celle de « retours d'Europe »[2] – accolée à ses rédacteurs et à ceux qui partagent cette position formaliste. Formalisme qui l'emporte sur le nationalisme : « Le Nigog aura inévitablement des choses désagréables à dire. Les collaborateurs tiennent donc à protester à l'avance de leur patriotique dévouement à la cause de l'art au Canada. » Patriotes en effet ils le sont, dans la mesure où ce qu'ils souhaitent c'est un véritable art québécois, à tout le moins un art *made in Québec*, digne de rivaliser avec celui d'Europe.

La rupture est nette avec le projet de la pré-modernité. Prime désormais l'intellectuel, qui redéfinira en ses propres termes le national et le politique.

Les spécialistes

> *L'Art est plus complexe qu'on imagine. La seule technique, en dehors des significations supérieures, demande des connaissances particulières. C'est l'erreur d'un certain nombre de naïfs de croire qu'on puisse juger d'une œuvre sans préparation précise et sans compétence particulière.* (Le Nigog, 1918.)

Les fondateurs du *Nigog* se posent d'emblée comme spécialistes ; ils appartiennent au milieu artistique : de là vient la légitimité de leurs prises de position. Bourdieu dirait que le champ proclame son autonomie[3]. Ceux du *Nigog* se définissent comme artistes : Morin est musicien, Préfontaine architecte, et Roquebrune écrivain. C'est de l'Art qu'ils se réclament. Ils affirment qu'il leur appartient, en tant que spécialistes, de juger de la valeur des œuvres d'art, et d'en informer le public… Ils se posent donc comme une élite éclairée, mais d'une espèce différente de celle du siècle dernier : des experts.

Par opposition au 19e siècle, où tous, potentiellement, étaient susceptibles d'acquérir les lumières pratiques et politiques que les revues voulaient répandre, désormais des experts affirment leur com-

---

[2] Comme celles d'« impressionnistes » ou de « cubistes » qui avaient été attribuées, par dérision, par des critiques qui jugeaient affreuse la production de ces peintres.

[3] Pour Fournier et Laplante (1977), ce ne sera qu'en 1948, avec le *Refus global*, que l'autonomie sera chose accomplie dans le domaine des arts visuels québécois.

pétence dans un domaine spécifique, où n'importe qui ne peut pas s'improviser spécialiste du jour au lendemain. L'élite n'est plus élite parce qu'elle est plus éclairée que les autres. Elle est l'élite au sens où les autres, la majorité, ne peuvent accéder à ses lumières et doivent par conséquence se fier à elle[4]. Les intellectuels quittent la mêlée ; de porteurs de flambeau, ils deviennent des phares.

Tous ne partagent pas le souci formaliste du *Nigog*. Certains ont le regard rivé sur le social plutôt que sur l'art. *Le Terroir*, organe de la Société des arts, sciences et lettres de Québec, pose en 1918 le diagnostic suivant : « On semble vouloir chasser [la race canadienne-française] de certaines provinces pour la circonscrire, tout comme si on avait le projet odieux de la proscrire. » Le combat culturel du *Terroir* se double donc nécessairement d'un combat politique, contrairement à celui du *Nigog*. Mais pour *Le Terroir*, combat culturel il y a ; il se propose de ne publier que de l'inédit, et participe ainsi du souci du nouveau qui est une des marques de la modernité. Alors que *Le Nigog* ne poursuit pas, semble-t-il, d'autres fins que la publication, *Le Terroir* appelle à la formation d'un mouvement ; pour la Société qui la publie, cette revue n'est qu'un moyen parmi d'autres de parvenir à cette fin.

> Tout programme implique un mouvement. C'est donc un mouvement en puissance dans le domaine de l'intelligence et de la vertu, dans le domaine des conquêtes, dans le domaine qui conduit vers la maîtrise et la supériorité. [...] l'idée dominante, c'est la culture de l'âme canadienne-française dans la plénitude de ses facultés et que le mouvement n'est autre que celui d'un éveil national. [...] L'idée commande l'action, la vie ; le mouvement comporte la lutte. (*Le Terroir*, 1918.)

Quelle cause mobilise ultimement les artistes, l'art ou la société ? *Le Nigog* est fondé par des artistes non affiliés à quelque autre groupe ; *Le Terroir* est publié par un organisme nationaliste ; d'où leurs positions différentes, qui se reflètent jusque dans les titres, le premier appartenant au registre de la forme et de l'art pour l'art, le second étant clairement marqué par un message. Si *Le Terroir* a des

---

[4] Parlant des régionalistes et des exotiques, Garand écrit : « [...] à quel point les deux groupes se faisaient une conception antagoniste du rôle de l'élite intellectuelle et artistique : les uns y voient des représentants, les autres une classe d' « initiés » » (1989, p. 184).

préoccupations éminemment politiques, le mouvement qu'il appelle n'est toutefois pas politique, mais intellectuel, car « l'idée commande l'action ». En ce sens, malgré une conception de l'art différente de celle du *Nigog*, se lit entre les lignes une vision commune de la position du monde intellectuel par rapport au politique. Le politique est subordonné au culturel et à l'intellectuel[5].

Un nouveau rôle pour les revues et l'élite

> *Nous voulons que la Revue Nationale soit la tribune où se discuteront les grands intérêts de notre race, qu'elle soit en même temps le clairon qui conduit les troupes à la défense de la patrie menacée, le phare qui verse la lumière dans l'obscurité de la nuit et la vigie qui signale les dangers à éviter dans la route à suivre.* (La Revue nationale, 1919.)

La menace qui pèse sur l'avenir de la race est ressentie par plusieurs organismes. En plus de la Société des arts, sciences et lettres de Québec, qui publie *Le Terroir* (1918), la Société Saint-Jean-Baptiste lance en 1919 *La Revue nationale* (qui est plus ou moins la suite du *Pays laurentien* de 1916), et il y a surtout *L'Action française* (1917) publiée par la Ligue des droits du français. Toutes sont préoccupées par « la survie de la race », pour reprendre les mots de l'époque, et la « supériorité ». La menace que sent peser *L'Action française* est pressante. « Nos droits, nos traditions, notre langue... qu'en restera-t-il dans dix ans si pour les maintenir un groupe organisé n'est pas sans cesse sur la brèche ? »

Mais ledit « groupe organisé » veillant aux intérêts de la race n'est pas politique ; son action sera surtout intellectuelle, comme le révèle la suite de l'éditorial. Et si la Ligue à l'origine de la revue se déclare « organe vigilant, allègre, énergique et surtout traditionaliste », et associe droits, langue et traditions, le texte d'Édouard Montpetit

---

[5] Si on quitte un moment les premiers éditoriaux pour scruter la polémique entre les deux périodiques, plusieurs choses qui étaient latentes ou sous-entendues dans ces éditoriaux apparaissent : le débat porte sur l'art, donc on est dans un champ artistique, mais le débat concerne justement son autonomie par rapport au social ; la modernité n'est pas tant donnée *a priori* qu'elle résulte de ce débat. L'autonomisation n'est ni achevée, ni totale ; d'une certaine façon, ce débat est celui de l'art engagé.

qui ouvre *L'Action française*[6] a un ton très moderne. Ce texte, et donc la revue, débute avec une déclaration grandiose : « Ne cherchons pas – de crainte de trop nous convaincre – si nous appartenons à une race supérieure : prouvons-le. » Finie l'insistance sur l'histoire, il ne faut plus « vivre uniquement des gloires du passé sans rien y ajouter ». Et lorsque le regard se fait historique, c'est pour se tourner vers l'avenir et négliger le passé (ou même rompre avec lui). L'auteur s'enflamme ; nous n'avons pas de philosophes, peu d'artistes, « pas de poètes ! Et qu'avons-nous fait pour qu'il nous en naisse ? [...] Créons des hommes ; créons des compétences. [...] L'avenir est à ce prix. » Le rôle de cette élite sera tout intellectuel : « répandre, par l'exemple et par la parole, les idées sur lesquelles nous nous serons accordés, les idées nécessaires qui prendront ainsi la valeur de vérités banales, ferments de l'action du plus grand nombre ».

Cet éditorial contient plusieurs éléments en rupture avec le siècle précédent. Premièrement il ne s'agit plus de répandre des lumières pour tous, mais de former une élite qui, elle, diffusera les idées qui tiennent à cœur au groupe. Ces idées ne sont pas évidentes, elles doivent faire l'objet d'un travail intellectuel autonome, et on doit « s'accorder » à leur sujet au préalable. Enfin, ces idées diffusées par des experts serviront de « ferment de l'action » ; ce ne sont pas des savoirs pratiques au sens du 19e siècle. Ces propositions se rejoignent dans l'affirmation du rôle de l'élite et de sa nécessité.

Cette position n'est pas unique. Ainsi *La Revue moderne* entend contribuer à la formation de l'élite non seulement par la publication de textes « pour faire meilleures vos idées, plus justes vos principes, plus meublés vos cerveaux » ; elle se propose également d'organiser des réunions littéraires, de tenir salon. Ce qui est visé, c'est ni plus ni moins la formation d'un « centre de pensée canadienne ». S'il faut parler d'espace de discussion, de place publique, dans les deux exemples précédents ce n'est pas tant la revue en tant que telle qui jouerait ce rôle ; elle servirait plutôt de relais, d'organe de diffusion des idées développées dans un espace de discussion (association ou salon) qui lui est extérieur.

---

[6] Le texte de Montpetit est suivi d'un autre intitulé « Au public », qui reprend quelques idées du premier et expose les objectifs de la Ligue des droits du français.

Un seul éditorial présente la revue en tant que telle comme espace de discussion et donc éventuellement d'élaboration d'idées, c'est celui de *La Revue nationale* (1919). Le phare qu'elle souhaite devenir n'éclairera pas que des individus, mais aussi un mouvement (existant ? dont elle appelle la formation ?). Comme dans *L'Action française* deux ans auparavant, les lumières à répandre ne sont ni des savoirs précis, ni des idées partisanes, elles concernent les « grands intérêts de notre race ». Les intellectuels ont quitté la politique pour le politique.

Au siècle précédent, l'objectif était de propager une « bonne nouvelle », conservatrice ou libérale, et qui n'avait pas nécessairement été prononcée par les intellectuels, ceux-ci s'en faisant l'écho, le relais. Désormais c'est à eux de définir les idées. Il faut penser le devenir en dehors de la politique immédiate ; c'est le rôle des intellectuels.

Qu'il s'agisse d'une élite instruite et diplômée comme pour *L'Action française* ou d'une élite artistique comme pour *Le Nigog*, c'est avant tout d'une élite intellectuelle qu'il est question. C'est dans La *Revue moderne* que cela s'affirme avec le plus de force : « Tous ceux qui veulent la grandeur et la prospérité de leur pays sentent, devant les exigences du monde nouveau qui s'inaugure, combien nous avons besoin de grouper les énergies et les vaillances pour composer l'élite qui doit orienter nos ambitions nationales. Mais cette élite existe-t-elle ? »

Tout l'éditorial de *L'Action française* est un plaidoyer pour l'éducation supérieure, qui a fait le succès de la Grande-Bretagne et surtout des États-Unis. L'instruction sera l'instrument de la supériorité… et de la conquête économique. Ces deux objectifs sont liés. Le thème n'est pas nouveau. La dernière fois qu'il était apparu en force, c'était dans *L'Opinion publique* (1870) ; cependant, il ne s'agit plus seulement comme alors de « conserver ses acquis » intellectuels à la sortie des collèges, désormais la race a besoin d'une élite diplômée. L'accent est mis sur la compétence, l'expertise, ce qui est autre chose que l'instruction ; l'instruction est pour tous, l'expertise est réservée à quelques-uns. Les intellectuels ont acquis une spécificité, mais ils ne se réfugient pas pour autant dans leur sphère autonome, dans leur tour d'ivoire[7]. « Pour beaucoup, on ne saurait trop le répéter, la question nationale est une question économique. [...] La conquête économique doit être pour nous la réalité de demain » (*L'Action française*, 1917).

L'économie est le moteur du développement, la culture ne peut que suivre, car « possédant l'aisance nous serons naturellement enclins à cultiver la pensée, à rechercher l'expression, à répandre l'art » (*L'Action française*, 1917). Par ailleurs, ce développement économique a comme prérequis le développement de compétences. L'esprit d'émulation réapparaît après une éclipse : émulation intellectuelle et culturelle, et non plus économique.

> Plus nos compatriotes anglais nous connaîtront, plus ils seront curieux de notre littérature, de nos talents, de nos ressources artistiques. Ils comprendraient mal, je crois, que nous, les descendants d'une race de rare et splendide intellectualité, nous nous soyons si peu développés en ce sens. Ils imagineront vite que nous devons représenter dans le pays, l'aristocratie de la pensée. [...] Il faut être prêts à leur répondre. (*La Revue moderne*, 1919.)

Les thèmes ne sont pas nouveaux ; leur articulation l'est. Au 19e siècle, les revues se faisaient les porte-parole d'une position déterminée à l'avance, alors que désormais elles ont aussi le choix de devenir un espace de discussion intellectuelle ou de servir d'écho à des discussions tenues ailleurs (mais pas très loin et entre intellectuels). Même si la revue est « conservatrice », l'attitude de ses rédacteurs est différente de celle des rédacteurs du siècle dernier. La modernité est en marche. D'une certaine façon, c'est la « science politique » qui s'impose comme tâche spécifique aux intellectuels.

L'appel aux compétences, l'élite qui doit diriger le mouvement social, grâce à son expertise, voilà des nouveautés dans le champ éditorial. Ce ne sont pas les seules. Ce qui est fondamental, c'est le nouveau rapport entre le politique et l'intellectuel qui est en train de se dessiner, dès les débuts de cette modernité, et malgré des opinions « manifestes », explicites, très différentes. De l'affirmation

---

[7] Les deux plus anciennes universités montréalaises, McGill et l'Université de Montréal, comme les écoles affiliées à cette dernière : Polytechnique et l'École des HEC, sont situées sur la montagne... En ce qui concerne mon *Alma Mater*, l'Université de Montréal, sans colporter les quolibets de carabins, le moins qu'on puisse dire c'est qu'elle projette – et au loin – l'image d'une tour.

des intellectuels comme groupe et de leur rôle d'experts découle un nouveau type d'intervention dans le social, qui s'accompagne d'une redéfinition du politique et du national.

Redéfinition du nationalisme

> *Le Canada, comme tous les pays du monde, a dû vivre d'une vie plus intense, plus rapide, plus compliquée aussi, depuis les quatre ans que dure la guerre allemande mondiale. [...] Nous avons tous conscience que nous sommes en danger.* (La Vie canadienne, *1918.*)

D'où vient cette menace qui pèse sur la race et que les associations nationalistes entendent combattre ? Au début du 19e siècle, le Canada est un jeune pays, qui doit rivaliser avec son voisin du sud, le prendre pour modèle. L'exode aux États-Unis et l'immigration anglophone font poindre l'inquiétude... mais la race ne semble pas pour autant menacée de disparition ! C'est au tournant du siècle que ce thème apparaît, et il s'impose au sortir de la guerre. *L'Action française*, je l'ai mentionné, évoque même une échéance aussi brève que dix ans[8]. C'est que la guerre a aggravé la situation.

Le danger ne vient pas que des champs de bataille. Tout va vite en ce nouveau siècle, ce qui ébranle certitudes et valeurs. La nation doit non pas tant se redéfinir qu'ajuster sa définition d'elle-même à la nouvelle situation. Dans la partie précédente, il est apparu que les intellectuels du siècle dernier, dans les éditoriaux des revues qu'ils fondaient, n'avaient jamais raisonné en vase clos ; était toujours présente la référence à l'ailleurs. Cette présence de l'autre, cependant, n'entrait pas en jeu dans la définition du sujet québécois, caractérisé par sa religion et son histoire. Au sortir de la guerre, l'histoire entraîne sur des terrains imprévus. Si en art on débat du régionalisme et de l'exotisme, de la forme et du fond, dans le domaine identitaire, c'est entre la survie de la race et l'ouverture sur le monde qu'il y aura tension. La synthèse de ces discours de spécificité et d'ouverture est tentée à diverses reprises dans ces années 1918-

---

[8] René Lévesque fera de même dans les années 1970 !

1920. Dans tous les cas, même chez les plus conservateurs, il faut se défendre contre l'accusation de repli nationaliste.

> La vie canadienne, ce n'est pas seulement la vie d'une province ou d'une race, c'est la vie harmonieuse et normale de toutes les races et de toutes les provinces dont se compose la patrie canadienne. Et cette vie canadienne n'est pas repliée sur elle-même, bien que son action s'exerce principalement dans le champ canadien. (*La Vie canadienne*, 1918.)

Les thèmes de la survie de la race et de l'unité dans la diversité, de l'ouverture et du repli se font face. Il ne s'agit pas de dichotomies insurmontables, mais de pôles entre lesquels il faut trouver l'équilibre : « Notre pays aspire à de hautes destinées. C'est son droit impérieux. Mais pour atteindre aux sommets convoités, une union s'impose entre les races, les classes et les groupes » (*La Revue moderne*, 1919). C'est Madeleine Huguenin qui s'exprime ainsi, dans l'éditorial d'une revue où il n'est nullement fait mention qu'elle s'adresse aux femmes. Le seul indice « éditorial » en est la signature féminine : Madeleine[9]. À l'époque, il est exceptionnel qu'une femme signe un éditorial ; c'est la marque de la presse féminine. La lecture de cet éditorial force à conclure que femmes et traditions ne marchent pas nécessairement main dans la main. Madeleine regarde uniquement vers le futur, et pas n'importe lequel, vers la « haute destinée » du Canada français, laquelle s'inscrit dans un monde, dans un esprit, résolument moderne, comme le titre de la revue en fait foi. La modernité dont se réclame la revue de Madeleine est non seulement le résultat d'un processus interne, elle s'impose par « les exigences du monde nouveau » et la prise de conscience amenée par la guerre. « [...] un esprit nouveau nous anime. Ce n'est pas en vain que la guerre nous a tué nos enfants pour un idéal de justice et de liberté » (*La Revue moderne*, 1919.) Une page de l'histoire mondiale et canadienne est tournée. Madeleine, pas plus qu'Édouard Montpetit, ne doute de la « supériorité » canadienne-française ; elle écrit : « on sait que rien au monde ne peut déterminer la famille française de ce continent à se départir de droits supérieurs dont le renoncement marquerait un suicide honteux ».

---

[9] Sans nom de famille.

L'urgence ressentie n'est pas d'ordre politique ni patriotique, même si « notre revue sera œuvre de fierté nationale », elle vise plutôt le rattrapage culturel. Et *La Revue moderne* de conclure sur le « motto qui doit dorénavant présider à nos actes : « S'unir pour grandir », afin de donner à la patrie canadienne la pleine mesure de nos énergies et de nos vaillances ».

Pas plus que chez ses contemporaines, le souci politique n'est absent dans *La Revue moderne* (1919) ; pour se réaliser, ce dont la patrie a besoin, c'est d'intellectuels. Le problème national et les remèdes à y apporter sont donc culturels avant que d'être strictement politiques et économiques. La question nationale n'est pas d'abord une question politique. D'ailleurs, la politique partisane est récusée ; le nationalisme est omniprésent, mais au-delà des partis il relève du politique. Cette tendance sera encore plus marquée dans les décennies suivantes. Autrement dit, non seulement le politique est subordonné à l'intellectuel, mais les remèdes aux problèmes politiques sont d'ordre intellectuel. Ces deux propositions ne vont pas nécessairement de pair ; associées, elles renforcent la posture d'élite éclairée mais éloignée des enjeux immédiats qui est désormais celle des intellectuels.

Cette posture n'est pas présente que dans les revues culturelles ou littéraires, où elle ne surprend pas ; comment s'étonner que le combat des artistes soit d'abord artistique ? Mais elle se rencontre également dans les revues fondées par des organismes nationalistes, qui ne préconisent ni la formation d'un parti, ni le recours aux armes, face à la menace qu'ils sentent peser sur le Canada français, mais la formation d'une élite, d'un centre de pensée canadien-français.

Il est donc possible de parler d'un sentiment d'urgence à la fin de la guerre : urgence du rattrapage culturel, d'une vigilance nationale, de la formation d'une élite, thèmes qui s'entremêlent et s'opposent selon les plumes, mais qui s'affirment avec une nouvelle vigueur. La guerre a accouché de la modernité, et d'un nationalisme culturel (par opposition au patriotisme, politique), mais dans la douleur !

Les années 1920

> *Notre but ? [...] servir la communauté canadienne-française*
> *partout où elle compte des représentants. [...] Car, il faut*
> *bien l'avouer, à cause de l'immense étendue de notre pays,*
> *nous sommes enclins à nous désintéresser de ce qui se passe en*
> *dehors du milieu où s'écoule notre existence, où se transigent*
> *nos affaires. Pourtant, si nous voulons que le peuple cana-*
> *dien-français s'affirme et se développe conformément à son*
> *génie et dans le sens de ses traditions nous devons rester unis.*
> (La Voix nationale, 1927.)

Les « années folles » ne seront pas au Québec des années fastes en matière éditoriale. Les revues des années 1920 ajoutent peu à celles fondées de 1917 à 1919 ; elles poursuivent dans la même lignée. Pendant ce creux relatif, les compétences appelées au sortir de la guerre sont en formation dans les universités (voir le chapitre 13).

En 1921 paraissent *Les Cahiers de Turc*, rédigés entièrement par Victor Barbeau, que son pseudonyme situe en opposition au régionalisme et au terroir. Puis plus, ou à peu près plus, de revues « artistiques » jusqu'en 1941[10] ! Les revues d'idées occupent toute la place, et leur préoccupation centrale est la survie de la race. En 1922, à Ottawa, paraissent les *Annales*. Publiées par l'Institut canadien-français (encore un organisme), elles s'adressent à une élite, ce qui les rattache à la modernité ; par ailleurs, leur projet comprend à la fois un volet d'affirmation nationale, ce qui est dans le prolongement des efforts du siècle précédent, et un autre plus moderne d'affirmation intellectuelle de la pensée « franco-canadienne ». Avec comme programme : « affirmation de notre identité nationale, française et catholique ; maintien, en leur entier, de nos droits politiques ; propagation de la meilleure pensée franco-canadienne », les *Annales*

---

[10] À de très rares exceptions près, comme *L'Âme des livres* (1928) qui voudra suivre l'actualité du livre, et *La Gazette littéraire* (1934) dont l'objectif est semblable : aider tant les libraires que les lecteurs à se retrouver à travers la profusion de nouveautés. Il y a encore *Le Jardin des muses canadiennes* (1922), qui n'appartient ni au « terroir » ni à l'exotisme, et au style pour le moins fleuri : « Entrez tous, beaux sires, gentes demoiselles, venez garnir ce « Jardin des Muses Canadiennes » embryon d'une Académie des Jeux Floraux, des fleurs les plus rares et les plus brillantes de votre esprit. »

veulent contribuer « à ce grand œuvre magnifique de notre survivance et de notre ascension nationale ». Comme *L'Action française*, elles associent cela aux compétences et récusent « la politique, chez nous mal endémique, comme en tout jeune pays, et qui absorbe une trop grande part de nos énergies » (*Annales*, 1922).

Cela ne veut pas dire que toute politique partisane est absente des journaux et revues ; *Le Cri de Québec* (1925) annonce ainsi ses couleurs : « Libéral, il y a tout un programme dans ce vocable. Il signifie l'action, le progrès, l'audace, la foi en l'évolution intellectuelle et matérielle des peuples. Mon esprit ne peut se faire au mot « conservateur ». Conserver est bon. Acquérir est mieux. » Mais ce type de ligne partisane est minoritaire dans les nouveaux périodiques des années 1920. Ce qui mobilise les fondateurs de revues, c'est le nationalisme culturel (voir la citation en exergue de la section).

Les inquiétudes quant à la survie de la race sont nombreuses chez les fondateurs de *La Voix nationale* (1927) : éparpillement donc désunion, exode aux États-Unis, souci du « capital humain dont nous manquons si lamentablement ». Dans le même sens iront les préoccupations de l'Ordre de Jacques Cartier (OJC), mieux connu sous son surnom de « la Patente », qui dans son journal *L'Émérillon* (1930) lance un appel aux armes. La nature des armes utilisées n'est pas précisée. Il s'agit d'un appel à la mobilisation générale des Canadiens français pour leur survie. Selon l'OJC, la menace vient de tous côtés, y compris du Ku Klux Klan, qui s'en prend au catholicisme. Fait exceptionnel dans cette décennie, la solution préconisée pour remédier au problème national ne relève pas du monde intellectuel.

Dans un autre registre, et prônant également une action d'ordre non intellectuel, il faut mentionner *La Terre de chez nous* (1929), organe de l'Union des cultivateurs catholiques (UCC). La revue se veut le porte-parole des agriculteurs, instrument de lobby auprès des gouvernements autant que de vulgarisation auprès de ses membres. Élément important pour l'histoire des intellectuels, l'UCC insiste sur le fait qu'elle est construite par le bas et non par le haut. Il s'agit d'une nouvelle forme d'organisation, d'un nouveau rapport entre la base et les intellectuels. Ce n'est pas une élite éclairée qui diffuse un message prédéterminé, mais des intellectuels organiques à l'écoute de leur base. Ce modèle demeurera exceptionnel jusqu'après la Révolution tranquille.

Un mot finalement sur l'Église dont le déclin de l'influence caractérise ces débuts de la modernité. Les éditoriaux fondateurs n'y font plus référence, les revues culturelles ou littéraires ont abandonné l'affirmation, rituelle au 19ᵉ siècle, que les textes publiés ne porteront pas atteinte à la morale. Cela dit, l'influence de l'Église ne s'est pas complètement évanouie ; en 1928, *L'Action canadienne-française* explique ainsi son changement de titre[11] :

> On sait les malheureux événements qui ont rendu suspect, partout dans le monde catholique, le nom d'Action Française. Nous n'avions rien de commun avec l'œuvre royaliste de Paris. Nous lui avions emprunté un nom, comme, chez nous beaucoup d'organes de presse qui adoptèrent un nom déjà usité en Europe. Il suffit que ce nom sonne mal, aujourd'hui à des oreilles catholiques pour que nous en changions. (*L'Action canadienne-française*, 1928.)

Ce nouveau titre est significatif à l'aube de ce que plusieurs ont qualifié de première révolution tranquille, qui correspond à la Crise comme le montrera le prochain chapitre.

Conclusion

Les rédacteurs du *Nigog* et de *La Revue moderne*, ainsi que tous ceux qui estiment que la guerre a amené une nouvelle vision des choses, que ce soit dans l'allégresse ou dans l'inquiétude, ont le sentiment qu'une page a été tournée. Les fondateurs de revues ont tendance à faire table rase du passé, mais ils ne coupent pas toujours aussi ras !

Au seuil des années 1920, la modernité est en place ; au-delà des querelles sur le régionalisme en art, sur la spécificité de la race par opposition à son ouverture sur le monde, les intellectuels qui fondent des revues s'accordent implicitement sur deux choses : leur rôle privilégié d'experts ; la réflexion et l'analyse doivent guider l'action. C'est

---

[11] Par la suite, les revues n'emprunteront plus leur titre à des publications européennes, à cause en particulier de la circulation de plus en plus internationale des périodiques, ce qui ne veut pas dire qu'on n'importe plus d'idées...

une première étape de l'affirmation du sujet intellectuel et de son rôle. Le champ intellectuel se recentre sur lui-même.

Revenons une dernière fois sur le rôle des intellectuels comme experts. À qui s'adressent-ils ? À l'ensemble de la société, bien sûr, mais aussi et surtout au prince, au décideur, même si cela n'est pas dit explicitement. Si la réflexion vient avant l'action, le savoir spécialisé des intellectuels leur permet d'éclairer les prises de décision ; cela suppose que le public cible est – du moins en partie – l'élite politique au sens large, c'est-à-dire les décideurs. L'élite intellectuelle s'adresse à l'élite politique, le monde intellectuel n'est pas entièrement clos sur lui-même.

Un mot enfin sur les associations qui ont pris la parole depuis le début du siècle. Il s'agit d'associations formelles par opposition à celles plus informelles comme le groupe autour des *Soirées canadiennes* (1861). Si leurs positions politiques et religieuses sont affirmées, ces associations n'en sont pas moins – relativement – indépendantes des partis et de l'Église. Elles servent de tremplin à la modernité dans la mesure où des intellectuels peuvent se regrouper à des fins propres, autonomes. Ces associations, où seront discutées des idées, des programmes, d'où seront lancés des appels à « un mouvement », constituent une étape. Dans les années qui suivent, de moins en moins nombreuses, proportionnellement, seront les revues associées à des regroupements formels. L'émergence du Je, avant de se dégager du Nous sociétal, passe par un Nous associatif. Mais plus spécifiquement encore, à l'intérieur du Nous canadien-français, se démarque un Nous intellectuel.

8

Les jeunes et la crise... intellectuelle

En un mot nous nous proposons de « vivre », et pour vivre, il faut une vie intellectuelle plus intense, il faut renaître. (Vivre, 1934.)

1929 : la Crise. 1929 : de jeunes intellectuels fondent leur revue, *Opinions*. Fini l'appel aux compétences ; les nouveaux experts prennent la parole ! Une génération s'affirme dans un ensemble de revues, et elle est reconnue comme telle. Au 19e siècle, ceux qui prenaient la plume, s'ils étaient parfois effectivement « jeunes », ne se définissaient pas par leur âge. Dans la décennie qui va *grosso modo* du krach boursier de 1929 à la déclaration de la guerre en 1939, le champ intellectuel acquiert une épaisseur nouvelle : y apparaît une génération en rupture, plus ou moins explicite et violente, avec ses aînés. La tradition du nouveau, dont on a pu dire qu'elle était la seule tradition de la modernité, se met en place dans une deuxième étape de l'affirmation du sujet intellectuel québécois.

Une génération s'affirme

Encore une revue ! Et bien oui, une revue de jeunes, pour des jeunes qui veulent exprimer parfois leurs opinions. Une revue dirigée par des jeunes – en avons-nous un si grand nombre ? [...] qui saurait combattre au besoin et qui s'adresse aux intellectuels de chez nous dont elle demande l'appui. (Opinions, 1929.)

Au début du 20ᵉ siècle, le rôle des institutions et des associations est très important dans l'apparition des nouvelles revues ; leurs éditoriaux ne font pas mention de l'âge des rédacteurs. Avec la Crise se manifestent les jeunes, peut-être justement par réaction à ces revues d'associations ; se seraient-elles institutionnalisées et leurs discours, ritualisés ?

Opinions (1929) est publié par l'Association des anciens étudiants d'Europe, d'autres « retours d'Europe », à l'instar des fondateurs du *Nigog* (voir l'extrait en exergue ci-dessus). C'est une association de jeunes qui fonde une revue pour les jeunes et qui s'adresse aux intellectuels, autrement dit aux jeunes intellectuels ; ceux-ci sont nommés (implicitement) pour la première fois, spécification à l'intérieur du Nous intellectuel. Ce Nous à la fois intellectuel et générationnel veut exprimer son opinion, différente des idées reçues. Ce que seront ces opinions n'est pas précisé. En ce sens, il s'agit avant tout de l'affirmation d'une génération ; le groupe se définit comme groupe plus que par ses idées.

Les jeunes qui fonderont des revues dans les dix années suivantes n'appartiendront plus à des associations formelles, et leurs discours se démarqueront – plus ou moins – explicitement de ceux de leurs aînés. Un thème en particulier hantera cette génération dans les années 1940 et jusqu'au seuil des années 1950 : l'humanisme chrétien.

La plus connue de ces revues est *La Relève* (1934), qui fera époque[1]. Le titre même met l'accent sur la jeunesse des fondateurs. « La Relève se propose de refléter la mentalité et les tendances des jeunes catholiques canadiens, et par ressaut, des jeunes catholiques du monde entier. » En fait, il ne s'agit pas que de refléter, mais aussi de guider : « Il faut donc rallier les jeunes, donner un sens à leur effort, au lieu de les laisser s'orienter, par un besoin d'action inhérent à leur vigueur juvénile, vers le socialisme ou la mesquinerie des clubs de partis. » On parle à une génération, au nom d'une génération ; les aînés ne figurent pas parmi les lecteurs visés.

---

[1] Plusieurs études y seront consacrées, entièrement : Falardeau, 1965 ; Pelletier, 1972 ; ou en partie : Bélanger 1974 et 1977.

Le vide que les fondateurs ressentent est double : pour eux il faut d'abord « un groupement national, catholique indépendant pour développer en ce pays un art, une littérature, une pensée, dont l'absence commence à peser ». Comme pour leurs prédécesseurs des débuts de la modernité, il faut inventer une pensée canadienne, et pour ce faire ils sentent la nécessité d'un regroupement. Cependant, et ce en quoi ils se distinguent de revues comme *L'Action française* ou *La Revue moderne*, la menace qui pèse sur la race ne vient plus tant des « Anglais » ou du retard économique que des « matérialistes ». Autrement dit, vers 1918 la crise ressentie est politique et économique, et la solution préconisée, intellectuelle ; en 1930, la crise est avant tout spirituelle, et c'est dans ce registre que se situe la solution : « la crise, le désarroi spirituel d'un grand nombre d'adeptes du matérialisme qui aujourd'hui déchantent, rendent plus imminent notre devoir laïc dans les lettres comme dans les arts en général ».

La Relève attribue aux jeunes un rôle presque messianique ! « Le rôle de la jeunesse, si cruellement inauguré pendant la guerre, ne peut plus aller qu'en grandissant. » Sont récusés la politique des partis et le socialisme : « La Relève entend jouer un rôle social en rendant pour sa part dans le monde, la primauté au spirituel. Nous devons prendre position devant toutes les questions : politique, littérature, sociologie. » Les jeunes n'entendent pas rester à l'écart, ils veulent s'impliquer ; que leur « rôle social » soit d'affirmer la primauté du spirituel semble toutefois éloigner du social proprement dit en ces années de crise économique et constitue par excellence une action intellectuelle dans le monde intellectuel. Les affaires terrestres – le politique, le littéraire et le sociologique – sont subordonnées au spirituel (attention, pas au religieux, pas à l'Église), et les « affaires » qui intéressent les fondateurs de *La Relève* sont de l'ordre des idées et non de l'action.

La Relève prétend donc user de l'autonomie intellectuelle pour développer un art et surtout une pensée autonomes... et québécois. La préoccupation culturelle devient ici une dimension de l'engagement religieux ; si catholique et canadien-français riment encore ensemble, le poème n'est plus le même : on passe des alexandrins épiscopaux aux vers libres de la laïcité. Cet accent sur la génération et sur la religion n'est incompatible ni avec le nationalisme, ni avec l'ouverture sur le monde.

À Québec, la même année, un autre groupe de jeunes prend la parole. Le titre qu'ils choisissent est non moins symptomatique : *Vivre*. La menace qui pèse sur la race est nommée de façon nouvelle : la culture de masse, l'« ambiance américaine » véhiculée par les médias. Bref, si l'ennemi est encore « l'Anglais », ce n'est plus un ennemi politique, militaire ou démographique, mais culturel (voir l'encadré 1).

Pour *Vivre*, la primauté ne revient pas au spirituel, mais au culturel, à l'intellectuel ; par ailleurs, le reste du propos est assez analogue à celui de *La Relève*[2] : recherche du public des jeunes, dénonciation du matérialisme, affirmation qu'il faut s'intéresser aux arts, à la politique et à la sociologie. Les jeunes doivent se préparer pour l'avenir, c'est-à-dire développer des compétences. Et si le français est menacé, la meilleure défense, c'est l'attaque. Contre la pensée anglo-saxonne : la pensée canadienne. Aucune mention de l'économie ; la crise pour ces jeunes intellectuels est dans la tête, pas dans le porte-monnaie.

Le souci pour la politique et la sociologie, également présent dans *La Relève*, indique une dérive temporelle, non seulement par rapport au siècle dernier, mais aussi par rapport à l'après-guerre. Au 19e siècle, les intellectuels se situaient dans l'histoire, inspirés par le passé, aspirés par l'avenir. Au tout début de la modernité, l'insistance n'est pas tant sur le passé que sur le futur : la marche du progrès semble moins assurée, d'où la valorisation de la compétence pour orienter l'avenir. Dans les années 1930, le futur dont parlent les jeunes est à très court terme, c'est par exemple celui de la carrière qu'ils comptent entreprendre ; en fait, l'accent porte essentiellement sur le présent. Qu'est-ce en effet que la sociologie à laquelle ils font allusion ? Cette discipline n'est pas encore enseignée dans les universités. Pensent-ils à une philosophie sociale, à la doctrine sociale de l'Église ? Quoi qu'il en soit, la sociologie ne se déploie pas dans l'histoire mais dans le présent. Bien sûr, les jeunes entendent se préparer pour l'avenir. Mais tendanciellement, leur univers de préoccupations se situe dans le présent, et non plus en référence nécessaire à l'histoire.

---

[2] En ce qui concerne le premier éditorial en tout cas, car les revues évolueront de façon très différente (Bélanger, 1974).

Encadré 1
VIVRE

« Vivre est une revue fondée par des jeunes [...] n'est-ce pas le meilleur moyen de féconder nos facultés intellectuelles et de récupérer les forces du caractère français que d'afficher une pensée canadienne-française ?

Il faut inculquer cette pensée française et l'afficher partout pour lutter contre l'ambiance anglaise et surtout américaine. [...]

Nous nous proposons de réveiller les apathiques, de donner une juste conception de la vie, de démontrer au besoin à la jeunesse que la vie ne se borne pas à obtenir un diplôme puis une place ou à se faire une clientèle, ce qui permet de vivre bourgeoisement, mais qu'elle doit aussi s'occuper de ses semblables en s'intéressant aux différents arts, soit à la littérature, à la sociologie, à la politique...

De sorte que l'heure venue d'agir, la jeunesse canadienne-française ne cédera pas la place à des étrangers, ou à des incompétences, ce qui est d'autant plus dangereux que ces derniers parviennent facilement en régime démocratique. En un mot nous nous proposons de « vivre », et pour vivre, il faut une vie intellectuelle plus intense, il faut renaître. » (*Vivre*, 1934.)

Une autre revue, dont les fondateurs ne sont pas tous « jeunes », porte un titre significatif : *Les Idées* (1935). Décidément, on est en mal d'intellectualisme ! « Nous visons à faire penser nos lecteurs, non pas à leur épargner la réflexion. » Le sentiment de supériorité de l'après-guerre s'est renversé en celui d'infériorité : « Car la réalité l'atteste : dans tous les domaines notre infériorité s'accentue par manque de vie de l'esprit. » Cette revue dénonce également les méfaits de la culture de masse :

> Gavé de journaux à faits divers, de revues à commentaires de nouvelles, d'annales qui sont souvent des cubes de populacière niaiserie, et de romans en tendresse en clichés, l'esprit se ramollit et devient incapable de pensée, passe peu à peu aux limbes de l'instinct et y demeure. (*Les Idées*, 1935.)

Cependant, même si *Les Idées* n'évoque pas la Crise, une solution économique est proposée au problème national : « Peuple de main-d'œuvre et de petite épargne qui enrichit les autres, que nous manque-t-il pour recourir à la coopération et nous suffire à nous-mêmes, si ce n'est une intelligence normale et convenablement éduquée ? » Ce n'est pas la subordination des affaires temporelles au spirituel qui est implicite dans l'éditorial, mais celle de l'économie à l'intellectuel. On n'est pas ici dans le domaine de l'élite puisque ceux qui sont en mal d'éducation sont ceux-là mêmes dont l'esprit se ramollit à la lecture de « journaux à faits divers ». Ce ne sont pas des lumières précises qu'il s'agit de répandre, il faut tout simplement valoriser l'esprit ; en ce sens, le diagnostic de crise culturelle (et spirituelle) et la posture intellectuelle de ces trois revues des années 1934-1935 sont analogues.

N'y en a-t-il donc que pour les idées ? Non ! L'équipe de *Vivre* se radicalise ; en 1935 elle lance *Les Cahiers noirs*. L'éditorial est un appel à la jeunesse, et surtout un appel à la violence ! (Voir l'encadré 2.) « Le Canada français crève d'un manque de violence. » L'impatience de la jeunesse, à qui l'éditorialiste propose Jean-Charles Harvey en modèle, concerne avant tout la question nationale. Une partie de cet éditorial, hors contexte, aurait bien pu être attribuée au FLQ et à « l'autre » révolution tranquille ! Par ailleurs, l'allusion au « dynamisme barbare » rappelle que les années 1930 sont celles de la montée du fascisme en Europe et que ces idées ont trouvé un certain écho de ce côté-ci de l'Atlantique.

S'ils prônent la violence, *Les Cahiers noirs* ne cherchent pas à susciter un regroupement, la fondation d'un parti ou d'un front de libération. *Les Cahiers* s'adressent à des consciences individuelles. Ce radicalisme, exceptionnel dans son appel à la violence, car il quitte le monde intellectuel, ne l'est pas dans son nationalisme. Un groupe de jeunes, voulant rendre hommage à Lionel Groulx, lance *L'Indépendance* (1936), dont le titre est tout un programme. Si, de façon prévisible, l'éditorial se termine par « Vive l'indépendance ! », le texte est essentiellement un appel à la jeunesse. Y sont dénoncés les trusts, les mesquineries de la politique. « Ce qu'il faut avant tout, c'est éveiller les jeunes ; il faut fanatiser la jeunesse autour d'une idée qui soit autre chose qu'une mesquine préoccupation de parti. » *L'Indépendance* parle de coordonner « nos efforts » aussi bien intellectuels que physiques ; le mot d'ordre est lancé : « Soyons patriotes, mais patriotes jusqu'au bout, jusqu'au sacrifice. » Le terme « fanatiser » doit-il être interprété au sens strict en cette décennie de montée du fascisme ou doit-il être compris comme « mobiliser » ? Ce que signifie aller « jusqu'au bout » n'est pas clair non plus. *L'Indépendance* ne fait

« On ne bâtit pas un empire avec des premiers communiants. J'ajouterai qu'on ne devient pas un peuple en comptant trop sur les miracles – fussent-ils canadiens. Si nous voulons – non pas seulement tenir le pas mais encore bondir dans le devenir – il faut que se réveille en nous ce dynamisme barbare et conquérant qui change les humbles en superbes. Le Canada français crève d'un manque de violence. C'est toujours la Sainte-Violence qui fait, en fin de compte, emporter le morceau.

La violence seule fera éclater le dilemme que nous posons – sans oser le résoudre – depuis trois cents années petites et miteuses.

Dilemme :

a- être

ou

b- ne pas être. » (*Les Cahiers noirs*, 1935.)

pas mention explicite de la violence, et les efforts à coordonner sont, au moins en partie, d'ordre intellectuel.

Chose certaine, si violence verbale parfois il y a, les préoccupations de ces jeunes fondateurs de revues, quoique axées sur le présent, sont loin de la crise économique. Elles sont surtout intellectuelles ; c'est là qu'il y a crise selon eux, et c'est là qu'il faut agir ; à cet égard, *Les Cahiers noirs* constituent une exception. Fuite devant les problèmes sociaux ? Affirmation en tout cas de l'autonomie intellectuelle.

Paradoxalement, donc, l'affirmation des générations dans le champ intellectuel le resitue dans le présent... mais un présent d'où la crise économique est absente. Nouveaux diplômes, nouvelles professions, nouveaux types d'insertion ?

La réponse de l'autre génération

Nous saurons tenir compte de notre époque, de ses besoins, de ses aspirations et de l'évolution des idées chez nous depuis un quart de siècle. En d'autres mots, la revue sera éveillée, combative, constructive. [...] La revue a l'ambition d'embrasser, dans la mesure du possible, toute la vie intellectuelle au Canada français, de lui imprimer au besoin l'orientation que requiert notre idéal national. (L'Action nationale, 1933.)

L'Action française (1917), devenue en 1928 *L'Action canadienne-française*, fait peau neuve en 1933 sous le titre *L'Action nationale*. Le programme est rappelé et il tient en deux mots : la revue est catholique et canadienne-française. D'une certaine façon, à ce niveau de généralité, le propos rejoint celui de *La Relève* ; en même temps, il en diffère profondément : ce n'est pas la même génération qui parle, le public visé n'est pas le même. *L'Action nationale* s'exprime comme une institution, alors que *La Relève* est animée par un sentiment d'urgence, celle d'une révolution spirituelle, préoccupation absente – du moins en éditorial – chez les aînés.

L'Action nationale souhaite non seulement orienter la vie intellectuelle, mais l'embrasser tout entière. La revue se voudrait, à l'instar de *La Revue moderne* (1919), un centre de pensée canadienne-française. Un espace public intellectuel ? Pas vraiment, car il s'agit d'orienter la pensée plus que de la forger dans la discussion. Il n'est pas sûr que cette entreprise soit possible : les jeunes de *La Relève* ou de *Vivre* ne se reconnaîtront pas dans ce sage discours et entraîneront l'« idéal national » dans de nouvelles directions, de la dénonciation de la culture populaire nord-américaine à l'indépendance.

L'année 1934 voit aussi la naissance de *L'Ordre*, « organe de culture française et de renaissance nationale », qui participe au mouvement général d'affirmation intellectuelle : « la renaissance nationale [consistera] [...] dans le développement des plus hautes virtualités du peuple : intellectuelles, morales et même physiques ». *L'Ordre* « réunira, sous la direction d'un journaliste d'expérience, un groupe d'hommes jeunes, enthousiastes et relativement instruits, indépendants des partis politiques », cependant il ne défend pas les idées les plus à l'avant-garde. Son programme précise que le journal « travaillera de son mieux à mettre un peu d'ordre dans les idées en combattant certaines baliverne dont le monde est en train de périr : démocratie, suffrage universel, diplomatie de place publique, etc. ». Sa position sur l'antisémitisme est pour le moins ambiguë ; *L'Ordre*

« ne permettra à personne d'exploiter le patriotisme, à plus forte raison l'antisémitisme, dans ses colonnes, pour vendre au public de la camelote, d'ailleurs fabriquée la plupart du temps par des Juifs ». Importante comme indicateur de l'autonomie du champ intellectuel, notons la dénonciation de la « vénalité » de la critique littéraire et artistique. *L'Ordre* insiste sur la qualité de l'écriture et « fera une place honorable au correspondant qui, sachant écrire, aura quelque chose à dire et le courage moral de signer ». Si *L'Ordre* semble réactionnaire de par la liste des « balivernes » qu'il entend combattre, s'y retrouvent certains thèmes présents dans *La Relève* et les autres revues de jeunes : catholicisme critique et laïc, « renaissance » culturelle, nationalisme, insistance sur la jeunesse… L'ordre qu'il s'agit de rétablir est celui des idées et non l'ordre public, *law and order*. Ici non plus, la crise économique n'est pas présente.

Quand Olivar Asselin fonde en 1935 une nouvelle revue pour « remplacer » *L'Ordre*, il la baptise *La Renaissance*, marquant ainsi sa participation au mouvement de renouveau intellectuel porté par les jeunes. Un thème y est introduit, présent dans sa contemporaine *Les Idées* (1935), et qui reviendra fréquemment par la suite : la coopération comme solution économique, politique et nationale.

La même année paraît *La Boussole*, dont le sous-titre est : *Notre survivance dépend de notre action économique*. *La Boussole* fait référence aux jeunes : « La génération qui monte, jeunesse de diamant, vit dans l'attente, indécise sur ses destinées » ; allusion à la crise économique ou au désarroi spirituel ? Cette revue se veut nationaliste et catholique, renvoie dos à dos « rouges » et « bleus », et dénonce le « manque de coloris » de plusieurs autres publications nées pendant la Crise : « en les lisant, Morphée nous tend les bras ». Par opposition, il faut « donner l'adhésion de son intelligence à notre credo national, adhésion absolue, virile, mystique ; vivre, c'est-à-dire infuser cette foi communicative au milieu où nous évoluons, c'est en quelque sorte concrétiser un rêve, c'est créer ».

Cet éditorial semble réaliser la synthèse de ceux de *La Relève* et de *Vivre* ! Malgré le sous-titre de la revue, lui non plus n'insiste pas sur l'économie, mais bien sur l'intellect. La revue recherche l'adhésion de l'intelligence des lecteurs ; elle cherche la vérité mais hors de « tout préjugé » ; est-ce dire qu'il y aura place à débat ? Son titre par ailleurs laisserait entendre qu'elle proposera une « ligne », sinon une direction !

La Boussole est explicitement mystique, pas d'un mysticisme mièvre, car il devra se traduire par un engagement. L'action envisagée : d'abord « infuser la foi ». Ce n'est pas tant le changement social qui est recherché que la « création ». Bref, la rhétorique des aînés diffère de celle des jeunes, mais elle fait écho aux mêmes préoccupations. La différence résiderait dans la posture : les jeunes, animés par un sentiment d'urgence, par une passion, foncent tous azimuts ; les aînés veulent indiquer le chemin à suivre, servir de boussole, remettre de l'ordre dans les idées.

Valdombre (Claude-Henri Grignon) entonne le même refrain dans ses pamphlets[3] (voir l'encadré 3). Le ton est acide. « La lumière est une, perpendiculaire, brutale et foudroyante. Il n'y a pas deux lumières » (Les Pamphlets de Valdombre, 1936). Valdombre est très loin de la place publique et de la discussion ; s'il entreprend la publication de ses pamphlets, c'est qu'il est sûr de détenir une – la – vérité. Ce sera une des dernières fois qu'une telle position sera affirmée aussi vigoureusement. La plupart des revues qui suivront seront ouvertes à la discussion, leur objectif sera plutôt d'élaborer de nouvelles idées à travers la discussion et l'échange. Il faut dire par ailleurs que la brutalité et les foudres de Valdombre sont d'autant plus « perpendiculaires » qu'il entreprend une série de pamphlets, au sens propre du terme, et qu'il les rédige entièrement lui-même. La revue d'un seul homme se prête davantage à la polémique et au développement d'une ligne unique qu'une entreprise collective. Qu'il soit seul à la barre de sa revue ne place cependant pas Valdombre à l'écart des débats de son époque. C'est dans l'éditorial de sa revue, par exemple, qu'un thème qui reviendra inlassablement sous la plume des éditorialistes est introduit : la dénonciation des monopoles d'information et du contrôle des quotidiens par des trusts.

Si Valdombre fait parfois vieux jeu, il se pose néanmoins en « écrivain libre » qui veut juger la situation, ou plutôt les « hommes et les idées », et non les actions ; en ce sens, il entend exercer la tâche

---

[3] C'est avec Victor Barbeau (Les Cahiers de Turc, 1921) un des rares exemples de « revue d'un homme » au 20e siècle ; il y aura aussi Raoul Roy, associé à de nombreuses feuilles indépendantistes.

« Je n'ambitionne qu'une chose : défendre la cause de la Vérité. Défendre la lumière. La lumière est une, perpendiculaire, brutale et foudroyante. Il n'y a pas deux lumières. [...]

Dans une période extrêmement agitée de notre histoire, où le désordre et la provocation tiennent lieu d'idées politiques, il paraît essentiel et très urgent de juger les hommes, et les idées, et les faits. [...]

Je ne mangerai pas dans l'auge des trusts ni des puissantes sociétés anonymes, lesquelles, comme chacun sait, tiennent à la gorge nos journaux de haute (?) information. [...]

Qu'on prenne garde ! La jeunesse a faim, la jeunesse espère, la jeunesse rêve, mais elle a faim. [...]

Je dois rendre tout de suite ce témoignage que les jeunes d'aujourd'hui sont moins abrutis que ceux de mon temps. En plusieurs endroits de la province, les idées bougent et je pressens que bientôt se déclenchera une action puissante. D'ici là c'est le désordre au sein même de l'enthousiasme parce que le chef, le vrai chef fait défaut. [...]

À tous, je dirai ceci : Il n'y a qu'une façon de reconquérir nos droits chez nous et de reprendre notre liberté : c'est par la possession du sol et par le maintien sur le sol de la paysannerie canadienne-française. J'ajoute que notre salut politique réside tout entier dans notre foi et dans la pratique de la religion catholique. [...]

Je songe qu'il est temps qu'un écrivain libre se lève pour juger les hommes et les idées. Je suis las moi-même de me trouver en face de la patience d'un petit peuple, d'une patience passée à l'état de nature, d'une patience et d'un avachissement que l'on finira par considérer comme une vertu nationale. [...]

On ne s'étonnera pas de me voir accorder dans mes pamphlets une large part à la littérature, que je mets bien au-dessus de la politique, car un peuple sans littérature est un peuple sans histoire et un peuple qui ne s'occupe pas de littérature est un peuple d'idiots. » (*Les Pamphlets de Valdombre*, 1936.)

de l'intellectuel de la modernité. Comme tant de ses prédécesseurs du siècle dernier, il dénonce l'apathie ; avec le passage des ans, celle-ci est devenue « une patience et un avachissement que l'on finira par considérer comme une vertu nationale » ; à cet égard, on peut donc parler de rupture – relative – avec le passé. *Les Pamphlets* réfléchissent sur la jeunesse. Les jeunes s'affirment ; Valdombre reconnaît leur légitimité et leur énergie : « les jeunes d'aujourd'hui sont moins abrutis que ceux de mon temps ». Il n'y a pas de conflit de générations, serait-on tenté de dire, même si elles se différencient clairement. La jeunesse est en marche, et toute la société avec elle.

Il demeure que « c'est le désordre au sein même de l'enthousiasme parce que le chef, le vrai chef fait défaut ». L'attente d'un chef est dite pour la première fois dans un éditorial inaugural[4] ; cette attente sera maintes fois rappelée dans les années subséquentes. « La faim » de la jeunesse est-elle une allusion à la crise économique, à la crise spirituelle ? Dans tous les cas, contrairement à l'adage, le ventre vide de la jeunesse ne semble pas l'empêcher de réfléchir.

Valdombre affirme placer la littérature « bien au-dessus de la politique, car un peuple sans littérature est un peuple sans histoire et un peuple qui ne s'occupe pas de littérature est un peuple d'idiots ». Si littérature et histoire sont associées elles ne sont pas confondues, sous le mode du siècle précédent. Valdombre fait donc entendre une voix à la fois très personnelle et tout à fait en accord avec les thèmes dominants de l'époque.

La jeunesse est en marche et les aînés emboîtent le pas. Les thèmes centraux des éditoriaux fondateurs se répondent. Sur le fond, on est plus près de l'unanimité que de la polémique, malgré l'affirmation de la nouvelle génération.

Dans ce mouvement général sont emportées même les publications des communautés religieuses. *La Survie* (1936), publiée par les Clercs de Saint-Viateur, porte un titre rétro, car pour les jeunes il s'agit de vivre, et non de survivre. Mais le ton est bien de l'époque, et tous les thèmes de la décennie sont présents : jeunesse, vie intellectuelle, préoccupations pour la politique et la sociologie. Ces

---

[4] Bien que la Crise ait été l'occasion d'un certain retour à la terre, Valdombre est le seul éditorialiste à l'évoquer dans un premier numéro.

éducateurs, cependant, semblent plus ouverts à la discussion des idées que les autres aînés (voir l'encadré 4).

Si en général les plus âgés partagent plusieurs préoccupations avec les jeunes et un même souci de la crise... intellectuelle, il n'empêche que leurs regards sont davantage tournés vers le passé. Une division du travail s'établit plus ou moins spontanément entre les générations intellectuelles : aux jeunes la sociologie et la politique ; et l'histoire aux vieux, pour qui s'affirmer culturellement et intellectuellement va de pair avec la recherche de leurs racines. « Je me souviens » est la devise des Canadiens français, mais dans les années 1930, elle ne sollicite que les aînés.

Le Groupe des Dix, dont le moins qu'on puisse dire est qu'il regroupe des vieux de la vieille[5], « est et il ne veut vraiment être qu'une association de camarades » ; il fait de l'histoire pour son plaisir, sous le mode de la « littérature historique ».

> Cependant, comme tous ont le même culte pour notre passé canadien et que c'est précisément cette parenté d'âmes qui les a fait se rassembler, il va sans dire qu'un des premiers plaisirs qu'ils se paient dans leurs rencontres intimes est de parler d'histoire. Or, de parler à écrire, il ne pouvait y avoir qu'un pas pour de vrais fervents de l'histoire canadienne qui ne se satisfont jamais d'un plaisir égoïste, et ce pas nous le franchissons aujourd'hui en offrant humblement au public ce premier Cahier des Dix. (*Les Cahiers des dix*, 1936.)

L'Émérillon de 1936 (à ne pas confondre avec celui de 1930) poursuit un but analogue, mais à saveur plus politique, tout en demeurant dans le monde intellectuel : il entend « présenter à l'élite de notre société intellectuelle de jolis articles sur notre histoire et notre littérature nationale ». Le premier de ces articles, qui sert plus ou moins d'éditorial, s'intitule « Régionalisme moderne ». Les animateurs de la revue pourraient être qualifiés de progressistes-conservateurs : « être traditionalistes, ce n'est pas nécessairement nier l'évolution, le progrès ; car la tradition se continue aujourd'hui comme elle se continuera demain. Elle doit donc évoluer dans son temps et dans son milieu » (*L'Émérillon*, 1936). Et le renouveau, ici encore, est celui des idées. Cette première révolution tranquille est avant tout

---

[5] Gérard Malchelosse, Victor Morin, Ægidius Fauteux, E.Z. Massicotte, Francis-J. Audet, Olivier Maurault, Pierre-Georges Roy, Albert Tessier, Aristide Beaugrand-Champagne, Montarville Boucher de la Bruère.

« Nous sommes appelés à marcher au premier rang. [...] Demain nous serons à la tête de toute une jeunesse nouvelle exigeante, sans merci ! [...]

Plus que jamais s'affirme l'importance de la culture : importance pour la religion qui trouve en elle sa puissance et sa variété d'expression ; importance pour la vie spirituelle qui puise en son sein, non seulement la fécondité, mais les moyens d'étendre la plénitude de son action et de ses bienfaits. [...]

Les cahiers de la Survie voudraient favoriser toutes les initiatives intellectuelles, les susciter au besoin par la publication d'opinions, d'études, d'enquêtes, de polémiques. [...]

L'idée maîtresse qui assurera l'unité de ce vaste plan, sera l'éducation nationale. [...]

Les questions si souvent agitées parmi nous de langue, d'Histoire, de Politique, trouveront ici un mode d'expression tout désigné. [...] Car on demandera à l'éducateur de demain des chrétiens certes – et ce sera toujours sa première mission – mais on lui demandera aussi des patriotes. » (*La Survie*, 1936.)

une révolution culturelle. « Mais comme l'esprit mène le monde, c'est surtout l'activité intellectuelle qui constituera le faisceau de tous les liens qui existent virtuellement pour faire le pays et le développer selon la formule nationale » (*L'Émérillon*, 1936).

Au début des années 1930, la jeunesse s'affirme, mais en dehors de tout conflit – explicite – de générations. Jusqu'en 1936, la crise que la plupart des revues dénoncent est intellectuelle et non économique. Dans la seconde moitié de la décennie, un souci plus explicitement politique apparaît dans les revues.

Et la politique ?

À contre-courant de tout le discours élitiste et intellectualiste de son époque, la revue *Clarté* (1935) veut donner la parole à ceux qui ne l'ont pas : « donner à ceux qui portent le fardeau du chômage [...] et à ceux qui travaillent encore, que ce soit à l'usine, dans la boutique ou à la campagne, le droit de s'exprimer et en même temps la possibilité de le faire ». Le nom de cette revue est emprunté à une publication française, organe du Parti communiste. Toutefois, aucune allusion explicite au communisme ne s'y trouve, même si sont présents des thèmes « progressistes », presque populistes, qui tranchent avec les revues dont il vient d'être question. Si on revient ici à l'économie en dernière instance, ce n'est pas à la façon d'Édouard Montpetit, mais à celle de Marx.

Clarté est la première publication qui fasse aussi explicitement référence – dans son éditorial de présentation – à la crise économique. Le programme de réformes proposé est vaste : assurance-chômage, augmentations de salaire, droit de vote pour les femmes, protestations contre les restrictions aux libertés démocratiques.

Les communistes ne sont pas les seuls à être préoccupés par ces questions. En 1936, l'École sociale populaire et les Semaines sociales (c'est-à-dire un groupe autour des jésuites) proposent dans *L'Ordre nouveau* (1936) un programme de « restauration nationale », dans la continuité des activités entreprises depuis quelques années. La revue s'adresse avant tout aux hommes publics, aux « dirigeants d'œuvres » et aux éducateurs, bref à une élite : « Les idées jetées dans les esprits commencent à se lever. Toute une élite se passionne pour elles et ne demande qu'à travailler à leur réalisation. Mais il lui faut une direction. » Une élite intellectuelle veut donc orienter celle, plus large, des dirigeants, des hommes d'action.

L'Ordre nouveau adopte ainsi de façon explicite l'attitude implicite des revues des débuts de la modernité, et avec laquelle les publications de jeunes avaient rompu, s'adressant essentiellement aux jeunes ou à l'élite intellectuelle. Par ailleurs, la même attitude se retrouve dans *La Boussole*, *L'Ordre* et même *Les Pamphlets de Valdombre* : indiquer à l'élite la voie à suivre. « C'est sur une élite que nous voulons agir, sur ceux qui tiennent les leviers de commande, sur les autorités sociales. Eux gagnés à nos idées, orientés vers les réformes que nous préconisons, le but que nous poursuivons sera atteint » (*L'Ordre nouveau*, 1936).

La stratégie des rédacteurs est donc explicitement élitiste. Il ne s'agit pas de susciter un mouvement populaire auprès du « grand nombre », mais de répandre des idées de réforme. L'action de la revue appartient au registre intellectuel d'abord, même si ultimement ce qu'elle vise, c'est le changement. Autrement dit, le changement social passe par une action d'abord intellectuelle. Les idées mènent le monde, et ce sont d'abord celles relevant de la « doctrine sociale catholique », qui s'oppose explicitement au communisme, qu'il faut diffuser. Mais il ne s'agit pas d'un anticommunisme primaire, il faut lutter « scientifiquement », c'est-à-dire au niveau des idées ; « comme cette doctrine doit servir à l'action, il nous faudra étudier notre situation économique et sociale et rechercher, à la lumière de cette doctrine, quelles réformes son état postule » (*L'Ordre nouveau*, 1936). Cette dernière revue affirme donc à son tour le rôle privilégié et spécifique des intellectuels.

Mais cela ne va pas de soi. Le roman de Jean-Charles Harvey, *Les demi-civilisés*, a été placé à l'index, à la suite de quoi Harvey est renvoyé du quotidien *Le Soleil* ; en 1937, il fonde *Le Jour*. Victor Teboul (1984) a consacré une longue étude à cet hebdomadaire engagé qui prétend marquer « la renaissance de la presse libre ». *Le Jour* déplore que, pour « plaire à tout le monde », la presse ait dû « abandonner les luttes d'idées pour se confiner à l'information », thème véhiculé par Valdombre, mais aussi par *Vivre*, *Les Idées* et *Les Cahiers noirs*.

L'éditorial du *Jour* s'en prend à Lionel Groulx et en général à ceux qui ont « dressé devant les jeunes l'épouvantail de l'étranger », ce qui a « embrouillé le problème de notre nationalité ». La lutte du *Jour* sera difficile : « les pires ennemis des Canadiens français – peut-être les seuls – ne sont autres que des Canadiens français. Le mal est chez nous, le mal est en nous. » C'est la première fois qu'un éditorial affirme une telle chose ; *La Relève* situait le mal « en nous », mais à titre individuel, dans le domaine spirituel ; ici c'est collectivement que les Québécois sont dits abriter le mal, et ce mal est économique et politique. L'éditorial n'y va pas de main morte, ni dans le diagnostic, ni dans l'identification des causes du problème.

> Si les grandes entreprises nous ont échappé, si nos faibles mains ne maîtrisent pas les immenses ressources qui s'offrent à nous depuis longtemps, si le commerce et l'industrie passent à d'autres plus avisés, si nous n'avons marqué aucune empreinte ni dans les arts ni dans les lettres, si en un mot, nous ne possédons qu'une civilisation de quatrième ordre [...] nous ne devons nous en prendre qu'à nous-mêmes et aux mauvais bergers. (*Le Jour*, 1937.)

C'est en quelque sorte le même constat que celui formulé par Édouard Montpetit dans *L'Action française*, mais alors que pour celui-ci cela constituait un défi, Harvey y voit un échec, celui d'un peuple et de son élite. La crise, selon *Le Jour*, n'est pas que d'ordre intellectuel ou moral, mais aussi économique ; en fait c'est toute la « civilisation » qui est remise en question. Avec le recul, *Le Jour* apparaît nationaliste, mais d'un nationalisme à contre-courant de celui de son époque. Ce n'est pas l'appel de la race qui le mobilise ; il n'attend pas un chef. Il réclame au contraire l'indépendance intellectuelle par rapport aux « mauvais bergers ». Le but ultime qu'il poursuit est « le bonheur des nôtres, dans la concorde, la tolérance et la liberté ».

En 1937 toujours, paraît un journal politique qui s'affirme libéral au provincial et au fédéral : *En avant*. Ses fondateurs sont non moins « progressistes » que ceux de *L'Émérillon* (1936) et se réfèrent eux aussi à une « tradition dynamique ». Populistes, à tout le moins réformistes, ils sont favorables à la nationalisation de l'électricité. Ils visent « le relèvement des conditions des travailleurs de la campagne » aussi bien que de ceux des villes, dont la misère « est due à des salaires de famine que des profiteurs sans entrailles payent encore dans certains milieux » (*En avant*, 1937). Avec *Clarté* (1936), c'est la seule publication de la décennie qui fasse référence en éditorial à la condition des travailleurs. Est-ce parce qu'après sept ans de crise cela devient plus visible ? Est-ce que les intellectuels se sont mis sérieusement à la sociologie ?! À cet égard, il faut mentionner *Ensemble !* (1940), revue de la coopération, dont l'éditorial est signé par le fondateur de la toute nouvelle Faculté des sciences sociales de l'Université Laval (fondée en 1938), le père Georges-Henri Lévesque, dominicain. Cette publication sera bien sûr destinée à propager, à vulgariser les principes coopératifs. Je ne peux m'empêcher de noter qu'elle s'adresse à « messieurs les coopérateurs ».

Conclusion

Les éditoriaux inauguraux des années correspondant à la Dépression font presque unanimement référence à la crise… intellectuelle, aussi les solutions qu'ils préconisent se situent dans ce registre. C'est ainsi que Bélanger[6] (1974) affirme que les années 1934-1936 étaient caractérisées par leur apolitisme. Il est vrai qu'en un sens on est loin de la politique, régulièrement récusée au profit des idées. En fait, c'est que sont partagées les convictions que « les idées mènent le monde » d'une part, et qu'elles peuvent agir par elles-mêmes, sans la médiation de l'action dans la cité, d'autre part.

Dans cette décennie d'ailleurs, ce sont essentiellement des revues d'idées qui naissent. Comment se surprendre que des artistes ou des écrivains entendent mener un combat d'abord culturel ou intellectuel ? Mais dans les années 1930, c'est le cas de tous ceux qui se définissent par leur rôle d'intellectuel. C'est la pensée canadienne-française qui est promue, et non l'art ou la culture de cette société distincte. Collectivement, les intellectuels sont encore dans une phase d'affirmation de leur rôle.

Des générations se sont démarquées ; leur posture intellectuelle est à la fois semblable et différente. Semblable la certitude que les idées mènent le monde. À ce niveau manifeste, pas de conflit de générations. Cela ne doit pas faire oublier les différences : les jeunes sont animés par un sentiment d'urgence (qui ne se traduit qu'exceptionnellement en révolte), introduisent de nouveaux thèmes, proposent des opinions à la discussion, alors que leurs aînés, détenteurs de « boussoles », cherchent à orienter la réflexion des élites.

La décennie suivante, qui sera celle de la guerre mais aussi du *Refus global*, verra la dernière étape de l'affirmation du sujet intellectuel canadien-français : affirmation du formalisme en art et en général de l'autonomie intellectuelle sous toutes ses formes.

---

[6] Son analyse de cette période porte sur *Le Devoir*, *L'Action nationale*, *La Relève*, *Vivre*, *La Nation*.

9

Différenciation et autonomie

Le fond n'est pleinement mis en valeur que par l'art d'écrire, et, en ce sens, vaut par la forme. (Amérique française, 1941.)

L'influence de la Première Guerre se fait sentir sur les périodiques vers la fin du conflit; c'est dès le début de la Seconde qu'un changement de ton se manifeste. Les revues renouent avec des préoccupations explicitement artistiques. La différenciation du champ se poursuit: il n'est plus possible d'évoquer des thèmes communs à l'ensemble des revues, comme le progrès au 19e siècle ou la renaissance intellectuelle dans les années 1930. Les revues artistiques et savantes s'affirment de plus en plus à l'intérieur de leur milieu respectif, et les revues d'idées sont tiraillées entre des préoccupations élitistes et leur désir d'être présentes sur la place publique.

L'humanisme face à la guerre : continuités et ruptures

Tandis que nous sommes sevrés de toute pensée française [...] (Regards, 1940.)

Pendant la guerre, l'interruption des parutions françaises, ou du moins de leur réception, et l'afflux des réfugiés en Amérique favorisent la publication de nouvelles revues québécoises; au sommaire de leurs premiers numéros, ceux de *La Nouvelle Relève* (1941) et de *Gants du ciel* (1943), par exemple, des Européens exilés.

L'humanisme chrétien est encore de mise, tout comme les thèmes de la jeunesse et du rôle de l'intelligence ; c'est dans *Regards* (1940) que cela s'exprime avec le plus de force (voir l'encadré 1). « Nous croyons ! Et c'est parce que nous croyons que nous fondons aujourd'hui « Regards ». » Belle profession de foi ! L'expression « nous croyons » revient treize fois en neuf paragraphes. À la différence toutefois des revues des années 1930 qui ne parlaient pas de la Crise, *Regards* évoque « l'horrible présence de la guerre ». Et le programme ? S'il s'agit de faire circuler une « pensée française », cela est surtout conçu comme « un refus de la démission, une affirmation de l'intelligence ».

Regards réaffirme « la primauté du spirituel », mais pas tant face au désarroi moral ou au matérialisme que face à la guerre, à l'insupportable. Dans les années 1930, ce n'était pas en réaction à la misère causée par la Crise : c'était *pour*... l'idéal chrétien. Maintenant c'est *contre*... l'horreur de la guerre. Il ne s'agit pas tant non plus de promouvoir une pensée canadienne-française originale que de pallier le manque de pensée française. La posture révolutionnaire – ou du moins en rupture – a cédé la place au « dur désir de durer ». *Regards* est ainsi à la fois très semblable aux revues de jeunes des années 1930 et très différent.

Quand, en 1941, *La Relève* (1934) devient *La Nouvelle Relève*, l'équipe ne fait plus allusion à sa jeunesse, mais poursuit son projet initial. « La même recherche spirituelle qui suscita la fondation de la Relève, animera notre travail. Nous voulons apporter un témoignage chrétien. » Cependant la revue entend désormais publier des textes d'écrivains américains et européens. Aux intellectuels québécois incombe une responsabilité collective accrue. « Ce rôle, le bouleversement mondial entraîné par la guerre le rend encore plus nécessaire » (*La Nouvelle Relève*, 1941).

Gants du ciel (1943), pour sa part, joue dans un registre plus désincarné. En réaction aux horreurs de la guerre, de plus en plus manifestes avec les années ?

> Ce qu'il y a en nous de meilleur et de plus divin, c'est cela que, consciemment ou non, nous cherchons à exprimer dans une œuvre [...] Gants du ciel n'accueillera que ce qui peut s'intégrer dans une recherche authentique d'humanisme intégral dont la culture catholique est la plus haute expression. (*Gants du ciel*, 1943.)

« Nous croyons ! Et c'est parce que nous croyons que nous fondons aujourd'hui « Regards ».

Nous croyons ! Alors que tout est immobilisé par l'horrible présence de la guerre [...] « Regards » naît, comme une espèce de défi à la fatalité, parce que nous croyons que sa présence répond à une attente, et qu'elle est une nécessité, dans la mesure où le créé participe de l'absolu.

Nous croyons en notre jeunesse ! [...] La création d'une revue a toujours été le fait d'une jeunesse. Non pas nécessairement, d'une jeunesse d'âge, mais d'une jeunesse de cœur. D'esprit. De vision. De compréhension [...]

Nous croyons à l'intelligence. Nous croyons au principe spirituel en nous et voulons le servir. [...]

Tandis que nous sommes sevrés de toute pensée française, elle [la revue] tentera de faire un effort pour obvier à cette lacune. Nous n'avons pas de programme autre que cette volonté. Nous ne prétendons pas révolutionner le monde, nous ne déclarons pas apporter à la société ce comprimé de principes, de doctrines et de mots d'ordre qui lui assurerait un renouveau de vie, une résurrection. Nous ne prétendons pas. [...]

Telle sera notre revue : un refus de la démission, une affirmation de l'intelligence, une attestation que la matière n'est pas la plus forte, qu'au-delà de la guerre, qu'au-dessus de la guerre, il y a la primauté du spirituel et les droits inaliénables de la Pensée, de la Poésie, de la Musique, de l'Être.

Nous croyons en la vie. » (*Regards*, 1940.)

Ces trois publications, même si elles se démarquent de celles des années 1930, se situent néanmoins dans leur prolongement. Ce ne sont pas des revues artistiques proprement dites, ni des revues d'idées car elles ne se proposent pas de discuter des affaires immédiates de la cité : elles se situent à un niveau plus élevé, celui de l'humanisme. Par ailleurs, la culture et ses manifestations ne leur sont pas étrangères. Leur public cible n'est pas explicitement nommé ; de leurs professions de foi et déclarations d'intention, on déduit qu'il s'agit d'autres intellectuels, ceux qui comme les rédacteurs se sentent « sevrés » de publications françaises. Elles ne prétendent pas à une large diffusion, même si elles ne visent pas une génération plus qu'une autre. En fait ce qui les caractérise, c'est l'affirmation de la pensée, de l'intelligence face à la guerre. Leur réponse à la guerre, c'est l'intelligence et l'humanisme, j'ai envie de dire un humanisme pur : il ne s'agit pas d'influencer la jeunesse ni les décideurs, mais simplement de s'affirmer. En ce sens, on pousse un cran plus loin l'affirmation du sujet intellectuel.

D'autres revues se définiront plus explicitement en rapport avec le politique ; ce sont des hommes d'Église qui les fondent : *Relations* (1941) est lancé par l'École sociale populaire, « œuvre » des jésuites. *Ensemble !* (1940)... et la Faculté des sciences sociales, pour leur part, sont l'« œuvre » du dominicain Georges-Henri Lévesque. Les laïcs sont mystiques (*Regards*, 1940 ; *Gants du Ciel*, 1943), alors que le clergé s'occupe de politique et de conscientisation !

Relations affirme encore le primat du spirituel, mais n'insiste pas moins sur la nécessité d'une cité juste, « harmonieuse », dans le contexte de « gâchis actuel de l'Occident » (voir l'encadré 2). La pensée doit nécessairement déboucher sur l'action ; le remède aux problèmes n'est pas que d'ordre intellectuel ou spirituel. De plus, la référence à la cité implique non seulement une visée politique, au sens large, mais surtout une visée collective : on ne se préoccupe pas que de l'élite ou des individus et de leur désarroi (commun, mais ressenti au niveau individuel).

Dans ce contexte se défont les automatismes, les prêts-à-penser : socialisme et christianisme ne sont plus nécessairement antagonistes. Et si l'association entre le nationalisme et la religion a souvent été proclamée, par les représentants de l'Église aussi bien que par les laïcs, ce n'est plus le cas : « Qui ne désire l'unité du pays dans le respect des originalités ethniques ou régionales, la paix entre les classes dans l'aménagement équitable des biens » (*Relations*, 1941). Au passage, une référence à la guerre, non uniquement à ses horreurs, car l'éditorial souligne la solidarité « avec les nations voisines » que doit manifester tout « vrai Canadien ». Le discours de « l'unité dans la diversité » que tient *Relations* s'applique tant aux régions d'un pays qu'à l'ensemble des pays... et des disciplines scientifiques. En temps de guerre, les métaphores sont guerrières. Cette revue sera « cavalerie légère, aviation de reconnaissance ».

Relations ne « s'adresse ni à la MASSE, ni à l'ÉLITE, mais à tous ceux qui croient en la véritable démocratie ». Cette phrase, combien de revues du siècle précédent pourraient la prendre à leur compte !

Encadré 2
UN CATHOLICISME ENGAGÉ

« Relations : si nous avons au frontispice épelé ce nom sans article, épithète ou déterminatif, c'est le désir de mieux exprimer l'ampleur de notre dessein : contribuer à l'équilibre de justice et de charité entre les divers éléments de la société, tant familiale et économique que politique et internationale, établir entre les hommes ces relations de la CITÉ HARMONIEUSE dont rêvait si chrétiennement le socialiste Péguy.

Le gâchis actuel de l'Occident ne vient pas de la technique elle-même aux créations merveilleuses, mais de son oppression du spirituel. [...]

Quel vrai Canadien proteste contre la solidarité que notre pays se reconnaît avec les nations voisines ? Qui ne désire l'unité du pays dans le respect des originalités ethniques ou régionales, la paix entre les classes dans l'aménagement équitable des biens de la terre ? Qui croit encore au cloisonnement des disciplines ou des diverses économies ? [...]

Relations ne veut cependant pas devenir une revue technique ou spécialisée, bien qu'elle s'attache au social, entendu au sens large ; son allure ne s'embarrassera d'aucun appareil scientifique, elle sera plutôt cavalerie légère, aviation de reconnaissance et de combat : la science mobilise en vue de l'apostolat social sur le terrain de l'actualité.

Elle s'adresse ni à la MASSE, ni à l'ÉLITE, mais à tous ceux qui croient en la véritable démocratie. » (*Relations*, 1941.)

Relations se démarque de *L'Ordre nouveau* auquel elle succède en ne visant pas principalement l'élite scientifique ou politique. Ce faisant, elle se distingue aussi des revues des débuts de la modernité. Ce souci démocratique se prolonge jusque dans le fonctionnement de la revue. « Le travail se fait en équipe, indispensable condition d'efficacité. » Notons aussi que la pensée « élaborée en commun apparaîtra aux éditoriaux ». La revue n'est donc pas qu'un lieu de diffusion, mais aussi un lieu d'élaboration d'une pensée. Même les hommes d'Église ne peuvent s'en remettre à une bonne nouvelle dans cette modernité troublée ; il faut concevoir les réponses en fonction des questions du moment ; science et engagement social chrétien vont de pair. « La science mobilise en vue de l'apostolat social sur le terrain de l'actualité. »

Dans la sphère politique, citons aussi *La Droite. Revue d'éducation nationale* (1941), qui n'a pas d'éditorial de présentation, et *Le Bloc* (1944), qui entend défendre les idées du Bloc populaire. Mentionnons enfin les *Feuilles démocratiques* (1945) dont l'objectif est de répandre des idées progressistes et en particulier celle de démocratie.

La « renaissance » est bel et bien derrière ; une fois affirmé et accepté le primat des idées, de nouvelles thématiques se dessinent, des options intellectuelles coexistent. Le nombre de publications va s'accroître, et celles-ci iront en se spécialisant.

De l'autonomie intellectuelle

Le projet d'*Amérique française* (1941) ne se situe pas en continuité avec celui des revues précédentes ; il s'en démarque doublement : d'abord l'éditorial ne fait référence ni à l'Europe ni au sevrage culturel ; mais surtout, il s'agit d'une revue littéraire, de création et non de critique. C'est la première revue de la modernité québécoise consacrée principalement à la création littéraire. Au siècle dernier il y avait eu des « recueils de littérature nationale » comprenant contes, histoire, essais et même poèmes. Au début du 20ᵉ siècle, alors que l'histoire n'est pas encore devenue science, on fait de la littérature historique (*L'Émérillon* ou les *Cahiers des dix*), mais aucune revue ne s'était donné comme mission de publier uniquement de la littérature.

Amérique française (1941) présente des textes littéraires « d'avant-garde » – à tout le moins de création – et s'annonce comme « mouvement de culture désintéressée ». « Le fond n'est pleinement mis en valeur que par l'art d'écrire, et, en ce sens, vaut par la forme. » Une semblable affirmation du *Nigog* (1918) avait entraîné une polémique vingt ans plus tôt ; *Amérique française* ne suscite pas de réponse éditoriale. Si la modernité advient au sortir de la Première Guerre quand un groupe d'artistes affirme dans *Le Nigog* (1918) le primat de la forme sur le fond et la légitimité du jugement artistique des artistes, il faut attendre la guerre suivante pour qu'une revue « moderne » de création littéraire voie le jour. En effet, *Amérique française* met en application dans ses pages la liberté artistique revendiquée par *Le Nigog*. C'est en ce sens qu'on peut parler d'ultime étape dans l'affirmation du sujet de la modernité. La nouvelle revue se présente comme animée par des « jeunes (et il y a des jeunes parmi les aînés) qu'un même enthousiasme a rassemblés pour travailler plus efficacement à la cause des lettres canadiennes-françaises en formation ». Cette première revue de création littéraire insiste donc sur la jeunesse de ses collaborateurs.

Après la guerre, les exilés repartent, les maisons d'édition françaises redémarrent ou recommencent à distribuer leurs ouvrages au Québec : l'édition d'ici périclite. Peu de nouvelles revues naissent. *Liaison* (1947), sous l'impulsion de Victor Barbeau, est publié par une coopérative, « Servir », dont les membres sont les auteurs et les lecteurs. Cette revue ne s'adresse pas au « public anonyme », mais à des gens qui sont « nos familiers, nos amis, et qui ont contribué à la réalisation de notre grand dessein ! » Autrement dit, *Liaison* se situe dans un milieu et y demeure. La coopérative n'est pas un moyen d'ouverture, mais en un sens de fermeture.

> Libre financièrement, et ce n'est pas le moindre avantage de la formule coopératiste, « Liaison » l'est tout autant intellectuellement. Si elle n'a pas de commanditaires à ménager, elle n'a pas non plus, d'idéologie à servir, de programme à appliquer. (*Liaison*, 1947.)

Sont récusés les programmes et les idéologies et louée l'indépendance intellectuelle. Un an avant le *Refus global*, la parenté de discours ne peut que frapper. Cependant ces propos feront scandale dans le monde des arts visuels ; si sur le fond Borduas rejoint Barbeau, la forme du premier est plus radicale (Barbeau, si on me permet l'expression, a déjà fait la tête de Turc un quart de siècle plus tôt !). Dans le monde littéraire, il semble aller de soi que « nous ne garderons en vue que les droits impérieux de l'esprit. Nos exigences en seront de mesure et de qualité » (*Liaison*, 1947). De toute façon, on s'adresse à un milieu précis : celui des artistes et des écrivains ?

Amérique française célébrait la forme, *Liaison* s'adresse à des amis. Formalisme et clôture du champ littéraire ? Deux caractéristiques qui consacrent en tout cas l'autonomie du sujet intellectuel dans le domaine artistique.

Cette autonomie intellectuelle se manifeste aussi dans le domaine universitaire. La guerre et l'immédiat après-guerre verront apparaître un nombre sans précédent de revues savantes. En 1941 voit le jour une première revue savante consacrée à la littérature, à l'initiative du Collège Stanislas de Montréal, le *Bulletin des études françaises*. À Québec, la même année, paraissent les *Cahiers de l'École des sciences sociales, politiques et économiques de Laval*. L'année suivante naît le *Bulletin des Sociétés de géographie de Québec et de Montréal*, puis dans l'après-guerre, coup sur coup, à Québec : *Laval théologique et philosophique* (1945), *La Revue de l'Université Laval* (1946), *Les Archives de folklore* (1946) ; à Montréal : la *Revue de psychologie* (1946), la *Revue d'histoire de l'Amérique française* (1947) et *Recherches* (1949).

Pour le moment, et sans empiéter sur le chapitre 13 consacré aux revues savantes, je tiens seulement à signaler que la guerre a accéléré non seulement la recherche scientifique (bombe nucléaire, développement de la cybernétique, par exemple) mais aussi la recherche en sciences sociales, et qu'au Québec elle précipite la fondation de revues savantes dans des domaines constitués depuis longtemps : histoire, folklore, études littéraires, philosophie, théologie. C'est l'aboutissement d'une centaine d'années d'efforts. En même temps émergent quelques revues dans les sciences humaines, qui iront en se multipliant. Ces revues écrites par des spécialistes, des universitaires, s'adressent à leurs homologues plus qu'à l'honnête homme.

En ce sens, le milieu universitaire connaît, comme le milieu littéraire, une certaine fermeture sur lui-même. Dans cette décennie, ceux qui résistent à la tentation de repli sur eux-mêmes sont les intellectuels engagés politiquement, en particulier ceux liés à l'action catholique. Ceux qui veulent se faire entendre sur la place publique disposent désormais d'un nouveau média : la radio. On en trouve un écho éditorial lorsque le Comité de la survivance française crée sa revue, *Vie française* (1946), dont le programme n'est qu'un long commentaire sur le nom dudit comité. La revue entend compléter les activités de ce comité : « de congrès, de voyages de liaison, d'émissions radiophoniques, d'articles de presse ».

À la fin des années 1940, le champ intellectuel québécois est de plus en plus différencié. Y coexistent des générations, des idées, des disciplines scientifiques.

Affirmation globale du sujet de la modernité

Au sortir de la guerre, *Notre temps* (1945) pose le diagnostic suivant : « cet après-guerre si lourd de problèmes de toutes sortes » peut être interprété « comme le beau désordre d'un chantier de construction, ce qui est exaltant pour l'esprit et le cœur. Si mal du siècle il y a, [...] ce n'est pas une nostalgie, mais une impatiente espérance. » Plusieurs se sentent à la veille de quelque chose ; mais de quoi ? S'il y a chantier de construction, c'est que tout est à faire. Où ? Selon *Notre temps*, encore une fois, dans le domaine patriotique et des idées : « Servir la cause de notre peuple en essayant de faire l'union des esprits et des cœurs [...] Ce que la politique n'a pu accomplir, nous tâcherons de l'atteindre en nous plaçant constamment sur le plan supérieur des idées. » Et si l'éditorial reprend à peu de chose près le programme de restauration sociale de l'École sociale populaire, il remarque que « le goût littéraire et artistique s'est avivé et affiné ».

De la fin de la Première Guerre à la fin de la Seconde, un sujet intellectuel québécois autonome s'est affirmé. Croyant, mystique même, il a pris du recul par rapport à l'institution ecclésiale. Politicien et patriote, il s'est reconverti au nationalisme culturel. Il n'est plus au service des partis, mais leur propose de nouveaux thèmes. La vérité n'est plus prête-à-penser. Ce seront les experts, l'élite, les mieux à même de la définir. La tâche de ce milieu intellectuel est d'autant plus importante que « les idées mènent le monde »... En pleine crise économique, pendant la guerre, affirmer que les idées mènent le monde indique que le champ intellectuel s'est véritablement émancipé du politique !

Que fera donc le sujet intellectuel de son autonomie ? Il s'attellera à la construction de la cité. Si les idées mènent le monde, il tentera de plus en plus d'incarner ses idées pour infléchir le sort du monde. L'action spécifiquement intellectuelle débouchera sur l'action tout court. En ce sens, l'intellectuel de la seconde étape de la modernité québécoise, qui va *grosso modo* du début des années 1950 au référendum de 1980, sera un intellectuel engagé.

10

La place publique

Les années 1950, une grande noirceur ? Certes pas un grand silence ! Une génération prend la parole avec éclat. Dans le manifeste *Refus global* (1948), dans les revues *Recherches* (1949), *Cité libre* (1950), *Place publique* (1951), à travers l'entrecroisement des thèmes et des variations sur ces thèmes ou les divers lieux et modes de prise de parole, un même message : affirmation de la liberté des intellectuels, de leur désir d'être présents sur la place publique. Les intellectuels s'engagent dans la cité, aussi bien dans le domaine sociopolitique que dans le monde culturel ou universitaire, sans abdiquer leur rôle d'intellectuel ; au contraire, l'intervention qu'ils entendent mener est liée à leur statut d'intellectuel.

De l'autonomie intellectuelle à l'autonomie nationale

> *Nous avons retenu le mot Liberté parce qu'il s'est imposé avec une telle force et une telle urgence que toutes les autres suggestions paraissaient futiles. (Liberté, 1959.)*

Si liberté est le mot qui s'impose en 1959, il en est de même en 1950 : une nouvelle génération, ayant mûri pendant la guerre, réclame une « cité libre ». Qu'est-ce à dire ? Le titre *Cité libre* laisse entendre que le projet sera politique, du moins collectif, par opposition à *La Relève* et à *Vivre*, qui situaient le problème et sa solution au niveau des individus. L'éditorial de *Cité libre* (1950) est un véritable modèle du genre, aussi je le reproduis *in extenso* dans l'encadré 1.

Qui parle ? En leur nom propre et en celui de « centaines » d'autres, des gens d'environ trente ans. Une génération qui a des choses à dire différentes de ses aînés, parce qu'elle a vécu des choses différentes, et surtout parce qu'elle a reçu une éducation différente. À quoi fait référence cette logique de distinction ? « Professeurs, syndicalistes, professionnels ou travailleurs sociaux », ils ont vraisemblablement fréquenté l'université ; ce ne sont pas des jeunes quelconques ; ils se définissent implicitement comme jeunes diplômés, donc comme une élite. Non seulement ils sont instruits, mais ils ont une expérience de l'action ; la référence à l'assemblée générale rappelle que plusieurs collaborateurs de *Cité libre* sont des anciens de la Jeunesse étudiante catholique (JEC) et du mouvement étudiant (voir Bélanger, 1977). En tout cas, la revue fonctionnera de façon communautaire, ce qui évoque l'Action catholique.

Ils veulent parler. Bien. Mais qu'ont-ils à dire ? Leur projet n'est pas explicite ; ils se proposent surtout de dire ce qu'ils ont sur le cœur et de développer dans la revue des idées qui n'auraient pas trouvé place ailleurs. Si le programme n'est pas autrement précisé, est-ce parce qu'il embrasse tout ce qui est susceptible d'être discuté ? Ou parce que c'est tellement évident qu'il ne vaut pas la peine de le préciser ? Autocensure sous l'ère duplessiste ? *Cité libre* veut déclencher un débat, mais ne précise ni sur quoi ni avec qui. L'objectif, au fond, est-il l'exercice de la liberté de parole ?

Cela dit, peut-on lire entre les lignes, à partir de la définition que le groupe donne de lui-même, ce dont il entend parler ? Cette génération se sent différente à cause de son éducation et de ses voyages (euphémisme pour parler de la Seconde Guerre ?). Elle affirme revenir planter « ses racines », après avoir roulé sa bosse ; « ce pays » devient un choix. À cet égard la nouveauté est relative : *Le Nigog* ou *Opinions* avaient été fondés par des « retours d'Europe », qui

«Nous sommes là des centaines depuis quelques années à souffrir d'un certain silence ; et c'est pourquoi Cité libre vient au jour.

Nous ne sommes pas un groupe qui prend la parole en son propre nom et le préambule n'est pas un manifeste. Il nous paraît que l'assemblée générale est convoquée depuis longtemps. Nous sommes tous là, ceux d'une génération dont le tour est venu de s'exprimer. Nous avons quelque chose à dire. Mais le silence n'est pas facile à rompre publiquement ; il fallait qu'une équipe s'en fît une obligation.

Ceci n'est donc qu'un premier mot, une intervention initiale qui doit déclencher le débat. Chacun de nos articles veut être une invitation à ceux de trente ans et moins qui n'ont pas encore parlé, à ceux-là aussi qui en ont eu l'occasion mais qui n'ont pas pu dire ce qui leur tenait le plus à cœur. Ils sont nombreux. Car les hommes et les femmes qui voisinent aujourd'hui la trentaine n'ont pas tous perdu leur temps depuis 1940. Ils ont couru toutes les aventures, spirituelles, artistiques, intellectuelles, sociales, voire politiques. Ils ont aussi couru le monde. Ils ne se sont pas abstenus de réfléchir. Et les voici maintenant qui cherchent tous ensemble, après bien des rêves d'évasion permanente ou temporaire à pousser des racines en ce pays.

Et le sol résiste. C'est dans le jeu. Et de ce combat de chaque jour avec la réalité de notre milieu naissent des inquiétudes, des questions multiples. Et comme notre génération n'a pas reçu la même formation, n'a pas vécu les mêmes expériences que les précédentes, les questions qu'elle pose et les réponses qu'elle tente d'apporter ont quelque chose de nouveau, d'original, de distinct.

Ces questions et ces essais de réponses sont la raison d'être de Cité libre. Non certes que la revue prétende à la nouveauté intégrale ; les pires ennemis de la tradition se placent, par le fait même de cette inimitié, dans une tradition déjà séculaire. Nous ne prétendons pas non plus que notre génération a été bâillonnée. Au contraire, plusieurs de ses représentants se sont déjà exprimés en plus d'un endroit. Mais le respect des lieux, le souci de se faire acceptable à la clientèle particulière des quelques revues existantes les ont certainement gênés, à des degrés divers.

Cité libre veut être pour tous ceux-là la maison de famille, celle où chacun peut se montrer au naturel parfait.

Pour réaliser cette atmosphère sans contrainte, il fallait que la maison nous appartînt ; elle nous appartient. Chacun des collaborateurs de Cité libre participera à la propriété de la revue. Pour connaître les propriétaires, il suffira donc de lire les signatures en bas des textes. Revue coopérative ? Non : communautaire.

Et plus qu'une revue, du moins dans nos rêves. Car la communauté de réflexion et de pensée commande une communauté d'action. Cité libre veut être le signe d'un rassemblement précis.

*
**

Les centaines qui sont là, disions-nous, à souffrir d'un certain silence, souffrent aussi d'une dispersion inévitable. Non seulement la diaspora physique, mais encore la dispersion dans des fonctions très diverses, la plupart durement spécialisées qui sépare plus complètement encore. Or, ils avaient fait, voilà dix ans, le rêve d'une certaine synthèse. Ils voulaient que leur bagage d'idées constituât un humanisme. Ils se résignent mal à n'être que professeurs, syndicalistes, professionnels, artistes ou travailleurs sociaux. Ils sentent qu'à moins d'un commun effort de libération, leurs spécialités diverses sont en train de les étrangler. Le peintre ne veut pas se sentir étranger à la promotion des masses, ni le travailleur social au mouvement de l'art. Le christianisme qu'ils s'efforcent de vivre se rebiffe contre cet emmurement.

Mais pour y résister, pour se tenir à date, non seulement sur les grands problèmes universels mais sur leur retentissement précis dans notre milieu humain, chacun d'eux, chacun de nous a besoin d'un stimulant.

Cité libre se propose donc de grouper tous les adeptes de cette résistance nécessaire. Cité libre aura des groupes d'étude, des sessions de travail; elle est au point de départ d'une action.

Action modeste, menacée, mais résolue. » (*Cité libre*, 1950.)

n'insistaient pas sur leur expérience outre-frontières toutefois. Puisque le pays est un choix, c'est qu'il y avait d'autres possibilités, et les rédacteurs de *Cité libre* seront ouverts au monde.

L'équipe de *Cité libre* se définit par rapport à la trentaine. Dans *La Relève* et dans *Vivre*, l'âge des rédacteurs n'est pas spécifié; certaines allusions dans cette dernière revue les situeraient plus jeunes, n'ayant pas terminé leurs études, alors que dans *Cité libre* ce sont de jeunes professionnels. Cette génération est la première qui soit explicitement sexuée, elle comprend des femmes et des hommes. *Cité libre* appelle un mouvement social, composé d'honnêtes hommes et femmes qui au-delà de leurs spécialités respectives se rejoignent; le mouvement auquel ils aspirent n'est pas un mouvement de masse. Il s'agit de lier entre eux des professionnels. Si donc l'entreprise est communautaire, la communauté est intellectuelle avant tout, même si elle « commande une communauté d'action ».

Les groupes d'études et sessions de travail auxquels fait référence l'éditorial annoncent une action d'abord intellectuelle, mais qui se démarque de celle envisagée dans les années 1930 sur trois aspects. Premièrement, tout mysticisme est disparu, malgré une allusion au christianisme (et non au catholicisme)[1]. Deuxièmement, la pensée doit déboucher sur l'action. Troisièmement, cette action sera collective ; la solution, comme le problème, ne réside pas dans les consciences individuelles mais dans la cité. La communauté intellectuelle n'entend pas se replier sur elle-même.

Ces caractéristiques se rejoignent dans un christianisme engagé, à la manière de celui de l'Action catholique ; parmi les professions nommées il y a celle de travailleur social ; même l'artiste « ne veut pas se sentir étranger à la promotion des masses ». Mais en quoi consiste exactement cette promotion ? Est-elle économique ? intellectuelle ? Ce n'est pas précisé. Il faut retenir cependant qu'ici les « masses » sont nommées, alors qu'elles ne l'étaient pas durant la Dépression, ni pendant la guerre, dont les effets dénoncés en éditorial étaient la privation de publications françaises et la faillite d'un ordre moral et social. Le propos éditorial s'est donc incarné ; par ailleurs, c'est encore une élite qui parle, d'abord à elle-même, mais aussi aux autres, car elle souhaite introduire de nouvelles idées sur la place publique.

Cette élite intellectuelle s'affirme positivement par rapport à la génération précédente, qu'elle ne dénigre pas tout en s'en démarquant, énergiquement et poliment. *Cité libre* s'inscrit dans « la tradition du nouveau » de façon consciente et fait allusion à la tradition de s'opposer à la tradition. Discours pondéré, positif, réflexif et moderne d'une jeune élite, de jeunes experts en sciences sociales (dans la liste des professions ne sont pas citées les sciences pures ni administratives), qui s'impliquent dans la cité.

---

[1] Cette référence au christianisme est une des dernières dans les revues du corpus, si on excepte les revues directement liées à l'Église, comme *Vie ouvrière* (1979).

Rédigée par « un vieux » et paraissant la même année, le titre du *Haut-Parleur* (1950) évoque encore la place publique. S'y remarque une parenté de préoccupations avec *Cité libre* : liberté de parole, libéralisme, dénonciation de la réaction et du traditionalisme. Les principales différences d'avec les propos des « jeunes » sont la dénonciation du communisme et un projet de société plus précis : le Québec est situé dans le monde et dans le progrès irréversible. Mais le propos très explicite éclaire peut-être en partie l'implicite de celui de ses cadets. Il s'agit d'un discours violemment opposé au nationalisme traditionnel, à « ceux qui ont cru pouvoir isoler les Canadiens de langue française en un groupement ethnique existant comme entité distincte et indépendante des autres, sur les rives du Saint-Laurent » (*Le Haut-Parleur*, 1950).

Impossible en effet de « faire machine arrière dans l'avance des temps ». Ce que l'éditorialiste dénonce, c'est, au moins autant que le nationalisme, « le pénible asservissement intellectuel » dans lequel le clergé maintient le peuple. Malgré les contradictions des élites qui refusent la liberté d'expression aux Canadiens français et la réclament pour l'Europe de l'Est, *Le Haut-Parleur* voit une lueur d'espoir dans les « grands cerveaux, qui commencent à compter dans la direction de notre clergé ». L'espoir vient donc de l'émergence d'intellectuels, jusque dans l'Église. Celui qui parle ainsi, néanmoins, est seul ; il témoigne en son éditorial de sa posture d'opposition au sein du « groupe » canadien-français.

> Je sais que ceux qui, dans notre groupe, ne veulent pas marcher la tête baissée dans la procession traditionnelle, sont honnis comme des traîtres [...] ma vie mouvementée a été la preuve de l'existence de cette malheureuse situation. Cependant, les ennuis que j'ai éprouvés durant ma longue carrière ne m'ont pas empêché d'avoir joui, en définitive, d'une vie heureuse, et sur son déclin, je vois pour les miens, des rayons d'espérance. (*Le Haut-Parleur*, 1950.)

Ce genre de témoignage est rare en éditorial : s'y lit en filigrane l'existence, dans la première moitié du siècle, d'une opposition intellectuelle et non strictement politique. *Cité libre* se situe dans cette tradition.

Peu de revues d'idées apparaissent dans les années suivantes. Mentionnons *L'Action catholique ouvrière* (1951) (4ᵉ série), qui veut « étudier sous tous ses aspects le problème ouvrier » afin de déterminer « comment le prêtre peut aider toujours plus efficacement nos ouvriers ». Un projet d'engagement social et intellectuel est à l'origine de cette revue, comme de plusieurs revues universitaires contemporaines : *Service social* (1951), *Relations industrielles* (1950) ou *Contributions à l'étude des sciences de l'homme* (1952) (voir le chapitre 13).

Entre 1957 et 1959 naîtront coup sur coup plusieurs revues ; chose remarquable, elles seront consacrées uniquement – ou du moins essentiellement – à la question nationale. Bien sûr, le thème était abordé dans *Cité libre*, mais ce n'était pas le seul ni le principal (Bélanger, 1977) ; il y était surtout question de modernité, dans l'opposition à Duplessis. Il y avait donc un vide à combler. « Un peuple doit aussi savoir où il va. Il doit savoir où le pousse son destin. [...] Mais quel peuple eut un destin aussi ambigu que le peuple canadien-français ? » (*Les Cahiers de Nouvelle-France*, 1957.) C'est ce que s'emploieront à éclairer toutes ces revues nationalistes.

En 1955, *Points de vue* voulait réconcilier, « meubler » les « deux solitudes » canadiennes. Le pancanadianisme ne trouvera pas d'autre porte-parole en éditorial inaugural dans cette décennie, et les autres revues adopteront toutes des positions nationalistes, sinon indépendantistes. L'indépendance nationale, est-ce là une des formes de liberté que les intellectuels réclament pour la cité ?

Dans les pages qui suivent, je tenterai de mettre en évidence le projet de ces revues indépendantistes et de montrer en quoi il s'inscrit à plein dans la modernité intellectuelle québécoise, même si parfois il semble « conservateur ». Il sera d'abord question de liberté ; puis d'une redéfinition du nationalisme qui, sans renier les définitions antérieures, liées à la religion et à la langue ou à la culture, les intègre de façon nouvelle. Cette redéfinition ainsi que le public cible recherché concourent au renforcement du rôle des intellectuels. Cela s'observera aussi dans la façon de définir de la gauche. De cela se déduira une posture commune, au-delà du nationalisme.

Duplessis a doté le Québec de ses impôts et de son drapeau, mais cela ne suffit pas aux yeux de plusieurs. Des éditoriaux réclament l'indépendance, la libération nationale ! Ce thème était sous-jacent au début du siècle dans l'évocation de la Laurentie, mais il ne s'était jamais affirmé avec une telle force, ni aussi explicitement. Le mot indépendance n'est pas nécessairement prononcé, mais celui de liberté prend de l'importance. « Nous aurons beaucoup à insister pour dire à la nation néo-française combien elle doit vouloir être libre, totalement et parfaitement libre » (*Les Cahiers de Nouvelle-France*, 1957) (voir l'encadré 2).

Cette liberté peut, comme dans l'exemple précédent, être pensée d'abord en référence à soi ou, comme dans l'exemple suivant, par rapport aux autres. « Nous avons décidé de faire le procès d'Ottawa, et nous [allons ? (illisible)] demander des têtes. L'heure de la libération a sonné » (*Laurentie*, 1957).

Le Québec libre (1959) marque un passage important : celui de la Laurentie, de la Nouvelle-France ou du Canada français au Québec. Le titre même de la revue est une revendication de liberté, d'indépendance politique. Cette revue essaie de se démarquer du nationalisme conservateur et d'un certain chanoine, et de se placer dans la modernité, dans le progrès.

> Suis-je un esclave de « notre maître le passé » ? Loin de là ! Mais si le Québec disparaissait, que serions-nous, nous, Français d'Amérique ? [...] Ou, donc, la liberté de la nation sera surtout québécoise, ou la nation ne sera plus qu'une autre Louisiane, une province comme les autres de l'Amérique de melting-pot. [...] Que la liberté québécoise soit d'abord la liberté d'une civilisation. Mais qu'elle ne soit surtout pas la fausse monnaie électorale de quelque parti. [...] Que la liberté québécoise soit une littérature. [...] Que la liberté québécoise soit la libération de nos libertés françaises. Et notre intelligentsia de melting-pot de crier à l'ultra-nationalisme québécois. Est-ce l'écho du cri public ? Loin de là ! Quant à moi, le melting-potisme, voilà l'ennemi. (*Le Québec libre*, 1959.)

La liberté ne passe pas d'abord par la politique (on se méfie de l'électoralisme), mais par la culture, la littérature, les droits. Il ne suffit plus d'évoquer le destin de la race... l'exemple de la Louisiane (ceux de l'Acadie et des provinces de l'Ouest sont-ils tabous ?) est là pour montrer que la menace de disparition de la francophonie d'Amérique est réelle.

Bien sûr, le projet de l'ensemble de ces revues nationalistes est politique et non seulement intellectuel. Mais, comme l'exprime *Le Québec libre* dans la citation précédente, la définition de la liberté et le rôle spécifique que les intellectuels s'attribuent dans l'accession

« La condition abaissée offense Dieu. Nous aurons beaucoup à insister pour dire à la nation néo-française combien elle doit vouloir être libre, totalement et parfaitement libre, comme une grande personne qui répudie l'enfance, comme un prisonnier qui secoue ses chaînes, comme un ilote qui ôte le bât de la servitude, enfin comme un vrai peuple disposant de toutes les facultés d'une nation parfaite.

[…] la masse énorme de la civilisation rivale ; l'énorme porte-feuille du concurrent […] le total désaxement de notre population livrée par en bas à l'industrialisme ; l'envahissement furibond des propagandes adverses par la radio, la télévision, le cinéma ; la pénétration des cultures étrangères à tous les niveaux de notre enseignement ; la quasi-impossibilité de maintenir un visage français à notre pays et de maintenir une parole française dans nos bouches. » (*Les Cahiers de Nouvelle-France*, 1957.)

à cette liberté nationale transforment le projet de l'indépendance en un projet d'abord intellectuel. Cela apparaît avec encore plus d'évidence quand on scrute leur définition du nationalisme.

Dans les premières années de la modernité québécoise, la question nationale est passée du domaine politique au champ culturel. Dans la décennie 1950, elle est encore davantage annexée à la sphère intellectuelle. C'est sur le terrain de l'idéologie qu'elle est désormais située : « La libération intégrale des Canadiens français commencera effectivement le jour où la jeunesse le voudra intensément » écrit *Laurentie* (1957), pour qui pèse une menace grave : « la disparition chez les Canadiens français du vouloir-vivre collectif ».

La libération est une question de vouloir, de vouloir-vivre. Bien sûr ce thème a toujours été implicite dans le discours nationaliste, mais il devient central, explicite. Ainsi *Les Cahiers de Nouvelle-France*, se réclamant de la religion catholique, introduisent de nouvelles priorités d'action : contre l'aliénation, la conscientisation (non nommées de la sorte, mais facilement reconnaissables). Leur objectif est d'aider la nation « à prendre conscience d'elle-même […] Se connaître, prendre conscience de soi, c'est peut-être avant tout connaître la force qui est en soi. Vraiment, à ce sujet, la « Nouvelle-France » ne paraît connaître rien du tout » (*Les Cahiers de Nouvelle-France*, 1957).

Ces thèmes nouveaux n'annulent pas les préoccupations antérieures ; elles sont intégrées dans un nouveau contexte. Industrialisation et impérialisme culturel ne sont pas des maux en eux-mêmes, mais en ce qu'ils entraînent l'aliénation (voir l'encadré 2).

La foi demeure un élément de l'identité canadienne-française, un élément rassembleur ; face aux obstacles susmentionnés à la libération nationale, « il y a l'obligation pour nous lier et il y a la foi pour nous inspirer » (*Les Cahiers de Nouvelle-France*, 1957).

Le nationalisme des revues des années 1957-1959 est idéologique et culturel avant d'être politique ou économique. La liberté réclamée ne se réduit pas au politique. Quelle action les intellectuels entendent-ils mener dans ce contexte ? *Laurentie* (1957) veut propager « une bonne orientation politique conforme au destin de la race française en Amérique ». Et quel est ce destin ? « Nous préparons la venue à notre Salazar, à notre Bolivar, au libérateur que notre peuple attend depuis un siècle. » Voilà une revue qui ne fait pas confiance au peuple ! Si projet politique il y a, le travail intellectuel, « l'orientation politique » prépare le terrain, mais pour *Laurentie* les intellectuels ne peuvent suffire à la tâche de l'orientation : il faut un libérateur (ce ne semble pas être Duplessis, au pouvoir depuis plusieurs années au moment de la parution de cette revue).

Par opposition, *Tradition et progrès* (1957), « une revue de jeunes, propriété exclusive de jeunes » de moins de trente ans, affirme ne pas être « figée dans une formule », aussi demande-t-elle aux lecteurs des commentaires, des suggestions… La vérité se discute et s'affine dans les pages des revues. Si elle est disposée à la discussion, *Tradition et progrès* affirme cependant ne pas s'adresser à la masse, mais « aux Canadiens français, aux vrais », par opposition à la gauche, qui occupe « presque toute la place ». La gauche ? La lecture des éditoriaux antérieurs ne nous laisse pas deviner sa composition. *Tradition et progrès* précise : « elle loge à *Cité Libre*, à *Vrai*[2], au *Devoir*,

---

[2] Revue d'opposition municipale à Longueuil, fondée par Jacques Hébert.

à *L'Action nationale* s'il y a lieu, chez les centralisateurs *Canadians* d'Ottawa, des Sciences sociales de Laval, du Rassemblement ». Cette gauche, essentiellement intellectuelle, ne comprend aucun groupe politique ou de pression, les syndicats par exemple. Si la présence en son sein de la Faculté des sciences sociales de l'Université Laval (dans son ensemble ! ?) ne surprend pas trop, l'inclusion de *L'Action nationale*, cependant, étonne. Cette vision tout intellectuelle de la situation politique va de pair avec la visée élitiste de la revue qui s'adresse essentiellement à « une élite forcément restreinte, responsable en fin de compte de l'orientation de la nation ». C'est sans doute pourquoi *Tradition et progrès* s'inquiète des autres revues, susceptibles de rejoindre la même élite pour répandre des idées différentes ; pour elle, la gauche, « apatride », ne peut être vraiment nationaliste ; « les organes de gauche [sont] abâtardis par le modernisme, coupés de la tradition et gavés de démagogie ».

Ces revues nationalistes partagent plusieurs idées, dont la nécessité de la libération et le passage conceptuel du Canada français au Québec. Par ailleurs, elles sont loin de s'accorder en tout, le Québec qu'elles appellent de leurs vœux n'est pas nécessairement le même. Malgré des divergences au niveau du discours explicite, manifeste, l'ensemble de ces revues adopte une posture commune.

Elles se situent à la fois en rupture et en continuité, ce que met en évidence un titre comme *Tradition et progrès*, mais c'est le cas de toutes ces revues qui entendent se démarquer d'un nationalisme traditionnel ; ainsi *Le Québec libre* récuse « notre maître le passé ». Dans le même sens, le discours de *Nation nouvelle* (1959) est à la fois en rupture et très conservateur : la nation doit d'abord quitter ses chaînes, mais par la suite accepter un nouvel ordre interne. L'éditorial est mystique, « aucun peuple n'obtiendra les biens nationaux sans chercher d'abord le Royaume de Dieu ». Par ailleurs, *Nation nouvelle* évoque un néo-nationalisme, car « le nationalisme tout court est suspect. Le vieux nationalisme québécois a vécu. Il est vrai que récemment, une certaine gauche s'est baptisée néo-nationalisme. Elle n'en avait pas le droit, car la « gauche » n'a pas de patrie. »

Que le nationalisme des années 1950 se définisse en rupture avec un ancien nationalisme est d'une certaine façon paradoxal. Par définition, en effet, le nationalisme trouve son fondement dans l'histoire. Mais désormais l'histoire est réinterprétée, et récusée la vision de l'historiographie du siècle précédent ou du début de celui-ci, valorisant « notre maître le passé ». En général, à gauche comme à droite, les revues se situent davantage en rupture qu'en continuité. La Révolution tranquille est toute proche.

Autre élément de cette posture commune, le nationalisme est redéfini en termes idéologiques ; à ce niveau se situe donc l'action projetée. Si l'État du Québec est évoqué, ce n'est pas à sa formation que les revues entendent travailler ; leur action n'est pas électoraliste ni ne vise la formation d'un parti, elle est d'orientation intellectuelle ; elles font œuvre de conscientisation. Leur public cible est d'une part une élite à orienter politiquement, d'autre part la jeunesse ou « les citoyens de l'État du Québec », dont il faut ranimer le vouloir-vivre collectif. Dans les deux cas, problèmes et solutions sont envisagés dans une perspective de « conscientisation ». En ce sens, ces revues appartiennent bien à la modernité où le rôle des intellectuels est de définir une situation et de proposer une solution.

Mais surtout, les intellectuels interviennent sur des questions politiques qu'ils redéfinissent en leurs termes, passant de la politique au politique ; ils débordent des préoccupations internes du milieu intellectuel, mais interviennent dans la cité à leur manière spécifique.

Les traits communs à cette posture intellectuelle des années 1950 sont poussés à leur limite dans La Revue socialiste (1959), bien plus nationaliste que socialiste, qui récapitule les traits de cette décennie et annonce ceux de la prochaine. Indépendantiste, La Revue socialiste l'est quand elle décrit la situation du Québec comme coloniale, à l'heure de la décolonisation africaine. La cause qu'elle défend ne concerne pas qu'une élite ni le milieu intellectuel puisqu'il s'agit de contribuer à la création d'un parti de gauche, représentant les intérêts « du peuple et des travailleurs ». La revue aura un rôle particulier à jouer dans cette perspective : « nous aurons surtout pour but de faire un travail d'abatis et de défrichement idéologique ». En effet, l'éditorial insiste sur « l'absence de travaux théoriques socialistes entrepris du point de vue d'un peuple colonial subjugué dans des conditions similaires aux Canadiens (français) ».

La Revue socialiste veut servir de lieu théorique ; l'action politique ne peut se passer d'une réflexion théorique. Deux remarques : le défrichement est d'ordre idéologique et non politique en tant que tel ; s'affirme la nécessité de travaux théoriques, ce qui est l'apanage des intellectuels. De cela se déduit que le public cible sera avant tout intellectuel. Cependant, *La Revue socialiste* veut permettre « aux hommes véritablement épris de liberté » « de se connaître, de se grouper et surtout de travailler ensemble », être le point de rencontre de « tous les socialistes qui désirent une véritable émancipation qui ne peut être obtenue que dans un état national indépendant »... Notons au passage le mot « indépendant ». Le public visé par la revue est donc difficile à cerner. Les socialistes sont-ils nécessairement des intellectuels ? Quel est précisément le travail qu'ils entreprendront ensemble : l'indépendance ou le défrichement idéologique ? L'extrait suivant fournit un indice : « qui ne connaît un ami dont le rêve est de fonder « SA » revue ? » Malgré ses déclarations relativement populistes, *La Revue socialiste* se situe dans le milieu intellectuel et s'adresse à ceux dont les amis sont susceptibles de fonder des revues. Cela dit, dans les années qui suivent plusieurs revues nationalistes s'inscriront dans cette perspective de conscientisation dont il n'est pas toujours clair si elle s'adresse à l'ensemble de la population (déclaration explicite) ou à une élite déjà plus ou moins convaincue (travail théorique projeté).

Pour le moment, il suffit de retenir que la gauche, au sens strict et non seulement au sens d'opposition ou d'anti-conservatisme[3], quand elle prend la parole à la fin des années 1950, n'est pas moins nationaliste que la droite. Cette unanimité ne doit pas être masquée par le fait qu'on débatte sur les modalités dudit nationalisme. Il existe un accord fondamental sur sa nécessité. L'existence de tendances aussi diverses à l'intérieur du nationalisme indique aussi que ce courant d'idées a atteint une certaine maturité, une certaine masse critique, par opposition aux années antérieures où, entre Lionel Groulx et Édouard Montpetit, il suivait une voie étroite.

Le peu de revues d'idées dans le début de cette décennie peut-il s'interpréter par le fait que *Cité libre* prenait toute la place ? Les

---

[3] Les collaborateurs de *Cité libre* se définissent parfois ainsi, la « gauche » étant synonyme de l'opposition.

témoignages sur l'importance de cette revue dans la vie intellectuelle sont nombreux, mais entraînent hors du champ des premiers éditoriaux. Sauf que peu de groupes se lèvent et clament que « le besoin se fait sentir » de créer une revue. En ce sens, *Cité libre* a peut-être été un espace public, du moins jusqu'en 1957. Cet espace public intellectuel, toutefois, est réservé à une élite. En était-il autrement dans l'agora athénienne ?

Artistes et écrivains sur la place publique

> *Dans les pays de culture très avancée, la cause de l'humanisme est ordinairement bien servie par les institutions d'enseignement supérieur et par la littérature. Il semble que, chez nous, il faille surtout compter pour cette tâche sur la littérature, et dans la littérature, d'abord sur ceux qui estiment qu'elle est une activité libre, une recherche constante des vérités qui conviennent à l'homme, et une expression des hauts et des bas de sa condition.* (La Nouvelle Revue canadienne, 1951.)

Les revues littéraires des années 1950 adopteront une posture analogue à celle des revues d'idées.

La Nouvelle Revue canadienne (1951), dans l'équipe de laquelle on retrouve le principal animateur de *Gants du ciel* (1943), se situe longuement dans la tradition des revues québécoises et en particulier rend hommage à la *Revue canadienne* (1864) et à sa longévité : 87 ans ! *La Nouvelle Revue canadienne* est animée par l'humanisme qui habitait les revues des années 1930 et 1940, doublé désormais d'un sentiment de responsabilité ; l'humanisme ne se soucie plus seulement des individus, mais aussi de la cité. La responsabilité de la culture incombe aux écrivains, qui entendent « jouer un rôle significatif dans la vie intellectuelle du Canada ». Ceux-ci n'entendent pas rester entre eux dans le monde littéraire mais déborder dans l'ensemble de la vie intellectuelle. *Cité libre* promouvait aussi cette ouverture des disciplines les unes sur les autres.

Il y avait longtemps qu'un premier éditorial ne s'en était pas pris au système d'enseignement, et cela avait toujours été le fait de revues d'idées, pas de revues artistiques. *La Nouvelle Revue canadienne*

ne préconise pas, comme *L'Action française*, la création de compétences et d'expertises, mais la promotion de l'humanisme. La littérature
est conçue comme recherche de vérité, et non seulement comme
expression ; faut-il y voir l'écho de l'institutionnalisation des sciences sociales ? Notons cependant que cette recherche d'« humanisme
sans qualificatif » va de pair avec la création d'une revue de « la plus
haute qualité littéraire possible ». S'il y a écho des sciences sociales,
il n'y a pas mimétisme.

Davantage tournés vers l'avenir, mais non moins soucieux du
présent, seront « les jeunes ». De la jeunesse se réclament les *Cahiers
de la place publique* (1951). À première vue, leur intention semble se
rapprocher de leurs contemporains de *Cité libre* (1950) : « Tous ceux
qui ont quelque chose à dire – d'abord les jeunes – pourront le crier
dans Place Publique. Ces Cahiers ne seront l'organe d'aucun parti,
d'aucune clique, d'aucune chapelle. Les jeunes ont besoin de con-
fronter leurs points de vue, leurs expériences, leurs découvertes »
(*Place publique*, 1951).

Dire ce qu'on a à dire, c'est bien sûr le projet de toute revue ;
en règle générale, l'éditorial précise en quoi cela consiste. *Place
publique*, à cet égard, est plus explicite que *Cité libre*, mais pas beaucoup plus. Malgré le titre qui pourrait faire croire à une revue politique, il s'agit d'une revue littéraire. « Canadiens français, nous devons
d'abord faire progresser notre culture. Et aussi trouver les moyens de
la propager. »

Cependant, toute intention politique n'est pas absente de
cette place publique. Pour la première fois – mais non la dernière – la
littérature se fait engagée, au sens de Sartre, militante. « Dans les
Cahiers de la Place publique, la littérature et les beaux arts ne seront
jamais un motif d'évasion, un mur de retranchement. […] C'est dire
qu'il y aura des coups durs à donner. Et à l'occasion des masques à
déchirer. » *Place publique* veut soutenir « l'ouvrier dans ses revendications légitimes », mais aussi l'intellectuel qui réclame la liberté de
parole. Cet engagement n'est pas étranger aux fondateurs de *Cité
libre* et aux positions qu'ils avaient prises lors de la grève de l'amiante,
même s'il n'apparaît pas de façon explicite dans leur premier éditorial. La grande noirceur est pourfendue, ainsi que « les ennemis de
l'évolution : crétinisme, ignorantisme, impotence, incompétence,

apathie. [...] Les pays de la peur deviennent vite des cimetières. » L'éditorial se termine par un appel à la fraternité dans lequel il ne faut pas voir tant un écho du communisme auquel certains des collaborateurs adhèrent qu'un projet intellectuel ; « l'objectif en un mot : une vaste équipe fraternelle ».

« Aucune manifestation de l'esprit ne sera négligée » par l'équipe de *Place publique* tout comme, implicitement, par celle de *Cité libre*. Comment s'en surprendre de la part de ceux qui se définissent comme une génération, et qui plus est, une génération aux multiples expériences ? Comment s'étonner dans les circonstances de retrouver les signatures de Gérard Pelletier et de Pierre E. Trudeau non seulement à *Cité libre*, mais encore parmi celles de quelque vingt écrivains présidant à la naissance des *Écrits du Canada français* (1954) ? Destinés à la publication d'œuvres de longueur moyenne, ces *Écrits* fourniront aux écrivains « un moyen commode de publication » et aux « lecteurs canadiens et étrangers la possibilité de prendre contact avec divers aspects de la littérature canadienne-française contemporaine ». Il ne s'agit pas simplement de faire circuler des textes, mais, chose importante, ce qu'il y a de plus neuf. Dans cet objectif, les écrivains font front commun et surmontent les « engagements » – lire : les opinions politiques – de chacun ou chacune ; c'est encore une fois une génération qui s'exprime, sans se nommer comme telle. Comme pour *Liaison* (1947), que la revue soit contrôlée par un groupe d'écrivains est perçu comme un gage de liberté de parole, donc d'autonomie intellectuelle.

> Fondés par un groupe d'écrivains qui n'ont d'autre objet que de servir la littérature d'expression française en Amérique, les Écrits du Canada français seront une collection d'œuvres libres. Non pas qu'individuellement, chacun des collaborateurs répugne à tout engagement, mais parce que leur rencontre au sein d'une entreprise commune doit permettre, au contraire, le dégagement des tendances et des formes les plus actuelles de notre production littéraire. (*Écrits du Canada français*, 1954.)

Cette autonomie intellectuelle qu'affirment les écrivains ne les confine pas au littéraire : ils veulent contribuer à la vie intellectuelle. Cette forme d'« engagement » est moins forte que celle de *Place publique* et rejoint celle de *La Nouvelle Revue canadienne* ; il s'agit d'intervenir dans les débats sociaux et pas seulement dans le monde littéraire. La littérature a un point de vue spécifique à exprimer dans les débats qui animent le monde intellectuel, la place publique. « En abordant l'étude des grands courants de pensée actuels, peu importe leur nature, les Écrits entendent contribuer à l'examen des questions disputées qui sont la nourriture de tout humanisme » (*Écrits du Canada français*, 1954).

En 1959, un grand vent souffle emportant Duplessis et la grande noirceur. L'humanisme est remisé au placard. Les intellectuels se passionnent. Ils s'engagent de plus en plus, et de plus en plus explicitement, à titre individuel et comme groupe. « L'acte d'écrire engage l'homme corps et âme. [...] Écrire c'est s'exposer. [...] L'acte d'écrire a aussi ses racines naturelles dans la conscience collective » (*Situations*, 1959).

Pourquoi cette passion ? *Liberté* et *Situations*, toutes deux de 1959, affirment l'urgence d'un rattrapage, d'une modernisation, et ce, pas seulement dans le monde littéraire. Les écrivains tout au long de la décennie situent leur entreprise au-delà de leur milieu, ils ont l'impression de participer à quelque chose qui les dépasse et aboutit sur la place publique.

> [...] il n'existe pas ici de revue littéraire et de culture qui tienne compte d'étape en étape de l'évolution de la pensée, de la création sous toutes ses formes, de la vie artistique à travers toutes ses manifestations. [...] les problèmes si nombreux, graves et urgents du Canada français provoquent des prises de position et révèlent des attitudes où l'objectivité trop souvent ne trouve pas son compte. (*Liberté*, 1959.)

Liberté veut tenir compte de l'« évolution » de la pensée, ce qui peut s'interpréter comme s'imposant dans une société à la veille d'une révolution – tranquille – autant que comme le reflet d'un monde littéraire où la « tradition du nouveau » s'implante. La revue prétend aussi dresser « l'inventaire de notre milieu » ; à cette tâche qui ne peut être réalisée qu'en équipe, celle de la revue, composée de « jeunes écrivains qui n'ont pas ou à peine dépassé la trentaine », convoque non seulement les écrivains, mais aussi les universitaires. Nulle contradiction n'est perçue dans cet appel à faire travailler ensemble ces deux groupes. L'appel avait déjà été lancé en sens inverse : les rédacteurs des premières revues universitaires, comme les deux *Canada français* (1888 et 1918) avaient invité les écrivains.

Mais indépendamment de qui interpelle qui, notons qu'au seuil de la Révolution tranquille, universitaires et écrivains participent au même « inventaire » du milieu québécois ; *Recherches sociographiques* (1960) emploie presque les mêmes termes que *Liberté* dans ce désir de connaissance objective du Québec.

Parallèlement à cette présence des écrivains sur la place publique, se constitue un milieu littéraire. Les *Cahiers de l'Académie canadienne-française* (1956) sont publiés par ladite Académie. La société des poètes canadiens-français se donne un bulletin d'information, *Le Messager des poètes* (1956) ; deux ans plus tard, *Le Canadien artistique et littéraire* (1958) se propose de faire le lien entre les écrivains du Québec, du Canada et de l'extérieur, et insiste sur l'existence d'un milieu littéraire et d'une production « autochtone ». En 1960, le Théâtre du Rideau Vert de Montréal lance *Théâtre*, qui se veut une véritable revue – par opposition à un magazine – et dénonce l'incompétence des journaux dans le domaine de la critique théâtrale.

Le milieu littéraire s'organise, se dote d'institutions autonomes, cependant il ne fonctionne pas en vase clos. Comme les sciences sociales qui s'institutionnalisent à cette époque en tant que sciences appliquées, les écrivains entendent participer à la réflexion commune sur le social, mais sans abdiquer leur statut d'écrivain. Leur contribution se fera non pas à travers la critique, mais surtout à travers la création.

Les artistes en arts visuels participeront aussi à la réflexion commune, par un travail de critique et d'éducation. En 1941 paraissait *Amérique française*, la première revue moderne de création littéraire ; il faut attendre encore dix ans, la querelle de l'art vivant, les manifestes *Refus global* (1948) et *Prismes d'yeux* (1947) pour qu'apparaissent des revues consacrées uniquement aux arts visuels.

En 1951 est lancée *Arts et pensée* dont le titre – mais pas le contenu ! – rappelle les préoccupations des années 1930. Elle est « née de l'impatience à réagir contre l'invasion de la laideur et du zèle audacieux à propager la beauté » ; s'il y a un vide à combler, le diagnostic n'est pas posé la tête froide, après une analyse rationnelle. La revue, à l'instar de sa contemporaine *La Nouvelle Revue canadienne* (1951), est marquée par l'humanisme. Comme les revues littéraires des années 1950, *Arts et pensée* croit que l'art a un rôle social à jouer ; cependant, le discours n'est pas complètement laïcisé : sont évoqués la foi, le « miracle » de l'art. « Cet art, puisqu'il doit VIVRE et VIVIFIER, pour que s'opère le miracle de cette survie de la culture dont il reste l'humain rempart, nous allons le défendre contre toute corrosion. »

L'insistance sur la vie est une allusion à « l'art vivant », expression qui désigne à l'époque l'art moderne, c'est-à-dire bien souvent abstrait. En effet, au début des années 1950, « un mouvement artistique s'affirme chez nous ». *Arts et pensée* se fixe donc des objectifs multiples : informer les amateurs, relayer la critique journalistique qui ne peut pas faire « davantage » (quantitativement ou qualitativement ?), faire connaître les artistes. Le projet est à la fois d'informer sur l'art canadien « moderne, profane et religieux », mais aussi, comme le « niveau moyen du bon goût est déplorablement bas », de former le public, comme l'avait entrepris *Le Nigog* dès 1918. Comme cette dernière revue, elle est animée par des spécialistes et « les autorités qui forment son contingent de collaborateurs lui permettent de prétendre à un certain rôle dans l'orientation de la culture esthétique et du discernement en matière d'art ». « Que de vulgarités, que de niaiseries dans la plupart de nos temples ! » s'exclame *Arts et pensée*. Cette formation du public sera assurée par des experts ; en la matière, le programme est complet : « Étudier les mouvements de pensée et de vie sociale correspondant aux diverses formes d'art actuelles. Histoire de l'art canadien, questions d'esthétique, psychologie et pédagogie, liturgie catholique en relation avec les différents arts, etc. »

Trente ans après *Le Nigog*, des artistes prennent la parole en toute « autonomie » ; leur préoccupation première est, en tant qu'experts, de former le public. Par ses objectifs, *Arts et pensée* est l'ancêtre de *Vie des arts* (1956), qui prétend moins former le public que servir d'agent de liaison dans le monde de l'art d'une part, et entre ce monde et le public d'autre part ; « ce contact étroit, seule une revue d'art peut l'assumer avec plénitude et efficacité » (*Vie des arts*, 1956). Il importe de réaliser cet objectif en cette période de « Renaissance, et le mot n'est pas trop fort » des arts au Canada français. *Arts et pensée* partageait cette conviction qu'une revue spécialisée sert mieux la cause de l'art qu'une revue généraliste. Les animateurs de *Vie des arts* ne se situent pas uniquement par rapport au monde de l'art, puisqu'ils spécifient leur rôle « dans la nation » ; ce rôle est essentiellement éducatif. « À l'heure où le fossé se creuse plus profond entre un certain art, qui est légitime, et un certain public qui ne demande qu'à comprendre mais qui n'en a pas toujours le pouvoir, le moment n'est plus à la querelle plus ou moins stérile, mais à l'action éducative. » L'éditorial de *Vie des arts* se termine sur l'« action éducative », comme celui de *Arts et pensée*, sur la « formation »[4]. Il faut éduquer le public, entre autres à l'art abstrait, à l'art vivant[5], d'où le titre.

Un autre art vivant auquel des spécialistes veulent sensibiliser le public est le cinéma (Pagé, 1992). Les revues de cinéma connaissent leur dynamique propre, parallèle à celles des revues littéraires ou d'arts visuels. En 1955 paraît *Séquences*, modeste feuille polycopiée. Public cible : les ciné-clubs qui se multiplient. Objectif : information, mais surtout formation, tant en ce qui concerne l'analyse filmique que l'organisation et la gestion d'un ciné-club. En 1960, le cinéma n'est plus une affaire de ciné-club, mais de génération, et même de foi !

> Nous sommes nés avec Citizen Kane [...] On nous croit peu nombreux, aussi nous montre-t-on du doigt. Mais bientôt finiront les catacombes et alors le monde croira dans le cinéma. C'est de cette foi qu'est né OBJECTIF 60. De cette foi qui organise les festivals, [...] de cette foi qui anime tous ceux pour qui l'écran, plus qu'un paysage, est un univers qu'il n'est pas besoin d'inventer. (*Objectif*, 1960.)

Mais déjà arrive la Révolution tranquille.

Conclusion

Dans les années 1950, les intellectuels se veulent présents dans la cité. Ils le sont en tant qu'intellectuels ; les exigences du milieu intellectuel et de la société se rencontrent dans l'engagement intellectuel. Ainsi sont évacuées les tensions entre une fermeture

---

[4] Bourdieu n'aurait pas dit mieux dans *L'Amour de l'art* (1969) !

[5] La décennie suivante verra apparaître cette épithète dans le titre de deux revues : *Culture vivante* et *Théâtre vivant*, toutes deux de 1966, ce qui fait clairement allusion dans les deux cas à la modernité.

relative du champ intellectuel et son ouverture sur la société ; les ambiguïtés et les difficultés de ce projet ne se feront évidentes que dans les deux décennies suivantes. Les artistes s'engagent, tant les écrivains qui veulent participer aux débats sociaux, et y participer par leur création, que les artistes en arts visuels qui s'attribuent une mission pédagogique. En général, ils veulent amener des idées neuves. Ils se situent doublement en rupture : d'abord en rupture générationnelle et deuxièmement en rupture avec le nationalisme traditionnel ; en ce sens, ils annoncent déjà la Révolution tranquille. Le Nous intellectuel se définit par la génération, plus que par la qualité de professionnel, ou d'expert, quoique cette deuxième composante soit très présente : en fait, ce sont de jeunes... experts qui prennent la parole dans cette décennie.

Peut-on dire qu'ils ont participé à un espace public de discussion, à la création d'une place publique, par opposition au milieu intellectuel replié sur lui-même ? C'était l'objectif explicite de *Cité libre* et de plusieurs revues littéraires ; les revues nationalistes, de par leur nombre et du fait qu'elles se répondent plus ou moins les unes aux autres, participent à une discussion commune. Plus rarement les intellectuels se parlent-ils à eux-mêmes (en tant que groupe), c'est le cas des *Écrits du Canada français*. Certaines revues nationalistes s'adressent à l'élite qu'elles cherchent à influencer, alors que d'autres, en particulier les revues consacrées à l'art, s'adressent au public en général, pour l'éduquer ou le conscientiser. L'action intellectuelle doit, pour les fondateurs de revues des années 1950, précéder l'action tout court. Pour eux, encore « les idées mènent le monde ».

11

Le Québec libre et sa révolution plus ou moins tranquille

Années 1960 : tout est politique, aussi bien *La Barre du jour* (1965), consacrée à la poésie, que *Culture vivante* (1966), publiée par le ministère des Affaires culturelles, ou *Maintenant* (1962), revue des dominicains. C'est l'époque de la nationalisation de l'électricité, de la planification du développement régional et des premières « manifestations » du FLQ. La fin de la décennie sera marquée par la consolidation de l'État québécois et par un mouvement de contestation. Cette révolution tranquille appellera un bilan et créera un essoufflement, ce dont témoigneront plusieurs revues naissant à la fin des années 1960.

Les intellectuels occupent le devant de la scène, proposant des changements, ou les analysant. Ils sont engagés plus que jamais. Mais, à la lecture des éditoriaux des revues qu'ils fondent, il n'est pas toujours clair s'ils se parlent à eux-mêmes ou s'ils s'adressent au peuple. En un sens, cette attitude ambiguë est inévitable pour des intellectuels de plus en plus instruits, spécialisés, et qui se veulent engagés ; cela générera des tensions, parfois créatrices.

La Révolution tranquille, du point de vue institutionnel, c'est la laïcisation des systèmes de santé et d'enseignement. Dans cette foulée, *Ad usum sacerdotum* (1947), publié par l'abbé Gérard Dion du département de relations industrielles de l'Université Laval, devient *Perspectives sociales* en 1960. Le but initial de cette publication « était de fournir aux prêtres engagés dans l'action sociale certaines informations », or « l'attention du grand public a été assez souvent attirée sur certains articles que nous avons publiés ». Le changement de nom consacre d'une part l'élargissement de son audience, et d'autre part le fait que la revue participe à la place publique, où elle fournit un point de vue conforme à celui de l'Église, tout en conservant son indépendance. « L'unanimité en tout et partout est le signe de la médiocrité, de la platitude et de la stagnation. » Si cela est vrai, la décennie qui s'ouvre sera tout sauf médiocre, car l'unanimité disparaît, en particulier en matière politique : l'opposition, unie contre Duplessis, se fractionne à la mort de celui-ci.

Dire la révolution

Il n'y a pas unanimité ; les éditorialistes ont cependant en commun le sentiment d'assister à des changements sociaux, qui les placent dans l'obligation de s'engager. L'engagement des intellectuels ne s'impose donc pas seulement comme une nécessité interne de la vie intellectuelle, mais par la sollicitation des événements. Quels événements ? Au Québec, la Révolution tranquille, et à l'étranger, la décolonisation. Et où ont couvé ces débats qui ont fait de l'unanimité une chose du passé ? Dans les revues nationalistes ? Dans *Cité libre*, dans *Le Devoir*, dans les journaux étudiants ? Au RIN, qui lance en 1962 sa revue, *L'Indépendance*, « en cette ère de décolonisation mondiale » ?

Si la révolution est plutôt tranquille au Québec, le FLQ ne s'organise pas moins et se donne un organe, *La Cognée* (1963). Les auteurs de l'éditorial veulent lutter « en mémoire d'Asbestos, de Murdochville, de Louiseville, autant des conscriptions de 1917 et 1943 que de Saint-Eustache et des Plaines d'Abraham » : les causes nationaliste et travailliste se rejoignent. Le FLQ se révèle davantage anticapitaliste que socialiste, et surtout très radical. « Nous en sommes par fierté, par foi, par amour. [...] Alors pas de quartier. L'adversaire ou nous. Nous jouerons nos peaux, alors qu'ils en fassent autant » (*La Cognée*, 1963). Le FLQ, inutile d'insister, ne se situe pas uniquement dans la sphère intellectuelle. Contrairement aux *Cahiers noirs* de 1935, ses appels à la violence se concrétisent. Cela dit, dans l'ensemble, les revues des années 1960 préconisent l'action, mais sous un mode bien différent de celui du FLQ.

L'éditorial de *Maintenant* (1962), publié par les dominicains, donne le ton de la décennie. L'Église, comme tous, doit prendre parti. *Maintenant* va plus loin que *Perspectives sociales* (1960) : il ne s'agit pas de discuter, mais bel et bien de s'engager[1]. De toute façon, selon l'éditorial, on n'a pas le choix ; « celui qui choisit de ne pas « s'engager » se donne un beau rôle : il s'imagine ou laisse croire qu'il aurait tout réglé s'il était intervenu ». L'affirmation de la nécessité de l'engagement se double d'une condamnation de la neutralité : « Dans cette neutralité pas nécessairement courageuse, il y a de la joie à critiquer ces gens qui se battent dans la plaine et qui, évidemment, n'aboutissent qu'à des solutions médiocres ou imparfaites. » Refuser de se mouiller, refuser l'engagement, c'est se réfugier dans des « sphères élevées » : « métaphysique, théologie ou simplement le vaste domaine des principes dans lesquels tout trouve une solution. Disons même qu'en montant très haut dans les principes, on pourrait encore parler de l'unanimité au Québec » (*Maintenant*, 1962). Même des religieux évoquent péjorativement la métaphysique et la théologie : l'heure est à l'action, ce qui n'exclut pas toute démarche spécifiquement intellectuelle, au contraire.

En 1963 survient *Parti pris*, qui marquera l'accès à la parole d'une nouvelle génération, revue par rapport à laquelle les autres devront se définir, revue qui renouvelle le discours nationaliste, et dont le premier numéro même est reconnu pour tout cela, dès sa parution (Vachon, 1963)[2] !

Plusieurs thèmes associés à *Parti pris* avaient déjà été énoncés dans des revues antérieures ; d'où vient le succès de cette revue ? Est-ce parce que les temps sont mûrs pour ces idées ? Qu'elles sont mieux articulées sous la plume des rédacteurs de *Parti pris* ? Que ceux-ci sont à la fois écrivains et essayistes et que la revue frappe tant par ses idées

---

[1]   Je n'entrerai pas ici dans une discussion sur les cultures d'entreprises des communautés religieuses, sur la psychologie jésuite par rapport à la dominicaine ou la rédemptoriste. Je rappelle simplement que les dominicains, par l'entremise du père Georges-Henri Lévesque en particulier, et comme le révèlent les signatures de premiers éditoriaux, ont toujours été présents sur la scène intellectuelle (Université Laval) et sociale (mouvement Desjardins).

[2]   Deux livres ont été consacrés exclusivement à cette revue : Gauvin (1975a) et Major (1979), tandis que Bélanger (1977) s'y attarde longuement.

que par ses poèmes et nouvelles ? Ou encore parce que c'est une nouvelle génération qui prend la parole et que ceux de leur âge s'y reconnaissent ?

Les animateurs de *Parti pris* ont lu Sartre ; leur révolte est plus articulée théoriquement que celle de leurs prédécesseurs ou contemporains ; ils transformeront le paysage littéraire et politique. *Cité libre* voulait prendre la parole dans la cité, mais celle-ci n'était pas nommée, non plus que « ce pays » qui devenait un choix pour ses rédacteurs. *Parti pris* nommera le pays : c'est le Québec, un Québec indépendant. *Cité libre* évoquait la « promotion des masses », *Parti pris* sera socialiste (voir l'encadré 1). Notons la convergence de *Parti pris* et de *Maintenant* sur le thème de l'impossible impartialité : « nous refusons dans la colère d'accepter cette démission ».

Chaque génération qui se définit en tant que telle, en prenant la parole, se démarque de la génération précédente, implicitement ou explicitement. Dans le cas de *Cité libre*, la démarcation était explicite, mais polie. *Parti pris* ne prend ni gants blancs ni précautions oratoires. *Cité libre* n'est pas nommé, mais clairement identifié par les allusions au dialogue et à l'objectivité ; ses collaborateurs sont désignés comme « nos pères » ; « leur universalité était un moyen de s'absenter de notre situation particulière ». Il faut dire que *Cité libre*, en 1950, se définissait par la trentaine ; l'équipe de *Parti pris*, près de quinze ans plus tard, est plus près de la vingtaine.

Parti pris a lu Sartre, mais aussi Marx, ou du moins quelques-uns de ses disciples (« dire notre société pour la transformer »). *Parti pris* ne croit plus aux vertus du dialogue et qualifie même d'aliénés les intellectuels qui s'y adonnent. Les intellectuels doivent quitter leur sphère : ils ne peuvent rester au-dessus de la mêlée. La discussion ne suffit plus, ses limites sont clairement apparues : on peut parler longtemps sans que rien ne change, or il faut que ça change. Comment procéder ? Il faut dire le monde, le décrire : « notre vérité, nous la créerons en créant celle d'un pays et d'un peuple encore incertains ». L'éditorial oppose donc non pas la parole à l'action, mais deux sortes de parole : le dialogue et la démystification. L'entreprise est encore intellectuelle, mais l'arbitre de la vérité ne sera plus strictement intellectuel, il logera dans la réalité : « nous sommes colonisés et

Encadré 1
UN PARTI PRIS RADICAL

« Prendre parti, essentiellement, c'est assumer une situation telle qu'on la vit ; c'est découvrir en l'inventant le sens de cette situation, et l'organiser en fonction des buts et des obstacles qu'on y définit. Ainsi, les intellectuels de la génération qui nous précède, en prenant le parti de l'«objectivité» jouaient le rôle du spectateur impartial ; ils se situaient en face de, donc hors de la réalité, se condamnant du même coup à ne plus pouvoir la changer, substituant à la violence des relations et des luttes concrètes entre les hommes l'abstraite futilité du dialogue et de la discussion. Leur universalité était un moyen de s'absenter de notre situation particulière.

Nous avons, au contraire, pris le parti de nous situer hors de cette forme abstraite de dialogue, en refusant le critère de la Vérité éternelle qu'il implique. La parole pour nous, a une fonction démystificatrice ; elle nous servira à créer une vérité qui atteigne et transforme à la fois la réalité de notre société. C'est dire que pour nous, l'analyse, la réflexion et la parole ne sont qu'un des moments de l'action : nous ne visons à dire notre société que pour la transformer. Notre vérité, nous la créerons en créant celle d'un pays et d'un peuple encore incertains.

Cette différence d'attitude entre nos deux générations révèle déjà la vérité de la situation canadienne-française. Si nos pères en sont venus à appeler dialogue un échange de radotages, c'est que le peuple québécois est dans une situation qui l'aliène ; si nous refusons dans la colère d'accepter cette démission, c'est que les conditions de la transformation sont aujourd'hui rassemblées.

C'est à partir de ces deux thèmes centraux (aliénation et possibilité objective de son dépassement) que nous pouvons le mieux définir notre parti pris. [...] L'aliénation dont nous souffrons, et qui existe à tous les niveaux, vient de ce que nous sommes colonisés et exploités. [...]

Nous nous libérerons bientôt de cette aliénation parce que la société québécoise est entrée dans une période révolutionnaire. [...]

Nous luttons pour l'indépendance du Québec parce qu'elle est une condition indispensable de notre libération ; nous croyons que l'indépendance politique ne serait qu'un leurre si le Québec n'acquérait pas en même temps son indépendance économique. [...] Nous luttons pour un État libre, laïque et socialiste.

Au sein de la révolution [...] la fonction de Parti Pris est double. D'abord, par rapport aux structures aliénantes qu'il s'agit de détruire, cette revue est une entreprise de démystification. [...] D'autre part, par rapport à la révolution qu'il s'agit de réaliser, Parti Pris aura un rôle critique et réflexif. Dans la phase présente de la révolution, qui est celle de la prise de conscience, cela

> veut dire travailler à réaliser l'unité des différents groupes révolutionnaires. [...] Nous entendons faire de Parti Pris une entreprise collective. Nous voulons que nos lecteurs s'engagent avec nous à la libération des Québécois. Nous ferons notre part en organisant des colloques, rencontres, etc. » (*Parti pris*, 1963.)

exploités ». Nationalisme va de pair avec socialisme, révolution politique et culturelle avec révolution économique. Par ailleurs, les deux thèmes centraux sur lesquels entendent se pencher les rédacteurs, l'« aliénation » et la « possibilité objective de son dépassement », montrent que pour *Parti pris*, en dernière instance, le problème se situe au niveau idéologique. Encore une fois, comment s'en surprendre de la part d'intellectuels ?

Parti pris va plus loin que les revues nationalistes des années 1950 : l'indépendance ne suffit pas, il faut aussi le socialisme, la révolution et une société laïque ; ces thèmes ne sont pas nouveaux, mais c'est la première fois qu'ils se retrouvent si étroitement associés. Quel rôle s'attribue l'équipe de *Parti pris* « au sein de la révolution » ? En fait, « cette revue est une entreprise de démystification » qui permettra ultimement que les lecteurs « s'engagent avec nous à la libération des Québécois ». À cette fin, l'équipe de *Parti pris* organisera aussi des rencontres et des colloques.

L'éditorial se termine par un appel à la prise de conscience de tout « le peuple québécois ». Les animateurs de *Parti pris* sont jeunes, mais ils ne s'adressent pas prioritairement aux jeunes ; ils ne s'identifient pas non plus par leur profession ou leur diplôme, mais par leur appartenance à un peuple aliéné ; en ce sens, ils se définissent de façon moins élitiste que leurs « pères ». Mais ils n'abdiquent pas leur condition d'intellectuels pour embrasser une cause politique. La revue entend jouer d'abord un rôle de démystification, en même temps qu'elle propose des thèmes au mouvement qu'elle appelle : laïcité, indépendance et socialisme. L'équipe se conçoit davantage comme le moteur d'une prise de conscience que comme la détentrice de toutes les réponses définitives... même si ses idées sont nettes. *Cité libre* avait pour tout programme de dire ce que sa génération avait sur le cœur et de s'adresser aux honnêtes hommes et femmes.

Pour leur dire quoi ? La prise de parole comptait plus que la parole proprement dite… *Parti pris* a un programme bien précis, mais surtout un programme qui doit déboucher sur des changements sociaux.

L'entreprise est collective ; elle est l'œuvre d'un Nous révolutionnaire, dans lequel cependant ne se fondent pas complètement les Je. En effet, la prise de conscience doit se faire dans chacune de ces consciences. Cependant, contrairement au Nous contre-culturel que déjà cela annonce, il existe ici une continuité entre les Je individuels, le Nous révolutionnaire et le Nous québécois.

Comme leurs homologues du siècle précédent, les intellectuels du début des années 1960 ont peur de manquer le train. Non plus celui du progrès mais celui de la révolution, de la décolonisation. Les regards sont moins tournés du côté européen ou anglo-saxon que vers le Tiers-Monde.

> Nous sommes au tournant de l'histoire du Québec. Nous venons de réaliser la révolution tranquille. Pour beaucoup, cette révolution voulait dire que le Québec se modernisait, qu'il devenait une province montrable et sortable et qu'il pouvait prendre sa place parmi les autres gouvernements de l'Amérique du Nord. (*Socialisme 64*, 1964.)

Parmi les rédacteurs de *Socialisme 64* figurent d'anciens collaborateurs de *Cité libre*. Témoins de l'ère duplessiste, malgré leur sentiment qu'une page a été tournée, ils sont mal à l'aise par rapport au reste du continent nord-américain : complexe d'infériorité qui aurait outré Édouard Montpetit ou Madeleine Huguenin. Ces derniers n'ont pas connu Duplessis, dira-t-on. Mais *Socialisme 64* oublie que les États-Unis des années 1950 ont entrepris une vaste chasse aux sorcières. Le sénateur américain McCarthy était-il plus « montrable » et « sortable » que Duplessis ? Si *Socialisme 64* est moins passionné que *Parti pris*, leurs analyses ne s'en recoupent pas moins sur plusieurs aspects. « Seul le socialisme peut donner un contenu, des outils et une ligne générale à cette révolution nationale. »

« Les idées mènent le monde » est ici traduit : le socialisme mène la révolution. La révolution socialiste préconisée par *Socialisme 64* pourrait être qualifiée d'autogestionnaire, dans la mesure où « si elle ne veut pas dire engagement, contrôle, participation et responsabilité du peuple à tous les niveaux des grandes décisions économiques, sociales et politiques du pays, elle ne sera qu'un fascisme ». La liste des forces progressistes ou plutôt des « forces les plus vives de la nation » proposée par *Socialisme 64* diffère passablement du portrait de la gauche tracé à la fin des années 1950 : « des ouvriers, des militants syndicaux, des enseignants, des étudiants, des journalistes, des ingénieurs, des artistes, des coopérateurs » ; ce ne sont pas que des intellectuels, même si la majorité des groupes nommés sont des travailleurs non manuels. Cette gauche se rattache à la fois au monde intellectuel proprement dit (ingénieurs, artistes et enseignants) et au militantisme (étudiants et syndicalistes), et comprend à la fois les enseignants et les étudiants, donc des personnes de différentes générations. Même si les ouvriers sont nommés les premiers, il n'est pas sûr qu'ils constituent un public privilégié pour la revue. Ce qui n'empêche pas les rédacteurs de chercher la cohérence entre l'objectif poursuivi et le moyen mis en œuvre pour ce faire. « Socialisme 64 est né de rencontres entre militants syndicaux et universitaires », regroupés en coopérative. La revue « se veut non orthodoxe et non dogmatique », car « le socialisme c'est la création quotidienne de la liberté ».

À la fois très semblables et très différents seront le ton et le propos de *Révolution québécoise* (1964). Le ton est plus populiste que participationniste. L'éditorial s'en prend à l'académisme ; entre les lignes, publiées en septembre, c'est *Socialisme 64*, paru en mai, qui semble visé. Un socialisme révolutionnaire, porté par des jeunes, récuse le socialisme académique et oppose les « humanistes » sans responsabilités sociales à « tous ceux qui y participent réellement » (voir l'encadré 2). Comme *Parti pris* accusait *Cité libre* d'être décroché, *Révolution québécoise* s'en prend à *Socialisme 64*. Conflit de générations ? Une nouveauté : la revue comme « instrument de combat », et si le combat ne se livre pas qu'au niveau intellectuel, il a néanmoins besoin de la « conscience de classe » que sera la revue. *Révolution québécoise* insiste sur ce que les réponses ne sont pas figées dans le ciment ; elle refuse l'élitisme et s'identifie au peuple québécois dans sa globalité.

C'est encore le peuple tout entier qu'interpelle en 1968 Raoul Roy, animateur de la *Revue socialiste* (1959), dans les *Cahiers de la décolonisation du Franc-Canada*. Il titre : « Hommage aux résistants anticolonialistes de Saint-Léonard de Montréal ». Roy revient à la

« Le Québec est en marche vers l'émancipation. Depuis environ trois ans, grâce à la génération montante, l'aspiration à l'indépendance nationale a pris une ampleur inconnue jusqu'ici. […] L'infériorité du Québec n'est pas une question culturelle mais un problème d'injustice économique. […] C'est pourquoi la seule façon de rendre le peuple québécois concrètement indépendant, de le libérer définitivement du sous-développement économique et culturel, c'est l'établissement d'une économie québécoise de type socialiste. […]

Il n'est pas dans l'intention des collaborateurs de cette revue d'offrir des solutions toutes faites aux problèmes complexes et particuliers du Québec, mais de participer, avec tous ceux qui y participent réellement, à l'élaboration d'une politique populaire, basée sur les réalités économiques et sociales et sur des perspectives révolutionnaires […]

Cette revue sera un instrument de combat, au service des salariés québécois, et non un périodique d'analyses académiques pour l'agrément d'« humanistes » sans responsabilité sociale et politique. […]

« Révolution québécoise » veut être, en définitive, la conscience de classe de tous les travailleurs du Québec, intellectuels aussi bien que manuels, dans leur lutte pour l'abolition de l'exploitation de l'homme par l'homme. » (*Révolution québécoise*, 1964.)

charge avec le thème de la supériorité des Canadiens français sur les Anglo-Saxons ; ce qui est nouveau, c'est l'affirmation que cette supériorité s'exprime en termes de mode de vie et de sociabilité, et surtout l'appel à la solidarité des italophones contre « les flots de la rudesse teutonique ».

Désormais, il n'est plus nécessaire de plaider pour l'indépendance ; sa nécessité, comme celle du socialisme dont découle celle de l'engagement, fait consensus. À la fin des années 1950, les nationalistes débattaient entre eux des modalités du nationalisme ; au début des années 1960, des revues discutent de la révolution et du socialisme. Ainsi se crée une place publique, où se manifestent non seulement des générations comme dans les années 1930, mais aussi et au contraire de la « première révolution tranquille », un conflit de générations.

Le tout politique

> À *l'heure actuelle le Québec se recrée dans une production littéraire tendue et inquiète. À l'attitude révolutionnaire des jeunes poètes et romanciers nous ne pouvons que constater une solidarité et un dynamisme nouveau.*
>
> *Nous ne saurions rester indifférents à ce mouvement. Nous tentons aujourd'hui de participer à ce dynamisme en présentant au public une revue littéraire à prix populaire.* (La Barre du jour, 1965.)

Parti pris (1963), revue politique, a été fondé par des écrivains ; une maison d'édition du même nom était animée par un de ses fondateurs, Gérald Godin ; c'est dans les pages de *Parti pris* (la revue et les éditions) qu'éclata la bombe du joual, à peu près en même temps que celles du FLQ dans des boîtes aux lettres. Dans ce contexte, *La Barre du jour*, revue de poésie lancée en 1965, doit se situer par rapport à la Révolution tranquille et au mouvement politico-littéraire qui la caractérise (voir l'extrait en exergue ci-dessus).

L'éditorial de *La Barre du jour* affirme le rôle privilégié de la création littéraire. Ce n'est plus l'humanisme qu'il faut explorer, ni la vie intellectuelle qu'il s'agit de stimuler ; ce n'est même plus l'inventaire du milieu qu'il faut dresser, mais le Québec tout entier qui se recrée (« dire le monde pour le transformer »). Les fondateurs de *La Barre du jour* veulent « participer à ce dynamisme », ce qui, sans être synonyme d'engagement, ne lui est pas étranger non plus. Le climat révolutionnaire les force à réagir ; cela ne semble pas procéder d'une nécessité interne au champ littéraire. Cette revue est généralement associée à l'apparition du formalisme ; peut-être, mais celui-ci advient dans un contexte très – tout – politique :

> La Barre du Jour ne défend aucune idéologie politique, mais elle ne pourra qu'acquiescer à tous les textes de valeur littéraire qui lui seront soumis, bien qu'ils fussent empreints de caractère politique. Car s'il n'y a pas de poésie engagée, il y a une poésie essentielle qui veut tirer l'image de l'homme vers la lumière et assurer à tous une place dans cette conscience culturelle qui s'éveille rapidement aux nécessités et par là se définit comme nécessité. (*La Barre du jour*, 1965.)

« [...] l'inévitable situation de lucidité dans laquelle nous plonge notre milieu » n'empêche pas les animateurs de *La Barre du jour* d'hésiter ; pour eux, la poésie engagée n'existe pas, mais ils publieront les textes « de valeur » à « caractère politique ». Valeur littéraire et valeur politique ne sont donc pas antinomiques, mais ne vont pas non plus nécessairement de pair. À en croire les intentions affirmées dans ce texte, le public visé est « populaire », du moins en ce qui concerne ses revenus ! S'agit-il d'étudiants, de *drop-out*, de prolétaires ? Mais qui s'intéresse à la poésie ? L'ambiguïté sur la nature de l'engagement social et littéraire de *La Barre du jour* se double d'une seconde quant au public cible.

Cette attitude n'est pas spécifique à *La Barre du jour*. Ainsi, en 1962 à l'Université d'Ottawa, paraît une revue littéraire « écrite par et pour des étudiants », qui prétend sortir du campus : *Tel quel*[3]. Un an plus tard, à l'Université de Montréal, le projet de *Lettres et écritures* (1963) sera bien différent : « participer d'une façon positive à la MANIFESTATION de cet homme d'expression française qui appartient de tout son être à l'Amérique du Nord ». À l'époque de *Parti pris*, on s'engage pour la cause nationale, sans renier l'américanité. Il s'agit de dire le Québec, pas nécessairement pour le changer, mais pour le faire advenir ; demeure l'idée d'une efficacité sociale de la parole.

La parole, c'est aussi sur scène qu'elle se fait entendre ; en 1966, *Théâtre vivant* entreprend de publier les textes qui ont passé le filtre du Centre d'essai des auteurs dramatiques. Le texte de présentation insiste beaucoup sur le contexte sociopolitique et sur le nationalisme qui emporte tout. « Depuis quelques années, un lustre à peine, la vapeur s'est renversée et le Montréalais canadien-français entend s'emparer de sa ville et d'en faire Sa chose : l'Université de Montréal affirme ses prérogatives, la Télévision impose le fait français et le nom de Montréal s'inscrit de plus en plus dans l'aire francophone mondiale. »

Le théâtre vivant auquel fait allusion l'éditorialiste contribuera « au processus d'identification québécoise » ; encore une fois, il s'agit de nommer le monde pour le faire advenir. Selon lui, le théâtre

---

[3] Qui deviendra *Incidences* pour éviter la confusion avec la revue française du même nom.

le plus dynamique, celui qui a davantage rejoint le public dans les dernières années, a été joué par les amateurs : c'est le répertoire canadien-français. Aussi l'éditorial se termine-t-il par un appel aux directeurs de théâtres à privilégier le théâtre d'ici. Le Je qui se dit « émerveillé » et « exalté » par la « mutation » du Québec annonce le Je de la contre-culture, qui se fera de plus en plus entendre dans les années suivantes.

Les idéologies et l'imaginaire ne progressent pas en bloc ; en 1966, sous l'égide de la Société des poètes, paraît *Poésie*, totalement à contre-courant. « Nous espérons rejoindre tous les amis de la poésie, tous ceux qui pensent que les valeurs spirituelles rendent l'homme supérieur et plus digne de la vie magnifique qui est en lui. » Les « amis de la poésie » interpellés ne sont pas les mêmes que ceux à qui s'adresse l'éditorial de *Lettres et écritures* (1967) (voir l'encadré 3). S'y remarque l'ambivalence du sens des responsabilités de ces étudiants, qui frôle le paternalisme envers le reste de la jeunesse. Le projet demeure nationaliste, même si entre les lignes se dessine une radicalisation, par exemple dans l'évocation des « camarades » et de la « révolution culturelle ». Autre ambiguïté en ce qui concerne le public visé : celui-ci comprend la jeunesse, mais aussi un milieu littéraire qui s'affirme, et ce milieu est international. Les jeunes écrivains se situent donc dans une dynamique à la fois d'ouverture du milieu littéraire envers les jeunes et de « fermeture… internationale » de ce milieu. Cette revue annonce la radicalisation des avant-gardes tant politiques qu'artistiques et leur repli sur elles-mêmes dans les années 1970. En effet, après 1966 ou 1967, les revues littéraires n'exprimeront plus le désir de participer à la création du Québec. Les préoccupations seront centrées davantage sur le milieu littéraire que sur le Québec, et les allusions à la société globale se feront dans une perspective de luttes des classes plus que de nationalisme.

Si au début des années 1960 on diagnostiquait « feu l'unanimité[4] », la lecture des éditoriaux précédents révèle que, tant dans le domaine des idées que dans le monde littéraire, les points de convergence l'emportent sur les divergences. Pourtant… la réaction à ce vent révolutionnaire se fait entendre dès le milieu des années 1960. Ou plutôt, la réaction tente de se faire entendre.

---

[4] Titre d'un article de Gérard Pelletier dans *Cité libre*.

Encadré 3
LES JEUNES RÉVOLUTIONNAIRES

« Nos responsabilités sont donc immenses, et du coup intervient la notion d'engagement. […]

Par révolution culturelle, nous entendons la remise en question des idées importées, et qui ne s'adaptent pas aux réalités que nous vivons. Elle est la liberté de défendre ce qui est nôtre, dans la mesure où la voix de nos écrivains et de nos artistes se fait entendre dans le concert des nations.

Rester indifférents aux problèmes linguistiques, littéraires, historiques de notre communauté, c'est trahir toute une jeunesse qui attend de ses camarades universitaires des développements et des conclusions sérieuses sur l'art et la littérature. […]

L'histoire nous apprend que les échanges culturels entre les peuples ont largement favorisé divers mouvements littéraires. » (*Lettres et écritures*, 1967.)

La réaction

« Ça bouge dans le Québec. » Voilà ce qu'on entend dire et redire partout. […] Nous sommes bien favorables à ce que « ça bouge », mais dans une direction qui fasse vraiment monter ou avancer. […]

Aujourd'hui-Québec est un magazine qui sait ce qu'il veut et où il va. Il n'est pas l'organe d'une poignée de pseudo-intellectuels.

[Il] […] est voulu, fait et aidé par des personnes de toutes les classes sociales. […] Nous invitons tous ceux qui croient en leur foi chrétienne et aux principes moraux qu'elle représente, et aussi ceux qui ont un patriotisme de bon aloi à vouloir nous épauler. […]

Nous n'ignorons pas que les forces du Mal sont en pleine action dans le Québec, mais nous connaissons aussi les ressources et les énergies fécondes, les talents et les aptitudes quasi illimités de nos gens. (Aujourd'hui-Québec, 1965.)

Révolution tranquille, révolution socialiste, révolution québécoise… Voilà qui déconcerte certaines élites et plusieurs aînés. Ils ne peuvent rester indifférents et sont entraînés sur le terrain révolutionnaire, pour le récuser soit, mais ce faisant, ils participent au débat sur la place publique. La réaction se manifeste dans *Aujourd'hui-Québec* (1965) qui fustige « les forces du Mal », et les « pseudo-intellectuels » que l'éditorial oppose à « toutes les classes sociales ». Les intellectuels seraient-ils à ce point décrochés de la réalité québécoise ?

Quel est donc le paysage intellectuel en 1966 ? Une nouvelle revue, en fait une tentative de renouveau de *Cité libre*, fait le point et fournit par la même occasion un portrait du champ intellectuel : « Liberté, Socialisme-64, Parti Pris et Maintenant ont pris une place mais n'ont rien remplacé » (*Cahiers de Cité libre*, 1966). Voilà un portrait de la gauche intellectuelle ou du moins des revues de gauche par rapport auxquelles l'éditorialiste doit se situer. « L'unanimité apparente des revues « de gauche » a atteint son apogée en 1961 quand Cité Libre et Liberté se sont senties suffisamment sœurs pour décerner ensemble le prix de la liberté. » Cette unanimité, même plus apparente que réelle, a-t-elle permis la formation de la place publique ? Certains en tout cas contestent les modalités de la discussion. « Personne ne peut s'arroger le droit de parler au nom de tous. Personne n'a l'autorité de tous ceux qu'il englobe dans son « nous ». Il n'a que l'autorité contenue dans la parole dite » (*Cahiers de Cité libre*, 1966).

Au milieu des années 1960, l'heure n'est plus au dialogue, mais à la révolution. D'aucune manière, on ne peut parler de *Parti pris* (1963) comme d'une place publique, au sens où *Cité libre* (1950) semble l'avoir été. Cependant, en polarisant des discussions autour des thèmes qu'elle introduit et impose, la revue *Parti pris* crée un espace public d'un genre différent. Tous ne discutent pas dans le même lieu, mais ils discutent du moins des mêmes thèmes.

La révolution de l'État du Québec

Le climat tranquillement révolutionnaire des années 1960 a entraîné de grands changements institutionnels. Cette décennie fut celle de « la longue marche des technocrates » (Simard, 1979)… autre type de révolution ? Chose certaine, une étape importante de cette révolution fut la nationalisation de l'électricité et la création d'Hydro-Québec. La nouvelle entreprise, fleuron de l'État québécois, se donne une publication de prestige : *Forces* (1967). Le sentiment de responsabilité sociale déjà noté dans plusieurs revues de la décennie s'affirme ici encore : « l'Hydro-Québec constitue un des principaux moteurs de notre économie. De là découlent les devoirs sociaux qui lui incombent ».

Pendant cette révolution tranquille, même Hydro-Québec y va d'une petite note révolutionnaire et veut questionner le mode de vie nord-américain, « réfléchir à la condition et au développement de l'homme face à l'emprise de plus en plus envahissante et irrésistible du confort ». Le monde est « en pleine évolution ou mieux encore, en véritable mutation » affirme *Forces*. Il faut réfléchir en toute sérénité, malgré la rapidité des changements. En effet, les changements ne sont pas que derrière.

Forces prétend au rôle d'ambassadeur du Québec, plus précisément de l'État du Québec et sera distribué « dans le monde entier : milieux gouvernementaux, financiers, industriels, scientifiques, universitaires, bibliothèques, laboratoires, sociétés savantes et culturelles, mouvements de jeunesse et agences de presse ; ambassades, consulats, légations et délégations commerciales au et du Canada ». Aucun complexe ici, comme ceux qu'avait exprimés l'éditorial de *Socialisme 64*. Le Québec est sortable, montrable, et *Forces* n'a pas peur de le montrer : « On cherchera vainement ici une image, une photo retouchée du Québec, une quelconque propagande. » Le Québec jouit même par sa « participation à la vie nord-américaine et [ses] relations pacifiques, [d'] une position privilégiée ». Visions incompatibles des technocrates et des militants « critiques » ?! Pourtant, en ces années de modernisation, *Forces* entend aller au-delà d'un rôle de propagande et de vitrine. Elle sent le poids de la responsabilité que lui confère son statut : prise de conscience d'une nouvelle élite ? En tout cas il ne s'agit pas d'engagement, même si la revue recherche une présence dans la cité – et même sur la planète.

Forces appelle à l'unité, au dépassement des frontières non seulement internationales, mais disciplinaires et de classes ; le repli du monde universitaire et intellectuel sur lui-même est condamné (comme dans *Maintenant*) : « L'isolement chryséléphantin auquel le confine trop souvent sa spécialité reste, pour l'homme de science, une difficulté personnelle à résoudre. » Le dialogue auquel *Forces* aspire à travers « une interpénétration des diverses disciplines » est bien différent de celui que dénonce *Parti pris*. Ce ne sont plus des humanistes ou des politiciens qui discutent sur le sort du Québec, mais tous, « du manœuvre au savant », qui philosophent sur l'évolution de l'humanité ; en fait il s'agit à travers l'affrontement des thèses d'ouvrir « de nouvelles avenues de recherche ».

Le sort de l'humanité ne relève donc pas de la politique mais de la science, entreprise à laquelle tous doivent participer. La réflexion est collective, « notre démarche n'aura de sens que communautaire » ; c'est un Nous collectif qui s'exprime, et le collectif dont il est question n'est pas restreint aux intellectuels : c'est tout le peuple québécois. Je mentionne en terminant un autre élément « révolutionnaire » : l'éditorial de cette revue d'idées, pour la première fois depuis 1919 (*La Revue moderne*), est signé par une femme.

En pleine Révolution tranquille, Hydro-Québec n'est pas le seul appareil gouvernemental qui se dote de sa revue. *Culture vivante* (1966) est publié par le tout nouveau ministère des Affaires culturelles. Or l'éditorial de cette revue est le plus représentatif, « l'idéal-type » serais-je tentée de dire, de l'éditorial engagé et nationaliste des années 1960 ! Révolution… « Tranquille ? C'est à voir. Le malheur serait qu'elle le devînt. » (Voir l'encadré 4.)

L'allusion, dans l'éditorial de *Culture vivante*, aux planificateurs qui « jugulent » l'action surprend dans les pages d'une revue associée à un ministère. En fait le ton est très politique, et si la revue entend se consacrer aux arts « vivants », l'éditorial n'insiste pas sur l'art. C'est un véritable plaidoyer pour la liberté et pour l'affirmation du peuple québécois. On ne croirait pas lire une publication gouvernementale ! « […] tels qu'en nous-mêmes enfin la liberté nous change. » Le nationalisme de *Culture vivante* est d'emblée ouvert sur le monde, serein : « c'est désormais à la face de l'univers que nous aurons l'outrecuidance d'être ce que nous avons la fantaisie d'être ». Le combat est à la fois individuel et collectif ; la révolution en cours – non achevée – se joue non seulement en matière linguistique et politique, mais surtout « au plus secret de chacun de nous ». Comme *Parti pris* qui voulait travailler à la prise de conscience collective et personnelle, *Culture vivante* annonce la contre-culture, en prônant une révolution personnelle bien différente de ce à quoi faisait allusion *La*

« Cette éruption de vouloir-vivre, d'affirmation de soi-même qui secoue actuellement le Canada français, on l'a appelée « la révolution tranquille du Québec ». Si la tranquillité se mesure à l'inquiétude qu'elle sème chez autrui, cette révolution est moins tranquille que ne le disent ceux qui jugulent et « planifient » l'action de ses auteurs. Tranquille ? C'est à voir. Le malheur serait qu'elle le devînt. [...]

Sporadiquement, à travers notre histoire, nous avons eu l'audace de montrer dans le petit monde de notre isolement, le vrai visage de notre liberté ; c'est désormais à la face de l'univers que nous aurons l'outrecuidance d'être ce que nous avons la fantaisie d'être. [...]

Victoire que tout cela ? Mais de quelle victoire parlons-nous ? C'est d'un combat qu'il s'agit. D'un combat qui n'est qu'un épisode d'une guerre de survivance. [...] Guerre aux dimensions complexes, aux fronts innombrables et mobiles, front de la langue et donc de la pensée autonome, front de la politique donc de l'autodétermination, front de la foi qui est en même temps celui d'un certain type de civilisation occidentale, front de la culture au-delà duquel un groupement humain s'ouvre sur le monde.

Guerre, enfin, insérée au plus secret de chacun de nous, guerre aux tentations de paresse, du conformisme et du laisser-faire.

Ce débat qui nous est nôtre, cette revue voudra en témoigner. Et dans une seule optique, celle de l'histoire, celle du destin, celle de la politique, celle vers où nous tendons : cet état de choses où tels qu'en nous-mêmes enfin la liberté nous change. » (*Culture vivante*, 1966.)

Relève ! Le Nous est fait de Je ; ces Je ne sont pas définis de l'extérieur, par leur âge ou leurs diplômes, mais par leur démarche personnelle. À la différence des années 1930, ces Je forment cependant non seulement un Nous intellectuel, mais un Nous national et révolutionnaire.

L'issue du combat ne fait pas de doute. Oubliée la vocation pédagogique d'une revue d'art. Il ne s'agit plus pour les experts d'éduquer le peuple, mais pour le peuple tout entier de s'exprimer par l'art. Le sujet qui parle n'est plus l'artiste, ni l'expert en lui, mais l'artiste en tant que membre de la collectivité québécoise. Cette évolution rejoint celle observée dans les revues littéraires.

Contestations et contre-culture

> *On a commencé à se regarder droit dans les yeux. On est*
> *jeune et on est beau. On va être actif, prudent et discret.*
> *Man, dans un an d'ici, la face du Québec aura changé en*
> *'stie. Si on z'y donne la claque. C'est simple, il suffit de s'y*
> *mettre tous les jours, jour après jour avec la même inébranla-*
> *ble conviction que le combat qu'on livre est juste vu que le*
> *système n'offre d'autre alternative au monde que de prendre*
> *les armes contre la répression qui monte pour l'arrêter et la*
> *vaincre.*
>
> Ma cabane au Canada. La Révolution à la porte. (La Cla-
> que, 1970.)

Comme dans les années 1930 et 1950, les transformations de l'éducation supérieure amènent l'apparition non seulement de nouvelles élites, mais aussi de nouvelles formes d'intervention intellectuelle. Dans les années 1960 ce ne sont pas seulement de jeunes diplômés qui prennent la parole, mais aussi les étudiants ; ils s'adressent bien sûr à leurs pairs, mais surtout à l'ensemble de la société.

Si le début de la décennie fut marqué par la décolonisation, la fin connut un mouvement international de contestation : mai 68 à Paris, le printemps de Prague, hippies et Black Panthers aux États-Unis. Au Québec, plusieurs ont le sentiment de participer à ce mouvement. Plusieurs éditoriaux de la première moitié des années 1960 s'en prennent violemment à leurs aînés ; le conflit de générations éclatera pour de bon avec les contestations étudiantes. De *Parti pris* (1963) à *QL*[5] (1969), quel changement de ton, et même de graphisme ! La maquette des revues témoigne d'un changement radical. Apparaissent des revues polycopiées (à la *Gestetner*, puis photocopiées), mais surtout – cela saute aux yeux même des profanes en graphisme ! – un souci nouveau pour la mise en pages et l'illustration, facilitées par de nouveaux procédés d'imprimerie. Influence toute « macluhannienne » de la bande dessinée, de la télévision : la mise en pages est non linéaire, éclatée, ce qui culmine dans *Mainmise* (1970).

---

[5] Nouvelle version du *Quartier latin*, journal publié par les étudiants de l'Université de Montréal depuis 1918 ; les initiales QL rappellent cette filiation en même temps qu'elles renvoient à « Québec libre ».

À la fin des années 1960, une fantaisie graphique… et éditoriale s'installe pour quelques années dans les revues de « jeunes ».

1967, la Révolution tranquille est terminée… 1968, les étudiants font la grève, occupent collèges et universités. À l'École des beaux-arts de Montréal, les étudiants réclament l'autogestion ; ils se donnent un journal de grève : *Mutation* (1968). L'effervescence sur les campus a des échos dans la presse étudiante : *Le Quartier latin* (1918), journal des étudiants de l'Université de Montréal, devient *QL* (1969), magazine à diffusion nationale qui souhaite effectuer « un premier pas vers la mise sur pied de réseaux d'information libres parallèles aux monopoles commerciaux d'information qui se développent ». Ce souci pour une information libre n'est pas nouveau ; déjà dans les années 1930 on dénonçait les trusts de l'information.

Les rédacteurs de *QL* ne se définissent pas comme génération, mais comme groupe : les étudiants. Après le mai 68 français, après les contestations dans les campus américains, la jeunesse et en particulier la jeunesse étudiante se sent porteuse d'un mouvement social : « les étudiants au Québec cessent d'être une minorité, de sages enfants d'école privilégiés pour prendre une place importante dans le devenir de la société québécoise » (*QL*, 1969).

L'année même où paraît *QL*, l'Association des étudiants en sciences de l'Université de Montréal lance *Le Nouvel Obsédé* (1969) (voir l'encadré 5). « Les lecteurs on s'en sacre. » Esprit carabin ? Oui, mais caractéristique de l'époque. « Il est grand temps que l'élite se déniaise. » Les étudiants se dissocient de l'élite aussi bien que des « masses ». Ils affirment leur identité spécifique, comme groupe. Se déniaiser : allusion entre autres à la révolution sexuelle. Pour les animateurs de *Sexus* (1967), ce n'est pas tant la lutte des classes qui caractérise l'histoire de l'humanité que la répression sexuelle. Ils ne se définissent pas par rapport à la société québécoise, mais par rapport à « l'ère de la cybernétique », ce qui, j'imagine, est une référence à tout l'Occident (et à Henri Lefebvre plus précisément ?). En tout cas cette révolution sexuelle s'exprime de façon rationnelle et intellectuelle, tout en s'accompagnant d'un refus de l'élitisme. « *Sexus* prône la liberté sexuelle avec tout ce qu'elle sous-entend : une liberté nommée chaos par ceux qui la craignent. Nous analyserons ce « chaos », posément. »

« Le nouvel obsédé est un journal essentiellement tendancieux, malhonnête et cochon.

Les lecteurs on s'en sacre.

Le nouvel obsédé n'est pas un organe officiel, la sensibilisation des masses aux graves problèmes de l'humanité, c'est pas notre affaire. [...]

Le nouvel obsédé ne sert rien, il ne sert à rien, il est parfaitement inutile. [...]

Le nouvel obsédé c'est un rêve, une lubie, une intuition, un cadeau, une lumière (mais la vraie !) [...]

Il est grand temps que l'élite se déniaise. » (*Le Nouvel Obsédé*, 1969.)

Dans ces années 1967-1970 paraissent plusieurs feuilles *underground*, à peu près introuvables (elles ne sont pas au dépôt légal de la Bibliothèque nationale en tout cas), évoquées dans *Québec underground* (Robillard, 1973). La Bibliothèque nationale a néanmoins conservé *Le Village* (1970), polycopié.

> De l'organisation naît la tribu, l'œuvre et chaque homme dans l'ensemble lui-même rendu à lui-même. Tandis que l'ordre part de l'abstrait, du linéaire et risque tout de l'extérieur. [...] Dans une société où l'on enseigne l'obéissance aveugle, il nous faudra s'apprendre à nous-mêmes la responsabilité [...] Le Québec Libre c'est d'abord des hommes libres... l'esprit plus grand que le cœur attentif à l'univers... L'Homme debout devant la matière. (*Le Village*, 1970.)

La contre-culture s'allie dans ce texte au nationalisme et même à l'indépendantisme, par l'intermédiaire des concepts d'autonomie et de responsabilité. Il n'est question cependant ni de classes sociales, ni d'élite mais de tribu ; changement de vocabulaire mais surtout de sensibilité. Le Nous n'est plus l'ensemble du Québec, il se construit électivement, parmi ceux qui ont déjà fait leur révolution intérieure ; le Nous est révolutionnaire et il est tissé de Je ayant déjà accompli leur révolution personnelle. Révolutions collective et individuelle vont de pair, ce qui n'est pas nouveau ; ce qui l'est cependant, c'est que la première ne pourra se réaliser qu'une fois la seconde accomplie[6].

1970 : on se souvient surtout du FLQ. Peu avant les fameux événements d'octobre paraît *La Claque* (1970), publiée par le FLQ, long texte politico-poétique, anonyme[7], où contre-culture, nationalisme et bien d'autres choses s'entrecroisent. Curieusement, cette revue se trouve à la Bibliothèque nationale du Québec (grâce aux bons soins de la GRC ? ? ?), mais pas dans sa version originale ; le texte a été redactylographié (voir l'extrait en exergue de la section).

Dans *La Claque* (1970) contrairement à *La Cognée* (1963), également publiée par le FLQ, la révolution n'est plus seulement collective, elle passe par des individus « jeunes et beaux ». Ceux-ci ne combattent plus au nom de l'histoire, des travailleurs, comme en 1963, mais en celui d'un présent et des jeunes. Le système force à réagir, au nom de ce qu'on est, de ce qu'on a trouvé qu'on était une fois qu'on s'est regardé « droit dans les yeux ». Le Nous révolutionnaire est composé de Je métamorphosés qui ont accompli la prise de conscience que *Parti pris* appelait et qui sentent ne pas avoir le choix face à une situation qui les interpelle. Un nouvel ennemi apparaît dans ce discours contre-culturel autant que révolutionnaire : le système. Si, pour en venir à bout, tous n'adoptent pas la solution felquiste de la violence, tous semblent d'accord sur un point : il faut faire circuler une information différente, indépendante, libre.

Comment caractériser la contestation de la fin de la décennie par rapport à l'engagement de son début ? Les contestataires sont généralement jeunes, ce qui n'est pas nécessairement le cas des intellectuels engagés. De façon lapidaire : on s'engage *pour* un projet de société et on conteste *« contre »* le système actuel. Nuance qui prendra toute son importance dans les années 1970. De plus, l'engagement suppose l'action, au contraire de la contestation, qui est essentiellement parole. Mais dans les deux cas, il faut se faire entendre dans la cité.

---

[6] Question : Qui a dit que la contre-culture était complètement décrochée ? Réponse : Duchastel (1976) et Moore (1973).

[7] Mais *Québec underground* (Robillard, 1973) donne des noms !

Est-on en panne de projet littéraire, d'idées ? Plus vraisembla-blement on est en réorganisation. Sur le plan politique, les intellec-tuels se radicalisent dans deux directions opposées : marxisme ortho-doxe d'une part, et contre-culture de l'autre. En littérature, il y a un épuisement du thème sartrien de l'engagement, qui s'exprimait par la conscience des écrivains de participer à la définition du Québec. Le formalisme n'a pas encore trouvé son Roland Barthes ou son Sollers québécois. Bref, on est dans un entre-deux. Le virage est-il trop radical entre une littérature engagée et la sémiologie d'où le sujet est évacué pour qu'il ne se fasse sans un passage à vide ?

Conclusion

La Révolution tranquille, amorcée dans l'éloge de l'engage-ment intellectuel et la connivence avec les mouvements de décolonisation, s'essouffle avec la contestation. Tout le long de la décennie, il y a quasi-unanimité autour de la nécessité de l'indépen-dance et du besoin de changement. En fait, les intellectuels semblent sollicités par un social qui ne leur laisse pas le choix : ils doivent s'engager. Ils croient en l'efficacité de la parole : il faut dire le monde pour le transformer, du moins pour le faire advenir. En ce sens l'activité intellectuelle est bien une activité révolutionnaire, une forme d'engagement. C'est aussi une nouvelle mutation du motto : « les idées mènent le monde ».

Il n'en demeure pas moins une certaine ambiguïté en ce qui concerne leur public cible et leur forme d'engagement, partagés qu'ils sont, surtout les littéraires, entre les exigences du monde intellectuel et celles de la société en mutation. Un clivage apparaît de plus en plus fondamental et conflictuel dans le monde intellectuel, celui des générations.

La pensée est de plus en plus incarnée, de plus en plus présente dans la cité, comme quelques points de repère permettent de le visualiser. *L'Action française* voulait former des compétences ; *La Relève*, quand elle évoque la crise, situe celle-ci au niveau spiri-tuel ; *La Nouvelle Relève* nomme la guerre, sans plus ; *Cité libre* veut participer à l'édification de la cité et à la promotion des masses ; *Parti pris* analyse une situation coloniale.

dant, c'est que la première ne pourra se réaliser qu'une fois la seconde accomplie[6].

1970 : on se souvient surtout du FLQ. Peu avant les fameux événements d'octobre paraît *La Claque* (1970), publiée par le FLQ, long texte politico-poétique, anonyme[7], où contre-culture, nationalisme et bien d'autres choses s'entrecroisent. Curieusement, cette revue se trouve à la Bibliothèque nationale du Québec (grâce aux bons soins de la GRC ? ? ?), mais pas dans sa version originale ; le texte a été redactylographié (voir l'extrait en exergue de la section).

Dans *La Claque* (1970) contrairement à *La Cognée* (1963), également publiée par le FLQ, la révolution n'est plus seulement collective, elle passe par des individus « jeunes et beaux ». Ceux-ci ne combattent plus au nom de l'histoire, des travailleurs, comme en 1963, mais en celui d'un présent et des jeunes. Le système force à réagir, au nom de ce qu'on est, de ce qu'on a trouvé qu'on était une fois qu'on s'est regardé « droit dans les yeux ». Le Nous révolutionnaire est composé de Je métamorphosés qui ont accompli la prise de conscience que *Parti pris* appelait et qui sentent ne pas avoir le choix face à une situation qui les interpelle. Un nouvel ennemi apparaît dans ce discours contre-culturel autant que révolutionnaire : le système. Si, pour en venir à bout, tous n'adoptent pas la solution felquiste de la violence, tous semblent d'accord sur un point : il faut faire circuler une information différente, indépendante, libre.

Comment caractériser la contestation de la fin de la décennie par rapport à l'engagement de son début ? Les contestataires sont généralement jeunes, ce qui n'est pas nécessairement le cas des intellectuels engagés. De façon lapidaire : on s'engage *pour* un projet de société et on conteste « *contre* » le système actuel. Nuance qui prendra toute son importance dans les années 1970. De plus, l'engagement suppose l'action, au contraire de la contestation, qui est essentiellement parole. Mais dans les deux cas, il faut se faire entendre dans la cité.

---

[6] Question : Qui a dit que la contre-culture était complètement décrochée ? Réponse : Duchastel (1976) et Moore (1973).

[7] Mais *Québec underground* (Robillard, 1973) donne des noms !

Mutation. Cybernétique. Situation privilégiée du Québec en termes géopolitiques. Autant de thèmes extrêmement datés : ils apparaissent (dans l'ensemble du corpus, pas seulement dans les revues d'idées) en 1967 pour disparaître en 1971, de « l'année de l'expo » jusqu'au contrecoup des événements d'octobre, c'est-à-dire à l'apogée du mouvement non plus de révolution tranquille, mais de la contestation.

Silence, on tourne !

> La politique nous intéresse, mais nous sommes d'abord des écrivains. Et nous ne croyons pas que l'écriture doive s'asservir à la politique. L'écriture est donc pour nous un geste sans signification autre qu'en lui-même. Pas de rhétorique, pas de thèse à défendre, que l'écriture. Et l'invention. [...]
>
> Nous avertissons la critique : elle se fourvoiera dès qu'elle considérera l'écriture en dehors de sa structure formelle, de son invention. (Quoi, 1967.)

En 1967, le milieu littéraire est suffisamment constitué pour qu'un groupe de jeunes écrivains en trace un portrait – en fasse la charge – dans *Quoi*. Cette critique du champ donnera lieu au premier manifeste formaliste... C'est d'autant plus remarquable que, rétrospectivement, aucun des animateurs de cette revue n'est associé au formalisme ! L'heure de la Révolution tranquille est passée. Plus de référence au Québec. Les écrivains ont une existence, une raison d'être autonome.

Les exemples de *La Barre du jour* et de *Quoi* illustrent l'importance du champ littéraire dans les années 1960 ; la seconde revue s'en réclame, la première s'en démarque, mais c'est bien toujours par rapport à lui que les fondateurs d'une revue doivent se définir. Plus, l'état du champ impose des thèmes aux fondateurs de revues : en 1965-1967 la politique et le formalisme sont les sujets obligés traités en éditorial. Dans le cas de ces deux revues, l'éditorial en révèle davantage sur le champ et sur le rapport des écrivains à la société, que sur ce qu'allaient devenir ces revues et leurs fondateurs.

Quoi refuse la politique. Cette position se différencie de celle généralement adoptée jusque-là pendant cette décennie. Il n'y est même pas question de révolution littéraire. Est-ce autre chose qui se dessine ? L'heure des bilans ? Dans les années 1968-1971 se produit un passage à vide éditorial. Non pas qu'aucune revue n'apparaisse, au contraire, mais elles ne prennent pas la peine de se définir en éditorial, ou le font de façon déstructurée.

Les Herbes rouges (1968) mentionnent tout simplement que ce nom provient du titre d'un recueil de poésie de Jean-Paul Filion. En 1968 encore, paraît la très sérieuse revue *Délirium très mince*, publiée par les éditions « Refermez avant d'allumer », dont l'éditorial expose « une manière de voler les livres ». Pas de présentation pour *Nouveau Cinéma québécois* (1968), pour *Les Cahiers François-Xavier Garneau* (1969) ni pour *Allez chier* (1969). *Hobo-Québec* (1970) a bien une présentation, mais totalement déstructurée dans la forme et le fond ; plusieurs relectures n'en garantissent pas la compréhension ! *Éther* (1970), où François Charron fait ses premières armes, n'a pas d'éditorial. En 1971 paraît incognito le premier numéro de *OVO*, revue consacrée à la photographie. La même année, presque aussi discrètement, paraît *ARS* : « priorité à l'image, même sans le luxe de l'héliogramme et de la couleur. Parce que priorité à l'information... à l'actuel... à la création... à la recherche... » (*ARS*, 1971).

Pas d'éditorial, c'est comme trop d'éditorial... chaque article de *L'Illettré* (1970) se présente comme l'éditorial et chaque auteur comme le directeur de la publication.

Bref, dans ces années, plusieurs revues naissantes ne se donnent pas d'autre définition que leur sommaire, ne présentent pas autrement leur programme que par leur choix de textes. Et cela n'est pas la marque de revues *underground* ou éphémères puisque c'est le cas, entre autres, de *Hobo-Québec*, des *Herbes rouges* et de *OVO*, revues « importantes » des années 1970. C'est plus, semble-t-il, une question d'époque, car dans les années antérieures cela était très rare (par exemple *Les Cahiers noirs*, 1951, revue de poésie fondée à Québec), cela ne se reproduira plus qu'exceptionnellement dans les années ultérieures.

Est-on en panne de projet littéraire, d'idées ? Plus vraisembla-blement on est en réorganisation. Sur le plan politique, les intellec-tuels se radicalisent dans deux directions opposées : marxisme ortho-doxe d'une part, et contre-culture de l'autre. En littérature, il y a un épuisement du thème sartrien de l'engagement, qui s'exprimait par la conscience des écrivains de participer à la définition du Québec. Le formalisme n'a pas encore trouvé son Roland Barthes ou son Sollers québécois. Bref, on est dans un entre-deux. Le virage est-il trop radical entre une littérature engagée et la sémiologie d'où le sujet est évacué pour qu'il ne se fasse sans un passage à vide ?

Conclusion

La Révolution tranquille, amorcée dans l'éloge de l'engage-ment intellectuel et la connivence avec les mouvements de décolonisation, s'essouffle avec la contestation. Tout le long de la décennie, il y a quasi-unanimité autour de la nécessité de l'indépen-dance et du besoin de changement. En fait, les intellectuels semblent sollicités par un social qui ne leur laisse pas le choix : ils doivent s'engager. Ils croient en l'efficacité de la parole : il faut dire le monde pour le transformer, du moins pour le faire advenir. En ce sens l'activité intellectuelle est bien une activité révolutionnaire, une forme d'engagement. C'est aussi une nouvelle mutation du motto : « les idées mènent le monde ».

Il n'en demeure pas moins une certaine ambiguïté en ce qui concerne leur public cible et leur forme d'engagement, partagés qu'ils sont, surtout les littéraires, entre les exigences du monde intellectuel et celles de la société en mutation. Un clivage apparaît de plus en plus fondamental et conflictuel dans le monde intellectuel, celui des générations.

La pensée est de plus en plus incarnée, de plus en plus présente dans la cité, comme quelques points de repère permettent de le visualiser. *L'Action française* voulait former des compétences ; *La Relève*, quand elle évoque la crise, situe celle-ci au niveau spiri-tuel ; *La Nouvelle Relève* nomme la guerre, sans plus ; *Cité libre* veut participer à l'édification de la cité et à la promotion des masses ; *Parti pris* analyse une situation coloniale.

Au début des années 1960, les fondateurs de revues s'identifient à la communauté en général, au peuple, au Québec. Cependant des Je apparaissent. Ces Je allient révolution personnelle et désir de changement global. Ce ne sont pas des compétences qui les définissent, ce ne sont pas des spécialistes, mais des élus en quelque sorte, de là une dérive dans leur rapport à la cité et au public cible dans les années suivantes. Les Je qui émergent à la suite d'une prise de conscience ne constituent pas un Nous défini par des caractéristiques facilement repérables comme l'âge ou le diplôme. Pour les Je de la contre-culture, le Nous est un projet.

12

Avant-gardes
et institution

Il ne s'agit pas ici d'une manifestation visant à produire une théorie générale des divers champs théoriques en application dans la pratique idéologique québécoise, et plus particulièrement la littérature comme champ privilégié de l'idéologie, mais de mise en place d'un dispositif de diffusion textuelle (essais, pratiques d'écriture, discours philosophique, politique, musique contemporaine, peinture...) :

> *dispositif sans coordonnées d'unité*
> *textes exposés à la dérive*
> *objets en circulation parmi d'autres*
> *relevant chacun de sa propre*
> *production idéologique*

Fonction critique, dé-construction des formes déterminées et exploitées par l'idéologie dominante sans que celle-ci puisse cerner l'objet dans l'éparpillement. De ce projet initial, se dégageront des instances. Ainsi le jeu se précisant. (Champs d'application, 1974.)

À partir des années 1970, de nombreux analystes diagnostiquent l'épuisement du projet de la modernité. Plusieurs intellectuels sentent leur position intenable, entre leurs désirs d'engagement social et d'autonomie intellectuelle, et remettent en question de plus en plus explicitement leur action dans le social. C'est ainsi que certains sont amenés à explorer de nouvelles formes de rapport au politique, pour échapper tant à l'institution qu'à l'inconfort intellectuel. De plus, de nouveaux groupes prennent la parole : les intellectuels dans les régions, des mouvements sociaux, et en particulier le mouvement féministe, pour affirmer leur différence. Ces voix de la différence sont analysées dans la troisième partie.

Ce qui frappe le plus dans cette décennie qui s'ouvre dans le fracas de la crise d'octobre et se clôt sur le référendum, c'est l'éclatement de la place publique : les revues ne s'entendent plus sur ce dont il convient de parler ; même la question nationale n'est pas tellement présente dans les premiers éditoriaux. Par ailleurs, les périodiques sont plus nombreux que jamais et se regroupent dans l'Association des éditeurs de périodiques culturels québécois[1].

Ces années sont marquées par l'écartèlement du champ intellectuel entre deux pôles, qui coexistaient déjà à la fin des années 1960 mais se dissocient clairement : la contre-culture et le marxisme-léninisme (familièrement appelé ML-isme), qui souhaitent tous les deux un profond changement social. Cela dit, tout oppose ces deux avant-gardes. Qui dit avant-gardes, dit institution dont elles se démarquent. C'est ce que j'explorerai tour à tour dans les pages qui suivent, ainsi que le malaise ressenti par plusieurs qui cherchent une troisième voie, une alternative.

Le Québec comme utopie

> *Si nous avions à définir notre projet, c'est à une utopie qu'il faudrait se référer. [...] Dégager une signification sociale et historique globale à de multiples et incohérents changements : tel est le nécessaire et incohérent objectif qu'impose à notre projet le désarroi de notre peuple. [...]*
>
> *Presqu'Amérique refuse l'objectivité parce qu'elle refuse l'impartialité. Sa vision du pays est sous-tendue par une souscription a priori à un possible et désirable projet national. [...]*
>
> *Le Québec est en proie à des changements sociaux totaux qui lui échappent.[...]*
>
> *Nous nommons ANTHROPOSOCIALISME ce programme de développement qui par delà les objectifs typiques de toute politique de développement postule ce primat d'authenticité et d'enracinement.* (Presqu'Amérique, 1971.)

---

[1] Fondée en 1978, cette association deviendra une dizaine d'années plus tard la Société de développement du périodique (SODEP).

Alors que plusieurs revues naissent anonymement, d'autres sont les héritières tant des mouvements de contestation que du nationalisme. Cette configuration apparaît au tout début de la décennie 1970 ; elle est porteuse de changements non seulement dans son discours manifeste, utopiste, mais dans sa posture implicite qui entraîne – à leur insu – les intellectuels hors de la modernité et dissout la place publique. *Mainmise* (1970) est le meilleur exemple de cette tendance (voir l'encadré 1).

Mainmise se définit avant tout en tant qu'organe d'information et, comme plusieurs de ses contemporaines, insiste sur l'impossibilité de la neutralité. Son objectif : être utile à ses lecteurs en diffusant de l'information non disponible autrement ; c'est une forme d'engagement.

Malgré son refus des « égotrips », c'est-à-dire de publier des textes de fiction, *Mainmise* n'est pas austère ; l'adresse aux « lapidophiles des 2,703 sexes » laisse entendre qu'imaginaire et fantaisie n'en seront pas absents. Le graphisme « psychédélique », en soi, est œuvre de création. Ainsi, le texte de présentation est composé perpendiculairement au sens habituel de la lecture ; pour le lire, il faut faire pivoter la revue. Un autre élément inhabituel pour un éditorial de premier numéro : il débute en page 62.

Qu'est-ce donc que cette revue[2] ? Sur quoi prétend-elle informer ? Sur « l'U.T.O.P.I.E. ». « Face à l'Europe latine, face aux États-Unis, le Québec est une ALTERNATIVE. » En effet, *Mainmise* rejette radicalement la société actuelle. « Place à la Magie ! Place aux mystères objectifs ! Place à l'amour ! Place aux nécessités ! » affirmait le *Refus global* en 1948 ; *Mainmise*, pour sa part, fait référence à la « pensée magique », à l'« harmonie utopique » ; la comparaison entre les deux textes, à peine évoquée ici, pourrait se prolonger. L'éditorialiste rejoint non seulement les Automatistes, mais encore sa consœur

---

[2] Contrairement à Duchastel qui a beaucoup écrit sur *Mainmise* et répète chaque fois que c'est une revue petite-bourgeoise et décadente, Latouche (1990) en fait un éloge rapide (p. 63) : « Mainmise constituait alors une de nos seules fenêtres sur le monde et permettait à toute une génération de ne pas décrocher complètement. C'était ce qu'on appelait à l'époque une revue contre-culturelle, mais son message ne se limitait pas à expliquer la meilleure façon de faire pousser la « mari ». On y apprenait aussi que le projet québécois s'inscrivait parfaitement dans la logique de ce qui se passait alors partout dans le monde. On pouvait être Québécois et préférer autre chose à la bonne chique de nos ancêtres. L'idée d'une société distincte, nord-américaine et européenne à la fois, y connut sa première concrétisation. »

MAINMISE

« Mes chers lapidophiles des 2,703 sexes et autres. [...] Mainmise est d'abord et avant tout, une revue d'informations. Cela veut dire : pas d'égotrips. Le premier but que nous nous sommes fixé, vu la carence des moyens d'information officiels, est donc de rendre disponible un matériel qui nous paraît devoir être transmis, par un moyen ou par un autre. [...]

Mainmise veut être utile. C'est pourquoi nous avons renoncé aux textes d'imagination au profit des études, des enquêtes. [...]

Nous ne sommes POUR ou CONTRE rien, dans le cadre de cet organe. Nous tâcherons simplement de publier les textes nécessaires pour que chacun puisse choisir ce qu'il veut en connaissance de cause.

Cela ne veut pas dire que nous sommes neutres. La neutralité, c'est comme l'objectivité : ça n'existe pas.

Notre but c'est l'U.T.O.P.I.E.

Et, selon nos auteurs, l'U.T.O.P.I.E. est pour demain. Au Québec, l'U.T.O.P.I.E. prend un visage particulier. [...]

Face à l'Europe latine, face aux États-Unis, le Québec est une ALTERNATIVE. Car il s'inscrit dans la grande marche de la contre-culture américaine sans le tas de fumier qui pollue les États-Unis. [...] Le Québec est l'ALTERNATIVE. Le Québec, c'est l'ALTERNATIVE UTOPIQUE.

Nous publierons donc, quelle qu'en soit la source, TOUT ce qui nous paraît important pour que cette ALTERNATIVE UTOPIQUE se réalise. En ce sens, Mainmise peut se qualifier, pratiquement, comme un Reader's Digest de la pensée turned-on. Il y a des textes d'origine américaine dans notre organe ? Sans doute. Car un Américain utopique vaut mieux qu'un Québécois attaché à sa tuque. [...]

Mainmise est l'organe de l'HARMONIE UTOPIQUE. [...]

La Nouvelle Culture, celle de la PENSÉE MAGIQUE, doit se répandre librement. C'est pourquoi nous pensons que Mainmise, fondamentalement de l'espèce underground, doit être répandue aussi overground que possible car c'est de la diffusion que dépend, finalement, la libre poussée des idées. » (*Mainmise*, 1970.)

Forces (1967), dans l'affirmation de la position privilégiée du Québec, pour repenser « le système »... Ce nationalisme n'entretient aucun complexe d'infériorité ; le Québec est « montrable et sortable », même que ce seraient les États-Unis qui ne le seraient pas nécessairement. En ces années de guerre au Viêtnam, après les assassinats des frères Kennedy, de Martin Luther King et la mort de quelques étudiants sur les campus, « le fumier » évoqué par *Mainmise* n'est pas nécessairement celui qui pollue la biosphère. Notons par ailleurs l'allusion à l'écologie, absente des éditoriaux antérieurs. La référence à l'ailleurs, aux États-Unis essentiellement, est ambivalente. Si *Forces* (1967) affirmait ne pas proposer d'image retouchée du Québec, *Mainmise* oppose non seulement le Québécois à l'Américain, mais surtout la pensée *turned-on* au traditionalisme : « un Américain utopique vaut mieux qu'un Québécois attaché à sa tuque ». Si le Nous est québécois, il ne comprend pas nécessairement tous les Québécois[3].

La dialectique *underground-overground* à laquelle l'éditorial fait allusion peut se traduire en des termes souvent utilisés jusqu'ici dans l'analyse : il s'agit pour la revue de diffuser des lumières, d'agir sur le social. Bref, *Mainmise* est une revue engagée, mais promeut une cause jusqu'alors inédite. Elle ne se situe pas à la remorque d'un parti, ni d'une option politique comme l'indépendance ; elle entend proposer de nouveaux thèmes à la réflexion, faire œuvre de conscientisation en un sens (et ne contient pas que des trucs pour faire pousser son *pot*, comme l'affirment les mauvaises langues).

Mainmise véhicule un projet de société, mais bien différent de celui de *Parti pris*. Le Nous qui s'exprime est un Nous québécois et fier de l'être, mais il ne s'identifie pas à l'ensemble du peuple. La pensée *turned-on* est peut-être réservée à une élite, celle-ci toutefois ne se reconnaît pas par ses diplômes, mais par des pratiques, par un mode de vie. Le Nous est virtuel, fait de Je qui ont déjà vécu leur révolution personnelle ; l'enjeu est de rejoindre tous ces Je pour créer le Nous. Contrairement à *Parti pris* toutefois, le passage de ces Je au Nous québécois n'est plus automatique.

---

[3] Le premier numéro de *Mainmise* paraît en octobre 1970, donc en plein cœur des événements d'octobre. L'éditorial du numéro 2 explique en détail la position de *Mainmise* et de la contre-culture par rapport au nationalisme et au FLQ. Ce deuxième éditorial mériterait une longue exégèse, et selon moi donne raison à Latouche contre Duchastel dans leurs analyses respectives et contradictoires de *Mainmise*.

Mainmise est radical dans sa contre-culture ; cependant, plusieurs thèmes qu'il met de l'avant appartiennent à l'époque plus qu'à la pensée *turned-on*. Ainsi, les étudiants du cégep du Vieux-Montréal publient *Transit* (1972), où la susnommée institution est qualifiée de « complexe cybernétique » que la revue propose de transformer en « centrale d'énergie » créatrice par la mise en place d'une « polyphonie d'interrelations radiantes et communiquantes ».

À Québec en 1971, en écho à *Mainmise*, paraît *Presqu'Amérique* : même souci de diffusion de l'information, même visée utopique, même rapport ambivalent au continent nord-américain, comme l'indique le titre (qui fait allusion à une chanson de Robert Charlebois[4]). Le projet de *Presqu'Amérique* (voir l'extrait en exergue de la section) est de développer une analyse inédite, un peu comme *Mainmise* souhaite véhiculer une information autrement inaccessible. En ce sens, l'engagement de la revue et de son équipe est tout intellectuel : pas de référence explicite à l'action politique. « L'authenticité et l'enracinement » que postule l'éditorial s'appliquent-ils à l'individu ou à la collectivité ?

L'anthroposocialisme, voilà ce dont se réclame *Presqu'Amérique* ; le mot est emprunté à Edgar Morin et désigne un socialisme « à visage humain » par opposition au totalitarisme. L'équipe de la revue sort directement des bancs de l'Université Laval ; deux ans plus tôt, des étudiants de l'Université de Montréal faisaient également référence à l'anthroposocialisme dans *Anthropolitique* (1969) (voir l'encadré 2). Tous ces étudiants semblent retenir de leurs professeurs un message bien plus radical que celui que ces derniers livrent dans les éditoriaux des revues qu'ils fondent. Le constat d'*Anthropolitique* est simple : il faut réinventer la théorie, les « conceptions de l'organisation et du devenir sociétal [...] civilisationnel et humain », et « du devenir de l'humanité comme espèce ». Un fameux vide à combler !

Si *Mainmise* vise surtout à faire circuler de l'information alors que les deux dernières revues veulent inventer une nouvelle théorie, elles ont en commun de poser un constat d'échec radical sur la société actuelle et ses valeurs. L'utopie peut prendre plusieurs formes ; une fois rejetée la société contemporaine, des choix s'offrent en

---

[4] « Dans ma ville grise, de Presqu'Amérique, je m'ennuie... »

« Conflits qui rappellent à tous l'illusion d'une société pacifiée et réconciliée avec elle-même ; crise de la société, crise de la civilisation, crise de l'homme ; rêve, possibilité et nécessité d'un enfantement – plus ou moins chaotique, douloureux et voulu – d'une post-humanité et d'un post-humanisme, beaucoup plus que d'un homme nouveau et d'un nouvel humanisme, fussent-ils « guévaristes » : tel est le contexte où naît Anthropolitique. Nous partons donc d'une problématisation globale de toutes les valeurs – y compris celles du « socialisme » et du « communisme » – tant dans leurs fondements que dans leur rapport aux multiples pratiques quotidiennes et historiques, individuelles et collectives. [...]

Tenter de mettre au point une pensée [...] sur des conceptions de l'organisation et du devenir sociétal, mais aussi bien sur des anthropolitiques, c'est-à-dire sur des conceptions du devenir civilisationnel et humain, sur des conceptions du devenir de l'humanité comme espèce, tel pourrait être le sens général de notre entreprise. » (*Anthropolitique*, 1969.)

ce qui concerne celle à promouvoir. Une nouvelle cause mobilise les intellectuels : l'écologie. *Mainmise* l'évoquait sans insister ; en 1970, deux revues s'y consacrent, l'éphémère *Écologie-Québec* et la pérenne *De toute urgence*. Si la première veut vulgariser les notions écologiques, créer un dialogue entre les scientifiques et la population en général, et faire œuvre d'éducation, l'autre, à coup de citations, tente d'établir la crédibilité de sa cause.

« La science, et surtout la science de l'écologie a trop de ramifications dans la vie de l'individu pour que nous puissions permettre que seuls ceux qui ont vingt ans de scolarité ou trente ans d'expérience dans ce domaine participent au débat déterminant notre environnement futur » (*Écologie-Québec*, 1970). Le débat en question n'est pas restreint aux intellectuels – comme c'était le cas pour *Forces* – car il concerne le Québec et son avenir. « Quels sont les besoins de l'homme ? Vers quoi faut-il tendre ? Comment y tendre ? » (*De toute urgence*, 1970.) Avec l'écologie, les questions politiques connaissent un élargissement bien au-delà des querelles partisanes et des débats sur l'indépendance.

L'idée que le débat sur le devenir du Québec doit être collectif et déborder le milieu des spécialistes et des intellectuels est une autre composante de cette utopie, sur laquelle mettront l'accent deux revues artistiques. Utopie de la prise de parole populaire, dont les intellectuels se veulent les accoucheurs. Cette nouvelle forme d'intervention dans la cité est cohérente avec l'élargissement du politique et le sentiment qu'il faut le repenser complètement. À la première lecture, le langage tenu par les fondateurs de *Nord* n'apparaît pas très différent de celui de *Liberté* (1959) : « Il est urgent de dire à ceux qui peuvent encore écouter que notre expression collective passée et présente n'est qu'un long cri visant à éblouir un espace bien situé dans le froid de vivre » (*Nord*, 1971). Quelques lignes plus bas, cependant, de nouveaux thèmes apparaissent. Les rédacteurs de *Nord* s'identifient à un mouvement de « prise de parole » qui va du *Speak White* de Michèle Lalonde à *T'es pas tannée, Jeanne d'Arc ?* du Grand Cirque ordinaire.

> Nous nous proposons bien modestement de privilégier la parole dans la grisaille quotidienne.
>
> De nombreuses démarches sont déjà amorcées en ce sens. Il suffit de penser aux poètes et à leurs poèmes-affiches, aux comédiens et à leurs représentations en tournée, aux chansonniers et à leurs récitals, aux conteurs et à leurs veillées familiales. (*Nord*, 1971.)

Ce qui est cité ici comme prise de parole, mais sur fond d'inquiétude, de grisaille, était interprété cinq ans plus tôt par *Culture vivante* (1966) comme un combat à l'issue certaine. Le doute vient-il des événements d'octobre, du contrecoup de la Révolution tranquille ou du réenlignement idéologique qui couve ? La victoire ne semble pas acquise, ce n'est pas une question de nationalisme uniquement. Le Nous populaire l'emporte ici sur le Nous national ; comme le Nous de la contre-culture, il n'est pas coextensif à l'ensemble de la population ; comme lui, il est projet plus que réalité.

Cinéma-Québec (1971) tient un discours analogue, qui typiquement pour une revue de cinéma débute par une critique de la critique (voir l'encadré 3). Tout y passe : censure, loi sur le cinéma, distribution. Le souci de *Cinéma-Québec* de démonter les mécanismes de l'industrie cinématographique n'est pas sans analogie avec la dénonciation des monopoles de l'information que plusieurs revues formulent à la même époque. Le projet, comme le titre le laisse

LA PRISE DE PAROLE... ET D'IMAGE

« Le cinéma aura connu, ces dernières années, un essor considérable. Assez curieusement, c'est au même moment que la critique décidait de se réfugier dans un silence confortable. Aujourd'hui on en subit les conséquences, puisque pour tout cinéma québécois le public n'en est plus à considérer que les films à relents pornographiques. [...] Cette constatation justifierait à elle seule la parution d'une revue de cinéma. Mais ce n'est pas tout. [...]

Notre rôle sera de déterminer la spécificité du cinéma québécois. Une spécificité qu'on ne pourra approcher que par rapport à l'évolution politique d'un Québec à la recherche de nouveaux éléments de conscience individuelle et collective. Ceci exige une ouverture sur le Québec, qui passe nécessairement par une prise de la parole. [...]

Mais prise de la parole aussi, par tous ceux qui œuvrent au sein de cette réalité québécoise et dont le cinéma se veut le puissant reflet. C'est la raison pour laquelle nous serons amenés à déborder le cadre forcément restrictif de notre petit monde cinématographique. C'est ainsi que nous arriverons à faire de cette revue une arme compromettante puisqu'en appelant la participation de tous, on supprime par le fait même ce mur de silence autour duquel plusieurs s'étaient confortablement retranchés. [...]

Cette prise de la parole ne pourra se faire qu'avec l'aide de tous ceux qui désirent s'interroger sur le cinéma et ses rapports avec notre milieu. Et Cinéma-Québec se veut le point de rencontre de cette réflexion collective sur la collectivité québécoise. » (*Cinéma-Québec*, 1971.)

entendre, est nationaliste : « déterminer la spécificité du cinéma québécois » ; il est à rapprocher de celui de *Parti pris* (1963), en ce qu'il y est question de prise de conscience, individuelle et collective. Mais cette prise de conscience ne peut venir seulement de l'action des intellectuels, elle passe par la prise de parole populaire. Le cinéma est politique, car on ne peut le dissocier de la société dans laquelle il se fait, et la revue sera « une arme compromettante puisqu'en appelant la participation de tous, on supprime par le fait même ce mur de silence autour duquel plusieurs s'étaient confortablement retranchés » (*Cinéma-Québec*, 1971).

Derrière la prise de parole collective préconisée par *Cinéma-Québec* se trouve le désir de participation, le sentiment que tous doivent participer à « cette réflexion collective sur la collectivité québécoise ». Les intellectuels doivent être à l'écoute de la parole populaire dont ils ont quelque chose à apprendre. C'est, implicite, une critique du rôle des intellectuels modernes qui, en tant que phares, demeuraient au-dessus de la mêlée.

Le Québec comme utopie ? Et les nationalistes là-dedans ? Curieusement, dans ces années de montée du PQ, rares sont les prises de position nationalistes. Tout se passe comme si une fois ce discours officiellement pris en charge par un parti politique, les autres peuvent parler d'autre chose. La plupart des revues affirment leur indépendantisme, mais sans développer (par exemple *Québécoises deboutte !*, 1972). Néanmoins, naît *Point de mire* (1969) dont le titre fait référence à une émission de télévision animée par René Lévesque dans les années 1950. Cette revue semble avoir changé souvent de nom et d'équipe et les bibliothèques ne gardent pas trace du premier numéro. En 1970, un *Nouveau Point de mire* paraît, sous la direction de Pierre Bourgault, dont les thèmes ne sont pas sans recouper ceux véhiculés par *Mainmise*. « Nous ne serons pas objectifs, car nous croyons qu'il est hypocrite de prétendre l'être, mais nous tâcherons d'être honnêtes » (*Le Nouveau Point de mire*, 1970). L'affirmation de la nécessité de l'engagement n'est pas nouvelle, mais l'engagement préconisé diffère de celui des années antérieures : il s'agit plutôt de non-neutralité. La différence ? Ce n'est pas à l'objectivité qu'on renonce, mais à la prétention à l'objectivité.

Le Nouveau Point de mire veut servir d'espace de recherche. « Si d'autre part, nous défendons des positions de gauche, nous nous réservons le droit, dans la confusion actuelle de la gauche à travers le monde, de définir nous-mêmes ce qui est de gauche et ce qui ne l'est pas. » De même la revue se proclame indépendantiste, mais indépendante du Parti québécois, et n'a que faire du soutien aveugle de ceux qui partagent son option politique. « Nous voulons plutôt qu'on nous lise pour la qualité de notre information, de nos analyses et de nos commentaires de quelque côté de la barrière idéologique qu'on soit. »

À l'instar de plusieurs éditoriaux des années 1960 qui faisaient allusion à la décolonisation, *Le Nouveau Point de mire* se réclame de l'internationalisme ; il affirme très clairement ses couleurs et son indépendance intellectuelle. Souhaiter que les lecteurs achètent la revue pour sa qualité plutôt que pour ses idées partisanes, c'est affirmer le primat de l'intellectuel par rapport au politique. « Nous avons besoin de 100,000 lecteurs... » ; cette déclaration est une allusion aux 100 000 emplois promis par Robert Bourassa lors de la campagne électorale de 1970 ; s'y lit également un souci de pluralisme, analogue à celui manifesté par *Mainmise* dans son adresse aux « lapidophiles des 2,703 sexes ».

Pour caractériser de façon synthétique l'utopie véhiculée par ces quelques revues, on peut dire que le Nous est fait de Je qui ont vécu une prise de conscience, ce qui leur permet la prise de la parole ; ce Nous est un projet, il n'est défini ni par la nation ni par les diplômes. Le Nous doit débattre collectivement de l'avenir du Québec, non seulement en termes politiques ou d'indépendance, mais il doit prendre acte de la faillite totale du système.

Élargissement du politique, à l'écologie par exemple. Critique du rôle des intellectuels. Ces deux derniers thèmes portent la remise en question – ou l'épuisement – de la modernité. Cependant, pour le moment cela reste implicite. La troisième partie illustrera comment, tout au long de la décennie, les revues féministes ont effectué un travail de sape à cet égard.

Si la contre-culture affirme la nécessité d'un changement radical pour le Québec, c'est aussi le cas du marxisme orthodoxe.

La juste ligne révolutionnaire

> *Sans le développement d'une propagande de masse communiste, l'avant-garde ouvrière n'a pas de réponse aux fausses solutions bourgeoises et pas d'arme offensive pour s'éduquer sur ses tâches révolutionnaires. [...] Mettre sur pied une revue de propagande correspond donc à l'affirmation générale que la première étape de la construction d'un Parti prolétarien, c'est la propagande qui permet d'amener les éléments avancés du prolétariat à une conscience communiste et dynamique, de transformer ces leaders ouvriers en dirigeants révolutionnaires. [...] Alors que dans le pays le mouvement marxiste-léniniste est dispersé et que sa fusion avec le mouvement ouvrier ne fait que s'amorcer, la nécessité d'un organe théorique marxiste-léniniste devient cruciale. En Lutte ! doit donc prendre en mains la lutte pour l'unité [...] autrement, le*

> *ralliement se trouvera compromis, et la division et l'épar-*
> *pillement risquent d'élargir la voie de développement de*
> *l'opportunisme.* (Unité prolétarienne, 1976.)

Le ton avait été donné dès 1969 dans *Mobilisation*. Cette revue s'adressait avant tout aux militants, auxquels elle entendait offrir une formation théorique. En effet seuls des militants bien formés, sachant où et comment agir, pourront faire bouger les choses, selon *Mobilisation*, qui regrette l'absence d'une organisation révolutionnaire et souhaite relancer le débat idéologique autour du thème de la révolution. D'où le titre de la revue : un cri de ralliement, un appel à l'engagement.

Apparaît ici une nouvelle figure de l'intellectuel : le militant bien formé théoriquement. Le discours socialiste se rigidifie, devient orthodoxie. C'est l'ère des ML, des langues de bois, bien loin du populisme participationniste de *Socialisme 64* (1964), des Sartre, Fanon et Memmi dont on entendait l'écho dans *Parti pris* (1963). Selon les éditorialistes marxistes des années 1970, la révolution ne vient pas d'une prise de conscience collective, d'une démystification, mais de l'analyse juste d'une élite éclairée par les lumières du marxisme-léninisme. Les intellectuels ne sont plus conseillers du prince, accoucheurs d'une prise de conscience, mais carrément éducateurs (Milot, 1992).

Socialisme 64 devient *Socialisme québécois* en 1970. Ce n'est pas l'occasion d'une affirmation nationaliste, mais d'une radicalisation, du passage d'un marxisme populiste et humaniste, « éclectique », à l'orthodoxie (voir l'encadré 4). C'est un moment de « rupture critique » : l'éditorial comprend une section très didactique où sont exposés les principes du marxisme-léninisme, suivie d'une analyse marxiste-léniniste de la situation québécoise ; le problème auquel veut remédier cette revue est avant tout un problème théorique, c'en est un de formation.

La gauche évoquée par *Socialisme québécois* est composée de « militants » non autrement spécifiés, pas plus que les « luttes populaires » auxquelles ceux-ci participent ; il n'est pas évident qu'il s'agisse du monde syndical. La revue veut s'insérer dans la lutte pour l'organiser ; elle n'est pas un parti, mais elle en adopte le rôle dirigeant.

« En adoptant ce nouveau nom, la revue veut indiquer à la fois une rupture critique et une prise de position positive.

Rupture, d'abord, par rapport à un éclectisme dont le prix – il faut bien le dire – a souvent été l'affaiblissement théorique, voire l'abdication de la rigueur théorique et politique. [...]

[...] réaffirmation de la nécessité historique du socialisme et, par conséquent, des principes du marxisme-léninisme, seuls capables d'informer une théorie et une pratique révolutionnaires ; insertion dans la réalité de cette conjoncture qui est la nôtre : la formation sociale québécoise. [...]

Nous tenons à souligner que notre recherche entend s'insérer dans l'œuvre collective des militants de la gauche québécoise visant à organiser politiquement les éléments de la gauche révolutionnaire du Québec et à les relier concrètement aux différentes luttes populaires susceptibles de cimenter leurs efforts. [...]

Compte tenu de l'absence d'une organisation politique révolutionnaire, nous ne pouvons qu'être d'accord avec le geste de nombreux opposants de gauche qui, dans le cadre provisoire des jeux électoraux, ont apporté leur voix au P.Q. Mais cette décision n'implique pas un vote de confiance à ce parti. [...]

Aussi la tâche immédiate, qu'il faut entreprendre dès aujourd'hui, est de travailler – aux niveaux de l'organisation, de l'éducation et de la théorie politiques – à structurer la gauche révolutionnaire du Québec pour qu'enfin on puisse opposer aux illusions de la petite-bourgeoisie une pratique conséquente de lutte contre le fondement de notre domination, l'impérialisme américain. » (*Socialisme québécois*, 1970.)

L'éditorial de *Socialisme québécois* se termine sur des thèmes qui deviendront rituels dans les revues d'extrême gauche : dénonciation de la petite bourgeoisie et de l'impérialisme américain, nécessité d'une organisation politique et surtout théorique de la gauche.

Une vingtaine d'années plus tard, on a du mal à relire cette prose, ô combien vieillie depuis l'éclatement du bloc de l'Est. Cela dit, le souci de la ligne juste et le dogmatisme doivent être analysés en tant que posture intellectuelle. Deux éléments retiennent l'attention : d'abord, la revue n'est pas considérée comme un espace de discussion ou de recherche, mais comme un outil de propagande ; il ne s'agit plus de secouer l'apathie des lecteurs, de leur communiquer l'envie de s'instruire, mais de leur dire quoi penser. Cela est congruent avec le second thème : la nécessité pour la gauche d'être bien formée théoriquement. Autrement dit, ces revues affirment le rôle de la théorie – et donc de l'intellectuel – dans la révolution, par opposition à un « spontanéisme », à un populisme qui pourrait à la limite se passer des intellectuels pour changer la société (position implicite des utopistes contre-culturels). Le changement est la préoccupation première des ML, par définition. L'action politique sera donc un thème récurrent dans leurs écrits. Mais elle doit être précédée de l'action intellectuelle : la première étape est d'agir dans et sur la gauche et non dans et sur le Québec.

Les groupes de gauche se multiplient à partir de 1973 (Benoît, 1977) et chacun, marxiste-léniniste orthodoxe, trotskiste ou maoïste, se dote de son organe de propagande. Malgré des différences autoproclamées, ces publications se ressemblent énormément (un exemple représentatif est cité en exergue de la section). L'extrême gauche s'affirme canadienne, au nom de l'unité prolétarienne. La révolution doit être menée scientifiquement ; elle a besoin d'outils théoriques pour contrer l'opportunisme et le spontanéisme. Ce dernier est doublement condamné, échappant à la fois à l'organisation du parti et à la juste ligne définie par les intellectuels.

La tâche révolutionnaire est d'abord, chronologiquement et en dernière instance, une tâche intellectuelle. De là sans doute le débat sur le rôle dirigeant du parti et l'autonomie des intellectuels par rapport à ce dernier. Au fond la question est « qui mène qui ? » Les intellectuels, détenteurs de l'analyse juste, proposant thèmes, analyses et tâches au parti, ou le parti, fer de lance de l'action révolutionnaire proprement dite ? Malgré ses prétentions, l'extrême gauche québécoise n'est jamais devenue un mouvement de masse ; ses adhérents furent surtout des intellectuels, ce qui a sans doute contribué au renforcement de cette position de subordination de la lutte politique au travail intellectuel de détermination de la juste ligne. Joue ici un mécanisme de rétroaction positive : les tâches que le parti se fixe sont d'abord intellectuelles, ce qui attire les intellectuels, renforçant ainsi la dimension intellectuelle de l'action du parti.

Le désir maintes fois relevé dans les éditoriaux de la fin des années 1960 et du début des années 1970 de faire circuler une information différente aboutira – entre autres – au lancement du *Bulletin populaire* (1973) par l'Agence de presse libre du Québec. L'objectif ? Diffuser « des informations provenant du mouvement ouvrier et des comités populaires en lutte contre les boss du Québec ». L'ennemi est facile à caractériser : ce sont les *boss*. Comment réagir ? Par des « expériences d'organisation ». Dans la nomenclature de la gauche, « comités ou groupes de travailleurs, des groupes populaires, des groupes de femmes et des groupes d'étudiants », les syndicats ont fait place au mouvement ouvrier, les femmes sont nommées pour la première fois.

Le *Bulletin populaire* (1973) ne s'intéresse pas qu'à l'action intellectuelle puisque son éditorial évoque des pratiques de lutte. Cependant le critère ultime d'appartenance à la gauche serait de mettre « de l'avant, dans [la] pratique de tous les jours, la nécessité de construire une organisation politique de la classe ouvrière ». Et comment se construit cette organisation ? « Ce n'est que dans la mesure où les lecteurs [...] manifesteront une vigilance soutenue sur ce qui se dit dans le bulletin populaire que ce dernier arrivera vraiment à servir les intérêts du mouvement ouvrier. » S'il y a participation et dialogue, c'est plus en vue de rectifier la juste ligne, que d'inventer le Québec. Même chez les plus populistes des ML, le travail théorique reste prioritaire, une responsabilité à laquelle il est impossible de se soustraire, au nom de la cause révolutionnaire. Ce discours politique d'extrême gauche a son pendant littéraire.

La rupture idéologique

> *Plus encore que de littérature et du discours critique, nous parlerons de l'idéologie reproduite et mise en circulation à travers eux. [...] En effet, il ne s'agira pas pour nous de nous replier dans le champ littéraire afin d'y repérer le travail de l'idéologie, mais plutôt de déborder ce champ pour retracer les relations existant entre la pratique textuelle (littéraire) et les autres pratiques signifiantes, pour ensuite indiquer le fonctionnement idéologique de ces autres pratiques. [...]*

Notre discours [...] est celui, en développement, que l'on désigne sous le nom de sémiotique. [...]

Le travail de Stratégie sera produit à trois niveaux constamment reliés entre eux : outre le travail théorique et le travail d'analyse des pratiques signifiantes, elle laissera place à une pratique de la fiction. Cette pratique textuelle sera articulée au travail théorique en cours, c'est-à-dire à la fois déterminée par ce travail et le déterminant. Cette pratique textuelle visera notamment à déconstruire l'idéologie littéraire à l'intérieur d'elle-même et à faire obstacle à la circulation de l'idéologie qu'elle a pour fonction de reproduire. (Stratégie, 1972.)

Dans le monde littéraire, les années 1970 s'ouvrent sur la découverte de la sémiologie. Le ton change radicalement d'avec les précédentes revues littéraires, comme *La Barre du jour* (1965), *Quoi* (1967) ou *Nord* (1971). Mais les préoccupations ? Elles peuvent être caractérisées par une série de ruptures, ce qui situe les revues qui s'en réclament dans la « tradition du nouveau », dans l'« avant-garde ».

Ruptures de vocabulaire : la création littéraire a cédé la place aux pratiques textuelles ; l'art et la culture, aux pratiques signifiantes. S'il y a pratique, elle ne s'exerce pas dans la cité, mais dans la littérature, et plus généralement dans le monde intellectuel.

Rupture dans la pratique textuelle même : l'essentiel du travail littéraire ne s'effectuera plus dans le domaine de la création, mais dans celui de la critique. Et la contribution éventuelle des écrivains au changement social ne se fera plus par l'imaginaire, mais par sa déconstruction, pour laquelle le « travail théorique sera essentiel ».

Rupture dans la conscience de l'autonomie intellectuelle : l'éditorial ne parle plus du milieu littéraire, composé de personnes, d'écrivains, mais de champ littéraire, constitué essentiellement de textes. Un seuil a été atteint, la littérature existe en tant que telle, et non plus seulement en fonction des gens qui la font. Cette rupture correspond aussi, bien sûr, au structuralisme qui privilégie le texte (et l'infra-texte) au détriment de tout l'extra-textuel et du contextuel.

Rupture dans les références : *Stratégie* ne parle plus du Québec, de l'Amérique, de l'homme (encore moins de la femme) d'ici ou de sa nordicité. Il ne s'agit plus de prise de la parole, mais de déconstruction de l'idéologie dominante. Les références sont européennes : la revue se réclame de quelques homologues françaises : *Tel quel, Nouvelle Critique* (Milot, 1992). Une seule revue québécoise semble trouver grâce aux yeux de ces stratèges : *Champ libre* (1971), revue de cinéma.

Rupture dans le public recherché : on s'adresse à d'autres praticiens. Toute velléité populiste ou simplement populaire, telle que *La Barre du jour* (1965) ou *Nord* (1971) en exprimaient, est évacuée. Il ne s'agit plus de faire la révolution québécoise, mais la révolution théorique, ce qui a moins d'impact à court terme sur la masse.

Rupture d'intention : la pratique textuelle n'est qu'une dimension d'une pratique plus large. « Stratégie se veut à la fois un groupe de recherche et une revue destinée à tous les groupes de travail opérant dans un champ voisin du nôtre ou voisin de celui-ci. »

Stratégie véhicule donc *grosso modo* les mêmes thèmes que les revues d'idées contemporaines. Cela pourrait être résumé par la formule suivante : le travail révolutionnaire commence par le travail théorique. En ce qui concerne la littérature en tant que telle, malgré un discours révolutionnaire, au fond, les écrivains travaillent dans le champ littéraire proprement dit et non dans le champ social. Le public cible est essentiellement constitué par les pairs. « Nous ne voudrions certes pas surestimer le caractère subversif que peut avoir ce travail et privilégier à tout prix ce champ d'action » (*Stratégie*, 1972).

Somme toute, on peut parler de rupture totale d'avec le projet littéraire des vingt années précédentes.

Deux ans plus tard, *Champs d'application* reprendra le même projet dans un éditorial que je n'ai pu résister à reproduire en entier en exergue de ce chapitre tellement il me semble exemplaire, à la fois de l'avant-garde et de l'institution que celle-ci génère. Ce texte demande plus d'une lecture. Il ne s'adresse certes pas à la classe populaire ! L'année suivante, la revue interculturelle *Dérives* (1975) produira un éditorial à la fois poétique et politique qui s'inscrit dans cette tendance (voir le chapitre 17). *Brèches* (1973), qui participe à la fois de ce mouvement et du nationalisme, se situe dans le milieu littéraire, et chose importante, dans le milieu littéraire québécois (voir l'encadré 5). L'heure n'est plus à la collaboration entre écrivains et universitaires, et si l'éditorial s'en prend aux professeurs d'université, c'est au nom de la littérature et non à cause de la tour d'ivoire qui serait la leur.

L'objectif de *Chroniques* (1975) rejoint celui de *Stratégie* (1972) ou de *Champs d'application* (1974), mais dans un registre plus populaire, ou moins théorique, puisque le projet ne concerne pas les pratiques textuelles en général, mais uniquement la critique. « Jamais au Québec la critique n'a été aussi absente qu'aujourd'hui. S'y sont substitués des travaux théoriques qui ne s'adressent qu'à quelques spécialistes, une propagande pour convaincus cachant au moyen de mots d'ordre les contradictions » (*Chroniques*, 1975). Si la critique de la critique semble englober les marxistes et les sémiologues, l'éditorial, intitulé dans une perspective de lutte des classes « Les enjeux de notre lutte », s'en prend à la « tendance nationaleuse », c'est-à-dire au PQ, et à la nouvelle culture, représentée par *Mainmise*. *Chroniques* veut traiter à la fois de politique et de culture, car « ces champs sont reliés par le biais de l'idéologie ». Ces thèmes étaient présents dans les éditoriaux dont je viens de discuter, mais celui-ci se veut davantage incarné.

Chroniques récuse la culture prolétarienne et le réalisme socialisme, et veut fournir « à un ouvrier militant dans son syndicat », « à un intellectuel militant dans des syndicats ou groupes politiques », des outils pour comprendre la culture de masse. La revue s'adresse donc, dans une perspective léniniste, à une avant-garde éclairée, malgré un relatif populisme. « Nous voulons être lus par le plus grand nombre possible, mais nous nous rendons compte que du moins au début nous toucherons surtout la couche intellectuelle de la petite bourgeoisie. » *Chroniques* se situe dans le champ intellectuel, ici nommé « couche intellectuelle de la petite bourgeoisie ». Le désir d'en sortir est rhétorique, visée à long terme, les rédacteurs de l'éditorial en sont conscients. Les « ennemis » sont nommés : les « nationaleux » et la nouvelle culture ; c'est au niveau idéologique que se mènera la lutte. Les lecteurs visés sont « tous les éléments progressistes qu'ils soient de la petite bourgeoisie ou de la classe ouvrière », et ce sont des armes idéologiques qu'il faut leur fournir.

BRÈCHES TEXTUELLES

« Apodictique, la littérature québécoise, semble pourtant ignorée en tant que telle. Sans cesse sabotée au profit de références d'un autre type (historiques, psychologiques, sociologiques, etc.) ou d'un mutisme (occultation d'une certaine « avant-garde », de Hubert Aquin en passant par Nicole Brossard, jusqu'à l'équipe de Stratégie) ou encore d'un outre-mer, bref, la littérature québécoise et les moments de sa critique semblent réduits à une aporique reconnaissance.

*
**

Plusieurs brillants écrivants, type professeur universitaire, tardivement contemporains, las d'avoir trop sondé la fouille lexicale se complaisent encore, malgré les attaques virulentes qui leur ont été adressées, à se morfondre dans un vague à l'âme [...] paradoxalement analogue à ce qu'ils nomment de la « belle littérature ».

*
**

Donc, ici, brèches, traces, engrenages, travail, générateurs, producteurs, pratiques, écritures, textes. » (*Brèches*, 1973.)

Si la gauche française a été hantée tout ce siècle par la question de l'adhésion – ou non – au parti communiste, ici, ce sera la question nationale qui travaillera la mouvance progressiste, avec, à partir de 1968, la question de l'adhésion ou du support au Parti québécois[5]. Les ML ne s'identifient ni à un Nous québécois, ni à un Nous continental. Leur Nous est « théoriquement juste », avant tout intellectuel.

Malgré la rhétorique orthodoxe, ce n'est pas tant le rôle dirigeant du parti qui est affirmé que celui des intellectuels : en effet la tâche révolutionnaire commence par la formation théorique, donc par une tâche intellectuelle. Les intellectuels souhaitent la révolution, mais celle-ci doit passer d'abord par la théorie. C'est un renversement total depuis le 19e siècle, alors que le champ intellectuel se dissolvait dans le champ politique et que les intellectuels

---

[5] *Parti pris* éclatera sur cette question ; voir Major, 1979.

intervenaient dans la cité et ses conflits, en tant que citoyens. Désormais c'est l'inverse : la révolution doit d'abord être intellectuelle. À la limite, tout bon révolutionnaire est d'abord un intellectuel. Après ce renversement, après l'expérimentation de tous les modes du rapport du politique à l'intellectuel (inclusion du second dans le premier, puis subordination du premier au second, suivie d'un renversement), le lien nécessaire – ou en tout cas qui avait paru tel – entre les deux se dissout.

L'extrême gauche n'a pas créé de place publique autour d'elle ; tout au plus peut-on parler de place publique dans la mesure où plusieurs sentent le besoin de s'en démarquer.

Institutionnalisation de la culture et de la critique

> J'ai toujours cru qu'il se passait plus de choses qu'on n'imagine d'ordinaire dans le domaine littéraire au Québec et c'est pour cette raison que je crois que cette revue a sa place. […] Je sais sans faire d'enquête qu'une revue comme celle-ci n'est pas rentable et qu'elle devra vivre de subventions. (Lettres québécoises, 1976.)

Avant-garde et institution sont indissociables : pour qu'il y ait avant-garde, il faut qu'il y ait institution dont elle se démarque. Dans les années 1970, quelles sont les institutions littéraires ? La Société royale du Canada, l'Académie canadienne-française et les départements de littérature, qui publient tous leurs revues. Hors des universités apparaîtront coup sur coup dans la seconde moitié des années 1970 des revues marquant l'institutionnalisation de la culture. 1976 : prise du pouvoir par le Parti québécois. C'est aussi l'année de l'apparition de *Lettres québécoises*, consacré aux actualités littéraires québécoises, et de *Jeu. Cahiers de théâtre*.

Dans les années 1960, le constat d'existence d'une vie littéraire québécoise entraînait la fondation de revues universitaires consacrées, en tout ou en partie, à la littérature québécoise. Dix ans plus tard, le même constat amène la création d'une revue consacrée à l'actualité littéraire : *Lettres québécoises* (1976). Malgré un discours manifeste très différent de celui de *Stratégie* (1972) ou de *Chroniques* (1975), marxisme plus ou moins structuraliste d'un côté et nationalisme de l'autre, l'intention est analogue : fonder une revue de critique, contrôlée non par des universitaires ou des journalistes, mais par des écrivains. De la même façon, la critique théâtrale est prise en charge par le monde du théâtre.

> Au cours des dix dernières années, le théâtre québécois s'est développé à vive allure. [...] Sans trop se rendre compte de ce brassement incessant de formes, de positions, de remises en question, le spectateur et les gens de théâtre eux-mêmes peuvent éprouver quelque difficulté à s'y retrouver. [...] JEU entend ainsi doter notre théâtre d'un outil de communication et situer le travail des nombreux artisans de la scène, au service de la collectivité qui se fait. [...]
>
> Aujourd'hui, le théâtre n'est pas une fin en soi, et il ne se limite plus aux seules institutions officielles ; de nos jours, on le retrouve dans la rue, à l'usine, à l'école, c'est-à-dire au cœur d'une série d'échanges entre producteurs et groupes socio-économiques bien identifiables. [...] Nous privilégierons le théâtre qui donne prise sur le monde. [...] nous tenterons de nous y confronter, sans complaisance et avec la volonté bien arrêtée d'établir des points de repère qui soutiendraient la recherche, ici et maintenant. (*Jeu*, 1976.)

Comme le théâtre, par définition, ne peut exister en vase aussi clos que la poésie, c'est en partie sur scène que s'exprime la littérature engagée dans les années 1970 ; du moins c'est ce qui ressort de la lecture des éditoriaux de présentation des revues de l'époque. *Jeu* déplore l'absence de critique « sérieuse » et veut favoriser la recherche théâtrale, ce qui la situe dans le milieu littéraire et implique que son public cible est composé au moins autant de « la collectivité qui se fait » que des « gens de théâtre ». Même si le théâtre est engagé, ce dont la revue veut rendre compte, elle ne s'intéresse pas d'abord au changement social, le changement artistique la préoccupe tout autant sinon davantage. Ici encore se manifeste une ambiguïté au sujet du public et de l'intention de la revue, qui est à la fois ouverte sur la société et centrée sur le milieu intellectuel.

En 1977 paraît *La Grande Réplique*, revue sur le théâtre qui après quelques numéros deviendra *Pratiques théâtrales*, revue savante. « L'art est une expression, nous l'avons dit, et une expression ne peut se développer que par « une pratique ». La maîtrise de cette pratique est un cheminement long et personnel » (*La Grande Réplique*, 1977). Notons la couleur individualiste de l'expression théâtrale, par opposition à *Jeu* et à son engagement. En 1979, à Montréal, naît *Spirale*, dont l'équipe comprend des anciens de *Chroniques* (1975) et reprend un des objectifs de cette dernière revue : la critique. *Spirale* paraît sans éditorial de présentation. Que se passe-t-il ? Depuis quelques années un malaise se fait sentir dans le milieu littéraire. Mais avant de l'analyser, il faut signaler l'effervescence dans le milieu des arts visuels.

Vingt ans après *Vie des arts* (1956), dix ans après *Culture vivante* (1966), il n'est plus besoin d'affirmer la vitalité de l'art au Québec. C'est ainsi qu'on peut dépasser les frontières nationales : bilingue, internationaliste, voilà *Parachute* (1975). Si les précédentes revues d'arts visuels, en se consacrant uniquement à l'art, se démarquaient des revues généralistes, par opposition aux revues qui « desservent le « monde » de l'art en général », *Parachute* défend une tendance artistique, l'art « d'avant-garde », « l'art de recherche », « révélateur d'idéologies contemporaines ou du cheminement historique auquel nous sommes confrontés ».

Le monde de l'art connaît donc une différenciation interne. Les affinités ne seront plus nécessairement nationales ; les alliés sont situés dans l'espace international, ce sont ceux qui partagent une même vision artistique. *Parachute* veut « situer l'information artistique dans un cadre de référence qui ne s'articule pas qu'en fonction de sa propre historicité, tout en tenant compte du contexte politique, social et économique où elle est forcément impliquée ». C'est ainsi qu'est récusé le débat entre le « rattrapage culturel » et la « dépendance de l'étranger ». L'éditorial ne mentionne pas de public cible, mais souhaite « un échange interdisciplinaire et international qui soit un décloisonnement culturel et une antithèse au régionalisme ». *Parachute* ne s'adresse donc pas tant au public en général qu'aux spécialistes de l'art de toutes disciplines et de tous pays. Le champ se ferme sur lui-même. L'éditorial des revues qui naissent par la suite le montre bien.

En 1978, à Québec, *Intervention* prône l'art engagé, « en contexte » pour ne pas dire en région, bref elle véhicule une conception de l'art presque en tous points opposée à celle de *Parachute*. « La revue a pour but l'intervention, mais aussi la participation. Nous vous invitons donc à intervenir dans votre milieu » (*Intervention*, 1978). Le collectif de la revue comprend artistes et critiques ; c'est un groupe, une tendance, qui propose une forme d'art et autogère sa critique. Le public n'est pas explicitement nommé, mais il est invité à intervenir lui aussi, à participer ; il s'agit donc d'artistes, ou d'artistes potentiels. « Nous vous invitons... », faut-il y voir l'appel à la formation d'un mouvement ?

Vers la fin des années 1970, de nouveaux genres artistiques apparaissent et conquièrent graduellement leur légitimité. L'art vivant éclate en art minimal, conceptuel, pauvre, etc., genres souvent hermétiques qui s'accompagnent nécessairement d'un discours que les artistes consentent de moins en moins à déléguer aux critiques (Ellul, 1980 ; Karel, 1983). Comment se surprendre alors de ce que les artistes se donnent leur propre voix ? *Cahiers* (1979) « se veut le forum des artistes qui se distinguent par la liberté de leurs gestes et la spontanéité de leurs œuvres ». Dans le même esprit, en 1981, le bulletin de la Société des artistes en arts visuels du Québec change de format, de facture, et devient *Propos d'art* (sans présentation autre qu'un graphisme renouvelé). En 1982, le Conseil de la sculpture lance *Espaces*, car, affirme-t-il, la sculpture est méconnue.

Les revues d'art ne sont pas réservées aux critiques ni aux artistes. Si l'art doit être produit par des artistes et reconnu par la critique, entre ces deux moments, il doit être montré. *Muséo-vision* (1977) est « le médium de tous ceux qui sont touchés de près ou de loin par la muséologie sous toutes ses formes et tous ceux qui veulent promouvoir la qualité et les collections des musées privés ». Ce n'est plus l'art qui a besoin d'affirmer qu'il est bien vivant, ce sont les musées qui se remettent en question et cherchent d'une certaine façon à demeurer (ou à devenir ?) des musées vivants. « De nouveaux musées se fondent, certains, plus ou moins connus reprennent leur souffle, des associations et des sociétés de musées s'établissent alors même que le concept de musée est remis en question » (*Musées*, 1978). Le projet des revues d'art des années 1950 est repris par les musées, dont la « mission sera essentiellement pédagogique ». C'est le musée qui assure dorénavant le lien avec le public pendant qu'artistes et critiques se parlent entre eux.

Mais l'art restera-t-il dans les musées ? Si l'éducation artistique est menée à bien, l'art devrait parvenir jusque dans les chaumières. Des critiques, des artistes, des musées… au tour des collectionneurs ! Je cite dans l'encadré 6 de longs extraits de l'éditorial de la revue *Le Collectionneur* (1978), qui pourrait constituer un sujet d'examen dans un cours sur « le marché des biens symboliques » au sens de Bourdieu (1971). Dans le champ de l'art, tous les intervenants prennent la parole à tour de rôle. La critique cinématographique ne sera pas en reste.

Pour les rédacteurs de *Champ libre* (1971), « le cinéma est plus parlé (et même bavardé) que pensé ». Dans le contexte de « crise de croissance » du cinéma québécois, « l'urgence d'un travail critique n'échappera à personne. Nous disons bien critique. » La publication de la revue n'est qu'une dimension d'un projet plus vaste.

En 1979, deux revues de cinéma voient le jour : *Copie zéro* et *24 images*. La première ne définit ses objectifs qu'obliquement ; aux yeux des rédacteurs : « Redécouvrir notre cinéma dans une de ses plus riches et plus tenaces traditions, celle du direct, c'est s'offrir une amulette porteuse de bonne chance, c'est vouloir passer par la grande allée » (*Copie zéro*, 1979). L'orientation de *24 images* est très différente ; elle veut « se centrer sur l'aspect théorique du cinéma et sur les personnages qui le font vivre ». Encore une fois est récusé le dilemme : art québécois ou art international. « L'orientation « internationale » des rubriques ne doit pas être perçue comme un refus de s'intéresser au Québec, au contraire. » Entre les lignes de ces éditoriaux se devine la constitution d'un cinéma québécois, d'un répertoire, d'une tradition. « Il n'y aura jamais assez de revues de cinéma » (*24 images*, 1979).

Écrivains et gens de théâtre ont pris en charge la critique dans leurs domaines respectifs, tout comme les artistes. Les créateurs se font entendre en tant que créateurs, vers la fin de la décennie, pour exprimer leur malaise.

Malaises : du sujet collectif au sujet individuel

Le discours de la pratique textuelle domine dans le monde éditorial entre 1972 et 1976 : c'est par rapport à lui qu'on se définit. Il

« Le nombre d'artistes, d'amateurs et d'œuvres d'art s'accroissant avec une très grande rapidité, le nombre de transactions va lui aussi en augmentant, multipliant ainsi les données qui ne sont nulle part consignées et analysées de manière systématique. En conséquence, submergés par le flot d'informations disparates qui leur parviennent, rares sont les amateurs en mesure de prendre des décisions rationnellement satisfaisantes. Même les « experts » se trouvent pris au dépourvu plus souvent qu'autrement. [...]

Une telle publication apparaît essentielle pour faciliter et stimuler la circulation des œuvres d'art, pour expliquer les mécanismes du marché, pour indiquer aux amateurs, directement ou indirectement par les informations qu'elle véhicule, le juste prix qu'ils doivent payer, c'est-à-dire le prix le plus près possible du point d'équilibre entre l'offre et la demande. [...]

Par ailleurs, nous ne considérons pas de notre ressort de juger de la valeur artistique des œuvres d'art : les revues spécialisées et les critiques d'art des principaux journaux s'en chargent. Sans aller jusqu'à affirmer que « la bonne peinture est celle qui se vend bien », nous considérons que ce sont les amateurs et non les « spécialistes » qui, à moyen et à long terme, font ou ne font pas la renommée ; font ou ne font pas la cote. » (*Le Collectionneur*, 1978.)

n'est cependant pas le seul. Quelques revues sont mal à l'aise entre l'avant-garde et l'institution et se cherchent un créneau. Ce n'est qu'en 1977 qu'il apparaîtra clairement.

Ainsi *SEM* (1975), malgré une allusion aux « camarades », est totalement à contre-courant du discours dominant (voir l'encadré 7) ; d'ailleurs, dans l'éditorial, le rédacteur se compare à Don Quichotte. Contrairement à la plupart des revues qui sont fondées à l'époque par des « jeunes », l'équipe de *SEM* a de l'expérience et s'inscrit dans une lignée qui remonte à 1778 et à la *Gazette du commerce et littéraire*.

Cette revue arrive-t-elle trop tard ou trop tôt ? Comme celles des années 1950, elle veut rendre compte de l'expérience humaine, mais, à leur différence, « en dehors des grandes analyses scientifiques ou philosophiques » ; en ce sens elle se rattache aussi au courant utopiste de la prise de parole des années 1970. *SEM* souhaite sortir du

« En vous présentant, cher lecteur, cette nouvelle revue littéraire, je ne puis m'empêcher de la rattacher à tant d'autres entreprises de même nature qui l'ont précédée chez nous. Je me retrouve dans la peau de l'initiateur de la Gazette du Commerce et Littéraire de Montréal (1778), du Magasin de Montréal (1792), ou de l'Abeille Canadienne (1818).

Dans un monde livré chaque jour davantage à la violence et aux revendications pour le boire, le manger, le logement, quelle chance de voir réussir l'esprit, la culture, la contemplation, le jeu libre et créateur ? Qui se paie encore le ridicule de lancer une revue littéraire ? Opium de rêves bleus [...] instrument d'aliénation pour des camarades que rien ne doit détourner de leur guerre de reconquête [...]

SEM sera et restera obstinément, cabochardement, une revue littéraire. Badine ou tragique, mais toujours sérieuse et engagée à son niveau, expression de l'expérience humaine actuelle, saisie en dehors des grandes analyses scientifiques ou philosophiques, appréciée moins pour ce qu'elle est en soi que par ce qui en a été retenu par des consciences d'hommes. [...]

Précisément parce que cette revue-ci se garde de voler trop haut, parce qu'elle côtoie le grand public, parce qu'elle veut pénétrer le quotidien, l'immédiat, le sport, la mode, la bonne cuisine autant que l'Histoire et la Philosophie, elle pourrait bien n'en exercer que plus efficacement son effet. [...] SEM pourrait bien être un moment, si court soit-il, de notre existence nationale et contribuer à modeler, comme dans les revues qui l'ont précédé ou qui l'accompagnent, notre physionomie et ce qu'on appelait, autrefois, sans s'excuser, notre âme. » (SEM, 1975.)

milieu littéraire et trouver un ton accessible. Si elle commence par se situer dans une tradition, elle n'en annonce pas moins des thèmes qui seront ceux de la décennie suivante, réflexion (au sens de réflexivité) sur la quotidienneté en général et sur celle de l'écrivain. La conclusion de l'éditorial, pour sa part, renvoie aux thèmes des années 1930, et à l'âme. SEM apparaît donc intemporel.

Une autre revue qui n'est pas de son temps, mais plutôt des années 1960, Interventions (1975), amalgame culture et politique, mais d'une façon très différente de celle des marxistes de toutes écoles qui ont le verbe haut à cette époque. Cette revue qui veut écrire le, la politique, et se donner une politique de l'écriture, termine son éditorial par « Vive le Québec libre ! ». L'année suivante naît incognito à Québec la revue de poésie *Estuaire*.

Quant à *Cul Q* (1973), elle entonne dans son éditorial un ras-le-bol bien senti, qui n'est pas sans rappeler celui des carabins de la contre-culture. Le titre est d'ailleurs tout un programme. *Cul Q* passe en revue toutes les revues « dites culturelles dites québécoises » produites tant par les universitaires que par les écrivains, pour conclure qu'elles « tiennent, règle générale, des propos d'une platitude platte ». Cette platitude est due, selon *Cul Q*, entre autres au colonialisme dans le choix des sujets abordés. *Cul Q* rejette toutes les revues existantes, ce qui ne la pose pas pour autant en dehors du monde littéraire car elle a voulu se rendre « illisible »[6]. Son projet est celui d'« une lecture du culturel qui se veut illisible et qui serait imperméable à toute pression conjecturale », ce qui garantirait tant l'intérêt de la revue (de par son appartenance à l'avant-garde ?), que l'autonomie littéraire, loin de toute « pression ».

En 1977, un coup de barre sera donné par deux revues qui récuseront le sujet collectif de la littérature, que ce soit le Nous québécois, le Nous révolutionnaire ou le Nous du monde littéraire, pour marquer l'avènement d'un Je irréductible. « D'une génération à une autre, ce qui nous intéresse, c'est la démarche de tout sujet-conscience donnant signe de vie dans une forme incitative » (*La Nouvelle Barre du jour*, ou *NBJ*, 1977). *Cul Q* disait que la littérature était « platte », pour la *NBJ*, elle est « hésitante ». Comme *La Barre du jour*, la *NBJ* désire être là où ça se passe et ne pas se laisser distancer, d'où son autocritique et son « insatisfaction à l'égard des revues existantes, y compris la Barre du Jour ». L'objectif : « synchroniser l'écriture et les courants de pensée les plus dynamiques, qui élargissent sans cesse notre champ d'action, de réflexion et de bien-être » (*La Nouvelle Barre du jour*, 1977). Ce synchronisme avec les courants novateurs, en ces années préréférendaires, ce n'est pas avec le mouvement nationaliste ou politique qu'il s'impose, mais avec le « sujet-conscience ». Virage à 180 degrés d'avec la sémiologie, mais

---

[6] Soit dit en passant, on trouve peut-être ici la clé de l'éditorial illisible de *Hobo-Québec* (1970).

aussi d'avec le politique. La *NBJ* a le sentiment qu'entre 1965 et 1977 une génération a passé.

Ce malaise, s'exprimant par l'affirmation du Je et la critique du milieu littéraire, les rédacteurs de la *NBJ* ne sont pas les seuls à le ressentir ; en 1977 également, *Mœbius* propose « une écriture ouverte, imaginaire et imaginative, qui ouvre des portes intérieures et extérieures, du dehors et du dedans » ; à cela la revue oppose « le sectarisme et [...] l'intransigeance des poncifs et nouveaux prêtres littéraires ». La juste ligne politique se double-t-elle d'une juste ligne littéraire ? Les fondateurs de revues réagissent toujours contre une parole ou une écriture dans laquelle ils ne se reconnaissent pas. *Mœbius* affirme l'existence d'une « poésie d'émotion, des émotions, une poésie du cœur qui porte au-delà des contingences de l'époque, de la mode parfois étroite ».

À la fin des années 1970, il n'est plus possible de parler de la littérature québécoise au singulier : des écoles, des tendances coexistent et s'opposent, des avant-gardes s'affirment et se démarquent. Autrement dit, on ne se définit plus par rapport au passé, mais par rapport à un présent, autre. Des entreprises consensuelles comme les *Écrits du Canada français* (1954) ou les *Cahiers de l'Académie canadienne-française* (1956) ne sont plus de mise.

Le sujet individuel de *Mœbius* et de la *NBJ* est-il celui d'une nouvelle avant-garde ? Depuis une trentaine d'années les écrivains s'identifiaient à un Nous collectif, désormais ils sont des Je, et il n'est pas sûr qu'ils cherchent à former un Nous. Tournant le dos à l'avant-garde et à l'institution, à l'engagement social et à la fermeture du milieu littéraire, ils empruntent de nouvelles voies. Dans le domaine des revues d'idées, c'est à peu de chose près le même scénario.

La recherche d'une nouvelle voie

> *Le socialisme auquel se réfère le Q-Lotté suppose une pratique de société autogestionnaire et libertaire sur tous les plans. [...]*
>
> *Le Q-Lotté s'engage à s'acquitter de cette tâche avec tous les socialistes, prolétaires et exploités qui en ont soupé d'entendre le Parti Québécois se proclamer le parti « le plus proche des intérêts des travailleurs » ou de lire les torrents d'injures profé-*

> *rés par les groupuscules marxistes-léninistes-partisans-du-parti-prolétarien à l'endroit de tous ceux qui refusent de se laisser entraîner dans une aventure déjà connue au pays des Soviets. [...]*
>
> *Le Q-Lotté veut lutter pour un socialisme populaire en ce sens qu'il sera construit par les classes populaires. [...]*
>
> *Le Q-Lotté veut devenir un lieu d'encadrement politique. [...] Le Q-Lotté refuse de s'ériger en super-structure omniprésente, omnipotente et omnisciente. [...]*
>
> *En fait le Q-Lotté veut plutôt travailler à la consolidation et à l'unification des forces en lutte contre l'exploitation sous toutes ses formes par la fédération des militants et des groupes qui composent ces forces.*
>
> *Cela suppose un engagement pratique [...] dans le projet de construction d'une société socialiste, libertaire, féministe et révolutionnaire.* (Le Q-Lotté, 1976.)

Le marxisme, affirmant vigoureusement sa justesse théorique, s'est figé dans ses certitudes et dans une langue de bois. En réaction, naîtront des revues à la recherche d'une nouvelle voie. *Mobilisation, Stratégie, Unité prolétarienne* laisseront la place au *Q-Lotté*, à *Possibles* et bientôt au *Temps fou*. Un courant d'air passe, et un peu d'humour, jusque dans les titres. La critique du marxisme entraînera une nouvelle réflexion politique dans le prolongement de l'élargissement du politique entrepris par le courant utopiste. Cette fois, cependant, la critique du milieu intellectuel sera explicite et féroce. Les intellectuels scient la branche sur laquelle ils sont assis depuis les débuts de la modernité.

La première réaction au marxisme pur et dur apparaît en 1976. Sans renier le socialisme, *Le Q-Lotté* (1976) renoue avec le populisme de *Socialisme 64* et y intègre l'héritage contre-culturel (voir l'extrait en exergue ci-dessus). L'anarchisme sera la bannière du *Q-Lotté* qui précise qu'il est « révolutionnaire en ce sens qu'il saura toujours trouver l'imagination originale nécessaire à sa remise en question ». Le projet de société mis de l'avant est libertaire et féministe, une première pour une revue non rédigée uniquement par des femmes.

Le Q-Lotté effectue un retour au courant participationniste, par opposition à la « super-structure omnisciente » ; il veut lutter contre toutes les formes d'exploitation et faire la révolution, soit, mais avec « le monde » et non pas au-dessus de sa tête. Le projet quitte presque le champ intellectuel, *Le Q-Lotté* affirme ne pas vouloir travailler en vase clos, mais bien avec les groupes déjà existants, et ne pas leur dicter de ligne. Ce sont les groupes en lutte, et non les intellectuels, qui feront le socialisme. « Les idées mènent le monde » devient « l'imagination est au pouvoir », par opposition à « la juste ligne au poste de commande » des ML. Et cette imagination, les intellectuels n'en ont pas le monopole.

Le projet du *Q-Lotté* contenait implicitement une redéfinition du rôle des intellectuels dans la cité ; d'autres revues s'engageront à fond dans l'autocritique. À la veille du référendum, moment important de l'histoire du Québec, « il existe très peu d'analyses socialistes de la société québécoise » et celles-ci sont « trop souvent fondées sur des analyses fragmentaires indûment généralisées ou encore sur des conceptions globales empruntées à d'autres contextes » (*Les Cahiers du socialisme*, 1978). La question nationale, en effet, a toujours constitué une pierre d'achoppement pour la théorie marxiste qui proclame : prolétaires de tous les pays, unissez-vous ! Déjà en 1959 *La Revue socialiste* formulait la question ; vingt ans plus tard, *Les Cahiers du socialisme* la posent de nouveau : comment analyser le Québec et le Canada, « à la fois riche et dépendant, industriel et assujetti », dans une perspective marxiste ?

L'autocritique des *Cahiers du socialisme* porte sur le travail intellectuel. Les rédacteurs ne font pas appel aux prolétaires, ni au parti, et se proclament indépendants des « divers mouvements et partis de gauche » ; ils abandonnent l'aspect révolutionnaire du marxisme, pour n'en retenir que les analyses académiques. D'ailleurs, il faut désormais à leurs yeux débattre et chercher ; la juste ligne s'est évanouie.

La même année, naît une autre revue socialiste, animée pour la première fois par des économistes[7] : *Interventions critiques en économie politique*. L'autocritique porte ici non seulement sur le contenu de

---

[7] Ils font paraître dans le dernier numéro de *Zone libre* (1977) le texte de présentation de leur revue.

la réflexion, mais sur la façon même dont s'est exercée la tâche intellectuelle (voir l'encadré 8). Le projet est avant tout « scientifique ». La réflexion sur le changement ne débouche pas nécessairement sur le changement et est désormais légitime en tant que telle. Professionnalisation ? Académisme ? Institutionnalisation du marxisme qui devient une « école » universitaire légitime ? En tout cas la revue ne s'adresse pas aux masses. Le public cible est constitué – en partie – des économistes classiques dont les théories ne parviennent pas à expliquer la crise. L'ouverture vers le social prônée par *Interventions critiques en économie politique* ne traduit pas un désir d'engagement des intellectuels dans la cité, mais s'impose à la suite du constat d'échec de la théorie. L'éditorial fait référence à Marx lui-même et non au marxisme ou au socialisme ; il ne s'agit pas de faire de l'exégèse, mais des analyses neuves. Il faut repenser le changement, et en tant qu'intellectuel, on en sent la responsabilité. Le jugement porté sur les intellectuels (hommes et femmes) est très sévère : ils sont accusés à la fois d'abstentionnisme et de cynisme, ce qui sert l'ordre établi ; étant donné la fonction critique – autoproclamée – des intellectuels, y a-t-il accusation plus grave ? Ils et elles – notons le « elles » – sont accusés ou accusées, ni plus ni moins, d'avoir totalement abdiqué, trahi leur rôle, celui qui leur a été dévolu dans la modernité. Si *Interventions critiques* accuse les intellectuels et intellectuelles de n'avoir fourni aucune analyse valable dans les dernières années, l'éditorial n'arrive pas avec des solutions, des réponses toutes prêtes : il faut chercher. Une meilleure « représentativité » de l'équipe qui déplore le manque de femmes et de personnes de l'extérieur de Montréal en son sein constituerait-elle la garantie d'en arriver à une analyse plus juste ? Que sous-entend cette idée de représentativité ? Que la pensée n'existe pas en dehors d'un quotidien qui la conditionne ? Les voix de la différence analysées dans la troisième partie trouvent ici un écho.

La critique du milieu intellectuel est dure. Elle est menée au nom d'une responsabilité : la théorie ne doit pas être un prétexte à décrochage, à la source du mépris des intellectuels par le reste de la société. Cette critique est plus sévère que celle que *Parti pris* adressait à *Cité libre*. Ce n'est plus une forme de prise de parole, le dialogue, qui est condamnée, mais toute l'entreprise théorique qui est l'apanage des intellectuels.

Encadré 8
L'AUTOCRITIQUE DES INTELLECTUELS

« Au début '78, un groupe d'étudiants et de professeurs d'économie, en « rupture de ban » avec les théories économiques officielles […] critiquant l'enseignement, plus que le simple contenu des faits enseignés, de la matière des cours, c'est toute l'approche, la méthode de l'économie libérale que nous remettons en cause et combattons. […]

C'est à ne pas lire dans le métro. […] De fait, nous ne visons pas un public de « spécialistes avertis », mais un public large, même si, dans un premier temps les lecteurs se trouveront sans doute dans les universités et cégeps. […]

Le but de cette revue, est de renouer de manière vivante et actuelle, avec la critique de l'économie politique et la méthode vis-à-vis de celle-ci, telles qu'elles ont pu être entreprises par Marx tout au long de son œuvre. […]

Décloisonner et rattacher l'économie au social implique nécessairement que la revue soit ouverte aux apports philosophique, sociologique, historique, anthropologique et autres. […]

Au delà de la critique du système, il faut faire la critique de la critique. […]

L'abstentionnisme, le cynisme ou le conformisme des intellectuels servent bien l'ordre établi. […]

Et les intellectuels de tout poil ne peuvent se contenter de compter les points dans la lutte. […]

Mais sans tomber dans l'ouvriérisme, les intellectuel(le)s critiques doivent non seulement partir du concret et revenir au concret dans leurs analyses, mais aussi rompre leur isolement et leur individualisme ; sortir de leurs habitudes et comportements qui ont été une cause déterminante du mépris vis-à-vis de la critique de l'économie politique par le monde en lutte et du peu d'interventions valables des intellectuel(le)s dans les dernières années (y compris dans le monde étudiant). […]

Tous rejettent le sectarisme et l'obscurantisme autant des exégètes dogmatiques de Marx que les apologies académiques néo-classiques. […]

Il nous faut non seulement élargir le plus possible cette équipe mais encore rompre certaines proportions présentes. Ainsi n'y a-t-il qu'une seule femme, un seul non-économiste, une seule personne qui n'est pas de Montréal. » (*Interventions critiques en économie politique*, 1978.)

Ne se définissant pas par rapport au marxisme, deux revues nationalistes[8], principalement consacrées à l'histoire, reprendront la critique du milieu intellectuel associé à l'université et à l'académie : *Nouvelles Recherches québécoises* (*NRQ*) et *Monongahéla*. La première se « propose de resituer théoriquement et scientifiquement l'histoire et la science sociale québécoises ». *NRQ* (1978) invoque la science, la vraie, par opposition, j'imagine, à la science ambiante, « hégémonie idéologique des bourgeoisies american et canadian et de leurs associées au Québec ». L'entreprise intellectuelle a été dévoyée, mais *NRQ* y croit encore. Quant à *Monongahéla* (1978), ses objectifs recoupent en partie ceux de la revue précédente. S'y manifeste le souci d'une « nouvelle histoire », celle dont il ne subsiste pas trace dans les archives, et pour laquelle il faut se faire « sténographe de ceux qu'on ne retrouve pas dans les dépôts d'archives », et qui sont les « véritables artisans de l'histoire » (*NRQ*, 1978).

Qui plus est, cette nouvelle histoire semble être le fait d'historiens non professionnels. Cela rejoint l'utopie de la prise de parole du début de la décennie : la réflexion théorique, politique et même historique échappe de plus en plus aux intellectuels comme groupe.

> Revaloriser notre histoire. […] Nous voulons extraire cette histoire de la mémoire collective et des livres poussiéreux où elle reste emprisonnée. […]
> Populariser notre histoire orale. […] en décrivant l'histoire à travers des contes, chansons et expériences du vrai monde. […]
> Réécrire l'histoire de la Nouvelle-France […]
> Les éditeurs de cette revue ne sont pas des experts « objectifs » qui ont appris leur science dans une tour isolée de l'Université de Montréal, mais des indépendantistes engagés. (*Monongahéla*, 1978.)

Les intellectuels universitaires sont « décrochés » dans leur « tour isolée » ; ce qui est contesté, ce n'est pas une génération d'intellectuels, mais l'ensemble de ceux-ci, jeunes et vieux… ayant passé par l'université. À *La Relève* (1934), à *Cité libre* (1950), à *Parti pris* (1963), on ne définissait pas les intellectuels, pas plus ceux auxquels on s'en prenait que ceux auxquels on s'identifiait, par l'université… et ce n'était pas faute de l'avoir fréquentée. Était-ce

---

[8] Je mentionne une autre revue nationaliste, *La Revue indépendantiste* (1977), dont le premier numéro n'est qu'un long manifeste indépendantiste.

parce que, jusque dans les années 1960, il allait de soi que les universitaires s'engagent et que l'académisme ne fleurissait pas encore, contrairement à la situation à la veille du référendum ? (Voir le chapitre suivant.)

L'éditorial de *Zone libre* (1977), « un mensuel indépendant de tout groupe financier et politique », renseigne sur le milieu intellectuel de la fin de cette décennie. La revue est une coopérative de production ouvrière. *Zone libre* veut, par un travail professionnel d'information, susciter une réflexion critique sur les problèmes sociaux, politiques et culturels du « Québec en marche vers sa libération ». Le souci de professionnalisme explicitement exprimé pour la première fois en éditorial indique la multiplication des intellectuels et leur recherche de débouchés professionnels, autrement dit de *jobs*. La presse libre se manifestera de nouveau en 1979, à Drummondville, avec *Luttes urbaines*. L'accent est mis sur les groupes populaires, qui semblent être devenus synonymes des forces de la gauche. Ici apparaît un mot qui, mine de rien, entraîne dans les années 1980 : « Nous voulons que la majorité des pages [...] s'adresse aux groupes populaires et reflète leur réalité quotidienne. » Ce mot, c'est « quotidien ».

Ce malaise théorique, cette critique du milieu intellectuel, ce sentiment de responsabilité et de la nécessité d'une redéfinition du politique s'exprimeront clairement et systématiquement dans *Le Temps fou* (1978), plus contre-culturel que les dernières revues dont je viens de parler, moins intellectuel, mais partageant la même sensibilité. S'y entend à la fois l'écho de *Mainmise*, de *Presqu'Amérique* et du *Q-Lotté*. Cette revue est importante parce qu'elle ne fait pas que critiquer le marxisme, elle indique des pistes nouvelles. Le diagnostic posé par la revue mérite qu'on la cite longuement (voir l'encadré 9). En résumé : il faut changer de changement.

La « misère intellectuelle » qui a suivi « l'effondrement du nationalisme révolutionnaire québécois » et qui selon *Le Temps fou* caractérise les deux avant-gardes des années 1970, le ML-isme et la contre-culture, n'est pas propre au Québec : la vie intellectuelle d'ici n'évolue pas en vase clos. La spécificité québécoise, le nationalisme révolutionnaire, n'empêche pas le Québec d'être lié à des courants internationaux.

« Le temps fou (la revue) arrive, mais on sait bien que le temps est fou depuis longtemps. [...]

Il est des évidences qui exigent une longue période d'observation avant de pouvoir être constatées dans toute leur ampleur. Celle qui nous occupe est la misère intellectuelle qui a suivi, après 1970, l'effondrement du nationalisme révolutionnaire québécois né au début des années 60. La forme générale de cette situation n'a pas été un phénomène typiquement québécois. [...]

Ce résumé était nécessaire pour situer plus clairement l'existence de ceux et celles qui en rejetant les solutions de l'un et l'autre groupe sont devenus de véritables « dissidents » du système, de tous les systèmes. [...]

Aujourd'hui, nous ne possédons plus de vérités articulées les unes aux autres et formant une belle « grille d'analyse » pour interpréter le monde et le refaire. Nous n'avons plus qu'une somme d'expériences, de connaissances partielles et, peut-être une bonne dose d'humanité en plus. [...]

La génération du Babyboom de l'après-guerre arrive aujourd'hui à la trentaine. [...] ou bien nous nous enlisons – et la société avec nous – dans le conservatisme et la normalisation (malgré et au-delà d'une éventuelle indépendance du Québec) ou bien nous donnons une impulsion renouvelée aux espoirs de changement. [...]

Nous ne pouvons que ressentir alors l'urgence de repenser de fond en comble les fondements de la contestation de l'ordre établi, lequel n'est pas moins désordonné qu'autrefois. [...] Qui aujourd'hui croit sérieusement qu'un changement de l'ordre social puisse survenir uniquement ou principalement sous la pression de revendications matérielles ou même d'un partage plus équitable de la production sociale ? [...]

Autre question : qui aujourd'hui croit sérieusement qu'un changement profond de la société puisse survenir sans que les femmes soient considérées comme des êtres humains égales en tout et partout aux mâles ? [...]

Enfin, qui croit sérieusement à un changement pour le meilleur sans que l'on reconnaisse la dimension spirituelle des êtres humains ? [...]

Le Temps Fou est une recherche de ces nouvelles bases de la pensée sociale et des perspectives qu'elles ouvrent. Il n'en existe à ce jour aucune théorie, aucune définition précise. [...]

> Dans ces circonstances, il ne reste plus qu'à établir nous-mêmes les vérités premières du refus opposé aux plus criantes perversions de la société présente. [...] Nous ne ferions que reprendre le geste cent fois posé au cours de l'histoire dans les moments critiques : rien que de très normal. » (*Le Temps fou*, 1978.)

C'est une génération qui parle, pour la première fois depuis *Parti pris* (1963). Auparavant, s'exprimant au nom d'une génération, il y avait eu *Cité libre* (1950) et *La Relève* (1934). De là à dire que les générations d'intellectuels sont de quinze ans... La modernité québécoise a été scandée par la prise de parole de quatre générations. Les ressemblances et les différences entre ces générations sont nombreuses : les animateurs de *Parti pris* et de *La Relève*, en des périodes de « révolutions tranquilles », étaient plus près de la vingtaine, alors que ceux de *Cité libre* et du *Temps fou* se réclament de la trentaine. Ces deux dernières revues posent des questions plus qu'elles n'apportent de réponses, alors que *Parti pris* et *La Relève* ont les réponses. Les « 20 ans » sont associés à des mouvements littéraires et artistiques autant que d'idées, alors que les « 30 ans » s'en tiennent au sociopolitique.

L'équipe du *Temps fou* ne fait pas que proclamer l'urgence de repenser les « fondements de la contestation de l'ordre établi », elle sent la responsabilité de sa génération à le faire. Il ne s'agit plus de jouer à l'élite éclairée, mais de se remettre soi-même en question. Responsabilité autrement dérangeante. L'autocritique accompagne la critique. Cette autocritique concerne non seulement le contenu de la réflexion intellectuelle, mais jusqu'au rapport des intellectuels à la cité. Aussi, la proportion de l'éditorial consacrée à la critique de la génération précédente s'est accrue dans *Le Temps fou*, tout comme la virulence de la critique. Le sentiment de responsabilité et d'urgence croît en même temps que la critique de ceux qui précèdent se fait plus détaillée, les échecs ou les limites des expériences antérieures pesant de plus en plus sur les jeunes.

Qui sont ces jeunes ? Comment se définissent-ils autrement que par leur âge ? Un indice en est fourni par le retour du spirituel dans *Le Temps fou*, dimension qui avait été évacuée des éditoriaux depuis 1950, et même depuis la fin de la Deuxième Guerre. Ce retour du spirituel, cependant, ne se fait pas dans la religion catholique et passe par des démarches individuelles. Même si l'éditorial s'en prend à la contre-culture, les rédacteurs du *Temps fou* en ont subi l'influence. Le Nous qui s'exprime dans cette revue a un âge bien défini, est sexué, a une vie spirituelle, mais pas nécessairement de diplômes ni de compétences autres que son expérience, bref c'est une somme de Je très individualisés.

La tâche qui attend la génération du *babyboom*, est double : s'engager, mais auparavant repenser la société de fond en comble. Ce n'est plus, comme pour les marxistes-léninistes, parce que la révolution doit se faire selon une juste ligne théorique, mais parce qu'il n'y a plus du tout de ligne et qu'on ne sait pas par où commencer. Au plus dispose-t-on de balises, de garde-fous – féminisme, spiritualité – et d'expériences qui révèlent plus ce qu'il ne faut pas faire que ce qu'il convient de faire.

Le désarroi intellectuel de cette génération est sans précédent : plus aucune certitude sur laquelle s'appuyer, sauf un sentiment de responsabilité intellectuelle. Ce n'est pas l'anti-intellectualisme qui s'exprime, mais une foi renouvelée dans le rôle de l'intellectuel. Au *Temps fou*, plus d'humanisme chrétien comme à *La Relève*, plus d'ennemi public (Duplessis) comme à *Cité libre*, ni le sentiment comme à *Parti pris* de participer à un mouvement international de décolonisation et de révolution. Ne reste que la certitude que tout va de travers et qu'il faut que ça change !

Malgré une sensibilité très différente, *Le Temps fou* adopte une posture intellectuelle analogue à celle des marxistes-léninistes. Avant même de s'engager dans le changement social, il faut réfléchir théoriquement. La tâche de l'intellectuel est avant tout de définir les contours du changement souhaité, d'en définir les modalités. Le changement social doit d'abord être défini théoriquement. Dans un cas c'est par manque de certitudes, dans l'autre, par surcroît de certitudes. Mais dans les deux cas, ce ne sont plus des intellectuels qui interviennent dans le champ politique comme au 19e siècle, ni des intellectuels qui s'affirment dans leur champ tout en voulant prendre parti et s'engager, comme dans les années antérieures. Le politique est à réinventer... par les intellectuels, et cette démarche peut s'effectuer, en un sens, en dehors du politique, dans le monde strictement intellectuel. *Le Temps fou* réaffirme donc, une dernière fois, que les idées mènent le monde. Sauf que les idées qu'il met de l'avant vont entraîner la génération du *babyboom* hors du monde des idées, dans un univers de pratiques quotidiennes.

Du début du siècle à la veille du référendum, toutes les relations du politique à l'intellectuel ont été expérimentées, portées par différentes générations. Mais les deux champs connaissent une transformation radicale dans les années 1970, laquelle ne se dit que très peu dans cette décennie, sauf dans les revues féministes, analysées dans la troisième partie, et dans une revue générale : *Possibles* (1976). Le changement social, selon *Possibles*, ne vient plus de l'application de la ligne juste théoriquement, mais des pratiques de rupture.

> L'autogestion n'est pas une théorie que les ouvriers et les autres groupes de citoyens n'auraient qu'à appliquer pour accomplir l'histoire, mais plutôt une expérimentation constante où les pratiques émancipatoires prennent le pas sur la théorie. [...]
>
> Il s'agit moins de transitions consécutives aux luttes politiques pour transformer les structures globales de la société [...] que de ruptures et de mutations observables dans les pratiques concrètes de plusieurs groupes d'agents sociaux. [...]
>
> Cette démarche critique qui explore les possibles se rapproche de celle des créateurs de possibles que sont les artistes. [...]
>
> La recherche des possibles – dans toutes les activités humaines – manifeste un effort pour sortir de cette économie politique qui domine la vie de part en part. (*Possibles*, 1976.)

Le Québec, encore à la recherche de son indépendance, n'est plus associé aux pays sous-développés et colonisés, mais aux « sociétés industrielles avancées ». Indépendance et socialisme demeurent des objectifs, mais le socialisme se fait davantage culturel et rappelle le projet de l'anthroposocialisme de *Presqu'Amérique*. *Possibles* veut établir une jonction entre les artistes et les intellectuels ; se manifeste ainsi une vision plus large du changement qui ne concerne pas que les structures mais aussi l'imaginaire ; c'est là que peuvent survenir des ruptures, que se manifestent des possibles. Ces termes sont importants. Le changement ne vient pas à la suite d'une réflexion théorique qui oriente l'action, mais à la suite de pratiques, lesquelles ne sont pas le fait, ou en tout cas pas nécessairement, d'intellectuels. L'accent est mis sur l'expérimentation. Les intellectuels renoncent ainsi à leur rôle dominant ou dirigeant, du moins en partie, puisque l'expérimentation est le fait de l'ensemble de la population. De définisseurs de situation, les intellectuels deviennent explorateurs de l'expérimentation. Ce ne sont plus les idées qui mènent le monde, il se mène tout seul... ce dont les intellectuels peuvent témoigner, tout au plus. Ici sont tirées les conséquences ultimes de l'utopie participationniste du début de la décennie, et on entrevoit pourquoi des intellectuels peuvent rechercher la représentativité de leur comité de rédaction. C'est ce nouveau rapport des intellectuels au social que j'explorerai en détail dans la troisième partie.

Conclusion :
« révolution » = tourner sur soi-même ?

« Les idées mènent le monde » devient dans les années 1970 soit « l'imagination au pouvoir », soit « la juste ligne au poste de commande ». Le milieu intellectuel s'est doté de ses institutions autonomes. Parallèlement, la critique du monde intellectuel est de plus en plus virulente.

Une place publique s'était créée après la Seconde Guerre. Les éditoriaux se rencontraient sur un même terrain : celui de la cité libre au début des années 1950, celui du nationalisme et de l'affirmation de l'État du Québec au tournant des années 1960, puis celui de la révolution jusqu'au tout début des années 1970. Par la suite, chacun tirera la couverte de son côté, et si on fait allusion à d'autres positions intellectuelles que la sienne, à d'autres partis pris, c'est pour les pourfendre sans les analyser ou les réfuter. À ce jeu, il ne reste bientôt personne qui puisse affirmer sa légitimité et recréer autour de ses idées une nouvelle place publique. À la fin des années 1970, alors que fait rage l'autocritique intellectuelle, nul ne s'entend sur ce dont il convient de discuter ; les éditoriaux des dernières années font à peine référence au Québec, pas ou à peu près pas à l'indépendance.

Que s'est-il passé ? Au fil des ans, les analyses se sont raffinées, incarnées, précisées. Les idées ne servent plus de balises générales, elles se veulent exactes comme des mesures d'arpenteur. Qu'est-ce alors qu'un intellectuel ? Un bon révolutionnaire, qui intervient selon une analyse juste, une ligne juste, donc un bon théoricien ? Un « dissident », pour reprendre un des termes du *Temps fou*, qui doit repenser le changement ? Dans les deux cas, la tâche de l'intellectuel est d'abord théorique : le champ politique est annexé par l'intellectuel, devient une partie du champ intellectuel.

Mais ce n'est pas si simple. Les intellectuels doutent d'eux-mêmes, plus ou moins explicitement. Ils se remettent en question, sous le poids des expériences et des erreurs qu'ils ont pu commettre, mais aussi à la faveur d'un élargissement du politique à des questions d'ordre civilisationnel, si je puis dire. Ils se mettent à l'écoute de la parole populaire, et si besoin est, ils la suscitent.

Les intellectuels ne sont plus convaincus d'être – comme groupe – nécessairement plus éclairés que l'ensemble de la population, d'être progressistes[9]. D'ailleurs, ils ne savent plus ce qu'est le progrès. Comment alors éclairer les autres ? Il faut commencer par s'éclairer soi-même. Où cherchera-t-on les nouvelles lumières ? Dans l'expérience, dans les pratiques, dans le quotidien. En ce sens, les intellectuels perdent leur rôle privilégié de moteur des changements. Paradoxe ? : la redéfinition du changement doit passer par les intellectuels, mais ils vont chercher leur « inspiration théorique » dans des pratiques, donc en dehors d'eux. Leur position est à la fois privilégiée et dévaluée. Ce sera l'objet de la troisième partie.

Avec la critique de la critique qui se manifeste au *Temps fou* et dans les revues qui lui sont contemporaines, c'est toute l'entreprise intellectuelle qui est récusée. La modernité est jugée à partir de ses objectifs : la marchandise n'a pas été livrée. La fonction critique de l'intellectuel est portée au paroxysme, puisqu'il ne s'agit pas tant de l'autocritique d'un groupe que de la critique de l'ensemble de l'entreprise intellectuelle.

---

[9] Une remarque sur le terme « progressiste ». En même temps que la gauche se dissout, qu'on ne sait plus très bien ce qu'est la gauche ni le socialisme, ceux et celles qui conservent une sensibilité de gauche – égalitariste, prônant l'égalité entre les femmes et les hommes, libertaire, solidaire avec les luttes pour l'égalité et la justice sociale ici, au Tiers-Monde, et à l'Est – ne savent plus comment s'autodésigner. S'impose le terme progressiste pour désigner cette mouvance, cette sensibilité... au moment même où est complètement déconsidérée l'idée de progrès. (*Cité libre* se disait de gauche, *Parti pris*, socialiste, et *Mainmise*, « turned-on ».)

Le sujet-écrivain collectif des années 1960 voulait contribuer à l'invention (et à l'inventaire) du Québec. La contribution des revues littéraires au social se fait alors par le biais de la création avant tout. Les années 1970 sont celles de la critique. Le champ s'est fermé : les revues s'adressent aux écrivains (ou praticiens textuels) ; ceux-ci prennent en charge leur propre critique. Les éditoriaux des années 1950 font allusion au milieu littéraire québécois ; dans les années 1970, c'est de la littérature, des textes et non des producteurs qu'il s'agit de traiter. La même tendance s'observe dans les revues d'arts visuels qui ne veulent plus servir de lien entre les artistes et le public, mais défendre des tendances artistiques.

Aux transformations du projet intellectuel correspondent celles du sujet intellectuel. Au début des années 1950 l'écrivain jouit déjà d'autonomie ; cependant, il est en liaison, en prise sur le sujet québécois général. Par la suite, on assiste à la montée d'un sujet collectif : l'écrivain, tout en conservant son autonomie devient partie prenante d'un Nous, le Nous national, puis le Nous populaire (parfois révolutionnaire). Au fil des années 1970, un nouveau sujet tente de s'affirmer, mais n'y arrivera vraiment que dans les années 1980, c'est le Je. Par ailleurs, et c'est ce qui fait l'unité de cette époque par opposition aux années 1980, ce sujet, qu'il soit collectif ou individuel, s'exprimera, en littérature, surtout dans la poésie.

Avant d'aborder les revues des années 1980, avant d'analyser si elles marquent l'épuisement de la modernité ou le passage à la post-modernité, un chapitre sera consacré aux revues savantes. Il servira, en un sens, de récapitulation de la modernité.

13

L'universitaire : honnête homme, expert, savant...[1]

Les revues savantes émanent des institutions universitaires ou des associations professionnelles ; l'éditorial du premier numéro révèle les intellectuels en tant que groupe professionnel. J'ai retenu 72 revues aux fins de cette analyse, revues généralistes, de littérature ou de sciences sociales, dont la plus ancienne remonte à 1880. La première avec éditorial de présentation est le *Canada français* (1888) dont j'ai déjà traité au chapitre 6, et la « dernière »[2], *Nouvelles Pratiques sociales* (1988). Ce chapitre effectuera un survol de la modernité québécoise à partir de l'institution par excellence du monde intellectuel, l'université.

Dans les années 1880, les universitaires fondent leur première revue au moment même où s'affirme en tant que tel le monde intellectuel. Depuis, le milieu universitaire a toujours pris la parole selon des rythmes et des modalités qui, sans calquer ceux des revues d'idées ou artistiques, les rejoignent.

---

[1] Une version abrégée de ce chapitre, portant uniquement sur les revues de sciences humaines et sociales, a été présentée au colloque *Écrire la recherche* (ACFAS, Québec, 15 mai 1990) et a été publiée dans les actes de ce colloque : « Les revues universitaires et l'écriture de la recherche », *Revue de l'Association pour la recherche qualitative*, vol. 5, hiver 1991, p. 107-132.

[2] Je rappelle que le corpus de cette étude se termine en 1989.

L'honnête homme des temps modernes

> *Faire mieux connaître l'Université, ses œuvres et son enseignement, donner à ses professeurs un périodique où ils puissent par delà leurs chaires, atteindre un public plus étendu ; offrir à leur esprit de recherche, à leur amour de l'art, une occasion constante de travailler et de faire bénéficier leurs compatriotes de leurs études ; établir par la revue, une sorte de lien entre l'Université Laval et ses anciens élèves ; intéresser ceux-ci à la vie de celle-là ; grouper au foyer du Canada français la grande famille de l'Université Laval et faire jaillir de ce groupement des forces et des ressources nouvelles pour l'œuvre si importante, capitale, de l'enseignement supérieur dans notre province. [...] c'est procurer un plus large épanouissement de notre race que d'aider l'Université Laval à accomplir son œuvre. (Le Canada français, 1918.)*

En 1918, année de la fondation du *Nigog*, paraît un second *Canada français*, toujours à Laval[3], cas unique d'une revue universitaire naissant de la fusion de deux autres n'appartenant pas à ce domaine : *Le Parler français* et *La Nouvelle-France*. Par opposition à cette dernière, cependant, *Le Canada français* souhaite publier de la poésie, ce qui pourrait laisser croire que la nouvelle revue se situera dans le champ culturel et littéraire ; pourtant non. Si elle s'adresse à un large public, elle est avant tout destinée à diffuser les travaux des professeurs. C'est ce qui la différencie de ses deux ancêtres. Une fois qu'on est entré dans la modernité, le discours est résolument professionnaliste (voir l'extrait en exergue de la section).

Cet éditorial fait écho au mot d'ordre d'Édouard Montpetit : formons des compétences. À l'instar de *L'Action française* (1917), *Le Canada français* conçoit l'enseignement supérieur comme une façon d'assurer non seulement la survie mais l'« épanouissement » de notre « race ». Par opposition au programme de 1888, essentiellement patriotique, celui de 1918 est avant tout universitaire et concerne autant les professeurs et leur carrière que les liens avec les anciens. Qu'en est-il du rapport à l'Église ? « Tout en s'efforçant de procurer la diffusion des saines doctrines [...] elle entend laisser à ses collabora-

---

[3] Le premier est disparu en 1891.

teurs une suffisante liberté pour l'expression et la discussion des idées et des faits. » Le deuxième *Canada français* affirme avoir un « programme religieux et patriotique », mais celui-ci semble désormais subordonné à la discussion des idées, donc à l'exercice de la fonction intellectuelle. Les lecteurs visés par ces professeurs sont d'abord leurs anciens étudiants, puis leurs compatriotes en général, ce dont le titre rend compte. La vie universitaire dispose de sa dynamique propre, mais étroitement liée à celle de la société globale.

En dehors de Laval, ce sont les institutions affiliées à l'Université de Montréal qui se donnent en premier leurs organes ; des disciplines « appliquées » sont donc à l'origine de ces revues. En 1915, la *Revue trimestrielle canadienne* est lancée par la Corporation de l'École polytechnique et l'Association des anciens élèves de cette école (voir l'encadré 1). Si la revue se veut « sérieuse », elle n'est pas moins engagée dans la modernisation du Québec. Le titre, comme celui du *Canada français*, fait davantage référence à la société dans laquelle se situent les universitaires qu'à des préoccupations académiques. Les rédacteurs de la *Revue trimestrielle canadienne* s'inquiètent de la « survivance de la race », souci bien de leur époque, mais aussi des « répercussions sociales de l'industrialisme ». La vocation de l'ingénieur n'est donc pas que technique, elle est aussi sociale.

L'objectif d'éclairer « les grands problèmes » actuels est intellectuel plus qu'universitaire. D'ailleurs, le public cible n'est pas le milieu universitaire, mais l'honnête homme et en particulier l'honnête ingénieur, qui doit connaître l'économie pour être à même de participer aux affaires de la cité. La formation des compétences se fait donc en deux temps : la formation des diplômés, puis la formation par ceux-ci de l'opinion éclairée. La posture intellectuelle de spécialistes éclairant le public sur une question particulière est affirmée, mais moins agressivement que dans *Le Nigog*, peut-être parce que la légitimité des universitaires en tant qu'experts pose moins problème que celle des artistes.

Les mêmes thèmes se retrouvent en 1925 dans *L'Actualité économique*, lancée par l'École des Hautes Études commerciales (HEC), ou plutôt par des étudiants de cette institution ; « cette revue révèle en notre jeunesse des qualités d'initiative et d'esprit d'entreprise qui promettent pour l'avenir ! ». Qu'une institution d'enseignement mise

Encadré 1
LE POLYTECHNICIEN COMME HONNÊTE HOMME

« [...] l'importance des études économiques qui permettront à nos concitoyens d'origine française d'occuper dans les affaires une place digne d'eux. Pour répandre dans notre public la connaissance raisonnée des principes techniques et économiques et lui faciliter par là-même l'intelligence des grands problèmes actuels, il faut un organe sérieux qui mérite de recevoir l'appui et les encouragements d'une élite fidèle et instruite. [...]

Cependant, la Revue Trimestrielle Canadienne ne se bornera pas à publier des articles d'ordre technique. Nous voudrions, au contraire, par la diversité de nos sommaires, essayer d'intéresser de nombreux lecteurs dont la curiosité a déjà été éveillée par le retentissement des découvertes modernes et les répercussions sociales de l'industrialisme.

À vrai dire, nous ne nous éloignons pas du champ d'action, si étendu, où s'exerce l'activité de l'ingénieur. [...]

Notre Revue aura, de ces divers chefs, un double caractère, à la fois théorique et pratique. [...]

Notre objet serait réalisé et nos ambitions pleinement satisfaites si nous pouvions à la fois servir les intérêts pratiques des ingénieurs et faire connaître au public en général l'abondance de nos ressources et les moyens de les mettre en œuvre pour assurer définitivement la survivance de notre race. » (*Revue trimestrielle canadienne*, 1915.)

sur la jeunesse, ce n'est guère surprenant ; c'est cependant une première pour un éditorial inaugural. Les jeunes en question ont étudié dans ladite institution ; les vanter, n'est-ce pas affirmer la valeur de l'École des HEC comme lieu de formation ?

La revue ne s'adresse ni au public en général, ni aux universitaires, mais à « l'homme d'affaires averti », celui qui « doit lire toutes les publications spéciales qui traitent de son commerce et se bien tenir au courant des grands événements politiques ou autres qui peuvent avoir une profonde répercussion sur ses affaires ». C'est donc un honnête homme, plus précisément un honnête industriel qu'on cherche à rejoindre. Comme ce personnage est très occupé, la revue « en un nombre de pages restreint, [...] se propose de lui démêler l'écheveau souvent très compliqué des problèmes économiques actuels ». S'agit-il au fond d'inciter ces hommes d'affaires à embaucher des diplômés des HEC ?

Des spécialistes vont éclairer l'élite des affaires pour qu'elle comprenne mieux la situation et ainsi prenne mieux ses décisions. Le programme de *L'Actualité économique* dépasse les frontières de l'administration. Les universitaires qui l'animent entretiennent avec le public et la cité le même rapport que les revues d'idées des débuts de la modernité.

Les experts qui prennent la parole dans *L'Actualité économique* sont-ils ceux qu'appelait Édouard Montpetit une dizaine d'années plus tôt dans *L'Action française* ? Les ingénieurs et les administrateurs sont aux prises avec les changements dus à l'industrialisation et à l'urbanisation, avant que les sciences sociales n'en fassent leur objet principal. Leurs publications, contrairement aux revues d'idées qui discutent de la survie de la race ou de la crise spirituelle, évoquent les problèmes sociaux du premier tiers du siècle.

Pendant la crise, nulle revue savante ne naîtra[4] ; celles qui existent déjà continuent sur leur lancée. La Seconde Guerre mondiale a vu une floraison de revues littéraires et d'idées, en partie en réaction à l'interruption de l'approvisionnement en revues d'outre-Atlantique. Il en sera de même pour les revues savantes.

Le collège Stanislas de Montréal lance une revue consacrée à la littérature où figurent les signatures de plusieurs exilés français.

> [...] nous savons combien est pénible ici la disette des publications de France, et avec quelle avidité on s'arracha les derniers numéros : nous sommes témoins d'efforts magnifiques pour remédier à cette privation. Les Canadiens français ont spontanément pris conscience de l'obligation nouvelle que leur créait le désastre de la France. [...] il nous a semblé qu'un devoir nous incombait : celui de recueillir l'écho des voix nombreuses qui, sur ce continent où la France a posé sa première empreinte civilisatrice, ne cesse de témoigner de sa vitalité spirituelle. (*Bulletin des études françaises*, 1941.)

---

[4] *L'Action universitaire* (1934) se donnera comme mission de recruter des fonds pour l'Université de Montréal.

Un double sentiment de responsabilité se manifeste dans cet éditorial : celle du Québec de reprendre le flambeau de la culture française pendant la guerre, et celle du Collège Stanislas, « jeune rejeton d'une vieille institution », bien placé pour fonder une revue littéraire. L'entreprise est sociale et politique autant que culturelle, mais le sommaire est très savant. Cette revue voit le jour la même année que *La Nouvelle Relève*, qui se propose également de donner une voix aux exilés, et qu'*Amérique française*, première revue de création littéraire au Québec.

Toujours en 1941, les *Cahiers de l'École des sciences sociales, politiques et économiques de Laval* naissent sans présentation générale[5]. L'année suivante, un supplément au *Canada français*, le *Bulletin des Sociétés de géographie de Québec et de Montréal*, reprend le flambeau de cette discipline, après l'éclipse d'une génération « qui se tourna vers l'idéal et oublia les choses pratiques » (génération de *La Relève* ?).

La première étape de la modernité québécoise, sur laquelle portaient les trois premiers chapitres de cette deuxième partie, fut celle de l'affirmation d'un sujet intellectuel. À cette époque se structure également un milieu universitaire qui entend participer au développement social et éclairer ses concitoyens. Ces universitaires, quand ils fondent des revues, ne s'adressent pas qu'à leurs homologues, mais aussi à l'honnête homme. De par leurs intérêts, ce sont eux-mêmes d'honnêtes hommes ; s'ils affirment leurs compétences, ils ne s'enferment pas dans des spécialités et des créneaux : il est normal que des universitaires publient de la poésie, que des ingénieurs se frottent aux problèmes liés à l'industrialisation.

La deuxième étape de la modernité, où les intellectuels se font de plus en plus présents sur la place publique, ne laissera pas à l'écart les universitaires. Après la guerre, ils voudront, comme les fondateurs des revues littéraires contemporaines, participer à l'inventaire-invention du Québec et s'engager dans la cité.

---

[5] La formule, soit un fascicule entièrement écrit par un auteur, est copiée sur les *Cahiers de l'École sociale populaire*. Le premier numéro est du père Delos.

« I. Dresser un inventaire des données statistiques, écologiques, sociologiques et psychologiques dont nous disposons, dans le but de dégager, au moins au plan descriptif, les traits qui caractérisent la physionomie du groupe canadien-français ;

II. Élaborer, en aussi grand nombre que possible, de bons instruments de mesure, qui, en outre de nous faciliter la comparaison entre la population des diverses régions de la province de Québec, nous permettront à la fois d'en évaluer les aptitudes et de déterminer les facteurs culturels qui influencent ces dernières ;

III. Retracer les principales attitudes culturelles qui règlent les comportements sociaux et collectifs des Canadiens français et fournir une interprétation dynamique qui permette de les cultiver, de les atténuer ou de les modifier au moyen de l'éducation ;

IV. Délimiter l'étendue et la direction des changements que subissent ces attitudes sous la pression de facteurs extrinsèques, tels que l'urbanisation, l'industrialisation, l'immigration massive, les contacts multipliés avec l'autre groupe ethnique grâce au bilinguisme ;

V. Préciser le mode selon lequel s'effectue la transmission de ces attitudes culturelles d'une génération à l'autre, au sein de la famille et de l'école.

Il importe d'insister sur le fait que la plupart de ces étapes, en plus de viser à nous apporter la solution d'un ou plusieurs problèmes particuliers, ouvrent en même temps la voie à des généralisations d'une réelle portée scientifique. » (*Contributions à l'étude des sciences de l'homme*, 1952.)

De même, *Recherches sociographiques* (1960) veut intéresser « ceux qui les liront avec des préoccupations d'action ». Et qui sont ces hommes d'action ? Ceux qui mènent « une pastorale qui voudrait se renouveler » et « une politique qui deviendrait soucieuse des nuances », autrement dit l'Église et l'État ?

Le public visé n'est donc pas uniquement universitaire ; les chercheurs veulent servir – éclairer ? – les hommes (pas encore les femmes) d'action, les preneurs de décision, les élites (mais plus l'honnête homme comme au début de la modernité). D'où peut-être le souci d'accompagner la revue de rencontres, de colloques (*Recherches sociographiques*). De plus, on entend collaborer avec d'autres spécialistes et emprunter aux « sciences limitrophes : philosophie, morale, sociologie, psychiatrie, neurologie, histoire » (*Revue de psychologie*, 1946) afin d'éviter la dispersion des savoirs ; *Recherches sociographiques* partage ce souci d'interdisciplinarité. Cela dit, pour les rédacteurs de cette dernière revue, « dans cette tâche commune, il nous semble que la sociologie a une responsabilité irrécusable. Vu que, par essence, la sociologie, avant d'être interprétation de la société, est conscience d'une société. »

Du point de vue scientifique, la revue veut servir de véhicule d'échange : les échangistes sont les universités canadiennes et américaines ; aussi, dans certains cas (*Revue de psychologie*, *Relations industrielles*), la revue est bilingue.

Bref, ces revues ont un pied dans le monde universitaire, l'autre dans le social. Et dans le premier, elles ne renient pas la société québécoise et ses spécificités puisqu'elles entendent parfois véhiculer la doctrine sociale catholique et contribuer au développement d'une tradition scientifique originale. Elles se caractérisent globalement par l'affirmation du Québec comme société distincte, à la fois comme terrain d'étude et lieu d'une tradition théorique qui le démarquent du monde anglo-saxon. Engagement et scientificité ne sont donc pas antagonistes, même s'il peut exister une tension entre les deux. Le champ scientifique fonctionne selon ses règles propres, spécifiques, ce qui n'empêche pas les scientifiques de souhaiter des applications à leurs savoirs.

Du point de vue pratique, il s'agit de limiter les dégâts du changement social, d'aider les gens à s'y adapter. Si on veut mieux connaître la société québécoise, pour mieux y intervenir, « l'étude de notre milieu n'épuise pas les intérêts des chercheurs qui constituent l'équipe de notre revue » (*Recherches sociographiques*). Sans doute est-ce là une façon d'affirmer sa scientificité, comme groupe autant que comme revue. La volonté d'application est-elle la traduction d'un sentiment de responsabilité ? Ce qui était implicite dans plusieurs des revues savantes des années 1950 qui se voulaient utiles, se fait entendre explicitement pour la première et dernière fois à la toute fin de cette période.

Rappelons simplement que les longs contacts avec les hommes, leurs problèmes, leurs misères, qui accompagnent nécessairement la recherche monographique du sociologue, sont un apprentissage valable d'une authentique fraternité avec l'homme d'ici. Cette solidarité qui tantôt prend le visage de l'amour et tantôt celui de la colère, nous ne tenterons jamais d'en cerner le visage dans ces cahiers. Mais il fallait dire, une fois seulement, qu'elle est inséparable de nos travaux. (*Recherches sociographiques*, 1960.)

Cette déclaration révèle entre les lignes pourquoi tant d'universitaires participent à la fois à des revues savantes et à des revues d'idées, et en fonderont plusieurs : *Socialisme 64* (1964), *Socialisme québécois* (1970), *Possibles* (1976), *Les Cahiers du socialisme* (1978), *Conjoncture politique au Québec* (1982), etc. Dès 1960, une nouvelle configuration se profile : les sciences sociales ne se définissent plus tant comme sciences appliquées que comme outil pour une nouvelle forme d'engagement intellectuel : celle de l'animateur social. Cette vision des choses, toutefois, ne présidera à la fondation d'aucune revue savante.

De la fin de la guerre jusqu'à la Révolution tranquille, les universitaires ne demeurent pas dans leur tour d'ivoire. Tout en s'affirmant comme scientifiques, ils entendent participer à l'édification de la société québécoise. Ils veulent dire la société pour mieux la transformer. En ce sens, leur projet rejoint celui des revues littéraires des années 1950 et de revues d'idées des années 1960 comme *Parti pris* ; pour cette dernière revue toutefois, dire la société contribue directement à la transformer ; pour les revues universitaires, s'interpose la médiation des hommes d'action, des praticiens. Mais elles partagent la certitude de l'efficacité d'une parole démystificatrice, créatrice.

C'est en tant que sciences appliquées que s'institutionnalisent les sciences sociales au Québec, en tant qu'experts que prennent la parole les universitaires. Cela provient autant d'une nécessité interne à leur démarche scientifique (comme pour les revues d'idées et artistiques des années 1950) que d'une exigence qui s'impose à eux devant les problèmes sociaux (comme les revues d'idées et artistiques des années 1960). Relative fermeture du champ sur lui-même et ouverture sur le social semblent pour le moment trouver un équilibre.

« S'il existe un « problème » ouvrier, s'il existe telle chose que la lutte des classes, la responsabilité première en incombe à ces générations de bourgeois, à ces générations de patrons chrétiens, qui trouvaient naturel que l'homme fût au service du profit, de leur profit. […]

Ici, notre peuple profondément respectueux de l'ordre établi, faisait la sourde oreille aux « agitateurs » qui essayaient de le grouper en vue d'améliorer son sort. Problème qui demeurait tellement lointain, tellement ignoré, surtout de la bourgeoisie et des « intellectuels ». Ceux qui, il y a vingt, quinze, dix ans, se sont trouvés au collège puis à l'Université, ont-ils jamais entendu parler de la division des classes, des conditions de vie de l'ouvrier, de l'organisation professionnelle, des caractères de l'industrie moderne ? Leur a-t-on jamais exposé la situation réelle des travailleurs ? […]

On a préféré se livrer à un trop facile nationalisme de salon, orienter ces jeunes énergies vers « l'Achat-chez-nous », le « Bon Parler Français » et l'Antisémitisme, oubliant que l'avenir, la force d'une nation réside dans ses classes populaires et que négliger celles-ci, revenait à trahir le véritable nationalisme. […]

« Recherches » veut être à la pointe de la lutte engagée pour une véritable promotion de la classe ouvrière, pour l'instauration de la justice sociale qui consiste en autre chose que la lecture de textes pontificaux afin de se donner bonne conscience. Nos cahiers voudraient rétablir entre deux secteurs essentiels de la communauté nationale, les universitaires et les ouvriers, l'indispensable dialogue. Que reconnaissant leur indestructible fraternité, leur communauté d'aspirations profondes, ils reprennent ensemble la marche trop longtemps suspendue vers la révolution totale, la vraie révolution. À cette collaboration, ils gagneront de s'enrichir mutuellement ; à cette lutte commune, ils feront l'apprentissage de ce qui, dans une cité rénovée, sera vraiment leur communauté de destin. » (*Recherches*, 1949.)

la recherche monographique du sociologue, sont un apprentissage valable d'une authentique fraternité avec l'homme d'ici. Cette solidarité qui tantôt prend le visage de l'amour et tantôt celui de la colère, nous ne tenterons jamais d'en cerner le visage dans ces cahiers. Mais il fallait dire, une fois seulement, qu'elle est inséparable de nos travaux. (*Recherches sociographiques*, 1960.)

Cette déclaration révèle entre les lignes pourquoi tant d'universitaires participent à la fois à des revues savantes et à des revues d'idées, et en fonderont plusieurs : *Socialisme 64* (1964), *Socialisme québécois* (1970), *Possibles* (1976), *Les Cahiers du socialisme* (1978), *Conjoncture politique au Québec* (1982), etc. Dès 1960, une nouvelle configuration se profile : les sciences sociales ne se définissent plus tant comme sciences appliquées que comme outil pour une nouvelle forme d'engagement intellectuel : celle de l'animateur social. Cette vision des choses, toutefois, ne présidera à la fondation d'aucune revue savante.

De la fin de la guerre jusqu'à la Révolution tranquille, les universitaires ne demeurent pas dans leur tour d'ivoire. Tout en s'affirmant comme scientifiques, ils entendent participer à l'édification de la société québécoise. Ils veulent dire la société pour mieux la transformer. En ce sens, leur projet rejoint celui des revues littéraires des années 1950 et de revues d'idées des années 1960 comme *Parti pris* ; pour cette dernière revue toutefois, dire la société contribue directement à la transformer ; pour les revues universitaires, s'interpose la médiation des hommes d'action, des praticiens. Mais elles partagent la certitude de l'efficacité d'une parole démystificatrice, créatrice.

C'est en tant que sciences appliquées que s'institutionnalisent les sciences sociales au Québec, en tant qu'experts que prennent la parole les universitaires. Cela provient autant d'une nécessité interne à leur démarche scientifique (comme pour les revues d'idées et artistiques des années 1950) que d'une exigence qui s'impose à eux devant les problèmes sociaux (comme les revues d'idées et artistiques des années 1960). Relative fermeture du champ sur lui-même et ouverture sur le social semblent pour le moment trouver un équilibre.

Deux revues ne s'inscrivent pas tout à fait dans le profil qui vient d'être décrit. *Anthropologica* (1959), anticipant sur les années 1970, est fondé uniquement « pour servir de débouché aux ethnographes canadiens dont certains articles, faute de publications spécialisées, risquaient de ne pas voir le jour », donc pour servir les intérêts de la communauté scientifique. Aucune visée sociale ici. Une autre revue, par contre, semble retarder : l'Université de Sherbrooke, fondée en 1954, se donne sa revue en 1960, qui « n'ambitionne pas autant de révolutionner le savoir ou de rivaliser avec des publications similaires que de fournir sa modeste contribution aux communs efforts de progrès intellectuels » (*Revue de l'Université de Sherbrooke*, 1960). Est-ce la jeunesse de l'institution ou sa situation périphérique qui la fait s'exprimer ainsi[6] ?

Fin d'une époque, début d'une autre : la Révolution tranquille amènera une croissance importante des effectifs étudiants à l'université, la présence des diplômés un peu partout dans la société et en particulier au gouvernement, puis, à la fin de la décennie, la création de l'Université du Québec. La visibilité – et le nombre – des universitaires croît rapidement. Avant de plonger dans les années 1960, il faut se pencher sur une revue peu connue, mais ô combien intéressante, en ce qu'elle révèle le non-dit des « lacunes à combler » par les revues universitaires. Même si elle voit le jour en 1949, l'éditorial de cette revue, avec la dernière citation empruntée à *Recherches sociographiques*, permet de cerner le sens de l'engagement social de plusieurs universitaires dans les années 1950 et surtout 1960 et 1970.

Dit et non-dit de l'après-guerre

Recherches (1949) est fondé par l'Équipe de recherches sociales de l'Université de Montréal. Le dernier paragraphe de l'éditorial de présentation semble un brouillon de celui de *Cité libre* (1950) ; peut-être les premiers paragraphes en révèlent-ils une part du non-dit[7] ? L'équipe qui publie la revue s'insurge contre le nationalisme

---

6   Voici un extrait qui sonne rétro dans le décor tranquillement révolutionnaire : « L'Université de Sherbrooke est, d'après sa constitution française et catholique : on ne se surprendra pas de ce qu'elle exige des rédacteurs de sa revue une orthodoxie doctrinale respectueuse de sa croyance » (*Revue de l'Université de Sherbrooke*, 1960).

7   Gérard Pelletier est l'un des signataires des deux éditoriaux.

passéiste, mais surtout contre le fait que la question ouvrière ne soit pas discutée au Québec (voir l'encadré 4).

Propos radical ! Constat sans complaisance ! Tout y passe, les bourgeois, les chrétiens, les intellectuels, les enseignants, l'université, et le peuple en général ! Les signataires de l'éditorial fustigent les maisons d'enseignement pour ne pas avoir correctement accompli leur tâche, et en particulier ne pas avoir sensibilisé leurs élèves à la question ouvrière, mission qui relève de l'enseignement supérieur. Bourgeois et intellectuels ne sont-ils pas capables par eux-mêmes de prendre conscience de la misère ouvrière ? *Contributions à l'étude des sciences de l'homme* (1952) voit le peuple comme passif et non actif – comme sujet de l'histoire ; *Recherches* pose le même jugement sur les élites. Dans les deux cas l'« éducation populaire », sous la houlette d'experts éclairés, s'impose. Entre les lignes se devine le diagnostic de reproduction des élites uniquement à l'intérieur d'elles-mêmes et d'une division étanche entre les classes sociales. Autre élément de sa charge, *Recherches* dénonce l'occultation de la division en classes derrière l'union de la race.

L'équipe propose comme solution aux inégalités socio-économiques un programme non pas de revenu minimum, mais de « maximum vital » ; elle ne peut se contenter de « réformes-expédients », il faut une « véritable révolution des structures et l'instauration d'un régime communautaire, avec une économie raisonnablement dirigée ». Dans le dernier paragraphe, c'est non seulement *Cité libre* (1950) qui se profile dans l'appel au dialogue entre universitaires et ouvriers, mais aussi *Parti pris* (1963), dans le désir de révolution totale ! Cela dit, même si *Recherches* espère dialoguer avec les ouvriers, il n'est pas sûr que la revue s'adresse à eux.

C'est dans les revues d'idées que le radicalisme s'exprimera, surtout à partir de 1960. Les revues de sciences sociales des années 1950 font allusion aux problèmes sociaux, mais avec circonspection. Qu'elles partagent implicitement certaines des préoccupations de *Recherches* est révélé néanmoins par le fait que les premières disciplines à se donner une revue sont celles aux applications pratiques les plus immédiates, celles où des praticiens sont confrontés à ces problèmes : psychologie, service social, relations industrielles. La der-

Encadré 4
LE NON-DIT DES PREMIÈRES REVUES
DE SCIENCES SOCIALES

« S'il existe un « problème » ouvrier, s'il existe telle chose que la lutte des classes, la responsabilité première en incombe à ces générations de bourgeois, à ces générations de patrons chrétiens, qui trouvaient naturel que l'homme fût au service du profit, de leur profit. [...]

Ici, notre peuple profondément respectueux de l'ordre établi, faisait la sourde oreille aux « agitateurs » qui essayaient de le grouper en vue d'améliorer son sort. Problème qui demeurait tellement lointain, tellement ignoré, surtout de la bourgeoisie et des « intellectuels ». Ceux qui, il y a vingt, quinze, dix ans, se sont trouvés au collège puis à l'Université, ont-ils jamais entendu parler de la division des classes, des conditions de vie de l'ouvrier, de l'organisation professionnelle, des caractères de l'industrie moderne ? Leur a-t-on jamais exposé la situation réelle des travailleurs ? [...]

On a préféré se livrer à un trop facile nationalisme de salon, orienter ces jeunes énergies vers « l'Achat-chez-nous », le « Bon Parler Français » et l'Antisémitisme, oubliant que l'avenir, la force d'une nation réside dans ses classes populaires et que négliger celles-ci, revenait à trahir le véritable nationalisme. [...]

« Recherches » veut être à la pointe de la lutte engagée pour une véritable promotion de la classe ouvrière, pour l'instauration de la justice sociale qui consiste en autre chose que la lecture de textes pontificaux afin de se donner bonne conscience. Nos cahiers voudraient rétablir entre deux secteurs essentiels de la communauté nationale, les universitaires et les ouvriers, l'indispensable dialogue. Que reconnaissant leur indestructible fraternité, leur communauté d'aspirations profondes, ils reprennent ensemble la marche trop longtemps suspendue vers la révolution totale, la vraie révolution. À cette collaboration, ils gagneront de s'enrichir mutuellement ; à cette lutte commune, ils feront l'apprentissage de ce qui, dans une cité rénovée, sera vraiment leur communauté de destin. » (*Recherches*, 1949.)

nière discipline à se donner une revue sera la plus générale, la sociologie, et elle visera encore l'application des connaissances. Par la suite d'autres préoccupations se feront entendre.

L'institution littéraire et artistique

> *On constate depuis quelques temps, un vif intérêt pour l'étude de la littérature canadienne. La vie littéraire d'un pays offre au chercheur consciencieux un champ d'exploration plein de surprises ; celle du Canada, encore mal connue, au dire de nos meilleurs critiques, se prête à merveille au sondage.* (Archives des lettres canadiennes, 1963.)

Si les revues de sciences sociales et humaines apparaissent dans les années 1950, c'est dans les années 1960 que des revues littéraires voient le jour. En littérature, la question de l'application des savoirs ne se pose pas ; aussi la dynamique sera différente. Les revues littéraires naîtront d'abord du constat de l'existence d'une littérature québécoise – par opposition à celle d'un milieu littéraire. Le fonds est suffisamment constitué pour que deux revues entendent s'y consacrer (voir l'extrait en exergue de la section). L'Université d'Ottawa entreprend la publication des *Archives des lettres canadiennes* en 1963. En 1967 naît *Voix et images du pays* des *Cahiers de Sainte-Marie* : ce qui se voulait un cahier deviendra une série autonome, consacrée à « l'écrivain québécois qui le premier [...] [donne] au pays sa voix et ses images ».

Comme leur titre l'indique, ces deux revues entendent se consacrer à la littérature québécoise. Deux autres cependant seront centrées sur des questions littéraires plutôt que québécoises (les unes n'excluant pas les autres). L'Université de Montréal se dote de sa revue en 1965.

> [...] les *Études françaises* souhaitent contribuer au resserrement des liens, déjà étroits, qui unissent les universités d'Europe à celles du Canada français. [...] nous voudrions initier le public d'outre-mer aux problèmes particuliers de la littérature canadienne-française, qui longtemps s'est cherchée et maintenant se trouve. [...] Mais si notre revue se contentait d'entretenir un dialogue par-dessus l'océan,

elle ne tirerait pas tout le parti possible des avantages que lui vaut son implantation au centre de gravité du Québec et à proximité immédiate des États-Unis. (*Études françaises*, 1965.)

Le public cible est universitaire et international ; la revue espère créer un dialogue et non monologuer. *Études françaises* s'identifie au monde universitaire plus qu'au champ littéraire et à celui-ci plus qu'au Québec. Notons cependant la référence à la position géographique privilégiée du Québec à laquelle font allusion des revues contemporaines dans le domaine des idées : *Forces* (1967), *Mainmise* (1970), *Presqu'Amérique* (1971).

L'Université Laval entre dans la danse en 1968 avec une revue qui se rattache directement et principalement à l'institution littéraire, « ouverte à toutes les conceptions de la littérature, sans exclusive, et attentive aux recherches nouvelles dans le domaine de la critique ». Son objet : les « littératures d'expression française », ce qui ne l'empêche pas de « publier une chronique annuelle sur les lettres canadiennes-françaises. Elle entend accorder une place particulière aux questions d'esthétique littéraire » (*Études littéraires*, 1968). Cette revue ne renie pas le Québec, au contraire, mais elle sera avant tout scientifique. La référence aux tendances diverses sera omniprésente dans les années qui suivent, alors que s'imposent les règles de la vie universitaire (*publish or perish*).

Les arts visuels ne feront l'objet à cette époque de pratiquement aucune revue savante ; une exception, *Médiart*, fondé au Département d'histoire de l'art de l'UQAM en 1971 : « un organe de diffusion rapide d'analyses et de points de vue personnels sur l'art québécois. Loin de vouloir faire le point sur un problème posé, il préfère susciter des questions chez ses lecteurs qui, à leur tour, animeront leur milieu en discussions passionnées. » Le souci de diffusion rapide sous-entend un milieu, lequel ? Le milieu artistique préoccupe les professeurs en art, souvent eux-mêmes artistes. Qui sont les lecteurs ? Les artistes ? D'autres universitaires ? Ici est posé entre les lignes le constat de l'existence d'un art québécois, d'un milieu artistique aux multiples composantes.

La différence est nette entre les revues savantes consacrées à la littérature et celles de sciences humaines. Si celles-ci se cherchent des applications, celles-là ne s'adressent qu'à d'autres universitaires, et non par exemple aux étudiants en littérature, aux critiques ou aux écrivains. Ne s'y entend pas l'écho du joual ni de la littérature engagée. D'emblée, elles se situent uniquement dans l'académie. Dans cette décennie les trois « grandes » universités se dotent de leur revue littéraire ; quant à *Voix et images du pays*, elle sera rapidement rapatriée par l'UQAM.

Dans les années qui suivent, la situation qui a cours en littérature se répand à l'ensemble du milieu universitaire : « à chacun sa revue ».

Les cent fleurs

Dans les années 1970, chaque département ou institution prend la parole. En général, les références aux problèmes sociaux seront absentes ou rituelles. Le milieu universitaire se diversifie, des écoles apparaissent : la science n'est plus une. Pour m'y retrouver, j'ai eu recours à une typologie.

Les revues savantes peuvent être classées en quatre types. Je prendrai l'exemple des revues de sociologie. Il y a d'abord la revue généraliste, qui tente d'embrasser l'ensemble de la discipline, comme *Sociologie et sociétés*. Ensuite la revue spécialisée dans une sous-discipline : *Loisir et société*. Une revue peut aussi se créer autour d'un objet, comme *Recherches sociographiques*, consacré au Québec ; cette troisième catégorie n'est pas toujours facile à dissocier de la seconde, sauf dans le cas où une nouvelle discipline – ou sous-discipline – émerge à partir d'un objet, comme la communicologie, dans *Communication et information*. Enfin, une revue peut naître autour d'une perspective théorique, comme *Société*. Cette dernière catégorie est assez rare et est la marque d'un changement paradigmatique qui ne trouve pas à s'exprimer dans une revue générale. Parfois, plutôt que d'expliciter cette nouvelle tendance, on fonde une revue qui se dit générale[8]. Dans tous les cas, la revue peut émaner d'une association professionnelle ou – la plupart du temps – d'une institution d'enseignement.

---

[8] Je n'ai pas d'exemple en sociologie. Ce semble être le cas de *Philosophiques* (1974), comme j'en discuterai plus loin.

Les revues généralistes

> *La* Canadian Journal of Political Science/Revue *canadienne de science politique n'accordera aucun traitement privilégié ni discriminatoire aux diverses « écoles » méthodologiques ou conceptuelles et jugera tout texte soumis d'après sa valeur de contribution à l'avancement de la science politique. [...] Ils sollicitent la collaboration d'auteurs traitant de sujets généraux de science politique pourvu que leurs articles présentent la qualité de fond, de raffinement conceptuel ou d'imagination méthodologique.* (Canadian Journal of Political Science/ Revue canadienne de science politique, 1968.)

En 1970, une revue généraliste peut encore être celle de toute une université, ou presque, si celle-ci est jeune. Les professeurs de l'UQAC fonderont *Protée* (1970), « un instrument d'excellence au service du professeur soucieux de donner l'ultime consécration à son penser : la publication ». Le « à chacun sa revue » est-il une conséquence du *publish or perish* ? En tout cas c'est la toute première allusion en éditorial à cette règle implicite. La rhétorique de l'instrument d'excellence évoque l'évaluation du travail universitaire.

Protée émane d'un département de sciences humaines, il est d'emblée interdisciplinaire, ce à quoi renvoie son titre. Cela va à l'encontre de la dynamique observée à l'époque dans les universités québécoises et n'est pas sans rappeler le *Canada français* (1888), revue de l'Université Laval « naissante ». Comme ces premières revues universitaire, *Protée* lance un appel à tous : professeurs de cégep et même du secondaire, étudiants, bref à tous les intellectuels de la région, « pour qu'ils nous aident, tout en bénéficiant de ce moyen d'expression, à offrir à la région ce témoin permanent de la multiple activité intellectuelle qui s'y développe ». *Protée* justifie cet appel en affirmant que les professeurs ne veulent pas se laisser enfermer dans « la tour d'ivoire de tous les mandarinats ». Mais ont-ils vraiment le choix ? « L'absence de toute prétention » qui préside à la naissance de la revue est-elle liée à la jeunesse de l'institution qui lui donne naissance, à sa situation périphérique ? Dix ans plus tôt, la *Revue de l'Université de Sherbrooke* (1960) affichait la même modestie. Les professeurs de l'UQAC définissent leur revue par rapport à celle de leurs étudiants (*La Bonante*, 1970) et non à celles de collègues d'autres universités, donc par rapport à la région, encore une fois. Les articles seront évalués selon leur qualité scientifique, sans tenir compte du statut du rédacteur ; il n'empêche que *Protée* veut former un front commun scientifique régional, au contraire des revues de la capitale ou de la métropole qui ont tendance à ignorer le public cible et le monde extra-universitaire et à mettre l'accent sur la science avant tout.

Ainsi en 1968 naît le bilingue *Canadian Journal of Political Science/Revue canadienne de science politique*, où dans l'éditorial alternent les paragraphes en anglais et en français. La science est désormais divisée en plusieurs écoles ; pour éviter ou évacuer les chicanes, la revue jugera les articles non pas sur le fond mais sur leur caractère scientifique (voir l'extrait en exergue de la section). La science est l'objectif et l'arbitre. Ce qui demeure des années 1950 c'est l'affirmation – mais non la caractérisation – d'une spécificité autant dans la situation politique que dans la tradition intellectuelle. « Les traditions intellectuelles du Canada, ainsi que la nature propre de ses problèmes politiques constituent peut-être la promesse d'un épanouissement des recherches et études politiques, intégrant en une nouvelle synthèse les meilleurs apports d'origine européenne et américaine. » Ce qui distingue cette revue de celles de la décennie antérieure, par contre, c'est que l'objectif de l'avancement de la science prime sur l'exploration des spécificités de la société d'ici en vue de l'action. Public cible ? Il n'est pas évoqué en français autrement que par les « politologues » ; le texte anglais dit plus ou moins « tous ceux qui s'intéressent à la politique canadienne en elle-même ou à des fins comparatives ». Les fins comparatives évoquent les universitaires avant tout. La science, diverse dans ses tendances et ses traditions, existe désormais en elle-même. Apparaît légitime l'objectif de faire progresser la science plus que la connaissance de la société. Nuance, mais qui s'accentuera dans les années subséquentes et aboutira éventuellement à l'académisme.

Assez semblable sera l'intention de *Sociologie et sociétés* (1969), revue du département de sociologie de l'Université de Montréal, qui consacrera une part non négligeable de son éditorial à se définir par rapport à *Recherches sociographiques* (1960) et à faire la preuve que les deux publications sont complémentaires et non concurrentes. La sociologie fait son autocritique, elle « était principalement le reflet, l'expression, la conscience de ces sociétés placées au sommet de la stratification internationale ». Si la sociologie apparaît encore la conscience de la société, ce n'est plus au sens de faire son examen de conscience, mais d'être une expression de l'imaginaire et de la vision du monde. La responsabilité qui en découle ne sera conséquemment plus la même ; il faut désormais se faire le « moyen d'expression des grands courants théoriques et méthodologiques contemporains, faire apparaître la problématique des sociétés particulières » (*Sociologie et sociétés*, 1969).

Dans ce contexte, le choix de présenter (mais pas exclusivement) des articles sur le Québec doit être justifié sur le plan théorique : « le Québec constitue un étonnant laboratoire social ». En fait, non seulement l'intention scientifique prime, mais la visée d'application des connaissances est évacuée ; les écueils en sont même évoqués et est dénoncée « la tentation du prophétisme ». La voie entre l'engagement qui sombre dans le prophétisme et la scientificité qui s'abîme à son tour dans la « calculite aiguë », est celle, étroite, où tente de cheminer la revue, qui « accueillera donc, par privilège, toute polémique scientifique qui, s'attaquant aux points les plus névralgiques, ferait franchir une étape à la connaissance scientifique des faits sociaux ». Pour récapituler : l'arbitre et l'objectif sont la science, la vraie, celle au-dessus des écoles. Nulle mention dans l'éditorial du public auquel s'adresse *Sociologie et sociétés*.

Les anthropologues s'affirment dans les années 1970. À la Faculté des sciences sociales de l'Université Laval, le divorce de l'anthropologie d'avec le département de sociologie fait des éclats. Peu après, le nouveau département se donne une voix : les *Cahiers d'anthropologie de l'Université Laval* (1976), qui dès l'année suivante deviendront *Anthropologie et sociétés* (1977), sans s'expliquer sur le changement de nom. Il s'agit avant tout de diffuser les « résultats de recherches en cours au département. Les thèmes des articles, même s'ils ne couvrent pas l'ensemble de ce qui se fait à Laval, donnent une bonne idée de la diversité de nos champs d'étude » (*Cahiers d'anthropologie de l'Université Laval*, 1976). Pas d'urgence exprimée en éditorial, pas de mention du public, ni de l'utilité de la revue. La diffusion du savoir est un but légitime en soi, suffisant. Les professeurs du département d'anthropologie de Laval cherchent une certaine visibilité : *publish or perish*, encore une fois ?

Les professeurs de collège ne sont pas en reste et fondent aussi leurs revues, dont la plus connue est certainement *Critère* (1970).

> [...] nos objectifs sont modestes. Nous désirons que la revue soit, pour les professeurs du Collège Ahuntsic et d'ailleurs, le complément indispensable à leur enseignement. [...] Nous aimerions du même coup, provoquer et favoriser les échanges entre les professeurs, ainsi que fournir aux étudiants intéressés une source de documentation. Si nous pouvions contribuer à un certain décloisonnement des disciplines, comme le pratiquent bon nombre de penseurs contemporains, nous estimerions avoir atteint un autre objectif important. [...]
>
> D'un autre côté, dans notre monde qui cherche souvent à se libérer du poids de la tradition, nous tâcherons de redécouvrir les grandes œuvres du passé. » (*Critère*, 1970.)

La modestie semble le lot des universités en dehors de l'axe Ottawa-Montréal-Québec et des enseignants du collégial. Légitimité fragile de la parole périphérique et non universitaire ? Par ailleurs, le titre *Critère* annonce l'intention de présenter des réflexions de qualité littéraire et scientifique. Le décloisonnement disciplinaire souhaité est sans doute le résultat non seulement d'une nécessité théorique, mais encore du contexte intellectuel dans lequel naît la revue : un milieu de professeurs de collège non habitués à écrire ; pour emprunter la rhétorique syndicale, cela ne fait pas partie de leur tâche. Par ailleurs, le propos de *Critère* est plus radical que celui des chercheurs universitaires qui ne jurent que par la science : il faut réinventer un discours, un « nouvel humanisme », faire le pont entre tradition et modernité.

Tendance théorique

Dans cette décennie, il n'y a pas de cas clair de revue savante fondée autour d'une perspective théorique. Par ailleurs, une revue qui se dit généraliste cache probablement une tendance ou à tout le moins le refus d'une orthodoxie.

Les philosophes de l'Université d'Ottawa lancent *Philosophiques* en 1974 (voir l'encadré 5).

présente un éditorial idéal typique de la revue savante (l'encadré 6 en livre de très larges extraits). Cette revue vise un vaste public en dehors de l'université, mais principalement des universitaires. C'est avant tout une revue pour les universitaires, non seulement parce qu'ils en constituent le public cible, mais parce qu'elle les sert : ils sont si nombreux à se consacrer à cette spécialité qu'il leur faut une revue pour rejoindre un large public et rayonner internationalement. *Études internationales* veut susciter un échange. La revue ne sera pas engagée mais scientifique ; encore une fois, parmi les tendances, on ne tranchera pas autrement que par la scientificité. Ce qui la démarque du *Canadian [...]/Revue canadienne de science politique* (1968) et de *Sociologie et sociétés* (1969), c'est le souci explicite de trouver des lecteurs en dehors de l'université.

Un groupe de chercheurs non affiliés à des institutions d'enseignement lance *Recherches amérindiennes* (1970). Le premier numéro est publié à Québec, mais rapidement la revue s'installe à Montréal[9]. Si cette revue voit le jour en dehors de l'université, ses préoccupations n'en sont pas moins académiques et professionnelles. Elle naît en réaction à « l'étrange isolement dans lequel se trouvent les chercheurs québécois préoccupés de culture amérindienne », ce qui pourrait amener leurs travaux « à se répéter faute d'information ». *Recherches amérindiennes* est donc fondé avant tout pour des raisons scientifiques. Le « vase clos » dénoncé en éditorial n'est pas celui des universitaires coupés de la société, mais celui dans lequel est isolé chacun des chercheurs et qui les empêche de communiquer entre eux.

« Lieu d'échanges, ce bulletin pourrait donc voir s'élaborer, petit à petit une pensée anthropologique québécoise originale. » Alors que dans les années 1950 les rédacteurs d'éditoriaux affirmaient l'existence d'une tradition théorique originale, faisant allusion aussi bien au thomisme qu'aux pionniers des sciences sociales,

---

[9]   Les revues non affiliées à des départements universitaires, comme celle-ci et la *Revue d'histoire de l'Amérique française* (1947), s'installent à Montréal, où les premières revues furent celles des « écoles affiliées » à l'Université de Montréal, à la différence de l'Université Laval où au début des années 1980 la Faculté des sciences sociales compte sept départements : sociologie, sciences politiques, anthropologie, économie, psychologie, service social, relations industrielles ; et sept revues : *Relations industrielles* (1950), *Service social* (1951), *Recherches sociographiques* (1960), *Études internationales* (1970), *Anthropologie et sociétés* (1977), *Études inuit/Inuit Studies* (1977) et *Recherches féministes* (1988).

« L'une des fonctions les plus importantes d'un organisme comme l'Institut canadien des affaires internationales est d'assurer la circulation des idées entre les différents publics que préoccupe l'évolution des relations internationales contemporaines. Il manquait au Québec, jusqu'ici, une publication de langue française qui facilite cet échange, et qui reflète en même temps les diverses tendances d'une opinion publique de plus en plus intéressée par les problèmes internationaux, mais à propos desquels il lui était difficile de s'exprimer d'une manière continue et réfléchie. Études Internationales se propose de remplir ce rôle, et il ne fait aucun doute, quant à nous, qu'il y avait là un besoin urgent à combler dans « l'équipement intellectuel » du Québec.

Cette revue, cependant, ne sera pas une revue d'opinions dans le sens que l'on prête habituellement à ce terme, c'est-à-dire une revue engagée. On y trouvera, certes, les points de vue les plus variés, les plus opposés, puisque c'est là une des traditions fondamentales de l'Institut lui-même et sa principale raison d'être. Néanmoins, Études Internationales ne s'identifiera à aucune de ces tendances. Elle les accueillera toutes d'une manière égale et n'imposera à ses collaborateurs qu'une seule règle : la rigueur, le sérieux, l'esprit critique. […]

Le nombre des « internationalistes » s'accroît d'année en année dans les universités du Québec, et jusqu'ici aucune publication ne leur permettait de faire connaître leurs recherches au grand public. Nous espérons que Études Internationales remplira cette lacune, et par la coopération qu'elle établira avec les milieux universitaires étrangers, qu'elle contribuera à donner aux travaux des universitaires québécois un rayonnement international. […] C'est là un des défis qu'Études Internationales voudrait relever en démontrant que l'analyse des politiques courantes et la démarche proprement scientifique ne sont pas antinomiques, qu'elles peuvent au contraire se féconder mutuellement, et par surcroît que cette synthèse est la voie de l'avenir pour les relations internationales en tant que discipline. » (*Études internationales*, 1970.)

les chercheurs québécois d'après la Révolution tranquille sont à la recherche d'une nouvelle synthèse, mais non moins sûrs d'eux et d'y parvenir.

Apparaît toutefois un nouvel acteur dans l'éditorial : « nous n'offrons de nous-mêmes, en tant qu'anthropologues, aux Amérindiens comme aux autres, qu'une image floue et sans intérêt ». La communauté amérindienne n'est pas qu'objet d'étude ou public cible, elle apparaît comme sujet (politique ?), comme interlocutrice des anthropologues. La revue ne se veut pas engagée, elle ne vise pas non plus l'application du savoir comme dans les années 1950, mais ses auteurs ne peuvent rester indifférents à la situation amérindienne. En 1977, *Études inuit/Inuit Studies* se penche sur l'« objet » inuit. Comme pour *Recherches amérindiennes*, la population étudiée n'est pas réifiée en objet d'étude et demeure un sujet autonome, sans qu'on parle pour autant d'application ou d'intervention ; cela n'est plus du ressort des chercheurs, mais de cette population : « Nous voulons enfin garder présent le souci de l'intérêt des Inuit eux-mêmes en mettant à leur disposition des matériaux qu'ils pourront utiliser en fonction de leurs propres préoccupations. »

Toujours dans le vaste champ de l'anthropologie, la *Revue d'ethnologie du Québec* (1975) s'inscrit à la fois dans la tradition des *Archives de folklore* (1946) et de l'anthropologie générale. Organe du Centre de documentation en civilisation traditionnelle de l'Université du Québec à Trois-Rivières, la revue n'obéit pas qu'à une logique institutionnelle.

> Tout peuple colonisé n'a-t-il pas tendance à cacher ses origines ? Découvrant graduellement son identité et sa mission, le Québec devait normalement se tourner vers sa civilisation traditionnelle pour en cerner les mille et un aspects. [...]
> Mais la mission du Centre n'est pas uniquement de cataloguer et de conserver ce fonds documentaire sur la culture matérielle. Encore faut-il le rendre accessible à tous. Les Cahiers d'ethnologie du Québec répondent à cet impératif de culture populaire. [...] C'est inculquer à tous une plus grande fierté de la patrie québécoise. (*Cahiers d'ethnologie du Québec*, 1975.)

La mission du Québec, voilà un terme « nouveau »... pour une revue savante ; le « peuple colonisé » n'y avait pas encore été évoqué, contrairement aux revues d'idées qui en ont fait un de leurs thèmes privilégiés. Ces préoccupations entraînent le souhait de rendre accessibles à tous les fruits des travaux du Centre. Cela dit, la culture populaire à laquelle fait allusion l'éditorial se définit essentiellement en rapport à la culture savante. La culture populaire serait-elle un objet d'étude, plus qu'une culture vivante ?! Pour les revues littéraires, par opposition, poser la culture comme objet d'étude ne pose pas de problème théorique ou épistémologique.

L'Université de Sherbrooke, de par son Centre d'étude des littératures d'expression française, se donne un créneau : la francophonie et ses marges, avec *Présence francophone* (1970). S'y exprime en éditorial un sentiment absent depuis quelques années dans les éditoriaux de revues savantes, celui de la responsabilité ; ici celle du Canada français, principal foyer de la francophonie hors l'hexagone, de créer un centre de recherche sur la francophonie. Le créneau correspond non seulement à des exigences académiques, mais aussi à une responsabilité collective. Est-ce à cause de l'objet – la littérature –, de l'étendue planétaire du champ d'études ? *Présence francophone* se situe dans le monde littéraire uniquement.

En 1982, le champ des études littéraires est suffisamment institutionnalisé pour que naisse une revue des seules exigences de l'institution. *Corpus* (1982) est lancé à l'occasion d'un gros projet de recherches... et d'une grosse subvention, et a comme objectif de tenir « au courant des recherches et des publications effectuées dans le cadre du projet » tant les chercheurs associés au projet que le reste de la communauté universitaire.

Certaines des spécialités dont on vient de parler se sont créées autour d'un créneau très spécifique, pour ne pas dire d'un objet, mais dans les années 1970 s'institutionnaliseront de nouvelles disciplines scientifiques ; la naissance de départements sera suivie de très près par celle de revues.

Des objets plus ou moins problématiques

> En plusieurs champs, la morale classique a été contrainte de déclarer forfait et cela, sur une double constatation : le diagnostic des comportements individuels et collectifs échappe

désormais à son magistère exclusif ; le diagnostic du bonheur n'a plus forcément référence à ses codes et rituels. [...] Le spécialiste de la morale ou de l'éthique constate ainsi qu'il ne peut plus faire cavalier seul [...].

L'équipe de direction se situe d'emblée dans une perspective scientifique non confessionnelle. [...] Que le lecteur voie en cela une invitation ouverte à collaborer et manifester ouvertement ses champs d'intérêt. (Cahiers de recherche éthique, 1976.)

Les relations internationales, l'histoire de l'Amérique française ou les études amérindiennes sont des spécialités non problématiques respectivement des sciences politiques, de l'histoire et de l'anthropologie. Le cas de *Communication et information* (1975) est différent : c'est la revue de l'école de journalisme et de communication de l'Université Laval, nouvelle spécialité universitaire qui n'a pas encore conquis ses lettres de noblesse. Aussi, la revue sera l'instrument de légitimation académique de cette nouvelle discipline, elle voudra faire accéder un discours au statut scientifique et contribuer « à l'éclosion d'une science de la communication qu'on pourra appeler Communicologie ». Pour ce faire, il faut « poser rigoureusement mais non sans laisser une grande place à l'intuition et à l'imagination, les problèmes d'une démarche et d'une approche scientifiques de la pratique des journalistes et autres agents de communication de la société québécoise ».

Comme la discipline à créer part d'une pratique, la référence aux praticiens est importante. En ce sens, l'éditorial n'est pas sans analogie avec ceux de *Service social* (1951) et de *Relations industrielles* (1950). *Communication et information* veut « coller au réel » ; c'est une façon d'affirmer la pertinence sociale de la discipline en cours d'institutionnalisation. Cette légitimation sera encore plus nécessaire (et difficile ?) dans le cas de la sexologie, « science étudiant les phénomènes sexuels », que veut promouvoir la *Revue québécoise de sexologie* (1979). La tâche qui attend cette nouvelle revue n'est pas mince, il s'agit en effet d'« élever au niveau de la réflexion les connaissances et les problématiques concernant la sexualité, rendre public le débat quant à ses orientations, ses valeurs, ses implications, permettre enfin de porter un regard critique sur la sexualité ». Autour d'un tel objet, pour ne pas dire d'un tel projet, le public cible ne pourra être que très vaste et comprendra non seulement des spécialistes mais « toutes les personnes qui ressentent le besoin de mettre à jour leurs connaissances sexologiques et qui désirent participer à ce vaste questionnement de notre réalité sexuelle contemporaine ».

Un autre objet qui cherche à créer autour de lui une discipline autonome est l'éthique ; paraissent en 1976, à l'Université du Québec à Rimouski, les *Cahiers de recherche éthique* (voir l'extrait en exergue de la section). La morale change, elle n'est plus affaire de religion, mais de science. Ces transformations extra-académiques entraînent un renforcement de l'académie : les spécialistes doivent se réajuster, réaffirmer leur position. Bien qu'on écrive avoir voulu donner à ces *Cahiers* un format économique, ce n'est pas nécessairement parce qu'un large public est visé. En effet, l'appel au lecteur est en même temps un appel à des auteurs potentiels. Il s'agit donc d'une revue spécialisée, à l'intention des spécialistes. Ceux-ci peuvent avoir des visions différentes... à condition qu'elles soient scientifiques.

Les cent jardiniers

Dans les années 1970, cent fleurs se sont épanouies, comme aurait dit le grand timonier. Mais ce sont presque toutes des fleurs de serre, à l'abri des intempéries sociales, nonobstant quelques efforts rhétoriques. S'il y eut cent fleurs, c'est à autant de jardiniers qu'on le doit. Chacun se donne son créneau et l'entretient. De toutes parts est affirmé le primat de la science comme projet. Les universitaires font des revues avant tout pour eux : ils en constituent le public cible, et la revue les sert dans leur carrière. Disparus ou à peu près, le souci d'inventaire-invention de la société québécoise et le désir d'application des connaissances. L'entreprise est d'abord intellectuelle, la culture d'ici est un objet de recherche comme un autre, tant mieux si cela peut intéresser des lecteurs non universitaires, sinon tant pis. L'application des connaissances ne relève plus des chercheurs.

Cela dit, ces caractéristiques des revues savantes ne font que refléter les règles du jeu universitaires qui se mettent en place après la Révolution tranquille. Les universitaires sont au cœur d'une institution aux règles bien plus formelles et explicites que celles du champ littéraire, artistique ou plus généralement des idées. Plusieurs ont trouvé l'échappatoire au carcan universitaire en participant à des revues d'idées ou artistiques (de *Socialisme 64* à *Chroniques* ou *Possibles*). Quand vers la fin des années 1970 plusieurs revues d'idées font le procès du travail intellectuel, les universitaires ne peuvent rester indifférents.

Des universitaires sur la défensive

> *Aussi, cette nouvelle revue s'adresse-t-elle notamment à ceux qui sont rebutés par la prose soporifique, assommante et, hélas, terriblement envahissante des revues philosophiques ; à ceux qui sont dégoûtés par l'imposture de tous ces faux poètes qui se servent du dictionnaire et de la typographie pour jeter de la poudre aux yeux et, ce faisant, cacher leur impuissance ; à ceux qui sont las de la fatuité de ces chercheurs qui n'ont pas hésité à consacrer une grande partie de leur existence à étudier, par exemple, la production de goupillons, entre le 15 juin 1898 et le 3 juillet 1918, à Fort-Chimo, ou à approfondir l'emploi du pronom chez Proust, sans se rendre compte que, en agissant de la sorte, ils s'étaient privés de comprendre quoi que ce soit à l'histoire du Québec ou à l'œuvre de Proust ; à ceux qui sont écœurés par la fumée d'encens et par les propos dithyrambiques dont se servent certains critiques pour dissimuler la médiocrité de textes qui doivent bien plus à un narcissisme débilitant qu'à un talent littéraire réel ; à ceux qui, parce qu'ils croient en l'amitié et en la liberté, vomissent tout esprit de chapelle. (Le Beffroi, 1986.)*

Dans les années 1980, ce qui caractérise les nouvelles revues savantes, c'est un malaise intellectuel. Elles sont affectées par la critique des intellectuels des revues d'idées de la fin de la décennie précédente. Je le rappelle, cette critique porte aussi bien sur l'échec de l'engagement marxiste-léniniste qui a viré au dogmatisme que sur la poursuite de la science pour la science qui a transformé les universités en tours d'ivoire. Bref, le constat, sous deux modes, est le même : éloignement des universitaires de la société et de ses enjeux.

Les universitaires seront, à des degrés divers, sur la défensive. Naîtront quelques revues en réaction à l'académisme, parfois à l'extérieur du milieu universitaire, bien qu'elles soient animées par des universitaires et que leurs préoccupations aussi le soient. Si les revues savantes expriment un malaise, toutes n'insistent pas sur la même facette d'un malaise global. Pour ouvrir le bal, j'ai placé en exergue de la section un éditorial mordant qui illustre bien pourquoi les universitaires fondateurs de revues sont sur la défensive dans cette décennie ! La science devait permettre d'éviter les jugements normatifs sur les contenus, c'est un échec, car science et pertinence ne vont pas de pair ; de plus, la science risque toujours de verser dans une pseudo-science. *Le Beffroi* naît à l'extérieur de toute institution. Mais même à l'intérieur du monde universitaire, pèse le poids de l'académie.

Comment a-t-on bien pu en arriver là ? Voilà un autre thème traité en éditorial. Ainsi, quand la Société québécoise de science politique se dote de sa revue, *Politique* (1982), le premier paragraphe de l'éditorial retrace l'histoire de la science politique au Québec. Bien d'autres disciplines ont connu semblable évolution – et institutionnalisation : « quelques pionniers » dans les années 1950 et 1960, suivis par « une vague de jeunes recrues frais émoulues de la Révolution tranquille et des universités européennes et américaines ». La période actuelle serait celle de la « maturité » : « la production scientifique des politistes québécois est non seulement abondante mais aussi diversifiée dans ses orientations théoriques et ses champs de spécialisation ». La maturité s'accompagne cependant d'un malaise professionnel et institutionnel.

Le malaise institutionnel, ce sont les professeurs de cégep qui le formulent le plus explicitement, probablement parce que le poids des contraintes, des conventions collectives et décrets y est plus lourd. Un groupe de professeurs de philosophie pose, dans *Alternatives* (1977), un jugement sévère sur leur milieu qui « n'apparaît pas comme un lieu d'échanges intellectuels intenses et développés ». « Les professeurs de philosophie ont à proposer aussi des pistes de recherche qui conduiront à des solutions souvent divergentes qui reflètent les déchirements idéologiques et politiques du Québec actuel. » Le malaise conduit donc à renouer avec les préoccupations extra-académiques. Dans *Alternatives* s'exprime une discipline qui se sent en perte de vitesse. Mais le malaise qui règne au cégep Saint-Laurent quand y est fondé *Dires* n'est pas différent. La charge porte ici non seulement sur le milieu intellectuel, mais aussi sur l'administration. « Il semble que tous au Collège Saint-Laurent soyons en train de nous enliser dans une routine que la direction ne se fait d'ailleurs pas faute de rendre de jour en jour plus régulée et plus impersonnelle » (*Dires*, 1983). Comme cette revue est créée pour éviter l'asphyxie intellectuelle, son public dépasse les frontières du collège. Absents de la scène publique, les professeurs veulent y prendre une place.

Les revues de psychanalyse sont rares au Québec. En 1982, *Bordures* tente une percée, non sans analyser un malaise institutionnel. Les psychanalystes ayant une institution très fluide, non rattachée au milieu de l'enseignement, que le malaise ne les en affecte pas moins est signe de sa généralité et de sa profondeur.

En fait, ce n'est pas que le poids de l'institution qui écrase les intellectuels, c'est aussi l'échec de l'engagement social, ce dont prennent acte les universitaires. L'Association d'économie politique pratique l'autocritique ; le malaise ne concerne plus ici l'institution comme telle, mais le travail intellectuel et les « acquis que nous avons crus certains ». *Études d'économie politique* (1984) signale que « laissant de côté les analyses parfois trop rigides et trop simplificatrices qui nous ont bercés dans les années soixante, plusieurs sont actuellement engagés dans une remise en question, parfois globale, des conceptions de la gauche ».

En fait, le malaise concernant la forme – institutionnelle – et le fond – l'impasse théorique – de l'action intellectuelle devient existentiel et on peut lire dans la *Revue internationale d'action communautaire* (ou *RIAC*) en 1979 que « la direction d'une revue (et son administration, car les tâches ne sont jamais aussi clairement séparées que sur les organigrammes) est toujours une tranche de vie ». Comme son nom l'indique, la *RIAC* s'intéresse à l'action communautaire ; elle a un pied dans l'action et l'autre dans la science. Est-ce son objet, le service social, ou une nouvelle sensibilité qui la fait se soucier d'intervention, de pratiques, et déclarer : « Les contributions théoriques sont donc justifiées dans la mesure où elles s'ancrent dans les pratiques. » Contributeurs et public cible sont à la fois les chercheurs et les praticiens ; on souhaite le rapprochement entre les deux groupes, signe qu'il y a eu éloignement.

Malaise aussi à l'Institut québécois de recherches sur la culture. *Questions de culture* (1981) s'interroge sur l'entreprise scientifique en général, sur la définition même de ce qu'est la science : « ni l'Institut, ni ses collaborateurs n'ont sur la culture des idées arrêtées qu'il suffirait de traduire en propagande ». Petite flèche à l'extrême gauche ? « Un chercheur, du moins en principe, s'attarde à des idées directrices, à des schémas qui guident son travail ; il n'en fait pas un dogme, à moins de renoncer à la recherche. » Voilà certainement une allusion à la critique des intellectuels. La société est qualifiée non par rapport aux changements et aux transformations, mais par les « incertitudes de notre temps ». Contrairement aux années 1950 où on affirmait la nécessité de comprendre les changements sociaux, dans les années 1980 ce sont d'abord les changements des mentalités, de l'imaginaire, qui s'imposent à l'attention des chercheurs.

> Même s'il n'est pas spécialiste, le lecteur pourra y entrer à son tour, participer à des incertitudes et à des découvertes. Au lieu de lui présenter des arrangements accommodés par la vulgarisation paresseuse, on l'invite à la cuisine : là où s'élaborent les hypothèses, là où l'on collecte les faits, là où les chercheurs polémiquent entre eux. Que le lecteur ne s'effraie pas de l'appareil, parfois considérable, de notes et de documents ; cet appareil lui est abordable. Et en y ajoutant un peu d'humour, il y verra tout au moins le décor obligé de la culture savante. (*Questions de culture*, 1981.)

Sous un mode différent de la *RIAC*, cette revue évoque aussi le « vécu » des intellectuels ; le lecteur est convié à la cuisine ! Il y aura de l'humour. Réapparaît le souci de trouver un public extra-universitaire ; la culture savante peut rester savante et rejoindre un public non académique.

Depuis longtemps déjà, les départements de sociologie des universités Laval (1960) et de Montréal (1969) publient leur revue. L'UQAM se met de la partie en 1983 sans préciser sa spécificité par rapport aux autres institutions. Le malaise de cette revue, c'est surtout de ne pas avoir la conscience sociale tranquille. Les *Cahiers de recherche sociologique* (1983) présentent une image de maturité de leur département d'origine, « un lieu où se sont formées, dans la collaboration pédagogique et la confrontation théorique, des affinités de pensée, de réflexion et de recherche diversifiées ». Ils soulignent l'existence de tendances diverses, qui ont chacune leur légitimité, leur identité, mais qui peuvent entraîner un « cloisonnement des objets de recherche et un fractionnement « professionnel » ». Même s'ils veulent servir « de véhicule à une réflexion cumulative », leur objectif principal est « le développement d'une réflexion sur l'ensemble de la société et de son devenir ».

Enfin, ce malaise intellectuel s'exprime dans toute sa splendeur (?) dans *Inter Sections* (1988), revue pluridisciplinaire de vulgarisation en sciences sociales, fondée par de jeunes chercheurs ; chacun de ces termes est symptomatique du malaise : étroitesse des spécialités, ésotérisme des discours, poids de l'institution contrôlée par de vieux bonzes !

Réaction à l'académisme : nouveaux contenus

Les revues précédentes exprimaient un malaise, mais pas ou peu de solutions, au contraire de celles dont je parlerai ici. Ces solutions se trouvent dans les pratiques, le quotidien, le féminisme, le souci d'intervention sur la place publique. Les universitaires renouent avec l'honnête homme et l'honnête femme, en eux et en dehors d'eux.

Ainsi *La Petite Revue de philosophie* (1979) condamne la tendance des professeurs de philosophie à se consacrer à l'exégèse plutôt qu'à la réflexion. Pour cette revue, la philosophie est « travail d'expression », et le vrai philosophe est « simplement l'homme qui n'abdique pas sa responsabilité, qui écoute pour ainsi dire ses voix intérieures, un sentiment de survie propre à l'espèce ». Voilà qui tranche avec les revues précédentes dans cette discipline. Cela peut surprendre : des professeurs pour qui la philosophie ne se réduit ni à un enseignement ni à la science ; ou ne pas surprendre, dans la mesure où ceux qui prennent ainsi la parole sont des professeurs de cégep, qui rencontrent donc l'ensemble des collégiens, ce qui les préserve, en un sens, des débats trop spécialisés.

Deux ans plus tard, dans le même sens, l'Association de la jeune philosophie, regroupant des étudiants et récents diplômés de plusieurs universités québécoises, fonde *Philocritique* (1981), où est violemment condamné l'« enfermement institutionnel » (voir l'encadré 7). La jeune philosophie souhaite que la réflexion soit « la contrepartie de pratiques et de vécus quotidiens ». Les rédacteurs de

« Selon nous, les formes de démission actuelles de la philosophie, confinée à des lieux d'échanges uniquement professionnalistes et intra-institutionnels, représentent exactement ce qu'une pensée qui cherche ses assises dans sa conformité à un modèle théorique peut atrophier d'une pratique réelle les significations multiples. [...] Le milieu de la recherche « pure » en philosophie (à identifier avec tout ce qui se dit du « méta » ou de l'« onto ») possède ce génie malin d'éluder tout ce qui comporte la dimension « valeur » outre, bien entendu, les valeurs de vérité ou de fausseté. [...]

Dans le but d'éliminer l'académisme parfois rebutant du texte, nous voudrions fouiller le champ de présence ouvert par l'espace visuel, milieu où le mot trouve ses référents, sa voluminosité, ses creux. Traverser, parfois simultanément à une critique de notre culture, notre imaginaire abstrait, un peu trop oculocentriste de philosophie ; tenter l'érosion de la lettre sornoisement édifiante du discours à visée émancipatoire ; transgresser finalement le statut du format actuel de la revue, en le donnant aussi à voir, n'en faisant pas qu'une re-vue, péremptoirement ; – voilà un peu ce que le terme-image insinuerait dans notre perspective à terme-écrit. » (*Philocritique*, 1981.)

cette revue en appellent à une philosophie essentiellement engagée. Ils dénoncent la violence « éclatée des rapports sociaux », mais aussi celle « brute et éclatée qui sévit dans les pays dits en voie de développement ou sous-développés ». Plusieurs des thèmes des revues d'idées de l'époque sont présents : internationalisme, pratiques, quotidien. La conception de la philosophie est très englobante et rejoint les sciences sociales. Les philosophes ne sont pas des êtres désincarnés, mais des acteurs sociaux, aux prises avec le quotidien. L'intention critique va très loin. *Philocritique* s'explique longuement sur son fonctionnement : elle souhaite ouvrir son comité de rédaction au maximum et instaurer une rotation des membres pour éviter l'enfermement dans une ligne. La critique concerne aussi la revue comme objet.

La jeune philosophie rejette violemment la « vieille ». Déjà dans *Philosophiques* (1974), entre les lignes, se devinaient des tensions intergénérationnelles. C'est la seule discipline universitaire où se manifeste jusque dans les revues un conflit de générations ; est-ce parce que la philosophie est une discipline plus ancienne et de surcroît obligatoire dans les collèges ?

Une autre voie d'évitement de l'académisme est le cheminement en compagnie des nouveaux mouvements sociaux. En 1988 paraît *Recherches féministes*, publié par le Groupe de recherches multidisciplinaire féministe de l'Université Laval. La revue est « portée par l'assurance qu'éprouvent les fondatrices de faire œuvre utile pour le mouvement des femmes ». Ces universitaires, toutefois, conservent leur entière autonomie par rapport à ce mouvement auquel elles s'identifient ; il s'agit pour elles de diffuser « en français les résultats de nombreuses recherches féministes réalisées tant à l'extérieur qu'au sein des universités, contribuant ainsi au développement de nouveaux concepts, d'approches et de méthodes originales ».

Les raisons qui président à la naissance de cette revue sont d'ordre scientifique et engagé ; le lien entre les recherches universitaire et extra-universitaire amènera un renouveau théorique. En quoi consistera ce renouveau n'est pas clair ; ce qui l'est pour les fondatrices de *Recherches féministes*, c'est qu'il s'impose et que l'approche féministe est la bonne façon d'y parvenir.

Les rédactrices se situent intellectuellement dans la tension entre le mouvement social et l'université. Par ailleurs, elles sont bel et bien des universitaires. « Un tel lieu est nécessaire à la poursuite d'un nombre croissant de cours, projets de recherche, thèses, livres, articles portant sur la nature, le fonctionnement et l'évolution des pratiques et idéologies qui produisent et reproduisent l'oppression des femmes. » Elles sont confrontées à la même question que leurs collègues des deux sexes qui ont fondé une revue savante : comment concilier les exigences d'une revue « intellectuellement vivante et socialement utile » ? « Comme la recherche féministe qui la nourrit, cette nouvelle revue veut contribuer à la transformation des rapports sociaux. » Il ne s'agit pas de science appliquée comme dans les années 1950. Il n'est pas question non plus comme dans les revues d'idées des années 1970 d'une tâche révolutionnaire au sens où, pour bien faire la révolution, il fallait absolument et préalablement disposer d'une analyse juste. De quoi est-il question alors ? Rien de moins que de réinventer la science et d'établir un nouveau contrat social entre les universitaires et la cité ! Autrement dit, de revenir au projet des années 1950 de trouver l'équilibre entre la fermeture relative du champ universitaire et son ouverture sur le social, mais cet équilibre doit adopter une forme inédite, encore à inventer.

Une autre revue, de la même année, porte ces préoccupations. Le réseau de l'Université du Québec lance *Nouvelles Pratiques sociales* (ou *NPS*, 1988). Le titre met l'accent sur les pratiques. L'objectif est de lier théorie et pratique, non seulement dans les pages de la revue, mais dans le comité de rédaction, formé aux deux tiers d'universitaires et au tiers de praticiens. Ce qui les réunit, l'âge : la quarantaine, et la formation : le service social. L'éditorial ne se contente pas de spécifier quel est le Nous qui prend la parole, mais tente de le légitimer : alors que la fonction d'intellectuel éclate, aucun Nous n'est plus pertinent qu'un autre, à la limite, aucun ne va de soi.

Les rédacteurs tracent un portrait sans complaisance de leur génération intellectuelle. Qui sont, que sont, ces « intellectuels sociaux progressistes, aujourd'hui dans la quarantaine » et qui « donnent parfois l'impression d'être blasés » ? L'ancienne extrême gauche ? Les professeurs de sciences sociales ? Pèsent sur eux et elles de nouvelles menaces : « une exposition plus grande à l'essoufflement et à l'épuisement professionnel ». Si la *RIAC* soulignait le plaisir de produire une revue, *NPS* évoque les dangers qui guettent les universitaires. Ceux-ci se sont incarnés : sexués, ils souffrent et ils jouissent. Et si *NPS* affirme en conclusion vouloir réconcilier la qualité scientifique avec la pertinence sociale, signifiant par là même qu'il y avait eu divorce, la revue ne s'adresse quand même pas à tous. Elle vise essentiellement chercheurs et praticiens des sciences sociales et particulièrement du service social.

Les thèmes véhiculés dans l'éditorial de *NPS* nous entraînent vers la troisième partie de cet essai, consacré à la post-modernité. Une revue entendra se pencher explicitement sur la transformation de la société moderne : s'agit-il d'épuisement de la modernité, d'une nouvelle phase de celle-ci ou du passage à la post-modernité ? Un groupe de professeurs des départements de sociologie de Laval et de l'UQAM lancent une revue théorique, à mi-chemin entre la sociologie et la philosophie. *Société* (1987) est fondé en dehors de toute autre institution que l'amitié, ce que reflète sa facture : traitement de texte et photocopie, ce qui rend la fabrication de la revue peu dispendieuse et à la portée d'un groupe indépendant de toute subvention, de tout support institutionnel.

> Nous pensons que les sciences humaines peuvent contribuer de manière privilégiée à cette construction réflexive du sens que peut avoir pour la société sa propre genèse, et que dans la « formation » du citoyen à la discussion des orientations normatives de la vie collective qu'elles peuvent encore aujourd'hui se donner une raison d'être. [...]
>
> La post-modernité – qu'on a baptisée avant de l'avoir pensée – sera-t-elle sur le mode purement négatif le meurtre de la modernité, la répétition du rapport de celle-ci à la tradition, ou bien saura-t-elle faire de la modernité sa propre tradition, son propre héritage non pas répudié mais reçu de manière critique ? Telle est la question cruciale à laquelle nous sommes confrontés et à laquelle nous devons répondre si nous voulons faire survivre ce qui dans la modernité – l'humanisme et la recherche d'une extension universelle de la reconnaissance dans une compréhension de l'altérité – constitue le fondement d'une vie humaine et sociale digne d'être vécue. (*Société*, 1987.)

Quel chemin parcouru en cent ans exactement depuis le *Canada français* ! C'est tout le trajet de la modernité...

Conclusion : un siècle de vie universitaire

Le siècle de vie universitaire qui va de 1888 à 1988 a été scandé par quatre étapes, caractérisées par des conceptions différentes du rôle de la science et de l'universitaire, et qui marquent le passage de la pré-modernité à la post-modernité.

La première étape, immergée dans la pré-modernité, est celle de la fondation du *Canada français* (1888) : la science est une cause que les intellectuels promeuvent pour mieux défendre, ultimement, la cause patriotique. L'universitaire est un patriote. Dans un second temps, la science acquiert graduellement son autonomie, d'abord comme science appliquée. Cela correspond à peu près à l'époque où, dans les revues d'idées et artistiques, s'affirme le sujet intellectuel, lequel recherche une présence dans la cité. L'universitaire est un expert qui s'adresse tant aux honnêtes hommes qu'aux décideurs. Dans la troisième étape, celle des années 1960 et 1970, chaque revue dit vouloir laisser place aux débats entre les diverses tendances, mais il ne cesse d'en apparaître de nouvelles (tendances et revues). Le milieu universitaire fonctionne selon ses propres règles qui l'éloignent de plus en plus de la cité. Cela correspond à l'étape de dissolution de la place publique et de repli croissant des milieux intellectuel et artistique sur eux-mêmes. L'universitaire est un spécialiste. Enfin, dans les années 1980, les universitaires se défendent de ne publier qu'à des fins carriéristes, ils ont plus ou moins mauvaise conscience, leur légitimité sociale (et dans une certaine mesure scientifique) est mise en doute. Le projet universitaire – sinon celui de la modernité – s'est épuisé. L'universitaire (re?)devient un honnête homme, un membre de la cité. Le champ universitaire se cherche une nouvelle articulation avec la société qui l'entoure.

Thèse, antithèse, synthèse? Dans la seconde étape, correspondant à l'institutionnalisation de l'enseignement universitaire, la science cherche les applications et, corrélativement, souhaite influencer sinon le prince, du moins les décideurs; la troisième est celle de l'affirmation scientifique, le public n'est plus une préoccupation. La quatrième étape se caractérise par un malaise et par le besoin de faire se rejoindre ce qui avait été disjoint: la réflexion scientifique en tant que telle, et celle sur la société, d'où la réapparition du public, soit comme honnêtes hommes et femmes, soit comme mouvement social; dans les deux cas, les sciences sociales veulent servir de miroir plus que de phares.

De façon caricaturale, on pourrait dire que si l'Église fut d'abord souffrante, puis militante avant d'être triomphante, les sciences humaines et sociales au Québec furent d'abord militantes, puis triomphantes et sont désormais souffrantes! En fait, elles portent le fardeau de leurs succès autant que de leurs échecs.

Du côté des succès, le premier est certainement le nombre de diplômés. Ils se retrouvent partout: non seulement à l'université et au gouvernement, mais dans un ensemble d'institutions, groupes et mouvements sociaux. Ceux-ci voient à l'application des sciences sociales dans tous les secteurs de la société, déchargeant les universitaires de cette tâche. Non seulement le nombre absolu d'intellectuels dans la société augmente, mais se transforme qualitativement leur rôle, comme le montrera la prochaine partie. Du côté des échecs, il faut poser le constat de celui des objectifs poursuivis lors des deuxième et troisième phases décrites plus haut : échec d'abord d'un certain militantisme scientifique, et en particulier de la prétention à moderniser les mentalités ; échec aussi d'un scientisme qui ignore la société dans laquelle il s'exerce.

Ces échecs sont dus à des facteurs aussi bien internes qu'externes. Du côté interne, le développement institutionnel des sciences sociales (multiplication des chercheurs, des lieux de recherche et d'enseignement, pressions institutionnelles à la recherche subventionnée) entraîne la différenciation des champs d'intérêt ; la recherche est de plus en plus spécialisée, les objets de plus en plus pointus, et gare à qui sort de ses compétences disciplinaires. Le modèle de la recherche et de l'écriture basé sur la collecte de données dont on rend compte dans un *paper* produit le malaise dont *Le Beffroi* témoigne. Facteur externe : dissolution de la figure de l'intellectuel engagé dans l'époque post-moderne. Cela toutefois ne concerne pas que les universitaires. La crise du modèle de développement social basé sur le progrès et la croissance économiques, l'impuissance scientifique devant des problèmes sociaux et environnementaux croissants, la rapidité de diffusion de l'information et des savoirs via les moyens de communication modernes (téléphone, informatique, fax, avion, etc.), tout cela a eu des effets imprévus sur le rôle de l'intellectuel. On assiste à l'émergence de contre-discours, de contre-savoirs, et à une perte de légitimité du rôle scientifique. Le scientifique n'apparaît pas au-dessus de la mêlée, mais partie prenante.

Aux prises avec leurs succès et leurs échecs, les sciences sociales sont actuellement écartelées entre des exigences institutionnelles et la conscience de l'arbitraire de celles-ci. La logique institutionnelle et intellectuelle fait que les universitaires ont fait s'épanouir non pas cent fleurs, mais mille... Dans certaines disciplines comme la sociologie, le nombre de revues est supérieur à celui des départements universitaires enseignant cette discipline. Cela entraîne-t-il une baisse de la qualité « scientifique » des revues ? Cela favorise-t-il l'hyperspécialisation des objets de recherche ? Se

dessine une tendance à chercher un public non universitaire ; specta-
teurs d'une recherche qu'il faut vulgariser ? objets à influencer, à
convaincre, à moderniser ? sujets politiques ? Actuellement toutes
ces tendances coexistent, comme semble possible la conciliation des
intérêts professionnels des chercheurs et la prise de parole sur la place
publique.

Conclusion de la deuxième partie

Un épuisement de la modernité ?

Le Nous qui s'exprime dans les premiers numéros des revues québécoises entre 1918 et 1979 connaît plusieurs transformations. Il s'affirme d'abord en tant que Nous intellectuel pour se démarquer du Nous politique. Le rapport entre ce nouveau Nous et le champ politique se résume par la formule « les idées mènent le monde ». Le monde à mener et la façon de le faire cependant évolueront dans les représentations des intellectuels.

Au début de la modernité, le sujet intellectuel jouit d'une grande autonomie ; ainsi l'humanisme chrétien, s'il est marqué par la crise ou la guerre, ne le sera que superficiellement. Les idées existent alors indépendamment des conjonctures ; ce sont des idées générales, des repères, des balises qui guident l'action, à partir desquelles les intellectuels s'engagent, proposent des thèmes aux politiques ou aux autres intellectuels. Puis, une fois la légitimité de ce sujet intellectuel bien établie, il s'engagera dans la cité, il s'incarnera, sans renoncer à sa condition d'intellectuel, et au nom de la responsabilité intellectuelle.

Le Nous de *Cité libre* est une coalition de Je anti-duplessistes. Puis un Nous nationaliste, collectif, s'exprime ; ce Nous a le sentiment de participer à une révolution québécoise collective. On pourrait parler de la formation d'une identité québécoise – par opposition à canadienne-française – en même temps que croît l'État québécois. Quant au Nous contre-culturel, il a déjà fait sa révolution personnelle, ce qui lui permet d'aspirer à la révolution collective. Ce Nous est électif, mais pas élitiste au sens où il ne se constitue pas sur la base de diplômes ou de savoirs. Mais il s'éloigne de la cité actuelle pour tendre vers celle encore à construire, c'est un Nous utopiste. Enfin, un Nous radical – et radicalement intellectuel – se fait entendre dans les revues marxistes-léninistes et jusque dans *Le Temps fou* : la révolution à faire est d'abord intellectuelle, ce qui entraîne une relative fermeture du monde intellectuel sur lui-même. C'est, portée au paroxysme, la vision qui affirme que « les idées mènent le monde ».

En résumé, au début de cette période, le Nous est élitiste, mais dans la cité ; la spécificité intellectuelle n'en est pas moins clairement affirmée. À la fin, le Nous intellectuel s'est coupé de la cité, sous le poids de l'échec d'un certain engagement révolutionnaire (celui de la Révolution tranquille, celui du marxisme, et dans une certaine mesure celui de la contre-culture). Cul-de-sac ? Oui et non. Oui, en ce sens qu'il n'est plus possible de poursuivre selon les voies de la modernité. Non, car un nouveau rapport entre les intellectuels et le social se met en place, dès les années 1970, à l'intérieur du mouvement féministe. Ce ne seront plus les idées qui mèneront le monde, comme dans les années 1930 ou 1940, car elles sont à réinventer ; même les universitaires l'affirment. Le mot d'ordre du *Temps fou*, changer de changement, caractérisera la réflexion des années 1980 et entraînera les intellectuels en dehors de leur monde.

Voix de la différence : le privé est politique

Vous tenez entre vos mains Hop : du talent à l'état brut.
L'histoire de jeunes plumes soucieuses de prendre leur envol…
qui ont puisé dans leurs tripes pour écrire, illustrer, photogra-
phier.

Hop : le be-bop du boss, les sneakers des secrétaires, le rince-
bouche des mauvaises humeurs, le rabat-joie de l'intelligentsia,
la diète parfaite du régime cérébral.

Hop : le jogging des collaborateurs et collaboratrices qui ont
sauté à pieds joints dans cette aventure. (Hop, 1988.)

Les certitudes révolutionnaires, académiques et nationalistes des intellectuels québécois sont à ce point ébranlées à la fin des années 1970 que plusieurs posent un constat d'échec global sur le projet de la modernité. Cette série d'échecs amènera un réalignement plus qu'un silence des intellectuels, comme on l'a parfois affirmé. En effet, les années 1980 sont des plus prolifiques en revues : j'en ai retenu 107 contre 108 dans la décennie précédente aux fins de mon analyse. Les revues d'idées (41 dans les années 1980 contre 37 dans la décennie précédente) dénoncent presque unanimement l'apathie et prônent un discours de la pratique, alors que les revues artistiques (50 contre 47 dans les années 1970) évoquent unanimement un renouveau culturel.

Voies et voix de la différence : de nouveaux intellectuels s'expriment, redéfinissant autant le sujet intellectuel que le sujet collectif québécois et instaurant un rapport original entre les deux. Désormais, selon la formule mise de l'avant par le féminisme : « le privé est politique ». Privé fait référence à quotidien, à pratiques, mais aussi à multiplicité. Le politique s'y dissout ; il n'est plus possible de lui imprimer une direction centrale, d'en haut, il se construit par le bas, de façon plus ou moins aléatoire, par une foule de pratiques privées, donc plus ou moins visibles. Selon Michel Freitag, ce serait la marque du passage à une société décisionnelle (ou post-moderne)

14

Le mouvement féministe

> *La toute première étape de nos efforts pour obtenir une égale reconnaissance sur tous les plans, c'est de toute évidence l'acceptation de notre identité en tant qu'êtres autonomes. [...] Les tout premiers efforts de nos groupes tendront donc vers ces buts capitaux : identité, autonomie. (Le Bulletin du RAIF, 1973.)*

À la fin des années 1970, les intellectuels doutent d'eux-mêmes. Plusieurs parlent de réinventer la théorie, dans l'espoir de maintenir le rapport au politique, ou plus largement au social, qui avait caractérisé la modernité québécoise. Cependant, une autre voie s'esquisse, dont l'éditorial de *Possibles*, analysé plus haut, donne un avant-goût ; curieusement, cette revue qui n'est pas très féminine (une seule femme au comité de rédaction) adopte une position très proche de celle des revues associées au mouvement féministe.

La lecture des premiers éditoriaux des revues féministes permet de suivre la formation et l'évolution du mouvement. Les femmes font graduellement leur apparition dans les comités de rédaction et au sommaire des premiers numéros des revues québécoises ; plus souvent qu'autrement elles se retrouvent au secrétariat ! Elles sont si peu nombreuses jusqu'à la Révolution tranquille, qu'il est possible de les suivre une à une... ou presque. C'est pourquoi ce chapitre, contrairement aux précédents, contiendra plusieurs noms propres.

Les pionnières

Dans les premiers numéros des revues du 19ᵉ siècle, les signatures féminines sont rares et tardives. Elles apparaissent surtout au bas d'articles sur la mode, ou autres sujets spécifiquement féminins (?!). Dans cette section, je souhaite rendre hommage à quelques pionnières. Ces premières signatures féminines, dans des premiers numéros, figurent dans *L'Album de la Miverve* (1872) ; ce sont celles de Georgiana Charlebois, Clara Gagnon ainsi que de mesdames Dennie et Reid. Zénaïde Fleuriot collabore au *Monde illustré* (1884) et Jeanne Heilman à *L'Écrin littéraire* (1892). Certains pseudonymes cachent peut-être des femmes, ainsi Mistigris dans *La Revue populaire* (1907). Françoise (pseudonyme de Robertine Barry) collabore au premier numéro de *La Feuille d'érable* (1896).

Au tournant du siècle apparaissent les premières revues féminines : *Le Coin du feu* (1893), de madame Dandurand, et *Le Journal de Françoise* (1902), auquel collaborent plusieurs hommes. C'est dans ces revues que pour la première fois des éditoriaux de présentation sont signés par des femmes. *La Bonne Parole* (1913), organe de la Société Saint-Jean-Baptiste et dirigée par Madeleine Huguenin, compte une majorité de signatures féminines. Comme je l'ai souligné plus haut, le premier éditorial de la modernité signé par une femme l'est par cette même Madeleine Huguenin. C'est celui de *La Revue moderne* (1919), publication destinée aux femmes ; il n'y a toutefois aucune mention de ce public cible dans l'éditorial de présentation ; madame Huguenin y dialogue avec les autres éditorialistes de l'époque, dont – implicitement – Édouard Montpetit qui avait signé celui de *L'Action française* (1917). Tout au long du siècle, diverses revues féminines verront le jour, souvent liées à des associations comme les Fermières (voir Dumont-Johnson, 1981).

Si on excepte ces revues féminines – mais pas encore féministes –, les femmes figurent rarement au sommaire des premiers numéros jusqu'à la Seconde Guerre. Madame « Alfred » Malchelosse est inscrite au sommaire du *Pays laurentien* (1916). Josée Angers, épouse de Robert Larocque de Roquebrune, l'un des trois fondateurs, collabore au *Nigog* (1918). La révolution culturelle et intellectuelle des années 1930 semble essentiellement masculine ; Madeleine Riopel signe un article dans la première livraison de *La Relève* (1934) et

Viviane Décary dans celle des *Idées* (1935). Ce sont les deux seules femmes à contribuer aux premiers numéros des revues de cette première révolution tranquille.

Un record pour le premier numéro d'une revue non féminine : *Horizons* (1939) où on trouve 5 femmes sur un total de 15 collaborateurs. En ce domaine, comme en bien d'autres, la guerre semble avoir favorisé les femmes ; elles font leur apparition dans les revues littéraires : Jacqueline Mabit collabore à deux revues en 1941 : *Amérique française*[1] et *La Nouvelle Relève* ; Rina Lasnier à deux revues dans les années 1940 : *Gants du ciel* et *Liaison*, et à deux autres dans les années 1950 ; madame « Pierre » Dupuy au *Bulletin des études françaises* (1941).

Aucune femme au sommaire de la première livraison de *Cité libre* (1950), de *Place publique* (1951), ni même de *Vie des arts* (1956), revue pourtant associée à Andrée Paradis, qui en assura la direction pendant plus de 20 ans. Les femmes seront présentes dans les *Écrits du Canada français* (1954) et dans les *Cahiers de l'Académie canadienne-française* (1956). Les années 1950 verront quelques signatures féminines dans les revues d'idées ; ce seront des journalistes : Judith Jasmin collabore à *La Nouvelle Revue canadienne* (1951) et à *Points de vue* (1955) avec Solange Chaput-Rolland et Andréanne Lafond. Les premières femmes dans les revues savantes, à part madame P. Dupuy, déjà mentionnée, appartiendront aux disciplines les plus féminisées ; ainsi Hayda Denault et Simone Paré contribueront à *Service social* (1951).

Pendant la Révolution tranquille, les femmes sont de plus en plus présentes, surtout dans les revues littéraires et artistiques : Fernande Saint-Martin et Michèle Lalonde collaborent à *Situations* (1959) où les femmes comptent pour le quart de l'équipe éditoriale ; une seule femme signe un texte dans le premier numéro de *Liberté* (1959), il s'agit de Claire Martin. Quelques-unes collaborent aux

---

[1] Au tournant des années 1950, les troisième et quatrième séries d'*Amérique française* seront dirigées respectivement par Corinne Dupuis-Maillet et sa fille Andrée Maillet. Giguère (1983) affirme que c'est Andrée Maillet qui fit d'*Amérique française*, entre 1952 à 1955, véritablement « notre première revue expérimentale dans le domaine de la littérature » et que les meilleurs moments de cette revue furent les débuts, sous la direction de Pierre Baillargeon, puis l'époque d'Andrée Maillet.

revues étudiantes comme Louise Bussières à *Incidences* (1962) (Université d'Ottawa) ; elles seront plus nombreuses à l'Université de Montréal dans *Lettres et écritures* (1963).

Nicole Brossard ne sera pas la seule femme dans l'équipe de *La Barre du jour* (1965) naissante : elles sont 4 sur 6 au comité de rédaction, moins représentées parmi les collaborateurs cependant. *Poésie* (1966) regroupe majoritairement des femmes, dont Alice Lemieux-Lévesque. Des femmes contribueront aux revues universitaires consacrées à la littérature ; à *Études françaises* (1965) par exemple, deux des 8 articles seront signés par des femmes.

Aucune collaboratrice au premier numéro de *Recherches sociographiques* (1960). Peu de femmes dans les revues d'idées des années 1960, aucune à *Parti pris* (1963), à *Révolution québécoise* (1964), à *Socialisme 64* (1964) ; une seule collaboratrice sur 11 à *Sexus* (1967). La Révolution tranquille inclura les femmes dans son volet culturel et artistique, mais pas sociopolitique... Une exception : *Forces* (1967) dont l'éditorial est signé par Monique Plamondon. Ne nous y trompons pas, la « Pénélope » de *Mainmise* (1970) cache Jean Basile. Céline Saint-Pierre et Nicole Laurin font partie de l'équipe de *Socialisme québécois* (1970). En général, dans les revues savantes, les collaborations féminines seront proportionnelles à la présence des femmes dans les institutions qui publient ces revues.

Ce que révèlent cette nomenclature et ces petits calculs, c'est la marginalité des femmes dans l'entreprise éditoriale avant les années 1970. À cet égard, la prise de parole féministe n'est que plus spectaculaire. C'est d'abord comme groupe que les femmes s'expriment et proposent de nouveaux thèmes de réflexion et de discussion. Paraîtront des revues entièrement rédigées par des femmes, pour des femmes. Parfois, comme dans le cas des revues marxistes-léninistes, les articles ne sont pas signés. Chez les marxistes, c'était la marque d'un combat collectif qui emportait les sujets individuels, mais pas chez les féministes : s'il s'agit bien d'un mouvement, celui-ci ne nie pas l'individualité, bien au contraire.

Affirmation

> *En premier lieu, il s'est agi de définir clairement notre propre identité de groupe en lui donnant un nom qui exprimait sa mentalité et ses modalités.*
>
> *RÉSEAU D'ACTION ET D'INFORMATION POUR LES FEMMES nous paraissait contenir la substance du mouvement.*
> *[...]*
>
> *Réseau. Parce que nous avons établi effectivement un système de groupes et de canaux de communication à travers la province qui continue à s'étendre. Ce terme, très moderne, est de plus en plus employé pour indiquer ce genre d'organisation.*
>
> *Action. Parce que le but principal de cette mobilisation est d'agir immédiatement et constamment sur tous les plans, individuels, et de groupe, dans un rayon régional et national, en agissant personnellement ou en coordonnant nos efforts.*
> (Le Bulletin du RAIF, 1973.)

Les premières revues féministes appellent les femmes à une prise de conscience. Elles souhaitent la formation d'un mouvement social autant qu'elles en sont l'expression. Ces publications apparaissent au début des années 1970, c'est-à-dire à une époque où le marxisme-léninisme a une grande influence sur les intellectuels ; aussi lui emprunteront-elles concepts et préoccupations. La lutte des sexes supplante toutefois la lutte des classes ou la lutte nationale comme « tâche révolutionnaire principale » des femmes. Le discours, près de celui de l'extrême gauche au début, s'en démarque rapidement ; il n'est pas figé, il se cherche. Le mouvement est en pleine formation. Cette période du féminisme pourrait être qualifiée de phase d'affirmation, comme en font foi les titres des revues de l'époque : *Québécoises deboutte !* (1972) ou *Les Têtes de pioche* (1976), par exemple.

Le projet révolutionnaire est très large (voir l'encadré 1) : il doit s'accomplir dans le cadre d'une libération nationale sur laquelle *Québécoises deboutte !* (1972) ne s'étend pas, quoiqu'il semble que l'oppression commune aux femmes transcende les limites des classes sociales et, bien entendu, du Québec. L'articulation entre les différents types de lutte de libération est affirmée et non explicitée.

Encadré 1
UN FÉMINISME NATIONALISTE ET RÉVOLUTIONNAIRE

« L'idée d'un journal féministe révolutionnaire n'est pas récente. [...] Depuis deux ans, plusieurs groupes de femmes se sont formés et un travail de sensibilisation a été entrepris que ce soit à l'intérieur d'un milieu de travail ou d'un quartier. Mais nous savons peu de choses sur les expériences de lutte de chacun des groupes : tout au plus nous savons qu'ils existent.

Il nous faut travailler pour arriver à trouver des moyens de lutte contre notre oppression commune. Nous tenons à préciser que la libération des femmes n'est pas une libération individuelle ou culturelle : la lutte de libération des femmes doit se faire dans le cadre de la libération nationale, sociale, économique, politique et culturelle. [...]

Notre groupe s'est formé après la dissolution du Front de Libération des Femmes [...] Nous n'en sommes pas à l'étape d'un mouvement de masse mais à la création de noyaux de militantes formées politiquement, dont le rôle sera de sensibiliser d'autres femmes à notre libération collective. [...]

« Québécoises Deboutte » devra répondre aux besoins des femmes intégrées dans un milieu de travail, que ce soit dans un syndicat, un comité de citoyens, un groupe de femmes. Il sera un outil de travail pour la formation politique des militants et un organe de liaison avec des groupes de femmes et des groupes mixtes et aussi des personnes travaillant dans des milieux particuliers. » (*Québécoises deboutte !*, 1972.)

Dans cette première revue explicitement féministe, comme chez les marxistes, la tâche révolutionnaire commence par la formation théorique ; cette tâche s'impose à cause de l'éparpillement, du spontanéisme des luttes, comme le souligne l'éditorial de *Québécoises deboutte !* évoquant celles en milieu de travail ou dans les quartiers. La publication d'un « journal de formation » est qualifiée de « volet de propagande » à l'intérieur d'un programme d'action qui comprend également un volet de recherche et un autre sur l'hygiène sexuelle (question relevant, c'est le moins qu'on puisse dire, du privé). La gauche, explicitement définie, comprend les syndicats et les comités de citoyens ; le public de la revue, c'est toute cette mouvance progressiste et non seulement les femmes. *Québécoises deboutte !* cherche à rejoindre des personnes œuvrant dans des groupes, donc déjà plus ou moins conscientisées, non pas l'élite ouvrière, mais l'élite militante. La revue ne s'adresse pas non plus à l'ensemble des femmes, même si elle souhaite « répondre aux besoins » des groupes ; l'espoir au fond, c'est que des militantes bien formées puissent répondre à ces besoins.

Dans cet éditorial, le rapport des intellectuelles féministes avec leur mouvement se révèle différent de celui qu'entretenaient nationalistes ou marxistes avec le leur. Le mouvement existe indépendamment d'elles, ce qui n'est pas le cas des marxistes-léninistes ; de plus elles ne prétendent pas le diriger, lui fournir une direction, mais répondre à ses besoins.

Très différent sera l'année suivante le ton du *Bulletin du RAIF*. Ici encore la revue appelle le mouvement autant qu'elle en émane. Elle abandonne le vocabulaire de la gauche classique, la structure de parti et le centralisme démocratique qui y est associé. Le féminisme s'est brièvement appuyé sur la gauche, ses acquis théoriques, son vocabulaire, mais s'en éloigne rapidement pour entrer dans ce que Melucci (1983) qualifie de « nouveaux mouvements sociaux » ou mouvements « post-politiques »[2]. Les enjeux se situent dans ce que cet auteur, à la suite de Touraine (1978), qualifie de « production symbolique » : ces mouvements réclament le respect de l'identité de leurs membres, de leurs différences. L'organisation aussi se transforme : pour respecter l'autonomie de ses diverses composantes, elle ne se dote pas d'une structure centralisée, mais s'organise en réseau (voir l'extrait en exergue de la section).

À la différence du Nous québécois, ou révolutionnaire, le Nous féministe ne s'oppose pas nécessairement à un autre. S'il est « facile » pour le colonisé de s'opposer au colonisateur, il l'est moins pour les femmes de s'en prendre aux hommes. Même si elles dénoncent l'oppression, elles insistent surtout sur l'affirmation positive de soi, en tant que sujet individuel, et sur ce que cela implique en tant que groupe.

Identité, autonomie, nous voici avec *Le Bulletin du RAIF* au cœur des nouveaux mouvements sociaux. Si chacune poursuit son identité et son autonomie personnelle, l'ensemble du mouvement cherchera son identité collective et affirmera son autonomie par

---

[2] Post-politique ne signifie pas a-politique, mais politique différente, au sens où « le privé est politique ».

rapport à la gauche. Se manifeste ainsi un souci de cohérence entre l'objectif – tant individuel que collectif – poursuivi et les moyens pour l'atteindre. L'autonomie appelle la concertation, donc elle est aussi un enjeu collectif sinon politique ; mais il n'y a pas, ne peut pas y avoir de juste ligne définie théoriquement, ce sont ses membres qui définissent le mouvement. Le RAIF, et le mouvement qu'il appelle et reflète, travaille à partir d'intuitions – à coordonner – plus que d'analyses rigoureuses. Cependant, le bulletin ne s'adresse pas à l'ensemble des femmes.

Le Nous féministe est collectif mais moins englobant que celui des nationalistes, et ce pas seulement parce qu'il n'inclut pas les hommes. Ce Nous est la somme de plusieurs Je, alors que le Nous national ne peut être ainsi scindé. En ce sens, il est plus près du Nous contre-culturel, lui aussi composé de Je. Dans les débats nationalistes, les droits collectifs sont conçus comme devant l'emporter sur les droits individuels ; pour les féministes, par opposition, ultimement les enjeux sont situés dans la vie quotidienne de chacune ; cela était sous-entendu dans le cas du Nous contre-culturel, mais devient explicite ici. Le Nous contre-culturel a un côté élitiste, les Je doivent passer par une sorte de conversion, alors que celui des féministes est plus populiste : la prise de conscience féministe est à la portée de toutes, car toutes sont opprimées dans leur vie quotidienne ; il ne s'agit donc pas de conversion dans leur cas mais de prise de conscience.

Les féministes inaugurent un nouveau rapport entre le monde intellectuel et la société globale : elles ne se posent pas en tant que Nous mais en tant que regroupement de Je. Conséquemment les actions à poser pour la libération ne se situeront pas seulement au niveau collectif, mais aussi au niveau individuel, quotidien : le privé devient politique.

La radicalisation politique-privée du féminisme se manifeste dans *Les Têtes de pioche* (1976), qui dit vouloir assumer la relève de *Québécoises deboutte !*, disparue entre-temps. La revue ne prend pas la parole dans le désert : « «Encore un journal de femmes» diront certaines. » (Voir l'encadré 2.) Par ailleurs, contrairement aux deux

« Même si les preuves sont nombreuses, beaucoup de femmes n'en sont pas encore convaincues, n'ayant pas trouvé ce qui dans leur vie quotidienne, leur vie privée est opprimant. Nous n'avons pas encore tout dit ou nous avons mal dit les injustices faites aux femmes.

Parfois aussi nous prenons nos désirs pour des réalités. Nous croyons que nos paroles sont suffisantes pour changer l'état des choses. [...] Or l'abolition de la discrimination envers les femmes, de leur exploitation, ne pourra se faire sans des actions concrètes et quotidiennes. [...]

Nous avons besoin aussi d'un journal pour parler de nos démarches longues et pénibles. Il n'est pas facile de prendre conscience de toutes les injustices qui nous sont faites uniquement parce que nous n'avons pas de pénis. Il n'est pas facile non plus de poser des gestes pour mettre fin à notre impuissance. Cela devient plus facile si on peut se parler, se regrouper. [...]

Le groupe, le collectif s'est constitué pour les besoins de la cause, car la majorité d'entre nous ne nous connaissions pas avant. [...] Nous ne voulions pas produire pour produire, mais partir de notre vécu quotidien et des sujets qui nous touchent profondément. Nous ne voulions pas ignorer encore une fois notre besoin d'être bien entre femmes. Nous ne voulions pas ignorer encore une fois notre subjectivité, mais l'intégrer à notre action, à notre langage. Nous ne voulions pas être simplistes face à une question si compliquée, si neuve, ni vivre des contradictions entre nos paroles publiques et nos actions privées. » (*Les Têtes de pioche*, 1976.)

publications précédentes, celle-ci ne s'adresse pas à des militantes, elle se veut un « journal fait par des femmes, pour des femmes » ; c'est l'a(e)ntre-femme, pour reprendre une expression de Denise Pérusse[3].

Le public visé n'est pas celui des militantes, déjà convaincues, mais les autres ; les fondatrices prétendent rejoindre l'ensemble des femmes. Le privé est proclamé politique, puisque c'est dans la vie quotidienne que se vit l'oppression. Il ne s'agit pas d'analyser, mais de dénoncer. Le souci de la prise de conscience peut être rapproché de la dénonciation de l'oppression sous toutes ses formes dans *Parti pris*

---

[3] Denise Pérusse, « Pour une mosaïque des pratiques sociales féminines : du royaume domestique à l'a(e)ntre-femme », Mémoire de maîtrise, Département de sociologie, Université Laval, 1983. Ce mémoire présente une analyse de contenu de la revue *Les Têtes de pioche*.

(qui sont affirmés, mais non élucidés), appartient à cette deuxième phase du mouvement, celle de sa différenciation.

En 1981, une revue adopte un titre qui ressemble étrangement à celui d'une précédente : *Féminin pluriel*, et marque également la diversité du mouvement. Cette revue introduit un nouveau thème dans le discours féministe en convoquant les femmes à un engagement en politique active. « Il ne s'agit pas de déclarer la guerre aux hommes. [...] Il faut que les femmes s'organisent et s'unissent entre elles pour former une force de frappe. Nous devons nous familiariser avec tous les rouages du pouvoir et participer activement à la vie politique » (*Féminin pluriel*, 1981). En 1981 encore, et sans s'expliquer davantage, le Centre d'information et de référence pour femmes transforme son bulletin en revue : *Communiqu'elles*. Le Conseil du statut de la femme (CSF) lance sa propre revue : *La Gazette des femmes* (1979). Une publication gouvernementale est sûrement un indice de relative institutionnalisation du mouvement. Cette revue naît sans éditorial de présentation : il va de soi que le CSF publie sa gazette.

Au cours des années 1980, les femmes sont de plus en plus présentes dans les premiers numéros des revues québécoises, dans les comités de rédaction, comme collaboratrices et comme signataires de premiers éditoriaux. Mais, aucune femme à *Liberté-magazine* (1980), ni à *L'Analyste* (1983), expressions de la droite néo-libérale. La seule collaboratrice à *Questions de culture* (1981) est secrétaire de rédaction. *Le Bulletin pantoute* (1980) aura 10 femmes sur 25 collaborateurs ; *Nuit blanche* (1982), 5 sur 18, mais elles seront 3 sur 7 au comité de rédaction.

Ce n'est pas que dans la presse que les femmes ont pris de la place. Plusieurs groupes populaires ou d'extrême gauche sont disparus sous la pression des femmes et du féminisme. Des contradictions, des incompatibilités entre la vie privée et la vie publique ont fait éclater le militantisme « classique », difficile à concilier avec les charges familiales ou même avec la vie de couple. De cela aussi les revues témoigneront. La remise en question du militantisme et la recherche d'une nouvelle voie sous la pression explicite des femmes et des féministes sont présentes dans *Presse-libre* (1981) où on trouve 5 femmes sur 20 personnes à la rédaction, dans *Conjoncture* (1982)

Encadré 2
LA PAROLE EXPRESSIVE DU COLLECTIF

« Même si les preuves sont nombreuses, beaucoup de femmes n'en sont pas encore convaincues, n'ayant pas trouvé ce qui dans leur vie quotidienne, leur vie privée est opprimant. Nous n'avons pas encore tout dit ou nous avons mal dit les injustices faites aux femmes.

Parfois aussi nous prenons nos désirs pour des réalités. Nous croyons que nos paroles sont suffisantes pour changer l'état des choses. [...] Or l'abolition de la discrimination envers les femmes, de leur exploitation, ne pourra se faire sans des actions concrètes et quotidiennes. [...]

Nous avons besoin aussi d'un journal pour parler de nos démarches longues et pénibles. Il n'est pas facile de prendre conscience de toutes les injustices qui nous sont faites uniquement parce que nous n'avons pas de pénis. Il n'est pas facile non plus de poser des gestes pour mettre fin à notre impuissance. Cela devient plus facile si on peut se parler, se regrouper. [...]

Le groupe, le collectif s'est constitué pour les besoins de la cause, car la majorité d'entre nous ne nous connaissions pas avant. [...] Nous ne voulions pas produire pour produire, mais partir de notre vécu quotidien et des sujets qui nous touchent profondément. Nous ne voulions pas ignorer encore une fois notre besoin d'être bien entre femmes. Nous ne voulions pas ignorer encore une fois notre subjectivité, mais l'intégrer à notre action, à notre langage. Nous ne voulions pas être simplistes face à une question si compliquée, si neuve, ni vivre des contradictions entre nos paroles publiques et nos actions privées. » (*Les Têtes de pioche*, 1976.)

publications précédentes, celle-ci ne s'adresse pas à des militantes, elle se veut un « journal fait par des femmes, pour des femmes » ; c'est l'a(e)ntre-femme, pour reprendre une expression de Denise Pérusse[3].

Le public visé n'est pas celui des militantes, déjà convaincues, mais les autres ; les fondatrices prétendent rejoindre l'ensemble des femmes. Le privé est proclamé politique, puisque c'est dans la vie quotidienne que se vit l'oppression. Il ne s'agit pas d'analyser, mais de dénoncer. Le souci de la prise de conscience peut être rapproché de la dénonciation de l'oppression sous toutes ses formes dans *Parti pris*

---

[3] Denise Pérusse, « Pour une mosaïque des pratiques sociales féminines : du royaume domestique à l'a(e)ntre-femme », Mémoire de maîtrise, Département de sociologie, Université Laval, 1983. Ce mémoire présente une analyse de contenu de la revue *Les Têtes de pioche*.

(1963) ; la première chose dont il faut se débarrasser, ce sont des complexes d'infériorité, de « colonisé », mais cette démystification n'est qu'une première étape.

La parole ne suffit pas et ce n'est pas une parole théorique ; à cet égard *Les Têtes de pioche* se démarque également du marxisme, dans la mesure où la parole n'a plus priorité sur l'action. Cela est lié à la définition du Nous féminin que son oppression commune relie au-delà de la classe, de la nation ou même de la pensée contre-culturelle. La tâche révolutionnaire ne commence plus nécessairement par la théorie, et la théorie ne suffit pas à garantir l'efficacité de l'action. Finie la croyance dans l'efficacité de la parole, disparue la certitude que les idées mènent le monde. Cette évolution se décèle aussi dans certaines revues d'idées, pensons à *Possibles*, qui naît la même année que *Les Têtes de pioche*. Graduellement le sujet intellectuel va se transformer, éclater en une foule de sujets des deux sexes, avec un arc-en-ciel de préoccupations. La parole est expressive et non théorique ou démystificatrice. Cela est spécifique au mouvement des femmes (par opposition aux revues contemporaines), parce que les femmes sont à la recherche de leur identité. L'accent sur la vie quotidienne, sur l'identité incite les rédactrices à parler d'elles-mêmes, de leur vécu de rédactrices.

L'articulation vie publique/vie privée, la cohérence entre les deux, voilà qui est nouveau dans les éditoriaux inauguraux. L'intellectuel n'est plus désincarné, il est sexué, vit quotidiennement et affirme sa subjectivité. Bref, à la limite on ne peut plus parler de l'intellectuel ; il faudrait toujours désormais parler des intellectuels.

Il est difficile de mesurer l'impact de cette première étape d'affirmation du mouvement féministe. *Le Q-Lotté* (1976) proposera un socialisme libertaire et féministe ; cette revue est publiée au début par un collectif anonyme, mais on peut supposer la présence de femmes dans l'équipe. De même en 1978, *Le Temps fou* insistera sur l'égalité des hommes et des femmes ; l'éditorial est signé par Christian Lamontagne ; au comité de rédaction, une (et une seule) femme : Véronique Dassas, et au sommaire un article de Louise Vandelac. La même année *Interventions critiques en économie politique* (1978) déplore qu'il n'y ait qu'une seule femme dans son équipe. On ne peut donc pas parler de présence féminine significative quantitativement, mais de sensibilité au féminisme… là se situerait l'impact du mouvement.

Par ailleurs, aucune femme n'apparaît au comité ni au sommaire des premiers *Cahiers du socialisme* (1979) ; une seule dans la *Revue québécoise de sexologie* (1978)[4]. Dans les revues littéraires et artistiques, les femmes seront plus présentes ; ainsi Yolande Villemaire à *Cul Q, Jeu, Spirale* puis *La Vie en rose*. *Nord* (1971) compte 3 femmes sur 5 à la rédaction et 6 sur 16 comme collaboratrices. On parle de l'écriture féminine des années 1970, mais à sa naissance, *La Nouvelle Barre du jour* (1977), malgré la présence de Nicole Brossard au comité de rédaction et la contribution de France Théoret, est moins féminine que *La Barre du jour* (1965). Aucune collaboratrice à *Estuaire* (1976). Du côté de la critique, on retrouve plusieurs femmes à *Chroniques* (1975) : 4 sur 10 à la rédaction et 5 signatures sur 11. *Jeu* compte 2 femmes sur 5 à la rédaction, 3 sur 7 comme collaboratrices. À *Spirale* (1979), elles sont 2 sur 7 au comité de rédaction, 6 sur 25 comme collaboratrices. Une revue ne se réclamant pas du féminisme sera dirigée dès le départ par deux femmes, Chantal Pontbriand et France Morin : il s'agit de *Parachute* (1975), toujours dans le domaine artistique. Les revues d'idées dirigées par des femmes sont d'emblée les revues féministes. Ces calculs révèlent donc une affirmation croissante – mais loin d'être massive – des femmes dans le monde éditorial et intellectuel.

Différenciation

> *Poursuivre la construction d'une solidarité. Approfondir la compréhension de nos problèmes, de nos angoisses, des luttes qu'on mène chacune dans son coin, chaque groupe en particulier. Apprendre ensemble à refuser cette oppression, à se remodeler en construisant le mouvement qui va permettre de le faire.* (Pluri-elles, 1978.)

---

[4] Le sexe est-il affaire d'hommes ? Le sommaire de *Sexus* ne comprenait qu'une seule signature féminine.

Vers la fin des années 1970, les féministes insistent moins sur l'affirmation de leur identité que sur la pluralité de leur mouvement. Une fois la légitimité du féminisme assurée, il est possible d'aller plus loin dans son affirmation-définition. Ce mouvement a comme caractéristique essentielle d'être composé de Je, il en prend acte et insiste sur sa diversité. Aussi une nouvelle revue se nommera-t-elle *Pluri-elles* (1978). La construction d'un mouvement solidaire, tel apparaît l'objectif principal du regroupement d'organismes (dix en tout) présidant à la naissance de *Pluri-elles*. Le féminisme est divers, mais il faut tout faire tenir ensemble ; par ailleurs, il n'existe pas en dehors des Je (et vice-versa ?).

Dans l'isolement où se trouve chaque groupe, *Pluri-elles* « veut donc voir à faire un lien entre toutes. [...] Faire profiter de ses expériences, de ses acquis, toutes les autres qui elles aussi, peuvent apporter leurs opinions, leur vécu, leur histoire ». Parler ainsi de solidarité, c'est partir de la base pour construire un mouvement, cela suppose que cette base existe et dispose d'une autonomie dans ses actions. Posture inverse des revues nationalistes de la fin des années 1950 qui attendent un chef ou de la juste ligne ML. Cette « lutte » est toute positive car il s'agit de refuser l'oppression, oui, mais aussi de se remodeler en construisant... Aucun adversaire n'est nommé ; sous-entendu : il est en chacune de nous.

Cette revue est lancée par un regroupement de groupes ; « ce qui nous rassemble [...] [c'est] la nécessité d'un mouvement autonome des femmes ». Ici encore le féminisme se démarque de l'extrême gauche où chaque groupe revendiquait pour lui la juste ligne et fondait son propre organe. Si donc des intellectuelles président à la rédaction de *Pluri-elles*, ce sont des intellectuelles organiques d'un mouvement pluraliste qui se veut autonome par rapport à la gauche sous toutes ses formes. La « lutte des sexes » ne se subordonne pas à la lutte des classes ni à la lutte nationale. Les rédactrices émanent du mouvement, mais pas pour le diriger : la parole que *Pluri-elles* veut véhiculer est de l'ordre du témoignage plus que de la théorie.

Le souci de s'expliquer sur le fonctionnement collectif, présent aussi dans *Les Têtes de pioche*, est une autre dimension de ce quotidien où il faut débusquer l'oppression. Pour *Pluri-elles*, la nécessité de la « rotation des tâches » et de l'« autogestion » vient autant de ce que la revue naît d'un regroupement de groupes, que des exigences internes du mouvement, de son idéologie participationniste, collectiviste : « les réunions sont ouvertes à toutes ». Cela est cohérent avec les objectifs de prise de conscience et d'expressivité. L'année suivante, la revue change de nom et de fonctionnement. La gestion collective absorbe beaucoup d'énergie[5].

> [...] les femmes qui en assurent la production se sont constituées en collectif ; ensuite nous avons clarifié la base politique minimale avec laquelle les groupes doivent être en accord pour participer au bulletin. [...]
>
> Le bulletin n'est pas une fin en soi. C'est un outil parmi tant d'autres qui doit servir à la constitution d'un mouvement autonome des femmes (m.a.f.) au Québec. [...]
>
> La participation des groupes au bulletin soulève un autre problème qui est celui de leur contrôle effectif sur cet instrument de diffusion et d'échanges. Pour résoudre concrètement cette difficulté, le collectif de production propose le fonctionnement suivant : [...] Nous avons voulu libérer notre force de travail des méthodes de production « sympathiques » mais « anarchiques », pour consacrer davantage notre temps et nos énergies à établir le contact avec les groupes et à diffuser le bulletin. Nous avons donc décidé de ne conserver comme tâche technique que le travail de mise en pages. (*Des luttes et des rires de femmes*, 1979.)

Dans le discours féministe, la souci de l'autonomie est omniprésent : autonomie du mouvement par rapport à la gauche et aux syndicats, autonomie des rédactrices face au mouvement dont elles sont issues et complices.

Rationalisation du travail, ou plus généralement du féminisme, à *Des luttes et des rires de femmes* ? En filigrane se décèlent, d'éditorial en éditorial, les étapes d'institutionnalisation de tout collectif ou mouvement social, comme Sartre en a parlé dans sa *Critique de la raison dialectique* (1960) ou Meister dans *La participation dans les associations* (1974) : phase fusionnelle, différenciation, rationalisation-bureaucratisation... S'il y a relative institutionnalisation, il n'y a pas épuisement de la passion. Le nouveau nom *Des luttes et des rires de femmes* témoigne d'un humour congruent avec la préoccupation pour

---

[5] Comme à *Focus* (1977), analysé dans le chapitre 17 ; à chaque crise on réorganise, mais *Focus* ne change pas de nom à chaque fois, et ces changements ne sont pas « visibles » dans le corpus.

la vie quotidienne, l'expression des expériences et des émotions : « Nous voulons dire nos combats quotidiens, l'humour nécessaire pour démasquer l'ordre, l'approche féministe de notre lutte de libération, le dynamisme des groupes et leur interaction, la vie du mouvement » (*Des luttes et des rires de femmes*, 1979).

L'humour comme instrument de démystification : nous voici aux antipodes de la juste ligne et de la langue de bois ML. La tension entre ces deux conceptions, associées respectivement au féminisme et à l'extrême gauche, crée une situation explosive dans la mouvance progressiste, qui connaîtra effectivement une explosion dans les années 1980.

La Vie en rose (1980) paraît la première année comme « supplément » encarté dans *Le Temps fou* (1978), manifestation d'une complicité entre les deux revues (voir l'encadré 3). *La Vie en rose* ne prétend pas rejoindre toutes les femmes, parler au nom de toutes ni du mouvement, n'affirme pas en émaner, ne l'appelle pas, et mentionne explicitement qu'elle espère aussi être lue par des hommes (c'est la première fois). Est-ce l'encart dans une autre revue qui rend les rédactrices de *La Vie en rose* si humbles ? Cette absence de prétention à parler au nom de l'ensemble du mouvement est-elle le signe de maturité du mouvement féministe où des divisions apparaissent et sont tolérées, voire acceptées ?

Si le mouvement féministe dans son ensemble est dans une phase de différenciation, le premier numéro de *La Vie en rose* est en pleine phase fusionnelle ; l'institutionnalisation et les salaires n'apparaîtront que plus tard. Cela rappelle l'évolution de *Pluri-elles* (1978) à *Des luttes et des rires de femmes* (1979) : le partage des tâches ne vient qu'en un deuxième temps.

La Vie en rose fait écho au discours sur la presse libre très répandu dans les années 1970 et 1980. Mais ici liberté de presse signifie moins une information différente qu'une « presse subjective ». Si l'objectivité renvoie à une unanimité potentielle, à un Nous, la subjectivité renvoie au Je, au pluriel… D'où l'insistance sur la nécessaire « discordance » ou du moins sur le débat : la discussion est dans le mouvement, autour de lui, mais pas sur la place publique proprement dite.

« La vie en rose est un projet dérisoire, un misérable 24 pages dans une revue qui tire à 6000 exemplaires et rejoint à peu près un millième de la population du Québec.

La vie en rose n'aura pas de télex, pas d'envoyée spéciale à Kaboul ni à Téhéran. [...]

Pas de local, pas de permanence, pas de salaires. À la vie en rose, il n'y aura pas de patron, pas d'employée. Pas de grand mandat politique. Pas d'autre hiérarchie que celle de l'énergie investie. Pas d'autres raisons d'y travailler que le plaisir de dire personnellement et collectivement notre façon de voir la vie.

Tant mieux si des femmes et des hommes s'y reconnaissent, nous y comptons, évidemment. Mais tant mieux si d'autres tiennent à s'en distinguer. Pour nous cette discordance est nécessaire et même indispensable.

Parce qu'avec la Vie en rose, nous tâcherons justement de faire, à contre-courant dans un monde où les communications sont de plus en plus centralisées et uniformisées, une presse subjective, une presse d'opinions [...] sans chercher refuge derrière les paravents sacrés de l'objectivité et de la représentativité. Nous ne chercherons pas à véhiculer des certitudes, simplement nous indiquerons les pistes qui se présentent à nous.

En effet, la Vie en rose est un projet dérisoire. Pourquoi pas puisque chacune de nos existences l'est aussi et que cela ne nous empêche pas de vivre. Nous voulons rendre compte d'un peu de cette vie.

Bien des gens tentent de faire croire que le féminisme n'est qu'une mode, certains ajoutent qu'elle passera bientôt. Nous souhaitons que la naissance de la Vie en rose prouve une fois de plus que le féminisme est loin d'être triste et stérile, que les féministes sont bien vivantes et entendent le rester. » (*La Vie en rose*, 1980.)

Cela dit, les féministes ne sont pas imperméables aux autres débats, elles se préoccupent de ce qui se passe « à Kaboul et à Téhéran », même si elles n'ont pas les moyens d'y aller, même surtout si telle n'est pas leur priorité. L'époque romantique de la prise de conscience est terminée, les femmes sont moins centrées sur elles-mêmes et plus ouvertes au reste de la planète, et en particulier aux hommes.

Affirmation de la vitalité du féminisme, du fait qu'il ne soit ni triste ni stérile, par opposition à une certaine représentation sociale du mouvement ? En tout cas, *La Vie en rose* ne fait pas allusion dans son éditorial à l'ensemble du mouvement ou des groupes féministes ; son insertion est plutôt dans la presse de gauche... Les rédactrices sont autonomes par rapport au mouvement, elles ne sont pas ses intellectuelles organiques, ou pas de façon aussi directe que leurs consœurs de *Pluri-elles*.

Misérabilisme ? Humour ? Lucidité ? Passion ! Ce qui motive les rédactrices, le besoin qui se fait sentir pour elles est de se faire plaisir en disant ce qu'elles pensent. Ce besoin n'est pas d'ordre collectif ni social, mais d'abord individuel et « privé ». Elles insistent (deux mentions) sur le côté dérisoire de leur projet qui s'accorde bien avec la vie, elle aussi dérisoire. C'est de cette vie qu'elles veulent rendre compte : encore une fois, la tâche ne se définit pas comme théorique mais expressive. L'exemplarité du dérisoire implique-t-elle l'éclatement du sujet collectif en sujets individuels ? Il n'y a plus de certitudes, « pas de grand mandat politique », ne restent que des pistes. À sa naissance, *La Vie en rose* utilise *Le Temps fou* comme tremplin. S'il y a complicité entre les revues, leur projet n'en est pas moins très différent : *Le Temps fou* veut réinventer la théorie, *La Vie en rose* témoigner, « rendre compte » de la vie des femmes, fût-elle dérisoire. *La Vie en rose* : un plaisir dérisoire à l'intention des rédactrices ? !

En 1983, le mouvement Naissance-Renaissance, qui travaille à l'humanisation de l'accouchement et à la reconnaissance légale des sages-femmes, lance sa revue : *L'Une à l'autre*. « C'est cette stimulation [...] qui nous tient en vie. Sans cela, la quantité de travail, le peu de moyens, la lenteur de l'évolution et la difficulté d'implication nous auraient enterrées sous la monotonie. » Si les rédactrices de *La Vie en rose* voulaient se faire plaisir, c'est encore plus évident, plus central dans le projet de celles de *L'Une à l'autre*. La revue est ici la bouffée d'oxygène qui permet au mouvement de rester en vie, sa stimulation intellectuelle[6]. Le vécu des rédactrices, en tant que rédactrices et en dehors de cette activité, est évoqué, indiqué comme

---

[6] On verra au prochain chapitre que *Conjoncture politique au Québec* (1982) tient exactement le même discours.

présidant à la naissance de la revue. Elles affirment faire une revue pour se faire plaisir, pour contrer la monotonie. On peut soupçonner que ce ne soit pas nouveau, même si ça l'est de l'affirmer. Bref, le besoin à combler n'est pas seulement social, ni même d'ordre intellectuel. Comme *Le Figaro* (1883), la revue est fondée pour les rédacteurs. Mais cent ans plus tôt, c'était pour permettre à des écrivains de dire ce qui ne pouvait se publier ailleurs ; cette fois, ce sont des personnes engagées dans l'action qui veulent se faire plaisir, s'exprimer. La parole désormais est soutien à l'action qui, elle, est prioritaire ; Naissance-Renaissance n'était pas obligée par la logique de son action de fonder une revue. Les idées ne mènent pas le monde. Il est cependant possible de puiser de l'énergie dans la parole expressive, en vue de nouvelles actions.

L'année suivante, la ville de Québec verra naître une revue au titre emprunté à une chanson d'Anne Sylvestre. *Marie-Géographie* se dit féministe et socialiste ; son sous-titre est *Écritures féministes rebelles* et le groupe se définit « comme une collective de femmes provenant de différents milieux de militance, groupes de femmes, groupes populaires et syndicaux » (*Marie-Géographie*, 1984). L'utilisation du terme « collective » reflète la spécificité – réelle ou souhaitée ? – d'une organisation toute féminine (Anadon *et al.*, 1990). Les rédactrices se définissent comme intellectuelles organiques, d'où la réapparition des thèmes de la « nécessaire » solidarité du mouvement et de la « prise de conscience ». Mais elles se définissent par rapport au mouvement autant que par rapport aux médias (autonomie relative de la « collective » par rapport au mouvement). Chose nouvelle par ailleurs dans le mouvement féministe, elles insistent sur la « solidarité avec les luttes des autres groupes sociaux opprimés et la solidarité internationale avec les peuples et les groupes opprimés ». De plus, dans les années 1980, comme la majorité des femmes, même les mères de jeunes enfants, participent au marché du travail, la revue se propose de traiter « des liens entre les conditions de vie et de travail des femmes ».

Les causes défendues par les féministes vont en se spécialisant. *L'Autre Parole* (1976), dont l'objectif est de développer une théologie féministe, de discuter de la place des femmes dans l'église, même si elle se préoccupe des rapports entre féminisme et socialisme (qui sont affirmés, mais non élucidés), appartient à cette deuxième phase du mouvement, celle de sa différenciation.

En 1981, une revue adopte un titre qui ressemble étrangement à celui d'une précédente : *Féminin pluriel*, et marque également la diversité du mouvement. Cette revue introduit un nouveau thème dans le discours féministe en convoquant les femmes à un engagement en politique active. « Il ne s'agit pas de déclarer la guerre aux hommes. [...] Il faut que les femmes s'organisent et s'unissent entre elles pour former une force de frappe. Nous devons nous familiariser avec tous les rouages du pouvoir et participer activement à la vie politique » (*Féminin pluriel*, 1981). En 1981 encore, et sans s'expliquer davantage, le Centre d'information et de référence pour femmes transforme son bulletin en revue : *Communiqu'elles*. Le Conseil du statut de la femme (CSF) lance sa propre revue : *La Gazette des femmes* (1979). Une publication gouvernementale est sûrement un indice de relative institutionnalisation du mouvement. Cette revue naît sans éditorial de présentation : il va de soi que le CSF publie sa gazette.

Au cours des années 1980, les femmes sont de plus en plus présentes dans les premiers numéros des revues québécoises, dans les comités de rédaction, comme collaboratrices et comme signataires de premiers éditoriaux. Mais, aucune femme à *Liberté-magazine* (1980), ni à *L'Analyste* (1983), expressions de la droite néo-libérale. La seule collaboratrice à *Questions de culture* (1981) est secrétaire de rédaction. *Le Bulletin pantoute* (1980) aura 10 femmes sur 25 collaborateurs ; *Nuit blanche* (1982), 5 sur 18, mais elles seront 3 sur 7 au comité de rédaction.

Ce n'est pas que dans la presse que les femmes ont pris de la place. Plusieurs groupes populaires ou d'extrême gauche sont disparus sous la pression des femmes et du féminisme. Des contradictions, des incompatibilités entre la vie privée et la vie publique ont fait éclater le militantisme « classique », difficile à concilier avec les charges familiales ou même avec la vie de couple. De cela aussi les revues témoigneront. La remise en question du militantisme et la recherche d'une nouvelle voie sous la pression explicite des femmes et des féministes sont présentes dans *Presse-libre* (1981) où on trouve 5 femmes sur 20 personnes à la rédaction, dans *Conjoncture* (1982) où la rédaction compte 2 femmes sur 7 personnes, et 10 femmes sur les 23 signatures du sommaire ; la nouvelle formule de 1985 comptera 2 femmes sur 5 personnes à la rédaction et 6 femmes sur 16 signataires d'articles. Même proportion à *Qui-Vive* (1985) : 2 sur 7 au comité, 7 sur 15 collaborateurs. On note l'absence des femmes au comité de rédaction d'*Idées et pratiques alternatives* (1983), mais plus du tiers de collaboratrices (10/28).

Des revues non destinées spécifiquement au public féminin sont dirigées par des femmes : *Arcade* (1982), et *Ciel variable* (1986) dont la rédaction est assurée par deux femmes et où on trouve exactement 10 collaboratrices sur 20. À la fin des années 1980 naîtront des revues toutes masculines : *Le Beffroi* (1986), *Société* (1987), *N'importe quelle route* (1987) et d'autres, féministes et féminines. Désormais tout semble possible, et la présence des femmes auprès de leurs confrères ne semble pas poser de problème, ni constituer non plus une obligation.

Réponse et complicité des hommes ?

Le mouvement féministe ne laisse pas les hommes indifférents, et une revue « masculiniste » naîtra en 1980. Cependant, les premiers hommes à prendre le relais des féministes sont les homosexuels, dont les revendications de droit à la différence et de reconnaissance de l'identité rejoignent celles des femmes.

Le bulletin de liaison des Gai(e)s du Québec devient *Le Berdache* (1979) (voir l'encadré 4). L'objectif : l'affirmation des différences, en particulier sexuelles, tout en évitant la création d'un ghetto. *Le Berdache* revendique l'autonomie, mais craint qu'elle ne se transforme en égoïsme, en autarcie. Cet enjeu n'est pas spécifique au mouvement homosexuel, mais à tous ceux qui réclament l'autonomie.

À la recherche d'un équilibre entre identité et ghetto, les rédacteurs se définissent d'abord à partir de l'oppression. À noter : c'est d'une « intuition » qu'il est question, pas d'une analyse « juste ». D'emblée, ce type de définition de soi pose les rédacteurs du *Berdache* comme solidaires d'autres groupes opprimés : les Québécois colonisés, les femmes, les travailleurs. Les étudiants sont des alliés. En cette

Encadré 4
DROIT À LA DIFFÉRENCE
ET OPPRESSION DES HOMOSEXUELS

« [...] nous voilà pris [...] entre deux tentations contraires [...] d'une part rejeter l'identité homosexuelle comme idéologie, c'est-à-dire ne pas donner à penser que nous sommes les gardiens d'une civilisation de rêve, d'autre part, participer activement à la fondation d'une communauté de défense bâtie sur la marginalité de notre sexualité. Première intuition : c'est l'oppression qui lui est faite aujourd'hui, et non pas la différence propre des comportements sexuels, qui fonde l'homosexualité et l'isole comme phénomène. [...]

Fierté d'être Québécois sous la menace coloniale, fierté d'être femme sous le joug millénaire du mâle, fierté d'être travailleur sous la loi du capitalisme ; fierté d'être gai face à l'oppression quotidienne ; c'est toujours la sujétion qui provoque et légitime la fierté et l'action. [...]

Nous cherchons à élargir notre public, à toucher surtout les groupes avec lesquels fonder une solidarité d'action, par exemple les associations d'étudiants qui nous ont toujours répondu favorablement ; nous voulons également aller chercher les gais qui ne fréquentent pas le ghetto. [...]

Nous voulons être à l'écoute du mouvement. [...] Notre ambition : informer, témoigner. [...] Nos moyens sont faibles, dérisoires. [...] Notre Berdache était comme nous : du continent américain, il aimait comme nous, les hommes, qui le lui rendaient ; il était compris, respecté et protégé dans son milieu social... Avons-nous d'autres ambitions ? » (*Le Berdache*, 1979.)

année préréférendaire, *Le Berdache* fait référence au nationalisme, mais aussi à l'américanité.

Comme *La Vie en rose* l'année suivante, *Le Berdache* insiste sur le fait que les moyens du groupe sont dérisoires. Et l'objectif ultime n'est pas de changer la société, mais que tout homosexuel puisse se sentir bien dans la société québécoise. Si cela implique des changements sociaux, ils ne sont pas précisés dans l'éditorial. *Le Berdache*, comme les revues féministes, se veut à l'écoute d'un mouvement qui existe en dehors de lui, il cherche à témoigner plus qu'à théoriser sur l'oppression et la révolution. En ce sens, ses préoccupations et son rapport au social se situent dans la même mouvance.

En 1980 paraît, sans éditorial de présentation, le bulletin *Hom-Info*, qui deviendra plus tard une « vraie » revue. Le mouvement masculiniste est-il une réaction, une réponse au féminisme ?

Institutionnalisation

> Cette attitude nouvelle risque de balayer nombre de certitudes admises par les femmes elles-mêmes ; l'identité de femmes se révèle plurielle et complexe, allergique à toute espèce de centralisme ou de dominance. Retrouvailles avec une diversité trop longtemps refoulée et dont la Parole Métèque se veut le reflet. (La Parole métèque, 1987.)

Après avoir affirmé son identité puis sa pluralité, le féminisme connaîtra une phase d'institutionnalisation. En fait, ces deux moments se recouvrent partiellement. Un mouvement social, surtout quand il revendique la différence et l'autonomie, n'évolue pas tout d'un bloc.

La Parole métèque (1987) veut donner la parole aux femmes immigrantes et universitaires. Elle valorise les différences et ne souhaite pas l'unanimité. La revue parle de « renouveau féministe » par opposition à des idées désormais tenues pour acquises. *La Parole métèque* se situe donc en opposition à un certain féminisme et à ses idées reçues, posant ainsi implicitement le constat de l'institutionnalisation, et veut faire place à des femmes qui ont peu de voix dans le mouvement : les immigrantes. Cette revue appartient autant au mouvement interculturel des années 1980 qu'au féminisme ; elle est doublement différente.

Enfin, j'en ai parlé au chapitre précédent, le Groupe de recherche multidisciplinaire féministe (GREMF) de l'Université Laval fonde en 1988 *Recherches féministes*. Le féminisme n'est plus seulement un mouvement social, c'est une discipline universitaire, une approche scientifique légitime. *Recherches féministes* parlera même de méthodologie féministe. Les femmes du GREMF sont soucieuses de ne pas se couper du mouvement et de concilier les exigences scientifiques et l'utilité sociale.

Conclusion : l'avant-garde féministe

Cette trajectoire du féminisme, de l'identité fusionnelle à la reconnaissance de différences et même de tensions, est classique pour un mouvement social. Le marxisme a connu semblable dynamique de son apparition (*Parti pris, Socialisme 64*) à son institutionnalisation (*Interventions critiques [...], Cahiers du socialisme*), puis à sa transformation en discipline universitaire reconnue.

Dans les années 1980, si la définition de la gauche ou du progressisme n'apparaît plus évidente pour personne, une des seules certitudes à cet égard c'est que les féministes en sont. Mais celles-ci n'ont la prétention de parler ni au nom de toutes, ni à tous ou toutes ; pour reprendre une expression de *La Vie en rose*, leur « projet est dérisoire ». Elles entendent se faire plaisir, souci éminemment « privé », cohérent avec leur redéfinition du politique par le privé.

Les idées ne mènent plus le monde et les intellectuels ont quitté les rives de la modernité. Ils ont acquis un sexe, une vie privée, et perdu la place publique. Les thèmes principaux de cette configuration que, faute de mieux, je nomme ici post-modernité sont : pratiques, quotidien et surtout autonomie. Cette autonomie est revendiquée au niveau tant individuel que collectif : pas d'autonomie individuelle sans autonomie collective, et vice-versa. C'est un nouveau projet politique qui part de la base et non du sommet, et qui est caractérisé par la pluralité. Le Nous se définit par les Je qui le composent et qui lui sont irréductibles.

Le rôle des intellectuels est transformé : il s'agit désormais de dire des pratiques autrement invisibles parce que privées. Ce n'est pas le moment d'analyser le monde, il faut commencer par le dire. Les pratiques dont témoignent les intellectuels, ce ne sont pas eux qui les ont proposées, ils n'en n'ont pas défini les contours. L'autonomie est donc aussi une caractéristique des pratiques par rapport aux discours.

Le prochain chapitre illustrera l'influence du féminisme sur l'ensemble des débats de la mouvance progressiste. La redéfinition du sujet intellectuel effectuée par le féminisme sous-tend la production littéraire et artistique des années 1980, comme le montrera le troisième chapitre de cette dernière partie.

15

Le discours
de la pratique

Nous avançons que c'est en partant « du bas », des domi-
né-e-s, que nous pouvons le mieux suivre l'évolution des
transformations sociales (ou non) et que c'est à ce niveau,
celui des expériences concrètes, celui du « vécu » que s'engen-
drent les catégories de domination et aussi de libération. [...]
Quand nous parlons de pratiques marginales, nous entendons
par là des pratiques ayant un impact à l'échelle sociale, qui
contestent l'ordre dominant, « normal » des choses ; la
marginalité ne se mesure pas quantitativement pour nous, elle
renvoie plutôt à des pratiques qui dans les faits déconstruisent
le pouvoir, celui du boss, celui du mari, celui du curé, en se
situant au-delà de son attente. (Hérésies, 1986.)

Dans les années 1970, le discours nationaliste s'est ritualisé
peu à peu (*Le Berdache*, 1979), malgré la parution de quelques revues
nationalistes comme *Monongahéla* (1978). L'indépendance était prise
comme allant de soi... Trop ? A-t-on failli à sa responsabilité comme
l'appréhendaient les rédacteurs du *Temps fou* (1978) ? Le référendum
est perdu. Cela ne paraît pas, pas explicitement du moins, dans les
éditoriaux. Pas de bilan postréférendaire, à peine quelques allusions.
Plus lourd à porter, ou moins tabou, est l'échec de la gauche, d'un
certain projet de société.

Au début des années 1980, la place publique n'existe plus.
C'est à un véritable redéploiement du politique que l'on assiste.
Entre les deux pôles, la nouvelle droite et la gauche essoufflée, c'est
au centre que cela bouge le plus. Dans cet « extrême-centre », les
héritiers des années 1970 mèneront une (auto)critique sévère et
poseront de nouvelles balises à l'action et à l'analyse. Les plus jeunes,

n'ayant pas connu le militantisme des années antérieures ni subi son contrecoup, se lanceront à la défense d'une multitude de causes. Malgré l'éclatement ressenti, tous adoptent le même type d'analyse qui peut être qualifié de discours de la pratique.

Ces années, que les éditorialistes caractérisent généralement par la passivité et le désarroi, apparaissent somme toute très fécondes, porteuses d'un renouvellement de l'action intellectuelle allant dans le sens de celui amorcé par les féministes.

La nouvelle droite

> *Plus que jamais, en un sens, les individus et l'ensemble de la société doivent veiller sur leur autonomie et se garder des pressions excessives que l'État, notamment, exerce sur eux.* (L'Analyste, 1983.)

Les revues d'après la Révolution tranquille, et même d'après la Seconde Guerre, expriment le point de vue des intellectuels progressistes, à tel point que « intellectuel » et « de gauche » semblent synonymes, à de très rares exceptions près : *La Droite* (1941), *Aujourd'hui-Québec* (1965) et les *Cahiers de Cité libre* (1966). Mais les fondateurs de *Liberté-magazine* ou de *L'Analyste* ne font pas partie de la droite traditionnelle, ils se définissent comme néo-libéraux. Cette nouvelle droite jouit d'une légitimité politique (Reagan) et intellectuelle ; contrairement aux revues de droite antérieures, son discours ne tombera pas à plat et servira de repoussoir à ses adversaires.

Liberté-magazine (1980)[1] est la première revue à faire entendre ce « nouveau » son de cloche. Les néo-libéraux disent aller à l'encontre des « superstitions à la mode », des « rengaines que vous entendez répéter partout », sans être beaucoup plus explicites sur leurs intentions. Timidité ? Manque de contenu ? Le programme de *L'Analyste* (1983) est beaucoup plus explicite. *L'Analyste* ne craint pas d'affirmer des opinions à contre-courant ! Et ce n'est pas qu'affaire de rhétorique en conformité avec le genre « premier éditorial ».

---

[1] Il deviendra *Libre-magazine* (1980) dès la troisième livraison pour éviter la confusion avec *Liberté* (1959).

Sa présentation se double en effet d'un manifeste néo-libéral, où le Nous québécois est récusé au profit des Je libéraux, de Je qui réclament « la liberté des opinions » face à « diverses idéologies [qui] distillent de subtiles influences ». *L'Analyste* conséquemment n'a « qu'un but : juger les questions au mérite, c'est-à-dire en pesant le pour et le contre, sans parti pris, mais aussi sans conformisme ».

La critique de l'État n'est pas un thème exclusif au néo-libéralisme ; aussi bien la mouvance alternative que les progressistes y contribuent, pour des raisons différentes toutefois. Il n'y a pas que la politique que *L'Analyste* remet en question : art, économie, morale, religion, science doivent être pensés, repensés avec « vigilance » ; cela non plus n'est pas spécifique à la droite.

Il peut sembler étrange qu'en 1983 *L'Analyste* fasse allusion à la liberté d'opinions. C'est que cette revue tient à se démarquer du conformisme idéologique, c'est-à-dire de la gauche, ce qui pourrait « demander certains efforts à ses lecteurs. Après tout, la véritable réflexion ne peut aller sans une telle exigence. » Élitisme ou gymnastique nécessaire pour sortir des sentiers battus ? Mais le conformisme que *L'Analyste* dénonce est lui-même en redéfinition. La droite n'est plus si différente de la gauche, ni du centre, dans un univers politique en redéfinition.

Le chant du cygne de la gauche

> *Taire le projet socialiste parce qu'il se vend mal, c'est abdiquer des idées et des espoirs au profit du totalitarisme des lois du marché. [...] La revue veut être un instrument de lutte idéologique défendant le socialisme, l'indépendance du Québec et le féminisme. [...] Notre projet sera à la fois de caractère militant et de caractère scientifique.* (Critiques socialistes, 1986.)

En 1980, il existe encore d'irréductibles ML, engagés « dans la lutte contre le révisionnisme et le réformisme » (*Forum international*, 1980). Un courant si fort ne disparaît pas du jour au lendemain. Néanmoins c'est son chant du cygne qui se fait entendre. Il se fait tard pour « intensifier la lutte pour l'unité des marxistes-léninistes à l'échelle internationale ». La revue, publiée au Québec, ne s'adresse pas aux Québécois, mais aux « partis et organisations démocratiques, ainsi [qu'aux] mouvements révolutionnaires de libération nationale » de « plusieurs pays ». C'est – non-dit de l'éditorial – que la situation « révolutionnaire » n'est pas très brillante au Québec : les mouvements d'extrême gauche se sabordent presque tous au tournant des années 1980. Certains de leurs membres renoncent à la lutte révolutionnaire, alors que d'autres poursuivent la réflexion, sur de nouvelles pistes.

C'est le cas de *Critiques socialistes* (1986) qui veut reprendre le flambeau des *Cahiers du socialisme* (1978), « la seule revue québécoise théorico-politique, indépendante et pluraliste qui [défend] le projet socialiste ». Cette dernière a éclaté en 1985 à la suite des débats entourant la publication d'un numéro sur « la pornographie et la violence faite aux femmes et aux enfants ». « Déjà, des déchirures s'étaient produites sur des enjeux similaires quelques années auparavant. » Enjeux similaires ? Liés à la condition féminine ? « Le privé est politique » fait mauvais ménage avec la juste ligne.

Critiques socialistes est sur la défensive, tout au long des onze pages de son éditorial : il importe de « ne pas se laisser entraîner par le reflux général » et « d'apprendre de nos défaites afin de mieux se préparer pour les luttes à venir ». Car défaites il y a, et *Critiques socialistes* n'est pas seule sur la défensive : les mouvements sociaux le seraient tous, la gauche tout entière le serait. « Seul, le mouvement des femmes a pu connaître des victoires et a continué à se développer. » Le constat est sévère : les groupes de gauche se sont « désagrégés » ou ont perdu leur influence. « Le discours syndical est devenu apolitique. Le socialisme académique, subissant défections après défections, révisions après révisions, s'effrite et tend à disparaître de la scène des débats intellectuels. »

Bref, la revue ressent l'échec de l'action tant militante qu'académique, autrement dit de toute l'entreprise intellectuelle. Cependant, l'équipe souhaite poursuivre la lutte contre l'exploitation et l'oppression ; elle se situe par rapport à l'Europe de l'Est, explique comment le socialisme ne conduit pas nécessairement au totalitarisme étatique. Le « socialisme a été dévoyé », mais le collectif de la revue refuse d'« abdiquer » (voir l'extrait en exergue de la section).

Pour *Critiques socialistes*, une façon de « résister » est d'allier les projets scientifique et militant. Incantation ? Retour à une posture conciliant la fermeture relative du champ intellectuel et son ouverture sur le social ? En tout cas, souci d'articuler le socialisme avec les deux pierres d'achoppement sur lesquelles il a buté à la fin des années 1970 : la question nationale et le féminisme. La tâche ne sera pas facile, car « le marxisme et le socialisme servent de repoussoirs ». Comment « renouveler l'imagination théorique face au pessimisme et au scepticisme ambiants » ? Question sans réponses, ou dont les réponses obligent à emprunter de nouvelles voies.

C'est ainsi que d'anciens membres de l'extrême gauche s'éloignent des luttes et des analyses classiques-classistes. Devant le « reflux de la classe ouvrière », *Révoltes* (1984) observe que « les révoltes se manifestent [...] dans le découragement le plus extrême : le suicide, la criminalité, l'alcoolisme, dans l'absence tragique de perspectives (« no future »), dans le défaitisme et le nihilisme. » Les textes de *Révoltes*, dans la tradition ML, ne sont pas signés ; toutefois, on apprend dans l'éditorial que le collectif comprend des hommes et des femmes.

Le regard se porte du prolétariat s'embourgeoisant au lumpenprolétariat dont les rangs sont gonflés par la crise économique. La revue parle même du mouvement punk. *Révoltes* souhaite le changement, veut y contribuer. « La revue se donnera pour tâche de faire connaître, de soutenir, d'élargir toutes les révoltes. » D'une certaine façon, la dynamique est semblable à celle observée dans les revues féministes[2] : le mouvement existe en dehors des intellectuels et de leurs efforts ; il n'a pas pris la direction que les intellectuels avaient prévue, ils n'ont pas su non plus en prendre la direction ; d'ailleurs, ils n'en ont plus la prétention. Le collectif veut se mettre à l'écoute des mouvements, des révoltes, quels qu'ils soient, et intervenir, mais « sans nous illusionner sur le caractère déterminant de notre intervention ». La parole ne sert pas tant à donner la direction à suivre qu'à soutenir une action préexistante.

Un autre collectif dont les membres ont été associés à l'extrême gauche quitte la politique classique, à laquelle se consacre

---

[2] Révélateur à cet égard, le seul mouvement organisé nommé dans l'éditorial de *Révoltes* est le féminisme.

encore *Révoltes*, pour s'intéresser au culturel, à l'imaginaire. *Rêves en couleur* (1984) dénonce l'apathie, « le découragement, le cynisme, le chacun pour soi ». Ces problèmes caractérisent l'ensemble de la société, la gauche serait cependant davantage touchée. Le Nous révolutionnaire de l'extrême gauche cède la place, du moins en partie, à des Je. L'objectif est toujours la révolution, mais plus par l'intermédiaire de la juste ligne ; celle-ci est remplacée par la subjectivité de la révolte ou du rêve. Cette évolution est liée non seulement à l'analyse de la situation sociopolitique, mais aussi à une dynamique interne de l'extrême gauche. Tout conduit à ce passage du Nous aux Je. « Notre petit collectif se « ramasse » de l'échec de l'expérience marxiste-léniniste du Parti Communiste Ouvrier (PCO) » (*Rêves en couleur*, 1984). De plus, les « instruments de lutte » se sont retournés contre les militants. Qu'est-ce à dire ? L'éditorial de *Rêves en couleur* en fournit des indices : les militants sont désormais des militants et des militantes, ils rêvent en plus d'analyser et de lutter (même s'ils prennent soin de préciser que rêver ne suffit pas). « Quant à la gauche, le moins qu'on puisse dire, c'est qu'elle est souffrante. » Dans un chapitre précédent, nous avons vu que les universitaires s'étaient eux aussi révélés, dans les années 1980, dotés d'un sexe, d'une capacité de jouissance et de souffrance.

D'autres revues développeront davantage ces thèmes, en particulier le rapport entre la vie privée et la vie publique, et les enjeux du quotidien. Entre la nouvelle droite célébrant les droits individuels, et la gauche contre laquelle se sont retournés ses instruments de lutte, un nouveau discours s'élabore à l'extrême centre, en se basant sur ce que ces deux discours qu'on pourrait croire aux antipodes ont de commun : l'apparition d'un nouveau sujet intellectuel, le Je. Et s'il y a Nous, ce n'est plus le Nous québécois ni le Nous révolutionnaire : c'est le « collectif », sur lequel je me pencherai dans la section suivante.

Bilans et nouvelles balises

> [...] le collectif se compose de communistes et de non-communistes, mais aussi de femmes et d'hommes de milieux culturels et communautaires, ayant à n'en pas douter des différences,

des divergences, des affinités, des sourires et un point complice : la revue. [...]

De plus, nous espérons mettre en contact des gens qui luttent sur le terrain de l'écologie, pour un nouvel urbanisme, dans le mouvement des femmes, pour une nouvelle sexualité, pour une meilleure santé physique et mentale, contre l'endettement, pour une culture libératrice. Ouf! [...] Pour nous, tous ces aspects n'ont pas à être marginalisés comme des vulgaires postes budgétaires. (Offensives, 1980.)

Au contraire de ceux dont la section précédente analysait les éditoriaux, la plupart des militants des années 1970 rompent totalement avec la rhétorique marxiste et le communisme. Ils ne cessent pas pour autant d'espérer le changement. Mais ils sentent le besoin de repenser tant le projet de société que la façon d'y parvenir.

Offensives (1980) pose les balises de ce que sera ce questionnement. De la décennie précédente, on ne fait pas complètement table rase, mais presque. « Les individu-e-s membres du collectif ne représentent en aucune façon une organisation. »

Le collectif, mode de regroupement (dont même les ex-ML se réclament) apparu dans le mouvement féministe, se répand dans toute la mouvance progressiste. Le terme a une connotation pluraliste. Les comités de rédaction ont toujours constitué des équipes ; « collectif » n'est cependant pas qu'une nouveauté de vocabulaire ; le terme dénote autant l'autonomie du groupe par rapport à toute organisation, que l'existence du groupe en dehors de son activité éditoriale. Le collectif sent le besoin de se présenter, de justifier son existence autrement que par les textes qu'il publie. S'établit un nouveau rapport à la parole : ce n'est pas le discours qu'il produit qui justifie l'existence du groupe, c'est l'existence d'un groupe, libre de toute attache, qui justifie sa prise de parole ; de là vient également le besoin de s'expliquer sur la représentativité du groupe (*Interventions critiques en économie politique*, 1978). Bref un collectif, si c'est un Nous, ne peut s'y réduire, car il est essentiellement un regroupement de Je (voir l'extrait en exergue de la section).

Offensives, reflet « du monde communautaire et culturel », sort du créneau strictement politique. D'ailleurs, la revue dénonce « le syndrome de la tâche principale qui a trop souvent brisé le dialogue » entre communistes et non-communistes. Elle veut « briser l'isolement dans lequel se trouvent la plupart des groupes dominés de notre société ». La disparition de la « tâche principale » est cohérente avec l'éclatement du Nous : la lutte unique a cédé la place à plusieurs fronts de lutte sur lesquels œuvrent non pas un Nous, mais des Je bien différenciés. Conséquemment, la revue ne se veut pas lieu d'analyse, mais « d'expression de toutes les facettes des exploitations et des oppressions et des différentes options de changement de ceux et celles qui sont dominés-es. » Presque tous les thèmes caractéristiques des revues féministes sont ici présents : sujets sexués, pluriels ; accompagnement et non direction des mouvements sociaux ; parole expressive et non analytique ; luttes dans des secteurs non associés auparavant à la politique.

Le syndicalisme, lié à la cause ouvrière, est affecté par la crise de la gauche. Le *Magazine CEQ* adopte le nouveau nom de *Mouvements* (1982) ; le syndicalisme avait été le pilier de la gauche, mais il se redéfinit, et la revue cherche à rejoindre un public autre que ses membres : elle sera désormais présente dans les kiosques et abordera « des questions d'égalité entre les sexes, d'environnement, des droits humains, du loisir, de la culture, de la communication, de la consommation et autres ». Comme à *Offensives*, le portrait des solidarités et affinités diffère passablement de celui présenté dans les années antérieures. Ce ne sont plus des groupes ou des personnes qui sont nommés (militants, étudiants, syndicalistes, coopérateurs, comités de citoyens, etc.), mais des thèmes qui sont proposés à l'ensemble de la mouvance progressiste qui n'est plus définie autrement que par sa sensibilité à l'endroit de ces thèmes.

Ouverture à de nouveaux thèmes soit, mais dans une tradition, celle de la « presse libre ». L'éditorial de *Presse-libre* (1981) situe d'abord cette revue à l'intérieur de cette presse alternative, dans cette tradition (voir l'encadré 1), celle de *Québec-presse*, de l'Agence de presse libre du Québec, de l'ICEA (Institut canadien d'éducation des adultes), du *Temps fou* (1978), de *La Vie en rose* (1980) et des journaux régionaux[3].

---

[3] À noter que *Presse-libre*, en plus de son équipe à Montréal, est dotée de collectifs régionaux.

Encadré 1
UNE PRESSE LIBRE

« Dans la filiation de Québec-Presse et de l'Agence de Presse Libre du Québec, Presse-Libre veut reprendre la tradition d'une information axée sur l'actualité mais faite du point de vue des organisations de lutte des travailleurs, des femmes, des comités de quartiers. […]

Après des années de vaches maigres, une certaine presse de gauche est à se recomposer dans un contexte impératif de résistance sociale face aux offensives patronales et étatiques, au renforcement de la droite, au contrôle des médias par les grands pouvoirs financiers, à la division syndicale, à la contre-réforme en éducation et dans les affaires sociales : il nous faut reprendre la parole pour arrêter le buldozage dont nous sommes et serons l'objet tant que les différents secteurs du mouvement anti-capitaliste et anti-autoritaire resteront isolés, coupés entre eux. […]

Il nous faut parler de nos vies quotidiennes […] de la nécessité de donner une vigueur nouvelle à nos organisations, parfois devenues lourdes, inefficaces, à cause de leurs structures, de leurs formes de luttes et de revendications traditionnelles, à cause de leur incapacité à tenir compte des problèmes quotidiens et « privés » de leurs militants.

Il nous faut enfin réouvrir le débat entre nous sur un projet de société radicalement différente de celle où nous vivons, que nous ne bâtirons pas un de ces grands soirs, mais dans l'audace quotidienne de nos luttes, de notre imagination, de rapports nouveaux entre hommes et femmes. […] Pas une information neutre, ni objective. […] il nous faut réapprendre à nous écouter, à laisser coexister des paroles plurielles, sans ligne juste qui les traverserait toutes. » (*Presse-libre*, 1981.)

Dans l'analyse de la situation sociopolitique, tout y passe, sauf le nationalisme. Le collectif se déclare anticapitaliste, mais aussi anti-autoritaire. Le premier thème concerne l'objet de la lutte, le projet de société, le second également mais il s'applique de plus à l'organisation. *Presse-libre*, comme les héritiers de l'extrême gauche, est forcé de repenser le changement à la suite d'une dynamique tant externe qu'interne ; comme les revues féministes, il souhaite une cohérence entre l'objectif poursuivi et la façon de l'atteindre. La recherche d'une nouvelle forme de militance entraîne une discussion sur le fonctionnement de la revue, sur la revue comme organisation. Deux balises : pluralisme et prise en considération de la vie privée des militants.

Le bilan de *Conjoncture politique au Québec* (1982) est encore plus sévère étant donné « l'ampleur de l'impasse dans laquelle se trouve aujourd'hui la société québécoise » ; cette impasse est totale : nationaliste, syndicale, culturelle (voir l'encadré 2). Sombre portrait ! Les intellectuels n'ont pas assumé leurs responsabilités. Ce que craignait *Le Temps fou* (1978) se serait-il produit ? Une lecture attentive montre que la charge porte sur ceux qui avaient pris la parole dans les années précédentes et non sur une génération dans son ensemble.

La revue poursuit avec un éloge des revues comme les premiers éditoriaux n'en avaient pas présenté d'exemple depuis plusieurs années. Au siècle dernier, les fondateurs de revues vantaient leur marchandise en termes génériques aussi bien que spécifiques. *Conjoncture politique au Québec* insiste sur le rôle des revues dans l'histoire du Québec. Une nuance : les revues dans le passé ont « permis d'orienter » ; désormais c'est de « résistance » qu'il est question. Rhétorique ou incertitude ? Quoi qu'il en soit, l'équipe fonde une revue non seulement pour servir le Québec, mais aussi pour elle. Comme d'autres s'expliquent sur le fonctionnement du comité de rédaction, *Conjoncture politique au Québec* avoue trouver du plaisir à produire une revue. Les intellectuels se sont incarnés. Mais surtout, ce type d'implication intellectuelle (par opposition à la militance dans un groupe politique ou populaire ?) permet aux membres du collectif de réconcilier, pour eux, en tant qu'intellectuels, les exigences de la vie publique et de la vie privée : œuvrer pour le Québec libre et socialiste tout en se faisant plaisir. Projet collectif et projet individuel se rejoignent. Le collectif qui publie la revue, avant d'être un Nous défini par un projet commun, est un ensemble de Je.

En 1982, un bulletin de liaison entend rejoindre les militants (des deux sexes) de tout le Québec : *Pour le socialisme*. L'éditorial ne propose pas un programme explicite, mais se donne comme mission de populariser analyses et réflexions en plus d'informer. Après quelques années, cette publication se transforme : « L'Autre actualité se veut un lieu d'expression des mouvements sociaux et de la gauche, de leurs expériences, inquiétudes et projets » (*L'Autre Actualité*, 1986).

« Paralysie du mouvement national [...] Impuissance du mouvement ouvrier [...] Les artistes n'ont pas été les seuls à déserter et à se défiler, les intellectuels n'ont pas fait autrement. Ils ont abandonné la vie publique pour se cantonner dans des activités strictement académiques. [...] La rhétorique triomphe du débat d'idées. Quant à ceux qui avaient mauvaise conscience ils se sont souvent réfugiés dans le rôle gratifiant de conseillers des centrales syndicales. [...]

Nous pensons qu'il émerge dans la société québécoise un nouveau dynamisme, une nouvelle volonté de mettre la question politique à l'ordre du jour, de reprendre en mains son avenir national. [...] se réapproprier les débats politiques jusqu'ici hégémonisés par la question nationale et le Parti Québécois.

[...] [la revue] doit pouvoir servir de lieu de confrontation, d'échange, de débats, fondements mêmes pour nous de toute élaboration intellectuelle indépendante, de toute création artistique qu'elle soit littéraire ou autre, de toutes critiques politiques. Ce sont des revues qui dans le passé ont permis d'orienter la renaissance du Québec. Il se pourrait que ce soient elles qui, à nouveau, permettront de nouvelles résistances. [...]

Traquer systématiquement dans ce qui est de l'ordre de la sphère publique mais aussi privée ce qui est politique, ce qui fait l'enjeu de luttes politiques.

[...] une revue qui se réclame de l'indépendance et du socialisme, deux mots qui pendant longtemps se sont simplement faits slogans. [...]

Si nous voulons faire une revue ouverte, s'inscrivant dans le cadre d'un projet politique et intellectuel explicite, l'on ne saurait cacher, au risque de retomber dans une certaine schizophrénie, que nous ne faisons pas seulement une revue pour les autres mais aussi pour nous, comme condition de notre survie intellectuelle, ballon d'oxygène, instrument d'une production intellectuelle et du plaisir qui s'y rattache. Pourquoi le cacher ? À vouloir dans le passé refuser de reconnaître l'investissement personnel et ludique qui entre nécessairement dans tout projet intellectuel, trop nombreux sont ceux qui se sont brûlés et tous n'en sont pas revenus. C'est une leçon fondamentale que nous a apportée le mouvement féministe. » (*Conjoncture politique au Québec*, 1982.)

Les intellectuels ne croient plus au grand soir; s'il est des choses à changer dans le quotidien, dans la vie privée, cela ne peut se faire d'un coup. Ce n'est plus l'indépendance qui fait l'objet de discours rituels, mais l'importance d'en arriver à de nouveaux rapports entre hommes et femmes. Avec le même succès? C'est à voir!

Les revues dont je viens de discuter ont posé des balises générales en ce qui concerne aussi bien un projet de société que l'organisation de la lutte. D'autres poursuivent des objectifs plus spécifiques.

Sujets éclatés, causes éclatées

> *Nous sommes, nous aussi, critiques de l'État et de ses politiques [...] mais au nom de cette critique, nous refusons de faire le jeu de la nouvelle droite qui veut profiter de la crise économique pour faire reculer les acquis populaires et ouvriers dans la protection minimale de leurs droits démocratiques. [...] Ce que ces gens-là cachent sous le mot liberté, c'est trop souvent la liberté d'exploiter les travailleurs et surtout les travailleuses. [...] Les droits et libertés de la personne doivent être garantis comme inaliénables de manière égale en droit et en fait pour tous et toutes. [...] Au lieu d'opposer les droits individuels aux droits collectifs et de chercher ainsi à éliminer les uns au nom des autres, il faut au contraire favoriser leur épanouissement et leur renforcement mutuel. (Objection, 1982.)*

Congruent avec l'éclatement du sujet collectif en sujets individuels est celui des luttes. Chacune ou presque trouvera un écho éditorial. Les revues ne se donnent plus pour domaine l'ensemble des questions sociales, politiques et culturelles, mais des créneaux très spécifiques.

Charte des droits, déclaration des droits de l'homme sont de nouveaux thèmes abordés en éditorial (voir la citation en exergue de la section). *Objection* (1982) prend la défense des droits de l'homme[4],

---

[4] Ce qui se donne à lire aussi dans *Objection*, est la transformation du droit en résultante des pressions exercées par tout un chacun. Selon Michel Freitag (1985 et 1986), il s'agit d'un signe de ce qu'on n'est plus dans la modernité mais dans la post-modernité, dans ce qu'il qualifie de société décisionnelle-opérationnelle.

et se situe face à la nouvelle droite. Il devient d'autant plus important – et difficile – de se démarquer de la droite que la mouvance progressiste partage avec elle le diagnostic de l'échec de l'interventionnisme étatique. Ce qui n'est pas dit dans l'éditorial d'*Objection*, c'est qu'au Québec le principal dossier où s'opposent droits individuels et droits collectifs est celui de la langue. Retour du nationalisme par la bande ? Ce débat sur les droits et libertés individuels et collectifs, qui hantera toute la décennie, peut aussi se traduire comme l'affrontement du Nous et des Je, et la recherche d'équilibre entre eux.

La cause de la paix et du désarmement trouve son expression dans *L'Arme à l'œil* (1983), qui deviendra rapidement *Option-Paix* (1983). Le pacifisme est un mouvement en formation, d'emblée internationaliste et tiers-mondiste, et soucieux d'éviter la manipulation, donc de conserver son autonomie par rapport à la gauche ou aux partis. Il n'y a pas que le sujet intellectuel qui soit multiple, l'est aussi celui en lutte ; le mouvement pacifiste ne se connaît pas lui-même, mais s'il « veut réaliser ces objectifs, il est nécessaire qu'il connaisse le travail des différents groupes qui le composent et qu'il s'ouvre aux autres groupes intéressés au désarmement » (*Option-Paix*, 1983). Ce mouvement n'est pas unifié, centralisé, il est davantage, à l'image du féminisme, un réseau. Il se construit par la base.

Si *Objection* (1982) veut défendre les droits et libertés de la personne, *La Calotte* (1983), publiée par le groupe Auto-Psy, s'intéresse au sort des « psychiatrisés » et « ex-psychiatrisés ». C'est la première publication consacrée à la santé mentale, en dehors des savantes revues de psychiatrie et de psychanalyse. Les rédacteurs inscrivent leur projet dans le cadre d'un changement global de société.

> Nous n'avons pas à attendre le grand soir qui nous amènera peut-être vers le dépérissement de la psychiatrie. Aller au devant de la psychiatrie c'est déjà travailler à l'avènement d'une société où la différence ne sera pas déviance, où l'égalité ne sera pas mythe, mais réalité. (*La Calotte*, 1983.)

La conception du changement social dans les années 1980 est semblable d'un secteur à l'autre même si les luttes sont très diverses. Le grand soir récusé ici, c'est celui de la mort de la psychiatrie. L'objectif, au-delà de la modification de la représentation et du traitement de la maladie mentale, est la valorisation de la différence, et cela ne peut venir que d'actions quotidiennes. La prise de parole écrite du collectif vient en prolonger une autre forme : des vidéos. La même année, *L'Une à l'autre*, issue du mouvement Naissance-Renaissance, connaît la même genèse. L'écriture, si elle reste un moyen privilégié d'expression des idées, n'est plus le seul. Encore une fois, les fondateurs affirment y trouver du plaisir.

Les causes défendues par les revues, si elles sont parfois nouvelles comme celle des droits et libertés, peuvent aussi se situer dans la continuité de combats plus anciens. Ainsi « la Libre pensée est matérialiste-post-moderne [...] elle considère prioritaires les luttes pour la libération des femmes, l'école neutre et la séparation de l'Église et de l'État » (*La Libre Pensée*, 1984). Malgré l'affirmation de sa post-modernité, les thèmes que cette revue propose, et en particulier celui de l'école neutre, ne sont pas nouveaux. Non plus celui de l'histoire du Québec. Se multiplient les sociétés d'histoire régionale, qui tentent de rejoindre un « public non initié » ; c'est ainsi que voit le jour à Québec *Cap-aux-Diamants* (1985). Et la question nationale ? Elle sera reprise dans une revue qui semble ne s'adresser qu'à des convaincus, « aux plus conscients de nos nationalistes ». « Notre travail avant tout en sera un de désaliénation des esprits, préalable à la régénération d'un peuple encarcané dans un réseau d'institutions politiques et de catégories idéologiques étrangères qui résultent d'une occupation et d'un voisinage vieux de plus de deux siècles, et dont l'effet débilitant est plus apparent que jamais » (*Indépendance*, 1987).

D'autres revues très spécialisées naîtront dans cette décennie ; ainsi *L'Alternatif* (1987) vante l'école alternative et *Sans réserve* (1988) se consacre à la promotion de la cause autochtone. Le créneau des revues est chaque fois très spécifique ; il n'empêche que l'analyse de la situation et le type de changement social recherché reviennent de revue en revue.

Dire les marges, dire les jeunes

> *Aujourd'hui, le fardeau de la preuve revient d'abord aux adeptes du changement. [...]*
>
> *L'absence institutionnalisée des femmes et des jeunes des centres de décision entretient l'immobilité et l'allergie aux idées neuves. [...]*
>
> *On assiste par ailleurs à la dégénérescence des mécanismes démocratiques. [...] Il convient de le réhabiliter par la définition de nouvelles pratiques politiques, la recherche de réels modes de partition et de répartition du pouvoir. [...] Permettre la gestion du milieu par ceux qui l'habitent. [...]*
>
> *Le défi réside donc du côté de nouveaux objectifs, de nouveaux choix sociaux et politiques : une nouvelle façon de vivre la démocratie et la solidarité humaine. [...] Assumer notre droit collectif aux choix des objectifs et compter d'abord sur nous-mêmes pour sortir de l'immobilisme et de l'attente perpétuelle. [...]*
>
> *Au delà des idées elles-mêmes, il faut parfois s'interroger sur ce qui arrête ceux qui pourraient les prôner. Nous découvrirons alors les barrières à faire sauter. Le reste est une question de courage. (Qui-Vive, 1985.)*

À l'extrême centre, les questions sont pressantes et les réponses fuyantes. Le discours de la quotidienneté se radicalise. Si la condition des femmes avait entraîné des crises dans le fonctionnement des groupes de gauche et des revues (*Critiques socialistes*, 1986), un autre sujet est porteur de crise : la jeunesse. L'Année internationale de la jeunesse fournit l'occasion d'une réflexion sur les générations.

Conjonctures et politique (1985) reprend tous les thèmes présents dans *Conjoncture politique au Québec*, en les radicalisant (voir l'encadré 3), et dénonce l'apathie et la fuite du politique et des responsabilités politiques. Le collectif interpelle explicitement les militants des années 1970, dont il ne se dissocie pas cependant. Le « on », le « nous » et le « vous » de l'éditorial désignent le même groupe, la même génération. La critique est autocritique. Recréer l'espace public... voilà le défi selon *Conjonctures et politique* ! En effet aucune balise ne vient plus guider la réflexion sauf la certitude qu'il

Encadré 3
UN ÉLOGE DE LA PAROLE

« Est-ce un hasard si c'est une réflexion sur la jeunesse qui a déclenché notre ébranlement, qui a forcé nos incertitudes à se dévoiler. [...]

Derrière (ou à côté) de ce qui se donne à voir comme apathie face au social, comme indifférence au champ politique, comme repli dans le confort ou l'angoisse de l'individualité, quelque chose se loge peut-être, qui nous échappe encore et qui n'est pas automatiquement négatif. [...]

Le champ du travail et celui du pouvoir absorbaient nos vies, mais aussi nos schèmes culturels, notre façon d'appréhender et de contester le monde. C'est cela, entre autres, que la jeunesse boude [...]

Bien sûr, après tant d'années d'abnégation militante et de négation indivi-duelle, vous avez le désir de souscrire de la jouissance de la vie au niveau personnel [...] Bien sûr, vous êtes dans le désarroi [...] vous ne vous sentez plus capable de penser le social de façon critique [...]

Mais pendant ce temps-là, et à cause de cela, le « système » reconstruit à toute vitesse sa capacité à réorganiser, à réorienter, redéfinir le contenu de nos vies [...] Alors, on ne peut plus se payer le luxe du silence, de l'absten-tion. [...]

Il faut à nouveau réfléchir tout haut. Dire ce désarroi, ces incertitudes [...] Recréer un espace public d'élaboration d'une parole critique. [...]

Autrement dit, il nous faut délaisser quelque peu le débat sur les réponses et nous placer sur le terrain des questions elles-mêmes. » (*Conjonctures et politique*, 1985.)

---

faille parler haut. Et s'il s'impose d'élaborer une « parole critique », il faut aussi dire son désarroi.

Le dernier collectif se remet en question à partir d'une ré-flexion sur la jeunesse ; mais comment se situent les jeunes face à la politique ? Relèvent-ils le défi de recréer un espace public ? Un groupe issu du militantisme étudiant prend la parole dans *Qui-Vive* (1985), dont le diagnostic n'est pas moins sévère que celui de *Con-jonctures et politique* dans l'évocation du « maintien de privilèges inacceptables et de mécanismes institutionnels désuets ». Mais *Qui-Vive* conserve quand même espoir : « si les grands modèles sont aujourd'hui en crise, le contexte actuel est toujours propice à l'exploration de nouvelles voies peut-être moins globalisantes, mais porteuses de changements concrets ».

Qui-Vive se veut attentif au « dynamisme et au renouveau qui se manifeste au travers d'expériences sociales, économiques, politiques, culturelles » : le regard se porte sur les pratiques concrètes de changement, sur les expériences en cours. La pratique est clairement valorisée au détriment de la théorie. Cela s'accompagne d'une critique des privilèges institutionnels ; même si des choses bougent, subsistent des blocages institutionnels. Nouvelle formulation de la critique de l'État (voir la citation en exergue de la section) ? *Qui-Vive* a la conviction qu'il faut « ne compter que sur ses propres moyens » pour trouver « de nouvelles façons de vivre en société », ce qui comprend l'élaboration non seulement d'une pensée, mais aussi et surtout de pratiques nouvelles. Le pouvoir est l'enjeu ; il faut réinventer la démocratie et la solidarité. Cela va plus loin que de repenser des formes d'organisation des groupes populaires.

Ces jeunes qui n'ont pas vécu les échecs de la militance des années antérieures font porter leur énergie non pas sur l'autocritique et la réinvention de formes d'organisation collective, mais sur des enjeux directement politiques : démocratie et solidarité. Bref, ils veulent assumer leurs responsabilités. Dans *Hérésies* (1986) (voir l'extrait en exergue du chapitre), la critique de la gauche qui parle « dans le vide » et de son discours qui « ne se raccroche à peu près à rien » est sans appel : « Elle ne s'en fait pas pour si peu ; si les gens n'adhèrent pas, c'est qu'ils sont manipulés, mystifiés par l'État, le capital, etc. »

Dans son refus de la gauche, *Hérésies* fait confiance aux gens. Ce n'est pas du populisme, mais presque de l'anti-intellectualisme. Partant du constat que « le privé est politique », la revue tente de le pousser le plus loin possible. Le changement arrive des marges. Dans la dénonciation de l'oppression, l'opposition haut/bas est remplacée par celle entre le centre et les marges. C'est une nouvelle conception de l'espace social qui est ainsi mise de l'avant, non plus en termes de verticalité mais d'horizontalité (Touraine, 1992). Ce ne sont plus deux Nous représentant respectivement deux classes sociales qui s'affrontent, mais des Je plus ou moins marginaux qui veulent se faire reconnaître par un Nous central et centralisateur. Cela s'accompagne aussi d'un nouveau rapport au temps ; l'accent est mis sur le quotidien, l'instantané, car il n'y a plus de futur (*no future*).

> La marginalité pour nous ne peut se vivre de façon isolée ; elle implique un dynamisme qui projette l'individu, dans sa pratique de refus et de fuite, vers d'autres sujets agissant de même. [...]
>
> Il n'y a pas d'agent privilégié de l'histoire. [...]
>
> Pour nous, la disponibilité à la liberté n'est saisissable que dans l'acte, dans le moment où, effectivement, concrètement, sans discours le plus souvent, il y a déconstruction des rapports sociaux dominants.
>
> Il n'y a pas d'avenir, il n'y a que le présent. (*Hérésies*, 1986.)

Paradoxalement pour des fondateurs de revue, l'équipe de *Hérésies* se méfie des mots et privilégie l'action, même la plus humble, qui porte des changements. C'est que la liberté n'est pas qu'un mot, elle doit se traduire en actes. Les changements doivent être quotidiens, personnels, de l'ordre du vécu et non de la théorie ; c'est la seule façon dont ils puissent déboucher sur du global. Ce qui compte, c'est un état d'esprit, la disponibilité, et non l'analyse théorique. Rien n'est jamais acquis une fois pour toutes en ce domaine.

Pour *Hérésies* et *Qui-Vive*, ce sont clairement les pratiques qui amènent le changement. En cela, ils rejoignent les écologistes.

La mouvance alternative et écologiste

> Si l'écologie reste l'étude des petits oiseaux, des fleurs et l'éloge de la propreté, on détourne la tête. Dans notre optique, l'écologie est avant tout une question de société. De politique aussi. Elle habite le cœur de plusieurs nouvelles idées et pratiques en leur donnant une audace et un potentiel de changement radical du quotidien et de la société. De cela, cette revue veut en parler, et dans un contexte où tout semble immobilisé. (Contretemps, 1984.)

Dans les revues écologistes se rejoignent deux courants qui s'étaient opposés dans les années 1970 : la gauche et le mouvement contre-culturel. C'est à la faveur de cette conjonction, et de ce qui est souvent qualifié de « mouvance alternative », que sera poussé à la limite le discours de la pratique.

La décennie s'ouvre avec *Biosphère* (1980) dont le premier numéro est entièrement consacré à un manifeste intitulé « Savoirs à vendre ». L'éditorial pose d'emblée que « le débat énergétique est encore à faire au Québec », mais que « l'ensemble du mouvement marginal (il l'est de moins en moins en termes de nombre) se retrouve écarté de l'échiquier socio-politique ; aux écologistes, on ne reconnaît pas le statut d'intervenants valables (crédibles ?) ». Les écologistes se définissent par rapport à une marginalité et non par une oppression, leur vision de la société est horizontale. Il n'y a pas de domination à renverser mais un débat à mener. Selon *Biosphère*, ce débat est politique même s'il n'a pas encore été perçu comme tel, et l'État n'est ni la bonne cible ni le bon interlocuteur. Où donc loge le politique ? Sans proposer de réponse, l'éditorial affirme que les écologistes doivent passer au rang d'« intervenants valables », ce qui ne sera pas nécessairement facile. En effet, « l'écologisme, comme phénomène de curiosité, a produit de nombreux joggers, des pique-niqueurs, des cultiveurs de plantes vertes toujours sous la bannière de la consommation ».

Le projet de *Biosphère* est politique ; il n'est pas lié à des institutions, mais à des actions quotidiennes qui permettront de faire advenir l'écosociété. Cela n'empêche pas la revue de nommer le principal écueil du discours de la pratique : toute pratique n'est pas porteuse de changements, certaines peuvent être récupérées. *Biosphère* dissocie pratiquants et proposeurs de l'écologie. Discours et pratique ne vont plus nécessairement de pair.

Faire circuler des savoirs, qui permettront à des pratiques de se diffuser. Voilà le projet intellectuel de la revue. « Biosphère se veut un réseau à la fois nerveux et sanguin qui assurera la circulation des savoirs, des expériences de ceux qui font, qui sont déjà l'écosociété de demain. » Il ne s'agit pas que de vulgarisation : les savoirs doivent déboucher sur des pratiques. Ce n'est pas sans rappeler le projet des intellectuels du début du 19ᵉ siècle qui voulaient répandre des savoirs pratiques. Mais il ne s'agit pas de faire progresser la société, l'objectif est de la changer par la mise en application de nouveaux savoirs par tout un chacun. *Biosphère* est anti-élitiste, car les savoirs à diffuser ne viennent pas des théoriciens, mais des « pratiquants » de l'écologie. Contrairement au 19ᵉ siècle, les savoirs pertinents ne sont plus détenus par l'élite intellectuelle. Les écologistes, contrairement aux fondateurs de *Conjonctures et politique*, ont des réponses et pas seulement des questions ; pour eux, le changement social advient grâce à des gestes individuels.

Les rédacteurs de *Biosphère* s'adressent à leurs semblables ; il ne s'agit pas de convaincre mais de fournir des matériaux pour permettre à ceux qui le désirent d'aller plus loin. « Savoirs à vendre parle d'une espèce en voie de disparition : l'individu, anthrope créateur, autonome, inter-dépendant et amoureux. » À la lecture des éditoriaux de cette décennie, il n'est pas sûr que l'espèce dont parle *Biosphère* soit en voie de disparition puisque cette description recoupe celle que l'analyse fait ressortir comme caractérisant le sujet-intellectuel producteur de revues. L'anthrope est homme ou femme, autonome, amoureux, c'est un Je bien défini ; par ailleurs son interdépendance le situe dans un Nous, celui dont les féministes disaient qu'il doit émerger par la concertation des Je.

La réflexion amorcée par *Biosphère* sera systématisée dans une revue dont le titre indique que si elle véhicule des idées, elle ne s'y limite pas. *Idées et pratiques alternatives* (1983) reprend la conception du changement global partant des actions individuelles ; selon l'éditorial, il s'agit d'« une profonde mutation historique : la transformation sociale résultant aujourd'hui d'un changement à la fois personnel et communautaire – l'autonomie, la prise en charge et l'écodéveloppement venant de l'intérieur même des individus et se construisant dans le quotidien, du bas vers le haut ».

Par ailleurs, si le titre lie les idées et les pratiques pour indiquer qu'elles devraient se conjuguer, il n'en reste pas moins qu'elles sont clairement distinguées. Les fondateurs de cette revue ont le sentiment de participer à une redéfinition de la politique et de l'organisation : pluralisme serait le mot clé. Le public visé est très large : ils s'adressent d'abord aux individus et groupes engagés dans l'alternative qui veulent « asseoir leur complicité », mais aussi au grand public qu'il faut sensibiliser. Ici pas d'anti-intellectualisme, mais certainement un anti-élitisme, quand ils écrivent au sujet des pratiques : « leurs auteurs et leurs acteurs se recrutent partout, indépendamment des antécédents scolaires et socio-économiques ». De plus ils ont le sentiment que les oppositions idéologiques et politiques traditionnelles ne sont plus pertinentes. Pour eux, ce « mouvement, cette lame de fond, n'a pas de nom, pas de parti, pas de drapeau, pas de chef. Il est simultanément politique et apolitique, collectif et individuel, pragmatique et spirituel, libertaire et éthique ».

L'ambition ne manque pas à cette revue qui voit le jour grâce à une subvention des magasins Ro-Na (qui promeuvent ainsi leurs matériaux et l'autoconstruction). L'objectif est ainsi défini : « susciter des regroupements et des réseaux opérationnels dans les régions comme dans les villes, et engager une vaste réflexion à la base sur le réalignement social, culturel, économique et technique qui est l'œuvre en fait, de nous tous, de nous toutes ». Fonctionnement en réseau, sensibilité à la question régionale, la revue se situe bien dans la voie de la différence des années 1980 ; tout le long de son éditorial elle cherche à réconcilier les tensions, celles entre les idées et les pratiques, celles entre le local et le global, celles entre les Je et le Nous. Le Nous en question n'est ni national ni révolutionnaire, il émerge des Je. « L'alternative [...] c'est d'abord ce oui primordial à l'instinct d'autonomie, de liberté et de créativité dont dépend l'épanouissement harmonieux de la personne humaine, et partant, l'avenir du monde. »

Plus modeste est l'ambition de *Contretemps* (1984), qui pose une fois encore l'idée que le changement survient dans le quotidien, par des pratiques (voir l'extrait en exergue de la section). Les intellectuels des années 1980 qui affirment ne plus posséder de certitudes ont du moins celle-là en commun. Cependant, ce discours n'est pas conscient de lui-même et de son omniprésence. L'éditorial de *Contretemps* reprend en résumé tous les thèmes de la mouvance écologiste et alternative : idées et pratiques ; écologie comme projet politique par opposition à la « zoizologie » ; changements dans le quotidien ; société immobile dans son ensemble.

En 1985, deux publications écologistes doivent être signalées : *Humus*, publié par le Mouvement pour l'agriculture biologique

(MAB), mais qui vise un large public, et le *Guide Ressources* (1985)[5]. « Montréal fait désormais partie des villes de l'Amérique du Nord où la vitalité d'un certain milieu, axé sur la recherche du mieux-être autant physique que psychologique et sur l'expression de la créativité » (*Guide Ressources*, 1985). Qu'est-ce à dire ? Montréal entre dans le « nouvel âge ». Le *Guide* évoque les pratiques, « l'étonnante variété de services en santé naturelle, de démarches en croissance personnelle et de cours » disponibles... et ce n'est que « la pointe de l'iceberg ». La pratique passe avant tout, et le Je avant le Nous. La dimension politique est absente, même si la revue se réclame d'un mouvement nord-américain. Celle-ci sert de caisse de résonance à un mouvement qui existe en dehors d'elle et à la consolidation duquel elle souhaite contribuer en le faisant connaître.

À la fin de la décennie, le MAB transforme sa revue. *Écologie* (1989), magazine en couleurs, est publié sur papier recyclé avec des encres biodégradables : nouvelle façon d'allier théorie et pratique. Le public visé est très large, aussi le graphisme de la revue est-il très soigné et tire parti des caractéristiques du papier recyclé, de sa couleur et de sa texture. Bien des choses ont changé depuis *Biosphère* : désormais le citoyen modèle est écologiste.

> L'écologie, on le sait maintenant, passe fort bien dans les discours de salon. Cependant – ô triste contradiction – le commun des mortels n'a encore que peu d'égards pour son environnement immédiat. *Écologie* compte donc vous livrer plusieurs petits trucs pour faire de vous un citoyen modèle. (*Écologie*, 1989.)

C'est au commun des mortels qu'*Écologie* s'adresse. Le projet est-il politique ? L'éditorial parle de trucs... ce qui renvoie au quotidien plus qu'au politique. Mais le citoyen modèle, lui, appartient au politique. Encore une fois, le privé et le politique se rejoignent. Mais pas la politique : le rédacteur en chef explique pourquoi il ne votera pas Vert aux imminentes élections provinciales : « Malheureusement l'heure est encore à la bouffonnerie, au folklore écologiste dans un cas, aux promesses pieuses dans les autres. » Théorie et pratique doivent absolument être réconciliées ; c'est le critère de jugement de cette « première revue au Canada » imprimée sur papier recyclé.

---

[5] Son fondateur, Christian Lamontagne, a d'abord collaboré à l'Agence de presse libre du Québec, puis au *Temps fou*. Cette trajectoire exemplaire reflète celle de toute une portion du milieu intellectuel « progressiste » des années 1970 et 1980.

Dans les années 1980, les revues politiques ont les questions, les revues écologistes, les réponses, et des consensus se dégagent implicitement autour des pratiques et du quotidien.

Conclusion : la société duale

Ce qui semble à première vue un éclatement et un « silence des intellectuels » se révèle à l'analyse comme un foisonnement doté d'une cohérence : les changements adviennent des marges avant de se diffuser, ce qui oblige le discours à se centrer sur les pratiques ; en effet, à travers elles et en dehors des intellectuels, se redéfinissent des sujets individuels et collectifs ainsi qu'un projet de société. Si toutefois l'analyse fait ressortir une convergence de préoccupations, les rédacteurs d'éditoriaux n'en ont pas conscience.

Le poids des échecs, tant de la théorie que des pratiques militantes, force à repenser le changement et à rechercher la cohérence entre les fins poursuivies et les moyens d'y parvenir. C'est ainsi que prend toute son importance le Je, ou plutôt les Je ; ceux-ci expriment chacun leur voix propre et cherchent leur propre voie. Pluralisme, hétérogénéité, tant des sujets que des causes qu'ils défendent. Le Nous intellectuel n'est plus québécois, ni révolutionnaire ; il est fait de Je, sexués, situés et datés, réunis en collectif.

Redéfinition du politique, mais aussi de l'espace-temps social. Le politique englobe désormais le privé, le quotidien, et l'État ou les partis n'en sont plus le lieu privilégié. L'apolitisme apparent cache une redéfinition du politique. Ne s'opposent plus des Nous qui luttent pour le contrôle de l'historicité, comme dirait Touraine (1978), mais de partout émergent des Je qui veulent se faire reconnaître. Il ne s'agit plus de renverser un pouvoir (vision verticale), mais de le subvertir (vision horizontale). Les Je qui se manifestent le font par des pratiques quotidiennes, peu visibles, marginales, mais qui ultimement peuvent transformer le centre, lequel n'est pas vraiment conçu comme un Nous, comme un adversaire. Cette insistance sur le quotidien et sur les pratiques se reflète dans le slogan *no future*. Par ailleurs, dans ce projet de société implicite, le tout social n'est plus un centre organisateur, mais une globalité émergeant de la concertation.

Nouvelle génération ? Nouveau rapport entre les générations ? Les « jeunes » sont moins nombreux ; ils deviennent une clientèle à problèmes, et une année internationale leur est consacrée. Avoir moins de trente ans devient un handicap.

Nouvelle polarisation qui correspond à une dualisation de la société : revues plus ou moins auto-éditées par des jeunes grâce au traitement de texte et à la photocopie, ou en quadrichromie, et dont les rédacteurs n'en sont plus à leurs premières armes.

Nouvelle érudition qui éclipse sémiologie et formalisme.

Renouveau culturel ? Ce qui paraît au premier abord une dérive des genres et des préoccupations converge ici encore en un sujet éclaté, pluriel, immergé dans le quotidien, qui tout au plus sera témoin des événements (j'aurais envie de dire compagnon de route), acteur, mais sur une scène quotidienne. Le sentiment de mener une action dérisoire ou simplement le doute sur l'efficacité de son action et de sa prise de parole, se traduit par l'humour ou le fantastique.

De nouveaux genres occuperont presque tout l'espace : les revues de création passeront globalement de la littérature à la paralittérature alors que se brouilleront les frontières entre la littérature et les arts visuels. La critique littéraire arrivera mal à nommer ce renouveau que pourtant elle affirme observer. C'est la critique artistique ou plus généralement culturelle qui précisera les contours de la « nouvelle culture ».

Poursuite du projet de la critique littéraire

> *Ici, il s'agira de faire connaître nos écrivains, nos poètes à un public qui les ignore et qui n'a trop souvent d'eux que des images caricaturales ou mythiques. [...] Nous nous proposons de fournir aux professeurs un outil pédagogique, pour favoriser les auteurs de la nouvelle littérature, alors qu'il n'existe que trop peu de littérature accessible sur le sujet. Notre but est de contribuer de la sorte au renouveau culturel.* (Arcade, 1982.)

Dans les années 1970, plusieurs écrivains avaient voulu apporter une contribution à la littérature québécoise par le biais de la critique. Ce projet se poursuivra dans la décennie suivante, mais sur une moins large échelle.

Une librairie se fait éditeur. *Le Bulletin pantoute* (1980) naît grâce à une subvention de la librairie du même nom de la ville de Québec. La publication de cette revue n'est qu'un volet de la participation à la « vie culturelle » qu'entendent mener les éditeurs, les autres étant « des lancements, des expositions thématiques, des rencontres avec des écrivains, des conférences ». En ce qui concerne le *Bulletin* proprement dit, il s'agit de « promouvoir la lecture de bons livres, vous aider à faire le tri dans la production annuelle des maisons d'édition, faire connaître les écrivains québécois et spécialement ceux de la région de Québec ». Mais la spécificité du projet n'est pas tant qu'il voit le jour à Québec que son désir de « refléter l'ouverture particulière aux « nouvelles valeurs » qui caractérisent l'aventure Pantoute ».

Quelles sont ces nouvelles valeurs ? L'éditorial ne le précise pas. Un indice : au comité de rédaction de cette revue littéraire se côtoient écologistes, philosophes, journalistes, militants politiques mais à peu près aucun « littéraire » proprement dit. Dans les années 1960, les écrivains fondaient des revues politiques (*Parti pris* par exemple). En 1980, des écologistes et des nationalistes fondent une revue littéraire. Nouvelles valeurs, qui font que culture et politique se rejoignent désormais sous le parapluie culturel et non plus politique ? Redéfinition du politique au sens où on l'a vu dans les chapitres précédents ? En 1982, *Le Bulletin pantoute*, ayant pris son envol, prendra ses distances par rapport à la librairie et deviendra *Nuit blanche*.

L'intention d'*Arcade* (1982), outre de fournir un outil pédagogique aux professeurs de collège, est de faire connaître la « nouvelle littérature », de créer un lien entre le public et les écrivains, ce à quoi est impuissante l'institution (voir l'extrait en exergue de la section). Si ce n'était de cette référence à l'institution, le projet serait très semblable à celui de *Vie des arts* (1956). *Arcade* diagnostique un renouveau culturel et entend y contribuer. Le caractère exact de ce renouveau n'est pas davantage précisé que les « nouvelles

Un regard nouveau sur la culture est posé. Est-ce parce que celle-ci s'est transformée ? Parce que de nouveaux acteurs apparaissent sur la scène culturelle et observent des vides à combler jusqu'alors passés inaperçus ? Faut-il en faire une lecture bourdivine (adjectif dérivé de « Bourdieu »), au sens où, dans une logique de distinction et de légitimation, chacun essaie de se faire reconnaître dans un milieu bien circonscrit ? Tout cela est présent à la fois !

En ce qui concerne les changements « objectifs » du monde culturel, une revue qui n'eut qu'un numéro, *L'Immédiat* (1984), pose un constat, dans son titre comme dans son éditorial – et jusque dans sa longévité ?! –, et élabore sur le renouveau en cours. Elle se penche sur les « multiples approches d'improvisation, à l'imitation d'un processus maintenant structuré et institutionnalisé au théâtre ». Une des caractéristiques de cette nouveauté serait le caractère d'immédiateté, d'improvisation qui s'oppose au sentiment de s'inscrire dans l'histoire québécoise, ou dans l'histoire tout court. Pas de référence au passé ni au futur. On vit au présent, dans le risque, même si au théâtre cette improvisation et ce risque sont institutionnalisés. Au-delà du paradoxe que peut constituer une immédiateté institutionnalisée, il faut retenir la redéfinition du rapport au temps, corrélative d'un nouveau rapport à l'espace, et l'hybridation des genres, les transferts de l'un aux autres. L'espace disciplinaire se brouille dans cet immédiat temporel. « Cette croisée des chemins se traduit aussi au niveau des espaces mentaux. »

D'après le principe d'incertitude de la physique, gagner en précision pour la dimension temporelle en fait perdre à la dimension spatiale... Ce principe s'applique aussi aux revues des années 1980 : le temps se rapetisse en un quotidien : *no future*, et l'espace se brouille en ses marges. « Accédant définitivement à l'américanité en même temps qu'à la modernité, la culture d'ici lorgne autant maintenant vers l'axe Montréal-New York que celui de Montréal-Paris » affirme l'éditorial de *L'Immédiat*. Cela dit, « de là à oublier les problèmes toujours importants d'une petite culture assaillie par la tentation de se fondre au grand tout nord américain, il y avait un pas que nous n'avons pas franchi toutefois ». L'américanité et la modernité ne sont pas incompatibles avec le nationalisme, ce qui coupe court à toute querelle entre nationalisme et internationalisme. Pas de référence dans *L'Immédiat* au quotidien en tant que tel, sauf à celui de la fabrication de la revue : « notre mode de fonctionnement a dû emprunter quelque peu au processus même de l'improvisation ».

Cette sensibilité à l'immédiat, à l'instant, se retrouve dans plusieurs autres revues. Ainsi, haut lieu de la « peinture en direct » ou improvisée, le bar *Les Foufounes électriques* finance le premier numéro d'une revue qui portera une fois le nom dudit bar (1984) avant que d'être rebaptisée *L'Œil rechargeable* (1985). Cette revue se consacre autant aux arts visuels qu'à la littérature, à la critique qu'à la création. Revue multidisciplinaire, ce qui en fera l'unité, c'est le souci de la « nouvelle culture ». Le vide à combler est ainsi nommé, mais encore une fois non explicité. Le graphisme audacieux fait des *Foufounes* l'héritière tant de *Mainmise* (1970) que d'*Intervention* (1978). Dans sa version « définitive », la revue précise davantage les paramètres de la nouvelle culture, qui serait une culture de l'image (voir l'extrait en exergue du chapitre). Une nouvelle génération prend la parole et l'image. La société que décrit cet éditorial-poème très « lisible[1] », est rapide, fragmentée, informatisée… post-moderne ? *L'Œil rechargeable* insiste sur le rapport au temps, entre autres avec les idées de « re-chargement » et de jeunesse. À société changeante, nouvelles expressions, nouvelle génération affirme *L'Œil rechargeable*.

D'autres revues insistent essentiellement sur la jeunesse, sur l'apparition de nouveaux acteurs sur la scène culturelle et artistique, sans faire référence à la société globale. Le public de *NEX* (1985) (voir l'extrait en exergue de la section) semble constitué essentiellement des créateurs dont elle veut parler, caractérisés par leur jeunesse, à l'image des rédacteurs. Ces créateurs ne se connaissent pas les uns les autres ; sont-ils isolés ? Ou est-ce une marque de la fermeture du champ artistique sur lui-même que ceux qui parlent sont ceux dont on parle et à qui l'on parle ? En ce qui concerne la jeunesse, *Stamp/Axe* (1986) ironise sur son titre : « Dotée d'une appellation si incontrôlée, dans quelle voie s'est engagée cette mineure endiablée ? […] des artistes locaux opérant en marge des réseaux traditionnels seront présentés. » Les jeunes ont le sentiment d'être à la marge ; leur vision de la société est horizontale et non verticale. De façon cohérente avec leur attitude ambiguë envers le milieu de l'art, dans lequel ils souhaitent entrer même s'il est contrôlé par des

---

[1] Par opposition à *Champs d'application* (1974), par exemple.

les écrivains se réclament explicitement de la modernité au moment même où il apparaît à l'analyse qu'on la quitte. Une chose à retenir de ces deux éditoriaux : la poésie doit être lue et non seulement écrite !

Ô combien différente est l'intention de *Trois* (1985), qui se présente comme une revue d'érudition. Faut-il préciser que l'équipe ne part pas de zéro comme celle de *NEX* (1985) ?

> Trois : des éloges, des parti-pris, des exempla, des lectures. Des théâtres d'écriture qui par des voies timides, rigoureuses ou buissonnières explorent la pratique érudite : autant écriture des savoirs qu'entreprise littéraire.
>
> Trois veut susciter au-delà des modes – pour se créer la sienne seule ! – et au-delà de toutes les frontières culturelles, le déploiement de textes savants ou capricieux, séduisants ou inquiétants qui rendra à la bibliothèque ses mille paliers où les bibliophiles amoureux-ses s'adonneront à tous les désordres. (*Trois*, 1985.)

Les rédacteurs fondent cette revue pour leur plaisir d'abord et pour celui de leurs lecteurs, qui « s'adonneront à tous les désordres ». Pas d'autre projet que de se faire plaisir, ce qui peut entraîner l'éclectisme des genres et des textes. Par la bande reviennent toujours les mêmes thèmes : pluralisme, sujets diversifiés, sexués (« amoureux »). Par ailleurs, *Trois* s'adresse aux bibliophiles, aux érudits, qui ne sont probablement pas des adeptes de la nouvelle culture. S'agit-il de la version élitiste du discours du *Québec littéraire* ?

En fait, ces revues sont les héritières des années 1970, de par leur insistance sur la poésie ou l'érudition et l'âge des collaborateurs. Même si elles reprennent plusieurs thèmes caractéristiques des années 1980, elles semblent à contre-courant de l'ensemble de la production littéraire de cette décennie, du moins celle qui se reflète dans les éditoriaux inauguraux.

Images d'ici et de l'ailleurs !

> L'équipe de Sextant : huit jeunes maniaques passionnés de BD au point d'en manger. [...] Remarquez bien nos noms[3],

---

[3] Lynch, Salo, Grazo, Salvador Dallaire, Bouluk, Mib, René Mercier, Tony, Renad.

vous les retrouverez peut-être un jour, au milieu de ceux des grands du monde de la BD. Nous croyons que la BD québécoise peut s'affirmer, grandir, faire sa marque, et vous ? (Sextant, 1986.)

Ce qui saute aux yeux dans les années 1980, c'est la multiplication de revues de BD québécoise. La BD appartient-elle à la littérature, aux arts visuels, aux deux ? En tout cas elle est essentiellement narrative, comme l'ensemble des paralittératures, et en cela elle s'oppose à la poésie, en particulier à la poésie formaliste des années 1970. Son apparition est étroitement associée non seulement à l'humour, mais aussi à celle de nouveaux genres littéraires comme le fantastique et la science-fiction.

En 1971, grâce à des subventions à l'emploi ou dans le cadre des services socioculturels de l'Université de Montréal, les revues de BD québécoises font leur entrée : *Capitaine Kébec*, *L'Hydrocéphale illustré* (qui devient *L'Hydrocéphale entêté*), *Ma(r)de in Québec*. Ces revues ne sont pas à la Bibliothèque nationale – pas au rayon des revues en tout cas –, et pour en savoir plus, il faut s'en remettre à l'histoire qu'en retrace *Québec underground* (Robillard, 1973). La contre-culture entre en effervescence. Les projets de création d'emploi offrent des débouchés à une génération qui a dix ans de moins que celle de *Parti pris* (1963)[4]. Cette génération a été marquée par la télévision, par l'image.

En 1974, naissance (!) de *Requiem*, qui entend mêler textes et illustrations (voir l'encadré 2). La revue – ou du moins son rédacteur en chef et signataire de l'éditorial – affecte de ne pas se prendre au sérieux, et l'éditorial est presque un anti-éditorial qui ne fait que répéter ce qui est « marqué sur la couverture ». Ce ton humoristique va-t-il de pair avec la SF, encore inusitée au Québec ? En tout cas, l'équipe s'affirme comme débutante et sans prétention : elle fait la revue au moins autant pour son propre plaisir que pour celui des lecteurs. Le plaisir dont il est question comprend les joies du travail d'équipe et du fonctionnement collectif.

---

4. Quoique l'intersection entre les deux générations soit non nulle ; pensons à Paul Chamberland, un des fondateurs de *Parti pris* et également collaborateur de *Mainmise*.

Encadré 2
LA BD, LA SF ET LEURS DÉBUTANTS GÉNIAUX

« Non... c'est décidé, il n'y aura pas d'éditorial. Après tout à quoi ça sert ? À satisfaire l'ego boursouflé du rédacteur en chef ? À mécontenter ses adjoints qui auraient sûrement écrit autre chose, de plus sensé ? [...]

Est-il vraiment besoin de préciser que Requiem s'adresse avant tout à des fans de science-fiction et de fantastique ? À peine... et puis c'est marqué sur la couverture. [...]

Conçu, écrit et monté par des débutants... écrivains débutants... monteurs débutants, rédacteur débutant... une vraie gang de débutants, mais géniaux ! C'est là toute la nuance... Matériel épars, longues réunions de placotage, votes plus ou moins démocratiques pour les grandes décisions battus par des décisions arbitraires du rédacteur en chef... Rien ne nous aura été épargné... Le fun quoi ! [...]

Notre objectif principal est de faire de Requiem un point de ralliement pour les fans francophones d'Amérique du Nord. Vous pouvez faire de ce magazine le LOCUS québécois... pour cela il est indispensable que vous nous fassiez parvenir toutes les informations possibles et imaginables...

Un fandom, ça se crée. » (*Requiem*, 1974.)

L'écrivain de SF, de fantastique et de BD des années 1970 aurait donc en commun avec ses contemporaines féministes : l'humour, une vie en collectif avec ses hauts et ses bas quotidiens sur laquelle il sent besoin de s'expliquer. Tout cela n'empêche pas d'avoir de grandes ambitions et de vouloir agrandir la « gang » le plus possible à l'ensemble du Québec, et même du continent. L'appel aux lecteurs lancé par *Requiem* est différent de ceux qu'on trouve habituellement en éditorial. Il ne s'agit pas de recruter des collaborateurs, mais de recueillir des informations sur un milieu qui bouge, les rédacteurs ne pouvant être au courant de tous ses mouvements. Comme les revues d'idées, *Requiem* sent que des pratiques lui échappent, qu'elles se multiplient, et que s'autonomisent des discours.

L'attitude de cette revue n'est pas sans rappeler celle des animateurs des premières revues de cinéma. Est-ce une stratégie d'institutionnalisation d'un genre, d'un art non encore pleinement reconnu ? En tout cas, ce sont des apôtres qui ne se prennent pas pour une élite, mais qui se considèrent, non sans humour, « géniaux » !

Requiem voulait allier les genres ; du côté de la BD proprement dite, les essais sont nombreux. *Les Aventures du Capitaine Kébec* paraissent en 1973. L'année suivante, c'est le tour de *L'Œuf, le journal qui éclôt*, produit conjointement par les cégeps Ahuntsic et du Vieux-Montréal : « Parce qu'on vous aime, on va vous distraire. » Ton carabin ou caractéristique du genre ? En 1974 encore, il y a *L'Écran*. Dans les années 1970, la paralittérature affirme des préoccupations bien différentes de celles de la littérature, dans un style non moins différent, plus lisible : « Nous nous refusons à croire à la médiocrité, aux idées noires, aux charlatans du facile, à l'abrutissement, au désespoir, aux prophètes de la dépression... Nous croyons aux vertus du rêve, du rire, de la réflexion, de la musique, nous habitons la magie de l'image. » Cette lisibilité va de pair avec l'humilité. « Vous êtes les critiques et nous avons confiance en vous, parce que nous mûrissons dans la même terre et parce que nous visons le même sommet de liberté. » La lisibilité s'accompagne du sentiment de l'existence d'un Nous comprenant les rédacteurs et les lecteurs ; pas d'élitisme chez ces bédéistes, pas de populisme non plus, un optimisme. « Nous ne sommes pas parfaits » avouent les rédacteurs de *L'Écran* ; voilà une déclaration aux antipodes de toute prétention à une juste ligne.

Baloune (1977) naît de la rencontre de dix dessinateurs au 2ᵉ Festival de la BD de Montréal. « Dix messages d'univers très différents, mais porteurs d'un message identique dans son désir de relater l'exploration de l'imaginaire. » Explorer l'imaginaire... on est loin du souci de déconstruction des pratiques textuelles reflétant l'idéologie dominante. D'une certaine façon, BD, SF et fantastique sont, dans le domaine des revues artistiques, les pendants des revues contre-culturelles, par opposition aux revues de critique ou de théorie marxistes (il n'y a pas eu en tant que telles de revues de création littéraire inspirées par le marxisme). L'exploration de l'imaginaire – à l'inverse de celle des pratiques textuelles – n'est pas synonyme d'évasion, mais d'un rapport différent au média : la BD serait-elle moins usée, en ce sens que ceux qui s'y consacrent ne sont pas cantonnés dans la pratique autoréflexive ?

Toutes ces revues ont un côté très « amateur » : le genre étant nouveau, tous, par définition, font leurs premières armes et sont, comme le faisait remarquer *Requiem*, des débutants. Retenons la dernière phrase de l'éditorial de *L'Écran* (1974) : « Cessons d'être envahis, envahissons-nous nous-mêmes ! » S'ils s'identifient à un Nous collectif, celui-ci n'est pas qualifié ; ne serait-il pas Québécois ?

En 1979, un groupe associé au cégep de Sainte-Foy pose le diagnostic suivant : « La SF québécoise n'est pas très brillante, je n'apprends rien à personne. […] Pour ta belle gueule d'ahuri, le seul magazine de science-fiction, de fantastique et de bandes dessinées, en français, en Amérique du Nord » (*Pour ta belle gueule d'ahuri*, ou *PTBGDA* pour les intimes, 1979). Comme *Requiem*, son « frère aîné », cette revue se définit par rapport au continent. Pas brillante la SF québécoise ? Et pourtant ?! Au moment même où ce jugement est porté, *Requiem* devient *Solaris* (1979), et naît *Imagine* (1979). Dans ces revues toutefois, les images seront moins présentes. La même année est lancé *Croc* (1979), revue d'humour qui consacrera une part importante de ses pages à la BD et qui, humour oblige, présente sa première livraison comme le 23ᵉ numéro !

> Il y a aussi le gars des Affaires culturelles. Il n'est pas resté à nos bureaux, il nous a laissé son portrait devant lequel on a installé un lampion. C'est lui qui a manigancé le formidable détournement de fonds qui a permis à CROC de démarrer. Ils ont appelé ça une subvention, mais ça c'est pour la presse. Nous on est au courant. Alors CROC a-t-il les mains liées ? Pas du tout. La « subvention » a été complètement versée, alors les gars des Affaires culturelles, on se paye leur tronche à pleines pages. (*Croc*, 1979.)

Il est extrêmement inhabituel pour le ministère des Affaires culturelles de financer une revue avant sa parution. Normalement, un périodique doit avoir fait paraître trois numéros avant d'être admissible aux subventions dudit Ministère. Quand des revues ont bénéficié de subventions de démarrage, ce fut généralement via des programmes de création d'emplois.

Faut-il préciser que dans ce contexte *Croc* a fait quelques envieux ? La « gang de *Croc* » a convaincu le « gars des Affaires culturelles » qu'un besoin d'humour et de BD se faisait sentir. C'est une reconnaissance institutionnelle du genre, qui survient la même année que la naissance de *Solaris*, *Imagine*, *PTBGDA*. La paralittérature gagne ses lettres de noblesse au moment où les revues d'idées quittent la modernité, où les revues féministes entrent dans une phase de différenciation, où une revue savante fait pour la première fois allusion au quotidien des intellectuels. Bref, s'il y a coupure entre modernité et post-modernité, dans le champ des revues québécoises elle survient juste avant le référendum.

La BD connaît un renouveau dans les années 1980, avec une nouvelle génération (tiens, tiens!) de dessinateurs, qui profiteront de cours ou d'ateliers dans les cégeps, et surtout des procédés modernes de reproduction, en particulier de la photocopie de qualité à bon marché et du traitement de texte, qui facilitent l'auto-édition. La BD a le vent dans les voiles. Elle n'a plus à faire ses preuves comme genre. Les bédéistes québécois n'ont plus de complexes. De plus, le genre se sépare de la SF et du fantastique, auxquels des revues comme *Requiem* et *PTBGDA* l'avaient associé. SF et fantastique, tout en gardant leur spécificité, rejoignent alors la littérature-tout-court, en particulier dans les pages de revues consacrées à la nouvelle.

En 1980 naît sans présentation *Groupuscule*, une revue de BD, qui sera suivi de plusieurs autres. *Sextant* (1986) (voir l'extrait en exergue de la section) est encore l'œuvre de « débutants géniaux » ! La même année, le même discours, un autre groupe. Dans les deux cas, la facture est modeste : photocopie « à mains nues » selon le nom de l'éditeur d'*Enfin bref*. « Des auteurs peu ou totalement inconnus (la plupart étudiants), et un éditeur fou » n'attendent « pas le messie ». « Des types qui aujourd'hui bénévoles, seront professionnels demain. Du talent neuf, inédit » (*Enfin bref*, 1985). Et ce n'est pas tout ! « Bambou c'est le souhait et le projet d'un fanzine de bandes dessinées. [...] Pour se produire, plus besoin d'attendre. Un peu de moyen, beaucoup d'idées et on se retrousse les manches » (*Bamboo*, 1986). Comme l'affirment les animateurs de toutes ces revues, tout cela est certainement « À suivre[5] ! » Ce n'est pas l'enthousiasme qui fait défaut à ces jeunes.

Humour, enthousiasme, jeunesse, affirmation de soi comme bédéiste et comme bédéiste québécois, affirmation du genre, sentiment qu'on peut passer à l'action, c'est-à-dire à l'édition, malgré le peu de moyens financiers, priorité à l'imaginaire. Autant de caractéristiques de toutes ces revues de BD. Le genre a conquis ses lettres de

---

[5] D'autres magazines de BD ont été créés vers la fin des années 1980 : *Titanic*, *Safarir*.

noblesse au Québec, il a son histoire, ses auteurs et même ses héros, ou anti-héros, du Sombre Vilain à Red Ketchup.

D'autres revues se feront les véhicules d'une création visuelle en dehors de la BD. En 1984, *Intervention* (1978) radicalise son discours et devient *Inter*. « Constat d'un travail marginal et exploratoire, la revue s'était donné comme but [...] de diffuser la production déviante, périphérique et engagée tout en constituant un terrain d'expérimentation sur le plan formel. » *Inter* ne se contente plus de donner la parole à des artistes et à des critiques, elle se transforme en un terrain d'exploration graphique, présentant collages, poésie visuelle, « interventions ponctuelles » dans les pages mêmes de la revue. Chaque numéro, chaque exemplaire se veut une œuvre d'art... à la marge. Ici la marge n'est pas un problème, une situation inconfortable, elle est revendiquée. La marge serait-elle le lieu de l'avant-garde des années 1980 ?

Une revue de photographie profite de l'Année internationale de la jeunesse pour faire son apparition, reprenant plus ou moins le projet de OVO (1971). *Ciel variable* (1986) dépeint ainsi le paysage actuel : « Terrorisme aérien, campagne électorale, famine en Éthiopie, virage technologique, chômage... Rouyn, Matane, Hull, arcades et poutines, philosophie de catastrophe, marche pour la paix, âge d'agir, santé de statistiques... » *Ciel variable* décrit les marges auxquelles les revues d'idées contemporaines font allusion ; ses collaborateurs « ne correspondent pas aux standards économiques et plastiques pour traverser l'écran ; réfugiés, délinquants, militants, sans-emplois engagés à dégager des éclaircies dans le grand manège des vents ». Son propos est axé davantage sur le social que sur la photographie. Est-ce lié à l'ambiguïté de la photographie sociale ou documentaire dont il n'est pas toujours évident si elle appartient au domaine artistique ou à la critique sociale ? Ici encore on a le sentiment d'une société au temps et à l'espace éclatés.

La génération des années 1980 renoue avec le social ; ses préoccupations ne sont pas limitées au monde de l'art. Ayant du mal à faire entendre sa voix, disposant de peu de ressources financières, elle essaie de tirer parti des limites du média, jouant sur des effets de graphisme en noir et blanc, sur les contrastes photographiques, sur les propriétés de la photocopie à répétition. Nécessité, mère de l'invention ? Il faudrait présenter ici les revues et leurs maquettes, car ce n'est pas tant le propos qui diffère que le graphisme (*Division Z*, 1987). S'exprime un Nous générationnel plus qu'artistique. Mais il insiste moins sur son âge que sur sa marginalisation institutionnelle.

Le renouveau des genres et des signatures

> Par sa promptitude à toucher le réel et par sa capacité d'englober l'actualité entre autres, la nouvelle constitue un lieu tout à fait singulier dont il appartient à tous de préserver l'essence. Avec XYZ, c'est ce lieu que nous tenterons d'explorer, cet espace que nous essaierons d'agrandir. (XYZ, 1985.)

Revenons en 1979. À cette date, la SF et le fantastique s'émancipent de la BD. *Requiem* change de format et devient *Solaris*, alors qu'*Imagine* se définit comme le « lieu où des écrivains, débutants ou non » pourraient « publier des œuvres d'une certaine longueur ». Il existe donc au Québec des écrivains de SF non débutants. *Imagine* se veut pluraliste et « ouverte aux différents courants » de la SF. Comme les revues de BD, elle plaide pour l'« imagination ».

Certaines revues ne se réclament d'aucun genre. Ainsi *Terminus* (1984) porte comme sous-titre *Revue d'imagination*, et s'ouvre avec un extrait de *Nouveaux voyages en Amérique septentrionale* de Lahontan. *Terminus* précise simplement : « Nous invitons particulièrement tous ceux et celles qui ont des choses à dire et qui n'ont jamais eu l'opportunité d'être lus », donc des jeunes.

Dixit .01 (1984) clame : « Place aux Poètes, disent certains, place à la parole, dirions-nous. » L'éditorial est un réquisitoire contre le formalisme (voir l'encadré 3). Affirmation littéraire de la prose et souci des lecteurs. Stratégie d'émergence d'une nouvelle école littéraire ? Oui, et contestation des genres littéraires dominants (en particulier de la poésie) et de la fermeture du monde littéraire sur lui-même. Cette revue se situe d'emblée en rupture par rapport aux revues fondées par les écrivains des années 1970. Tout y passe : « signifier nos pratiques », allusion aux « pratiques signifiantes » de *Stratégie* ; la « spirale » de *Spirale* ; la « nouvelle écriture » de *La Nouvelle Barre du jour* et la « modernité » de *Lèvres urbaines*.

« Dans la série rocambolesque des aventures de la prose dans l'univers étrangement poétique de la littérature, nous vous présentons le premier d'une série d'une multitude de numéros d'une revue qui se voudrait plus lue que vue (sic !). [...]

DIXIT sera (ou ne sera pas du tout) un lieu de pratiques signifiées, dans toute la démesure où l'adjonction de ces deux termes veulent ou voudront dire quelque chose pour la création littéraire :

Signifier nos pratiques

Nous aurions pu, nous aussi, nous réclamer d'une certaine spirale, si ce n'est qu'une spirale revient ostensoirement [sic] vers son centre ; ou faire la réclame d'une nouvelle écriture qui se résignerait à n'être autre chose qu'une nouvelle lecture, à défaut d'être une écriture nouvelle. Nous aurions pu, puisque les lieux de (re)production littéraire se ferment derrière des procédés (formels) montés en modernisme (puisqu'il faut, paraît-il, être moderne !) ; nous aurions pu, quand la réflexion littéraire devient exercice de spécialistes aux accents aigus pour mieux pointer du doigt la chose littéraire. Nous aurions p(l)u. [...]

[...] signifier la création dans la diversité de ses formes et de ses genres (un pamphlet vaut bien un poème !).

Mais DIXIT sera surtout ce que vous en ferez en tant que lecteurs attentifs à la créativité, en tant que producteurs d'imaginaires » (*Dixit .01*, 1984.)

Et que veut donc *Dixit .01* ? Être lu ! Il se situe en opposition au courant formaliste souvent illisible sauf pour les initiés. Il veut aussi publier des numéros soulignant un événement, par exemple la Nuit de la poésie organisée par CIBL-MF. *Dixit .01* se dit aussi ouvert à la création collective et aux ateliers, et insiste sur la « réalisation communautaire » non seulement de la production matérielle du numéro, mais également sur celle exigée par « le travail de création ».

Ce qu'il propose en réaction au formalisme, c'est une littérature lisible, pas nécessairement poétique. Les auteurs et les lecteurs sont qualifiés de « producteurs d'imaginaires », ce sont les mêmes ; fermeture du milieu ou éclatement de celui-ci ? D'une certaine façon, les écrivains, comme les intellectuels, n'ont plus le monopole de la pensée. Il faut noter ici l'analogie avec la posture des revues d'idées qui sentent que les pratiques jouissent d'une autonomie face à la théorie ; les intellectuels ne sont plus les uniques ni même les principaux producteurs de projets de société, ici on dit « d'imaginaire ». Par l'emploi de ce terme, *Dixit .01* rejoint les revues de BD et de SF.

Dixit .01 se veut ouvert sur le milieu littéraire et social ; ici on peut souligner une autre analogie, cette fois avec les revues universitaires qui après l'échec de l'académisme veulent retrouver une pertinence sociale. Dans le monde littéraire, c'est l'échec du formalisme qui amène ce souci d'ouverture.

Tout ce « renouveau » se traduira par l'apparition de revues consacrées à la nouvelle, à la narration. Certaines publiaient déjà des nouvelles, mais elles ne faisaient pas la promotion du genre. Au contraire, XYZ (1985) saluera l'« inestimable travail » déjà effectué en la matière par les autres revues, mais il y a un vide à remplir, un genre à promouvoir (voir l'extrait en exergue de la section). La nouvelle a un caractère d'immédiateté ; cela est congruent avec ce que je disais plus haut sur un nouveau rapport au temps. En ce qui concerne son inscription dans l'espace, la nouvelle embrasse large ; ce n'est pas de marges qu'il est question, mais d'espace infini avec le fantastique et la SF. Une autre revue enfourche le créneau de la nouvelle :

> Une revue de création littéraire voit le jour. STOP. Encourager la nouvelle écriture, permettre aux jeunes écrivains-es d'être publiés-es. Une raison d'être, une réalisation.
>
> Nouvelles, récits et contes, singularités des auteurs, diversité des thèmes. À Montréal, Québec et en région.
>
> La littérature par tous et pour tous lança le créateur des Chants de Maldoror.
>
> Voilà, et sans plus tarder, nous vous laissons à la lecture de ces pages délicieuses, explosives parfois, mais toujours témoins d'un siècle qui file à vive allure. (*Stop*, 1986.)

Par opposition à XYZ, *Stop* se définit par rapport à la nouvelle écriture et à de nouveaux écrivains. Les contours de cette nouvelle écriture se précisent avec les années : lisibilité, souci de sortir du milieu littéraire (celui qui s'est institutionnalisé ou de toute forme de milieu littéraire ?!). « La littérature par tous et pour tous », voilà une autre façon de signifier que l'écrivain et l'intellectuel ont perdu leur place privilégiée comme producteurs d'imaginaire. La nouvelle permet à la diversité, à la singularité de s'exprimer.

Une autre revue au titre bref, *Hop*, où l'humour accompagne l'immodestie : « du talent à l'état brut » (voir l'extrait en exergue de la troisième partie). La brièveté est dans le titre de la revue, dans le style syncopé de l'éditorial et dans le réel auquel on fait référence.

Je parlais plus haut de sujets pluriels et de pluralisme : la nouvelle apparaît le genre privilégié pour l'expression de ces sujets. Sujets qui se définissent par leur âge et leur sexe, la région où ils habitent et le siècle « qui file à vive allure ». Renouveau ? Renaissance ? Effervescence, comme chez les bédéistes, et qui ne semble pas aller de pair avec la modestie ! L'humour présent est très loin des préoccupations modernes de *Trois* (1985) ou de *Lèvres urbaines* (1983).

Conclusion : plein les yeux

Du point de vue littéraire, ce qui caractérise les années 1980, c'est l'émergence et la consolidation de nouveaux genres (SF, BD et nouvelle) correspondant à une nouvelle posture du sujet intellectuel : doté d'un sexe et d'un âge, il se fait plaisir, mais il a perdu le monopole de la parole, des pratiques et de l'exploration de l'imaginaire. « L'art par tous et pour tous » répond-il au privé qui est politique et aux pratiques à la marge ? La photocopie s'oppose à la quadrichromie dans le domaine des arts visuels comme la littérature à la paralittérature, ou l'érudition des vieux à l'enthousiasme des jeunes géniaux.

La société duale, entraperçue dans les revues d'idées, se précise dans les revues artistiques des années 1980. En particulier, devient très important le thème de la génération ; avec l'Année internationale de la jeunesse (1985), les jeunes bénéficient de subventions particulières. Cependant, cette génération est définie en grande partie de l'extérieur. Et si on se dit jeune, cela est un élément de la définition de soi, mais n'en est pas le pivot, lequel serait plutôt une « nouvelle écriture », narrative, ou une « nouvelle culture » de l'immédiateté.

Ces jeunes, contrairement à ceux des années 1930 ou 1960 qui définissaient les situations et par rapport auxquels leurs aînés se positionnaient, constituent désormais un groupe à problème qui ne trouve que des marges où s'insérer. La situation est définie par les aînés, aux jeunes de s'ajuster. Ceux-ci d'ailleurs contestent moins le système qu'ils essaient de s'y tailler une place, en le subvertissant parfois ; ils ne s'y opposent pas frontalement, globalement. Les jeunes ne parlent pas au nom d'une génération comme c'était le cas à *Cité libre* ou au *Temps fou*. Leur âge est une des caractéristiques de leur Je, comme leur sexe.

Deux générations. Cependant, autant elles s'opposent en matière de légitimité artistique, autant elles se rejoignent dans leur vision de la société. Les « vieux » insistent sur le plaisir, celui de la digression, du butinage ; les « jeunes », sur leur passion, leur génie. Mais ils partagent la vision d'une société éclatée, d'un temps fragmenté. L'art et la littérature sont aussi sujets à cette fragmentation ; et les fragments interfèrent les uns avec les autres ; on assiste à un mélange des genres, à leur hybridation, à leur influence réciproque (l'improvisation, du théâtre passe à la peinture, à la musique et à la danse). En commun encore, les deux groupes ont un souci de lisibilité, d'accessibilité, qui va de pair avec la narrativité des paralittératures. Enfin, les deux générations retrouvent un intérêt pour les artistes ; elles ne parlent plus seulement des œuvres, mais aussi, et au moins autant, de ceux qui les font et de leur vécu. Si cela peut être dû en partie aux caractéristiques des formes d'art les plus actuelles comme la performance et l'installation, cela ne peut s'y réduire. C'est une autre manifestation du retour des sujets individuels.

Un nouveau rapport à l'espace et au temps ressort de l'analyse des premiers éditoriaux des revues des années 1980. Le temps raccourcit à l'extrême, et l'espace se dilate en des marges, dans les espaces imaginaires de la SF et du fantastique. Dans les deux cas semble perdue la référence au Québec, à son histoire et à son territoire.

Explorateurs de l'imaginaire, le sont tous ceux à la marge, et qui n'y est pas ? Le monde littéraire et artistique se referme-t-il complètement sur lui-même, ou à force d'inclure tous les producteurs d'imaginaire que sont tous les sujets à la marge, se dissout-il ? L'écartèlement des sujets est-il irrémédiable ?

17

Ici, l'autre

> *Nous voulons enquêter, nous voulons retracer, nous voulons critiquer, nous voulons rire, nous voulons imaginer, tout ceci à travers un modèle souple, qui peut porter tant la marque de l'intellectuel inspiré, de l'immigrant fraîchement débarqué ou du Québécois de vieille souche. [...] Bien sûr, cet effort part d'abord et avant tout des besoins des rédacteurs qui ont la plupart un pied dans la réalité italo-québécoise et les deux autres dans celle nord-américaine. Mais nous sommes convaincus qu'une telle intervention servira, sinon à définir un espace, du moins à l'identifier comme l'une des intersections vitales de notre société et de bien d'autres. (Vice-Versa, 1983.)*

Ce chapitre poursuivra l'analyse des voix de la différence, et j'aurais envie de reprendre ici le sous-titre d'un livre de Daniel Latouche (1990) : *Des anciens Canadiens aux nouveaux Québécois.* Les anciens Canadiens dont il sera question ne se définissent pas par rapport au terroir, et les néo-Québécois ne sont pas toujours ceux que l'on pense. Les chapitres précédents ont montré l'émergence d'un nouveau rapport à l'espace et au temps ; les revues régionales et interculturelles feront apparaître la dimension géographique de la marge.

L'anti-terroir

> *Résistances se veut une revue de textes et d'images qui porte une attention particulière aux écrivains des régions hors-grands-centres, tout spécialement ceux et celles du Saguenay-Lac-Saint-Jean (qu'ils-elles y vivent actuellement ou simplement en originent). La revue se refuse pourtant à endosser le*

> *chauvinisme régionaliste d'aujourd'hui, cette mode politique qui n'est qu'une autre façon de « diviser pour régner ». Résistances est donc ouverte à tous ceux et celles qui luttent contre le statu quo littéraire, social, et politique. (Résistances, 1982.)*

La très grande majorité des revues québécoises sont publiées dans la métropole et la capitale. Avant les années 1970, les revues naissant à l'extérieur de Montréal et de Québec sont l'exception[1]. Puis les régions prendront la parole à tour de rôle. Culture et politique s'entremêlent d'une façon inédite dans les grands centres. S'affirmer culturellement en région dérange aussi bien les élites locales que celles de la métropole ; en ce sens, c'est doublement politique, cela contribue à la redéfinition du politique en dehors de la politique. Les pratiques à la marge porteuses de changements globaux comprennent les pratiques culturelles en région.

À Drummondville naît *Rivegauche* (1972) ; c'est la première revue dans cette décennie à avoir un caractère exclusivement, ou principalement régional. Les thèmes qui hanteront la série des revues saguenayennes *Focus–Sagamie–Résistances–Trafic*, entre 1976 et 1986, sont présents dans *Rivegauche* (voir l'encadré 1). *Rivegauche* est sur la défensive. Elle se doit de n'être ni populiste ni élitiste, d'être régionale mais pas trop, position fragile et inconfortable s'il en est.

Si *Rivegauche* affirme que la gauche comprend le monde artistique et littéraire, c'est dans un sens différent de sa contemporaine *Stratégie*, qui entend déconstruire plus que construire, et dénoncer l'idéologie dominante sous toutes ses formes. À *Rivegauche*, les arts et la culture ne sont pas porteurs d'idéologie mais de nouveau, ils n'appartiennent pas à une élite mais idéalement à toute la population. Cette revue se situe dans la même constellation que celles de la prise de parole (*Nord*, 1971).

En 1970, les régions ne sont pas des terroirs repliés sur eux-mêmes (l'ont-elles déjà été ?), et surtout, c'est la nouveauté, elles l'affirment. Facilité des voyages, pénétration des médias, nouveaux moyens de communication font que les questions, les critiques à

---

[1]   Il y en a bien eu quelques-unes dont *Le Mauricien* (1936) qui deviendra après trois ans *Horizons*, revue « nationale » et non plus régionale.

Encadré 1
UNE AUTRE RIVE

« Vous penserez peut-être [...] que nous réservons un espace trop limité aux activités et à la publicité du Centre Culturel ou une place trop grande aux reproductions d'artistes régionaux ? Vous direz, sans doute, que les textes de présentation générale de la revue n'atteindront pas le lecteur moyen de notre région ? Peut-être nous reprocherez-vous seulement de vouloir être « populaire » ? [...]

1972. Ici comme ailleurs, le monde livré à la barbarie des valeurs essentiellement égoïstes du capitalisme moderne cherche avidement de nouvelles solutions à ses problèmes sociaux. Notre solution peut paraître simple, voire banale, mais nous n'en croyons pas moins que si notre civilisation proposait davantage des valeurs culturelles plutôt que des valeurs économiques (distribution des biens de consommation) notre monde s'en porterait mieux. À gauche, il y a, bien sûr, le socialisme, et nous en sommes, mais il y a aussi les arts, les lettres, la création.

Développer la capacité d'appréciation chez une population qui a bien d'autres choses à faire, cela relève du défi. D'autant plus que les expériences dans le domaine des revues régionales de promotion socio-culturelle sont très limitées. [...] Il y aura toujours place à Rivegauche pour ceux qui croient qu'à gauche il y a du nouveau. » (*Rivegauche*, 1972.)

l'égard du « système » sont les mêmes qu'en ville. L'action à mener, cependant, diffère ; en région, à problèmes politiques, remèdes culturels !

Focus (1977) naît à Jonquière, profitant comme la revue précédente d'une subvention à la création d'emploi. *Focus* doit son nom à la photographie, car il projette de publier à chaque numéro un portfolio, œuvres d'un ou de plusieurs photographes de la région. En fait, il souhaite se spécialiser « dans la promotion d'artistes, artisans et créateurs régionaux ». Son public cible : « La population », qu'il « vise à sensibiliser et intéresser [...] à notre potentiel culturel. Finie la culture réservée à l'élite. » Une revue régionale peut-elle faire autrement que se proclamer « populaire » sinon populiste ? Élitisme et régionalisme sont-ils antagonistes ?

Non seulement la revue entend combler un vide, mais elle affirme naître d'une demande régionale : « Un groupe de trois cents personnes œuvrant dans le domaine culturel [...] a manifesté le besoin pour notre région de se munir d'un instrument de diffusion, de promotion, d'information et d'animation de l'activité culturelle régionale. » L'objectif est de couvrir toute la région, par opposition non seulement à Montréal, mais aussi à Chicoutimi, capitale régionale. La revue a donc une mission très large : présenter des œuvres et des artistes de la région, informer, faire de la critique et, ultimement, développer l'industrie culturelle... Les rédacteurs insistent : l'accent sur la vie culturelle régionale ne fait pas de *Focus* une revue de second ordre ; d'une part, le Saguenay–Lac-Saint-Jean est « en pleine effervescence », et d'autre part, la revue sera de « qualité compétitive », grâce à « la richesse du travail de ses recherchistes ».

La culture régionale telle qu'elle est définie implicitement dans l'éditorial existe donc déjà (les trois cents personnes « œuvrant dans le domaine culturel ») tout en demeurant un projet, un « potentiel », et somme toute *Focus* « cherche surtout à retrouver notre identité culturelle ». À cet égard, deux autres objectifs animent les fondateurs de la revue. Tout d'abord, faire connaître les artistes de la région, ce qui permettra peut-être de contrer leur isolement, lequel provoque leur exode ; de plus, la revue « s'attend à améliorer la qualité d'analyse qu'on retrouve habituellement dans nos médias ».

Populaire, *Focus* veut l'être, mais pas à n'importe quel prix. Alors que dans les mêmes années à Montréal s'institutionnalise le milieu littéraire et artistique (*Lettres québécoises*, *Jeu*, *Parachute*), en région, le monde culturel s'affirme dans l'ouverture à l'ensemble de la population de la région. L'élite que la revue récuse est autant l'élite politique et économique que l'élite artistique. La culture est pour tous. Le projet régionaliste est un anti-élitisme ; s'y manifeste une conception de l'art pour tous (mais pas de l'art par tous).

Ça bouge au Saguenay. 1980 est l'année du Symposium international de sculpture environnementale à Chicoutimi ; les organisateurs de l'événement se donnent un organe d'information, *Le Symphographe*. La même année paraît *Sagamie* sous l'impulsion de la galerie d'art l'Arche de Jonquière, qui marque « le passage de l'Arche à la coopérative culturelle Jean Allard ». Malgré la « facture promotionnelle » du premier numéro, la revue prétend tout de même « à cette culture qui extrait de l'homme et d'une société ce qu'il y a de meilleur pour le hisser à une conscience plus claire et surtout plus positive de la réalité ». *Sagamie*, dans un vocabulaire bien daté, parle non pas des artistes mais des travailleurs culturels, catégorie plus extensive et un peu floue, ce qui peut être attribué tant à la taille de la région et au nombre d'artistes y vivant, qu'à un projet culturel populaire.

Résistances (1982), à Chicoutimi toujours, se déclare en opposition « au chauvinisme régionaliste » (voir l'extrait en exergue de la section). Comme toute pratique n'est pas nécessairement porteuse de changement, tout ce qui émane de la région ne trouve pas grâce aux yeux de *Résistances*; le dynamisme régional court toujours le risque d'être récupéré. Faire la promotion de l'art de la région, d'accord, mais pas n'importe lequel : l'art « actuel », contemporain. *Résistances* se sent bien loin des « cabanes à sucre enneigées », et les artistes qui prétendent produire autre chose que ces cabanes à sucre n'ont souvent pas d'autre voie que l'exil.

Focus voulait faire le point sur la région, le titre était positif; *Résistances* est en lutte, non seulement « contre le statu quo », mais surtout contre l'exil. Comment survivre culturellement en région si les artistes la quittent ? En 1984, *Résistances* devient *Trafic*. Un essoufflement se manifeste : « Trafic se veut un bilan de Focus, Sagamie et Résistances. [...] Toutes les façons de fonctionner ont été utilisées : des plus commerciales aux plus idéologiques. Toujours le même constat : l'arrêt des publications. » *Trafic* a beau proclamer : « nous avons l'appui du milieu culturel », elle ne lui lance pas moins un appel. La revue, « regroupement de véhicules », se sent fragile. Si j'avais suivi ici en détail l'histoire de toutes ces revues saguenayennes, plusieurs phénomènes seraient apparus clairement. Premièrement, le passage systématique de la revue culturelle à la revue d'idées : l'affirmation culturelle régionale est en soi politique, et la distinction entre la revue d'idées et la revue artistique est plus ou moins pertinente dans un contexte régional. Deuxièmement, les difficultés à tous les niveaux, personnel, financier et organisationnel, des collaborateurs, qui se reflètent dans les éditoriaux, très souvent à fleur de peau, de *Focus* et de ses « descendants ». *Trafic* le rappelle : une revue culturelle régionale n'est pas rentable, et à Chicoutimi le journal local, *Le Quotidien*, abandonne même à un certain moment son cahier culturel, pour cause de non-rentabilité ; que dire alors de celle d'un périodique « progressiste » ! Ces difficultés se devinent aussi à l'examen de la liste des collaborateurs. Ce sont toujours les mêmes qui s'acharnent ; au sommaire des premiers numéros de *Focus*, *Sagamie*, *Résistances* et *Trafic*, souvent les mêmes noms reviennent.

Il n'y a pas qu'au Saguenay qu'on prend la parole, mais cette région est la plus prolifique. Les années 1980 verront la parution de plusieurs revues de création – et non principalement de critique, comme celles du Saguenay – en région. L'Association des auteurs des Cantons de l'Est lance *Les Cahiers du Hibou* (1979). À Trois-Rivières paraît *Remue-méninges* (1980) « au service de l'imagination et de la création ». *Urgences* (1981) est une revue du Bas-du-Fleuve et de la Gaspésie. Le titre – et son pluriel – est révélateur. L'urgence est « d'abord de disposer soi-même de sa propre culture, d'en être les dépositaires véritables et d'en faciliter la manifestation ».

Urgences ne souligne pas seulement la différence régionale, mais la diversité des intérêts et des préoccupations à l'intérieur de la région. Cent trente « écriveux » ont été recensés en 1979 dans la région 01. Revue régionale, elle affirme qu'elle présentera des textes de « première qualité », qui intéresseront tant les habitants de la région que ceux de l'extérieur. En effet une autre urgence est « pour une région comme la nôtre de voir la littérature qui se crée en son sein rayonner vers l'extérieur afin d'être mieux en mesure de saisir la portée de sa voix ». Est-ce parce que la revue est axée sur la création qu'elle vise ainsi à sortir de la région, par opposition à *Rivegauche* et aux revues du Saguenay qui voulaient mettre l'accent sur l'information et la critique et s'adressaient de façon privilégiée au public de la région ?

En 1983, c'est au tour de l'Association des auteurs de l'Outaouais de se doter de sa revue : *L'Apropos* ; revue ouverte « à tous les possibles », elle veut surtout présenter la relève. À Sherbrooke, l'Association des auteurs des Cantons de l'Est lance *Passages* (1983), dont l'« idéal est l'ouverture ». Les préoccupations des rédacteurs ne sont pas régionalistes, ou en tout cas ne s'affirment pas comme telles. Ils se situent d'abord par rapport au monde littéraire.

L'examen attentif des diverses revues littéraires québécoises existantes prouve que chacune privilégie une idéologie spécifique : les unes revalorisent la littérature régionale ; les autres célèbrent les louanges d'une littérature métropolitaine de pointe imperméable aux productions symboliques émanant de la province. Et chacune demeure fermée sur ses certitudes douloureusement acquises. (*Passages*, 1983.)

Les tendances littéraires sont renvoyées dos à dos, au nom « d'une littérature qui comporte une intentionnalité fondamentale : communiquer l'expérience intérieure individuelle au bénéfice d'une collectivité ». *Passages* privilégie la nouvelle et le conte, et laisse place à différents courants littéraires. Si cette revue peut récuser ainsi le régionalisme et le métropolitanisme, cela tient possiblement à la position géographique de Sherbrooke et à sa proximité de Montréal[2].

Le Sabord (1983), publié à Trois-Rivières, évoque la rédéfinition du politique par le privé (voir l'encadré 2). Producteurs et productrices culturelles se posent face au politique, à l'économique. Ce qu'ils ont à dire tient de « l'essence qui habite en chacun de nous » et non d'un projet collectif. Il n'y a pas de Nous mais plusieurs Je, face au système. L'humour est au rendez-vous, dans la référence au capitaine Haddock, ce qui n'empêche pas le questionnement sur l'activité littéraire. *Le Sabord* va plus loin que proposer un art ou une culture pour tous. Ce qui est en jeu c'est la culture par tous, l'éclatement du milieu littéraire, sa dissolution pour inclure tous les producteurs d'imaginaires, comme dans certaines revues de création contemporaines traitées au chapitre précédent. Tous sont écrivains ? Tous écrivants ? Le fait de vivre en région, où il n'existe pas de milieu littéraire comme à Québec et Montréal, accentue-t-il ce phénomène ? Est-ce un processus analogue à celui qui faisait lancer à *Protée* (1970), revue savante de l'UQAC, un appel à toutes les plumes de la région pour la constitution d'un front commun culturel ?

Éloises (1980), publié par l'Association des écrivains acadiens, veut faire la promotion de la diversité, par opposition aux grands noms de la littérature acadienne. *Rauque* (1984) est publié par des écrivains franco-ontariens. Au sens strict, ces deux revues ne font pas partie du corpus car elles ne sont pas québécoises. Cependant je

---

[2] Certaines revues sherbrookoises ou leurs animateurs voyagent entre les deux villes ; ainsi *Cahiers* (1979) et *Mœbius* (1977).

Encadré 2
MILLE MILLIONS DE MILLE…

« Pourquoi une revue culturelle ? Parce que les hommes et les femmes qui la font sont essentiels et qu'ils parlent justement de l'essence qui habite en chacun de nous. Malheureusement ce genre de choses n'a pas toujours la place qui lui revient dans une société axée sur la production matérielle. Que de futilités éphémères et qui pourtant font l'affaire d'une minorité dirigeante. [...] Enfin laissons-là le « pouvoir » et parlons plutôt de cette capacité qu'a l'émotion de nous chavirer de l'intérieur. [...] Liberté de rêver, de penser, de dire et d'écrire ce qui nous plaît. [...]

Mais qui est écrivain ? Qui accorde les brevets ? Peu importe. Selon le dictionnaire qui sème à tout vent, un écrivain est « un auteur, homme ou femme, qui compose des livres ». Donc ce n'est pas nécessairement l'écrivain (potentat de l'émotion) qui participera à cette revue puisque diverses personnes de diverses professions seront appelées à y collaborer.

[...] Le bateau étant à l'eau, gageons que si le capitaine Haddock était ici, il nous souhaiterait « mille millions de mille SABORD ». » (*Le Sabord*, 1983.)

tiens à souligner la coïncidence dans le temps de leur parution avec celle des revues régionales, et la parenté de leurs préoccupations.

Peut-on parler, globalement, de mouvement régionaliste ? Oui, en deux temps : tout d'abord, proclamation de la différence d'avec la métropole, puis, dans un second temps, insistance sur les différences internes de la région. C'est d'abord une prise de parole régionale, populaire. S'affirme le sujet régional. Puis le sujet intellectuel régional. Celui-ci a un double public. Comme sa production n'a pas à rougir face à celle des intellectuels de Montréal ou de Québec, il s'adresse à l'ensemble du milieu intellectuel québécois. Mais il ne se confine pas à l'intérieur du monde intellectuel et souhaite rejoindre l'ensemble de la population de la région.

Partout en région des associations d'écrivains se forment et prennent la parole. Partout ? Surtout dans les villes où existe une constituante de l'Université du Québec, ce qui assure la présence d'un bassin minimum d'« écriveux » et de lecteurs. Dans la métropole, l'institutionnalisation du monde littéraire avait entraîné la fermeture – relative – du milieu sur lui-même, un formalisme qui condamnait à l'hermétisme. En région, l'institutionnalisation se produit par la création d'associations régionales qui s'adressent à leur milieu géographique d'abord, mais aussi à l'ensemble du milieu littéraire québécois. Populistes, les revues régionales ne le seront pas nécessairement, mais elles seront certainement lisibles dans leur désir de rejoindre la population de leur région.

Les intellectuels des années 1980 sont donc dotés d'un sexe mais aussi d'un enracinement géographique, qu'ils l'admettent ou non. S'ils vivent en région, on ne peut les y réduire, car y existent de grandes différences. Les sujets qui s'expriment dans les revues régionales sont les mêmes que dans l'ensemble des revues des années 1980, et ils y véhiculent en gros les mêmes préoccupations. En région, la frontière entre le milieu culturel et le reste de la population est plus diffuse cependant. Où est la marge, où est le centre ? Le milieu culturel s'affirme en même temps qu'il se dissout dans le milieu-tout-court.

Des sujets pluriels, régionaux émergent, proclament la légitimité de leur parole. Les marges s'affirment centres à leur tour. Il n'y a plus de marge, plus de centre. Avec l'affirmation de la parole autre, et en particulier celle de l'immigrant, du néo-Québécois, se brouillent définitivement les notions de centre et de marge, en même temps qu'elles s'imposent pour nommer les différences.

L'interculturel

> [...] faire le pont combler le (un) vide dire halte à l'étouffement des rapports nouveaux établis dans une relation non dominant/dominé colonisateur/colonisé mais vers (pour) l'interaction hors tout champ conquistadorant – une pratique d'échanges entre tropiques différents.
>
> Un nouveau départ culturel champ expérimental d'une signifiance la mouvance des formes à venir à travers le réseau l'axe Dérives. (Dérives, 1975.)

Dans les années 1970, la place publique se disloque. La parole est prise dans des lieux inédits. Le Québec francophone n'est plus seulement celui des Canadiens-français-catholiques, mais désormais celui aussi des immigrants, des néo-Québécois. Ceux-ci souhaitent se faire entendre en dehors de leurs communautés respectives, au-delà de leurs journaux « ethniques ».

La première communauté à prendre la parole est la diaspora haïtienne, en 1971, avec *Nouvelle Optique* (voir l'encadré 3). Si les rédacteurs sont Haïtiens, le public, lui, n'est pas clairement défini ; il comprend certainement des Haïtiens, mais pas exclusivement. Chose certaine, la revue n'entend pas se confiner au monde littéraire ou intellectuel, car sont conviés à la rencontre – et à la création – les non-spécialistes, les non-écrivains. Le sujet se définit avant tout par la nation et comprend tous ceux qui veulent participer à la « restructuration sociale, économique et culturelle nationale ». Intellectuels et écrivains n'ont pas le monopole de la création culturelle et nationale.

Si le projet de *Nouvelle Optique* est tourné vers Haïti, celui de *Dérives*, revue à laquelle est étroitement associé Jean Jonassaint, écrivain d'origine haïtienne, ne concerne pas que cette île, mais aussi tout le Tiers-Monde (voir l'extrait en exergue de la section). À l'époque où le discours ML est dominant, une autre sorte d'engagement est possible ; sous des allures formalistes se profile l'ouverture aux autres cultures et à leurs créateurs. Le public de la revue n'est pas explicitement mentionné, mais il est convié à des échanges culturels : *Dérives* parle de champ expérimental, mais aussi de réseau et d'interaction. Il s'agirait donc de rejoindre des créateurs d'ici et d'ailleurs, d'établir avec et entre eux une relation différente. Le ton indique bien qu'il ne s'agit pas d'une revue de sensibilisation aux problèmes du Tiers-Monde, mais une revue littéraire, de création. L'ouverture à l'autre se fera à travers la création.

Alternatives-Caraïbes (1979) affirme que « la Caraïbe est un avenir », mais où ? Dans la diaspora ? L'objectif, dans le prolongement de celui de *Nouvelle Optique*, est de « conduire à l'émergence d'une identité caraïbéenne apte à instaurer un ordre social démocratique viable ». Cette fois, le projet est d'abord politique, mais débouchera sur la création d'une identité caraïbéenne. Comme pour le discours régionaliste, l'objectif est d'affirmer, et ce faisant, de définir son identité propre, projet politique autant que culturel. Cette démarche n'est pas sans rappeler celle des intellectuels québécois du siècle dernier.

« La revue se propose d'offrir des synthèses combien nécessaires de chaque lieu de l'expression scientifique et littéraire haïtienne. L'insularité nationale est aussi l'effet d'un système économique et social oppressif qui n'a jamais laissé place à la réunion continue des expressions. [...]

C'est pourquoi, indépendamment de leur idéologie, on percevra dans leur discours [celui des écrivains haïtiens] une note d'urgence. [...]

C'est sans ambiguïté que nous choisissons d'être cette impulsion qui voudrait selon ses forces, ouvrir une forme de grand débat autour des problèmes d'une possible restructuration sociale, économique et culturelle nationale. [...]

La revue se chargera aussi de l'organisation de tables-rondes, de colloques, de formes diverses et vivantes de rencontres : la création pour elle ne saurait être l'affaire de seuls spécialistes et écrivains. » (*Nouvelle Optique*, 1971.)

Au tournant des années 1980, en même temps que le mot quotidien, apparaît en force dans les premiers éditoriaux la référence à l'international, qui ne s'oppose pas d'ailleurs au national. La querelle du régionalisme et de l'internationalisme est repensée. Dans le village planétaire, les métropoles elles-mêmes sont remises en question et des alliances internationales se créent en dehors d'elles[3]. L'international auquel on s'intéresse n'est pas uniquement celui des métropoles, Paris ou New York ; ce n'est pas non plus le Tiers-Monde qui retient l'attention de façon privilégiée. C'est l'Europe de l'Est ou de l'Ouest, c'est l'ailleurs en général, et en particulier l'ailleurs d'ici, celui des communautés culturelles. Cet ensemble de préoccupations se donne un terme générique : l'interculture, la transculture.

Dans le chapitre précédent j'ai évoqué la mise en place d'un nouveau rapport à l'espace et au temps au fil des années 1980. Dans la fragmentation des Nous en Je, du temps en un quotidien, de l'espace en ses marges, les frontières culturelles ne restent pas indemnes. Plusieurs revues interculturelles apparaîtront dans les années 1980, issues de diverses communautés culturelles ou de Québécois « de souche ». Ainsi, *La Revue Monchanin* (1968), publiée par le

---

[3] Je pense par exemple à l'exposition Nice-Vancouver-Matane (1987).

centre du même nom, prendra son élan vers une plus large diffusion dans *Interculture* (1981). En effet, elle s'adresse « à un public de plus en plus pluraliste ».

> Cette revue cherche à être un forum de dialogue interculturel et interreligieux au sens fort de ces mots c.a.d. un dialogue complètement ouvert au niveau existentiel, sans parti-pris pour une culture, une religion ou une spiritualité particulière (même interculturelle), mais sans tomber dans l'excès d'une supposée neutralité scientifique, objective ou autre, ni d'un système ou d'une doctrine particulière ou « universelle » qui devrait être le modèle de tout dialogue. (*Interculture*, 1981.)

Reflux postréférendaire ? Même la culture québécoise n'est pas nommée par *Interculture*. Le refus de la neutralité scientifique, le souci de la spiritualité sont de l'époque (*Le Temps fou*, 1978), mais pour le Centre Monchanin, le souci du religieux n'est pas nouveau ; ce qui l'est, par contre, c'est le sentiment que désormais cela intéresse de plus en plus de gens, un public pluraliste et non seulement catholique. La renonciation à l'universalisme est une façon de répudier le Nous englobant, le sujet de la modernité, au profit de Nous plus circonstanciés, ou même de Je.

Très différent est le discours des juifs francophones, qui se situent dans le Québec avant de se situer dans le monde. *Jonathan* (1981) souligne « les sentiments profonds d'appartenance que ressent la communauté juive à l'égard du Québec ». Le public cible et les contributeurs seront tous les Québécois, juifs et chrétiens. Dans son affirmation d'être « avant tout une revue québécoise », *Jonathan* propose une définition du Québec « comme société distincte non seulement dans le domaine des arts, mais aussi au plan économique, si l'on pense par exemple au mouvement coopératif et syndical ou à toutes ces petites et moyennes entreprises spécifiquement québécoises ». Avis aux constitutionnalistes ! Mais surtout, *Jonathan* met de l'avant une nouvelle définition du Nous québécois : le sentiment d'être Québécois n'est pas réservé aux Canadiens-français-catholiques. L'identité québécoise est en mutation.

Cela est encore plus manifeste dans *Vice-Versa* (1983), publication trilingue dans le prolongement des *Cuaderni culturali*, en italien seulement et à diffusion restreinte (voir l'extrait en exergue du chapitre). Ce que cette revue veut mettre de l'avant est le renouveau, la transculture ; elle participe à la « nouvelle culture » des années 1980. *Vice-Versa* part des besoins des rédacteurs, lesquels cependant correspondraient à un besoin général. Les rédacteurs sont des Je, mais ils rejoignent un Nous, tant québécois qu'international. Dans cet éditorial s'affirme un espace, une identité originale, différente de l'identité québécoise telle qu'elle était définie dans les années 1960, mais non moins québécoise.

Le sentiment de participer à la culture québécoise n'est pas incompatible avec la définition de l'interculturel comme une « intersection vitale » non seulement au Québec, mais dans « bien d'autres » sociétés. Si donc le Québec conserve sa spécificité, il n'en participe pas moins à une évolution commune à plusieurs autres sociétés. Je souligne le parallèle avec le 19e siècle sur lequel je reviendrai en conclusion. *Vice-Versa* se situe à une « intersection vitale », ce qui ne l'empêche pas d'avoir de l'humour : les rédacteurs sont des tripodes trilingues... Le modèle dont ils se réclament est « souple », antithèse de ceux plus rigides de la décennie précédente, mais il doit sa souplesse à ce qu'il reste en partie à définir.

Humanitas (1983) n'est pas associé à une communauté culturelle spécifique ; il veut donner la parole aux diverses communautés culturelles du Québec (voir l'encadré 4). Cette revue naît de la table de concertation au service des réfugiés. Le rédacteur insiste sur l'apport des allophones à l'économie et la culture du Québec en même temps qu'il dénonce leur absence des lieux de pouvoir, l'indifférence des médias à leur égard. *Qui-Vive* (1985) et plusieurs revues associées à la nouvelle culture véhiculent exactement le même type de doléances ; les jeunes et les allophones : la marge ? Cette marginalisation est d'autant plus déplorable selon *Humanitas* que la culture québécoise, et toute la société, est en mutation.

Le Nous québécois mute, il est fait d'une synthèse ; ce Nous est ici au sens où c'est ici qu'il vit, avant que d'être d'ici, au sens où il y serait né tout comme ses ancêtres. La définition du Nous passe par l'espace où il vit plus que par son histoire. Comment s'en surprendre quand le temps se réduit au quotidien, à l'immédiat ; qu'en reste-t-il pour poser les éléments d'une définition ? Mais si le temps rétrécit et n'est plus l'élément « définiteur » principal, l'espace éclate, ce qui ne facilite pas la redéfinition.

Encadré 4
DE LA CULTURE DU QUÉBEC À LA CULTURE AU QUÉBEC

« Nul doute que, bornée seulement au folklore et au pittoresque, la culture des allophones ne dépassera jamais les limites d'une curiosité et d'un appui plutôt démagogique. La conclusion reste valable même pour la presse ethnique, obligée par la force des circonstances à véhiculer des informations d'intérêt restreint et à nourrir d'une façon apparemment bénéfique, la langue d'origine d'une communauté, ses traditions et ses valeurs spécifiques, mais le résultat est une constante marginalisation. [...] il n'existe pas, au Québec, une culture grecque, portugaise, roumaine, italienne ou haïtienne, mais une synthèse de toutes celles-ci, donc une « culture immigrée » qui tente de créer un équilibre avec la culture reconnue et acceptée comme telle. [...]

Mais le problème de la « culture du Québec » ou plutôt de la « culture au Québec » reste en cela d'exprimer les dimensions et les implications humaines d'une réalité où les immigrants et les réfugiés constituent une présence quotidienne. » (*Humanitas*, 1983.)

En 1986 est fondé *Le Défi A.C.L.* (*Arts Cinéma Lettres*) : « Je m'adresse à tous les gens de bonne volonté cherchant par leur ouverture d'esprit à promouvoir un bon jugement et l'harmonie entre cultures et races. » La préoccupation pour l'interculturel n'est pas portée exclusivement par les immigrants. Ainsi, *La Parole métèque* (1987) est une revue féministe « pour intégrer la parole des femmes immigrantes au mouvement féministe québécois ». Cela marque une différenciation dans le mouvement féministe et l'ouverture de celui-ci à d'autres courants. « Cette parole venue d'ailleurs, cette parole plurielle, cette parole métèque aux couleurs de l'arc-en-ciel, a le projet de rendre compte d'un renouveau du féminisme caractérisé par une production foisonnante. » Double différence que celle portée par cette revue. Différenciation du mouvement féministe d'une part, et de l'interculturel d'autre part : tout le monde n'est pas pareil... « Cette attitude nouvelle risque de balayer nombre de certitudes admises par les femmes elles-mêmes ; l'identité de femmes se révèle plurielle et complexe, allergique à toute espèce de centralisme ou de dominance. »

L'insistance sur le renouveau culturel ne doit pas être interprété que comme un jeu de l'avant-garde puisque *La Parole métèque* se veut à la fois outil de « transformation sociale », d'information, et reflet d'une « production foisonnante » dans le domaine culturel. Social et culturel se complètent ici, comme le mouvement social et les universitaires. La diversité dont la revue veut se faire l'écho est en tous points exemplaire non seulement de la voix de l'altérité mais de toute la décennie. « Voilà le projet des femmes qui veulent rendre le réel au vivant. »

L'année 1989 verra la naissance de deux revues littéraires « interculturelles ». *Humanitas* (1983) prend un virage et devient *Humanitas littéraire*. Allusion à l'affaire Rushdie ? le rédacteur affirme : « La littérature – la vraie – trouble encore. » Même réquisitoire que dans *Humanitas* contre l'indifférence à l'interculturel, mais c'est toute la « civilisation de l'image » qui est prise à partie. « Déchirés affectivement et culturellement entre leurs pays d'origine et le pays de leur survie, les écrivains exilés – les créateurs exilés en général – restent peut-être les seuls à savoir encore rêver, et surtout à vouloir encore rêver. »

De son côté, *Est-Ouest* (1989) veut présenter, en traduction française, des textes d'écrivains de l'Europe de l'Est, et en particulier de « la jeune relève littéraire ». Le rédacteur est un Québécois, traducteur de profession. « Je suis Canadien d'origine juive-hongroise, j'ai grandi comme anglophone, mais... j'habite au Québec. C'est pourquoi la présente revue présente des textes en traduction française. » Identité problématique ? Projet problématique ? Traduire de la poésie ! « « La poésie est ce qu'on perd en traduction. » Le poète Robert Frost n'avait pas tout à fait tort. [...] Le père de la littérature québécoise contemporaine, Gaston Miron a affirmé : « Il est temps que le Québec devienne international et enrichisse sa culture encore plus ». Une culture mondiale. Voilà. » *Est-Ouest* cite Miron ; est-ce pour amadouer les lecteurs québécois ? Ne faudrait-il pas plutôt y voir une connivence entre écrivains québécois et néo-québécois ? En effet, Miron est membre du comité de rédaction de la revue. *Est-Ouest*, à son premier numéro, recourt au même expédient que *La Vie en rose*, encart du *Temps fou* : *Est-Ouest* occupe la moitié des pages du numéro 12 de *Stop*, revue consacrée à la nouvelle. Connivences entre Québécois et néo-Québécois, entre jeunes et vieux (le rédacteur déclare avoir 37 ans, et il qualifie Miron de «père» de la littérature québécoise), entre poètes et nouvellistes.

«Renouvellement, tel est le maître-mot.» *Vice-Versa* ne croyait peut-être pas si bien dire.

Conclusion : les voies de la différence

La fin des années 1970 et les années 1980 nous transportent au cœur de la différence. Les femmes, les personnes vivant en région, les néo-Québécois, les artistes et écrivains de la marge, les dissidents explorateurs de pratiques ou d'imaginaire, sont toujours des sujets individuels, sexués, situés, datés, appartenant à un groupe d'âge. Ils se regroupent en collectifs, mais ne s'identifient que peu à un Nous. Si le Nous existe, il n'est pas défini *a priori*, il émerge de tous ces Je, de leurs rencontres plus ou moins aléatoires. Les Je se situent – tous – dans la marge. Il n'y a plus de centre, en tout cas plus de centre bien défini. À la limite, chaque Je constitue un centre. Il n'y a pas affrontement de Nous (lutte des classes), mais rencontres de Je. Même les intellectuels universitaires participent à cette redéfinition du sujet intellectuel.

Si coupure il y a dans les thèmes, dans la définition du politique, de l'action intellectuelle et ultimement dans la définition de l'intellectuel, elle est antérieure au référendum, date charnière et symbolique bien sûr, mais pas nécessairement importante en tant que telle dans l'histoire des intellectuels québécois.

Ceux-ci explorent les voies de la différence, à partir, en gros, de 1979. Différences culturelles, celles d'ailleurs (*Dérives*, *Est-Ouest*, par exemple) et celles d'ici (*Vice-Versa*, *Humanitas littéraire*). Différences des univers de la science-fiction (*Solaris* et *Imagine*); plus généralement, la nouvelle, si elle ne traite pas nécessairement de l'ailleurs, verse souvent dans l'étrange ou le fantastique (*XYZ*, *Stop*). Voies de la différence suivies par les féministes des années 1980. Je ne mentionnerai ici que *La Parole métèque* (1987), qui se veut doublement autre en donnant la parole à des femmes immigrantes. Voies de la différence que celles parcourues à la marge où s'expérimentent des pratiques novatrices, où la cohérence entre l'objectif poursuivi et les pratiques mises en œuvre pour l'atteindre devient une priorité (*Hérésies*, *Idées et pratiques alternatives*, *Écologie*). Enfin, voies de la différence spatiale et géographique : *Urgences* à Rimouski, *Le Sabord* à Trois-Rivières, *L'Apropos* dans l'Outaouais, *Résistances* et *Trafic* au Saguenay.

Où conduisent ces voies de la différence ? À l'exil intérieur qui ramène à soi, qui recentre le sujet – individuel et collectif – sur lui-même ? Le thème de l'autre et de l'ailleurs n'est pas nouveau au Québec. Auparavant, la parenté des États-Unis ou de l'Ouest canadien, Riel et Kerouac, témoignaient jusqu'ici de l'ailleurs. Mais, désormais, le Nous québécois est confronté à un ailleurs intérieur, via la culture immigrante de première ou de deuxième génération : on parle de transculture, d'interculture.

Jusque dans les années 1970 le débat portait sur l'internationalisme et le nationalisme, ce qui entraînait inévitablement des controverses sur la forme et le fond, sur l'avant-gardisme. *Vie des arts* (1956) et *Parachute* (1975) présentent ainsi des visions très contrastées de l'activité artistique, tout comme, au sortir de la Grande Guerre, *Le Nigog* et *Le Terroir*. Mais à l'heure où des empires éclatent et où les revendications culturelles et linguistiques surgissent dans toute l'Europe de l'Est, les cartes se brouillent. Internationalement, l'heure est au nationalisme.

Faire se rencontrer les cultures à travers l'une d'elles tient du pari. Pari de *Vice-Versa* de conserver l'irréductible différence de chacune en publiant des textes en trois langues : français, anglais et italien. Le trilinguisme n'étant pas l'apanage de tous, dans ce pays où même le bilinguisme ne va pas de soi, la plupart font un autre pari : celui de la traduction ; pari en effet, comme le rappelle le dicton : *traddutore-tradditore* (traducteur-traître). Pari pour pari, qui peut dire lequel favorise davantage la rencontre ?

Plus que jamais, les enjeux importants passent du côté de la culture. Ce n'est pas une question de perte de foi dans la politique, mais de redéfinition même du politique par la vie privée, les marges et une nouvelle culture, transnationale. Le globe devient un village planétaire où les questions politico-écologico-culturelles forcent chacun à redéfinir son identité, dans la confrontation à l'autre. Ce n'est pas en effet seulement le politique qui se redéfinit, ni le Nous, ni même le je. Se met en place un nouveau rapport du sujet collectif et intellectuel au politique, mais au-delà, un nouveau rapport à l'espace et au temps, qui accentue ces nouvelles définitions, les exacerbe.

Qu'en est-il en cette fin de siècle du projet intellectuel de la modernité ? Qu'en est-il du projet québécois ? Soulever ces questions n'est pas facile, tant elles nous transportent ailleurs, ici.

CONCLUSION

Passage de la modernité et récit des origines

À travers les premiers numéros des revues québécoises, deux cents ans de vie intellectuelle et politique ont défilé devant nos yeux, pendant lesquels se sont constituées la modernité et la place publique avant de se dissoudre vers la fin des années 1970. Au terme de cette exploration de deux siècles d'activité éditoriale québécoise, que conclure ?

Le recours à l'histoire aura permis de comprendre à quel point les modalités de la prise de parole ne sont pas indépendantes du contexte social et politique. Depuis le début du 19e siècle, au Québec, toutes les modalités du rapport entre le monde intellectuel et le politique ont été explorées : de la subordination de l'intellectuel au politique, à la situation inverse, puis à leur dissociation.

Mais s'agit-il bien de dissociation ? Les modifications radicales du champ politique dans les dernières années, sa redéfinition par des éléments qui y étaient tout à fait étrangers – le privé, les marges – obligent à repenser ses rapports avec le monde intellectuel. L'apparent silence des intellectuels cache-t-il une forme d'intervention inédite mais appropriée à ce contexte changeant ? Les intellectuels semblent s'évanouir dans le privé ; cela n'est pas sans rappeler la situation qui régnait au début du siècle dernier quand ils intervenaient dans le champ politique en tant que citoyens et non en qualité d'intellectuels. Désormais les intellectuels prennent la parole pour témoigner d'un quotidien dont ils ne sont ni les acteurs privilégiés ni les définisseurs ; sont-ils redevenus des citoyens comme les autres ?

Mutation peut-être, mais non disparition des intellectuels : ils sont de plus en plus nombreux. Nouveau type de parole, mais non silence : le nombre de revues fondées dans les années 1970 et 1980 en témoigne éloquemment. Cependant, cette parole émerge difficilement dans le concert des prises de position, à travers le bruit de fond des photocopieuses et des imprimantes. La modernité, je l'ai dit en introduction, est indissociable de la fonction intellectuelle ; l'intellectuel est celui qui définit la situation, l'analyse de façon critique puis formule des solutions, des propositions d'action. Sommes-nous encore dans la modernité ? La période que j'ai choisi de nommer post-modernité pour marquer la rupture de 1979 est-elle une nouvelle modalité de la modernité ou s'en démarque-t-elle radicalement ? L'analyse incite à pencher pour la seconde interprétation.

Les écrits des intellectuels des années 1980 révèlent un projet politique, largement implicite toutefois, et la tâche qui leur incombe : la redéfinition du sujet intellectuel d'une part, et celle du sujet québécois d'autre part. Reprenons systématiquement.

Le Nous intellectuel

Tout au long du 19e siècle s'est mis en place un milieu intellectuel. Le rôle de l'intellectuel s'est graduellement dissocié de celui du politicien, du partisan ou du journaliste. Vers 1880 ce milieu a ses institutions propres : universités et sociétés savantes, revues – par opposition à journaux –, il a ses noms, ses tendances ou écoles, une tradition littéraire qu'il revendique, une tradition intellectuelle dont il voudra se démarquer. Ces premiers intellectuels se donnent avant tout une mission politique et patriotique : fonder l'existence, la spécificité du sujet québécois. Pour mener à bien ce projet, il leur faut d'abord lutter, politiquement, pour la liberté de parole et de presse, sans quoi toute action intellectuelle est impossible. Ces libertés – politiques – obtenues, les intellectuels pourront définir le sujet québécois, autre projet politique. Une fois cela accompli, ils auront les coudées franches pour se consacrer à des tâches plus spécifiquement intellectuelles, la première étant la définition-affirmation du sujet intellectuel québécois. Autrement dit, une fois le Nous québécois bien spécifié, un Nous intellectuel pourra s'en démarquer.

S'affirmer en tant que sujets intellectuels, et non plus en tant que citoyens et patriotes, voilà donc le projet des intellectuels du début de la modernité québécoise. Les titres de leurs revues en seront le reflet ; au *Canada francais* et aux *Soirées canadiennes* succèdent *Le Nigog* et *La Relève*. Les intellectuels sont des experts, des spécialistes de la littérature, de l'art ou de la science (sociale). Ils s'affirment en tant que tels. Leur monde s'autonomise de plus en plus du politique, auquel ils ne sont pas indifférents, même si pendant la crise économique c'est avant tout de crise spirituelle qu'ils discutent – donc ultimement de crise intellectuelle. Pendant la première partie de la modernité qui va de la fin de la Première Guerre à la fin de la Seconde, les intellectuels québécois affirment leur spécificité, leur autonomie propre ; convaincus que les idées mènent le monde, ils insistent davantage sur les idées que sur le monde. Cela se produit en trois étapes, qui correspondent à la fin de la Première Guerre, à la crise économique, puis à la Seconde Guerre : affirmation de l'expertise, puis des générations d'intellectuels et enfin du formalisme (artistique et scientifique). Ces étapes d'autonomisation marquent aussi une fermeture croissante du champ sur lui-même.

Pendant la deuxième partie de la modernité, qui recoupe *grosso modo* les « trente glorieuses », les intellectuels n'ont plus besoin de faire la preuve de leur spécificité, ils ont conquis leur autonomie, leur légitimité, ce qui leur permet de s'engager plus à fond dans les affaires de la cité, avec toujours la conviction que les idées mènent le monde. Ils interviennent donc en tant qu'intellectuels et traduiront en leurs termes les débats sociaux ; ainsi la question nationale deviendra selon eux une question culturelle et idéologique d'abord, plutôt que politique et économique.

Le sujet intellectuel se définit d'abord comme un Nous canadien-français-catholique-patriote. Ses appartenances sont celles des partis ou de la religion. Puis il s'identifiera à des associations formelles avant de s'en émanciper au tournant de la modernité, pour ne plus s'identifier qu'au monde intellectuel. Le Nous intellectuel, dans son processus de différenciation à l'intérieur du Nous québécois, passe par l'étape du Nous associatif. Dans le Nous intellectuel, graduellement, émergeront des Je, mais pendant toute la modernité ces Je restent plus ou moins sous-entendus ; ils sont là, mais ce n'est qu'avec la post-modernité qu'ils acquerront priorité sur le Nous.

L'affirmation du sujet intellectuel québécois se fait donc par étapes. Cependant, au tournant des années 1980, ce processus semble arrivé à son terme.

Le sujet intellectuel des années 1980 est sexué, doté d'un âge, d'une appartenance régionale ou métropolitaine. C'est un Je; s'il y a un Nous, il n'est pas défini collectivement, c'est une somme de Je bien individualisés, situés et datés. Le Nous auquel s'identifient les intellectuels est très circonstancié, c'est soit un collectif, sorte de Nous privé, qui entend se faire plaisir en écrivant une revue, soit un Nous partiel, qui n'épuise pas la définition du sujet (je pense à toutes les causes défendues dans les années 1980 : féminisme, écologie, pacifisme, etc.). Ces sujets accompagnent les mouvements sociaux; leur parole est expressive. Ils n'appellent, ni ne suscitent, ni – à la limite – n'analysent les mouvements sociaux. Les intellectuels perdent-ils leur spécificité ? Sont-ils (re)devenus des Je comme les autres, à peine plus portés sur la parole en cette ère des communications ? Le Nous intellectuel naît de la rencontre des Je, il n'est pas défini *a priori*, il émerge de leur rencontre. Le Nous n'est pas défini en intention mais en extension, pour reprendre la terminologie de la logique formelle.

Cette redéfinition du sujet intellectuel s'impose à la suite d'un triple échec : l'expertise s'est muée en technocratisme ; le militantisme a buté sur les écueils et contraintes de la vie privée ; la visée scientifique est devenue académisme, scientisme. La modernité n'a pas livré la marchandise espérée ; le projet d'engagement des intellectuels dans la cité poursuivi surtout après la Seconde Guerre n'a pas eu les effets escomptés, ni pour la société dans son ensemble, ni pour les intellectuels.

Au début du 19ᵉ siècle, comme à la fin du 20ᵉ, le sujet intellectuel est un cas particulier du sujet québécois, il ne s'en démarque pas fondamentalement. Au 19ᵉ siècle, toutefois, c'était plutôt un Nous ; actuellement, c'est un Je.

Le sujet intellectuel a perdu son rôle prophétique. Il ne forme plus une élite, ni politique, ni intellectuelle. Il n'y a ni silence ni disparition des intellectuels, mais au contraire multiplication : « tout le monde » est intellectuel. C'est ainsi que se multiplient les prises de parole... et les revues.

Le Nous éditorial

« Le besoin qui se fait sentir et le vide qu'il s'agit de combler » se transforme en même temps que le Nous intellectuel. Le besoin était politique d'abord, il s'agissait de contribuer au progrès économique, culturel et intellectuel du Canada. Avec la modernité, le besoin est davantage intellectuel : il s'agit de répandre non des savoirs précis mais des idées, d'éclairer des enjeux à l'intention des décideurs ou des votants. Dans les deux cas, le besoin est collectif ; même quand il s'agit de dire ce qu'on a sur le cœur, comme à *Cité libre*, on parle au nom de toute une génération (d'intellectuels).

Dans les dernières années, les revues tendent à répondre seulement aux besoins spécifiques du groupe qui les édite, ceux d'un collectif qui existe autant de par des affinités personnelles que pour défendre une cause. Le collectif est un groupe autonome par définition, c'est-à-dire non lié à une organisation ou à un parti ; de plus, il n'existe pas seulement par les textes qu'il publie. Un nouveau rapport à la parole se met en place : le discours qu'il édite n'est plus ce qui définit-justifie l'existence du collectif ; au contraire, celui-ci doit se présenter, justifier son existence, ce qui ultimement fonde la légitimité de sa prise de parole. La parole ne vaut plus dans l'absolu, indépendamment de qui la prononce ; comme les intellectuels, elle est située-datée. Aussi le collectif doit-il se présenter pour que le lecteur sache « de quel lieu il parle ».

Le triple échec du projet intellectuel de la modernité incite les intellectuels à réconcilier leur projet politique et leur vie privée. Faire une revue en ce sens peut devenir une fin en soi, car ils peuvent alors combiner le projet et la façon d'y parvenir. Ambiguïté : ultime coupure d'avec le social ou ultime immersion dans le quotidien ? Désormais, produire une revue est un geste intellectuel, mais qui doit au moins autant gratifier le rédacteur que mobiliser le lecteur. Il devient explicite qu'on fait la revue autant pour soi que pour les autres, que cela peut (doit ?) donner de l'énergie au lieu de seulement en absorber. Cela va de pair avec les thèmes des revues qui deviennent très spécialisés.

Malgré le fait que les rédacteurs veulent se faire plaisir, dans les revues des années 1980 le souci du public réapparaît. L'écriture (re)devient lisible. Le collectif de la revue a une identité en tant que collectif. Tendanciellement, le Nous de la revue définit ses fonda-teurs plus que le Nous intellectuel ou le Nous québécois. Les rédac-teurs s'identifient à ceux, dans le public ou parmi les autres intellec-tuels, qui partagent les mêmes intérêts qu'eux.

Le rapport au politique

Pour saisir le mode d'intervention des intellectuels dans le social, il faut prendre acte des transformations du social. Je ne fais ici que rappeler brièvement ce sur quoi tout l'essai a longuement insisté. Dans la période de la pré-modernité faisaient rage les débats parti-sans. Le politique était alors absorbé par la politique partisane et ses controverses. La modernité a vu le politique se dissocier de la politi-que ; on parle de moins en moins de partis, de plus en plus de projets de société. Le lieu du politique est au-dessus de celui de la politique. Enfin, dans la période actuelle le politique est situé ailleurs même que dans les projets de société : dans le quotidien, dans des pratiques à la marge.

Les intellectuels se sont toujours situés par rapport à ce politi-que changeant, qu'ils ont contribué à transformer mais dont ils ne peuvent revendiquer tout à fait la direction. Dans une première étape, où ils entendent diffuser des lumières, ils sont des porteurs de flambeau dans la mêlée. Dans une seconde étape, persuadés que les idées mènent le monde, ils agissent en tant qu'experts, savants ou démystificateurs ; ce sont des phares. Comme le politique est au-dessus de la politique, le champ intellectuel se situe lui-même au-dessus du politique. À la fin de cette période, ils ont foi en l'efficacité de la parole, sans médiation politique (dire le monde pour le chan-ger, l'imagination au pouvoir, la juste ligne au poste de commande). Enfin, quand il leur apparaît que le privé est politique, les intellec-tuels en sont les miroirs. La lumière ne vient plus d'eux, ils la reflètent.

Le Nous québécois

Les transformations dans la définition du politique amènent nécessairement des transformations dans celle du Nous québécois.

Au 19e siècle, le sujet québécois est défini par son histoire commune, par la langue et la religion qui lui sont propres, héritages historiques. Ce sujet est spécifié dans un temps long, dans un espace précis ; il trouve sa place dans l'histoire du monde, dans le progrès. Pendant les trois premiers quarts du 20e siècle, la définition du sujet québécois, sans couper complètement avec la précédente, quitte de plus en plus l'histoire et la politique pour entrer dans le monde intellectuel et dans le présent. Cela s'amorce en même temps que la modernité.

Au tout début du 20e siècle, alors qu'on n'est pas encore tout à fait entré dans la modernité, la race est bien définie. Les menaces qui pèsent sur elle sont liées à l'émigration ou à l'immigration, aux bouleversements amenés par l'industrialisation ou l'urbanisation (autrement dit par l'envers du progrès) ; ce sont des problèmes politiques et économiques, et là se trouvent les remèdes.

Dès les débuts de la modernité, dans les éditoriaux d'Édouard Montpetit ou de Madeleine Huguenin, la question nationale est redéfinie en termes intellectuels : on réclame des experts dans une perspective de rattrapage. La crise, que les revues situent au niveau spirituel, est l'occasion de la promotion d'une pensée canadienne-française – par opposition à anglo-saxonne. C'est dans les années 1950 que la question nationale revient en force dans le discours des intellectuels. Ceux-ci veulent rompre avec un ancien nationalisme ; pour ce faire, ils situent la lutte à mener sur le plan idéologique : il s'agit de faire la promotion d'un vouloir-vivre collectif. Dans les années 1960, le nationalisme sera révolutionnaire, mais à bien lire les éditoriaux on réalise que la révolution doit être avant tout prise de conscience, démystification : il faut dire le monde pour le changer. À travers toutes ces étapes, la question nationale est de plus en plus annexée au monde intellectuel et passe de moins en moins par les médiations de la politique et de l'élite.

Parti pris appelle à la prise de conscience ; celle-ci est personnelle autant que collective. La révolution qui en découlera sera individuelle dans la mesure où l'aura été la prise de conscience. C'est ainsi qu'apparaît un nouveau sujet, celui de la contre-culture, fait de Je ayant déjà vécu leur révolution intérieure. Le Nous auquel ils s'identifient est davantage un projet qu'un constat. Ce Nous défini par la rencontre des Je entrouvre la porte à une redéfinition radicale du Nous québécois.

Dans les dernières années, la confrontation à l'autre, à l'autre d'ici, ainsi que les mutations du politique obligent à une redéfinition radicale du Nous québécois. Quand le privé se fait politique, l'histoire perd son sens, à tout le moins son sens politique : le projet politique n'est plus un projet historique. Affirmer que le privé est politique est une remise en question autant du temps que de l'espace. Le privé loge dans des interstices, dans des marges, il est invisible d'un point de vue global, d'où le nouveau rapport à l'espace. Il loge aussi dans l'immédiat, sinon dans le quotidien, d'où le nouveau rapport au temps. C'est ainsi que la définition du Nous québécois doit passer désormais par l'espace, par un espace aux frontières floues mais larges, et non plus par un temps qui se dissout. Il n'y a plus de centre, il y en a plusieurs ; il n'y a plus de sens – un sens –, il y en a trop.

Ces considérations théoriques en rejoignent d'autres plus prosaïques liées à l'immigration : le Québécois désormais c'est celui qui vit au Québec, même s'il n'y est pas enraciné et n'y a pas d'histoire. Au 19ᵉ siècle, les intellectuels québécois avaient l'impression de participer à un mouvement international, celui du progrès, dans l'histoire. De façon analogue, à la fin du 20ᵉ siècle, ils sentent qu'ils participent à un mouvement international, dans l'espace, celui de l'interculture. L'espace où se situent les intellectuels s'élargit à toute la planète (cela se manifeste aussi dans les préoccupations tiers-mondistes et écologistes) ; quant au temps, il rapetisse jusqu'à l'instant.

À la fin du 20ᵉ siècle, on revient au même point qu'au début du 19ᵉ : l'identité québécoise est à définir-redéfinir. Les intellectuels fondateurs de revues s'attacheront à nommer le Québec, le sujet québécois et ses pratiques, et ainsi à l'affirmer, à le définir. Nommer le monde, c'est en prendre possession.

Chaque époque doit redéfinir son identité. Mais les années 1980 marquent une rupture. Pas de continuité, pas de filiation possible entre *L'Action nationale* et *Vice-Versa*, alors qu'à la limite on pouvait en tracer une entre la même *Action nationale* et *Parti pris* : une même langue, une même histoire, un même ennemi anglo-saxon.

Les deux moments de (re)définition du sujet québécois, le 19ᵉ siècle et la fin du 20ᵉ, s'opposent à la modernité sur un aspect fondamental : la place publique (et c'est encore plus vrai pendant la Révolution tranquille) considère comme allant de soi l'existence d'un sujet québécois ; on ne sent pas alors le besoin de justifier son existence, encore moins de le décrire et de le caractériser.

Par ailleurs, ces deux moments s'opposent quant aux éléments qu'ils retiennent pour poser ces définitions ; se renverse l'importance relative du temps et de l'espace. Il demeure que c'est dans le rapport à l'autre que l'identité se définit. L'autre, au 19ᵉ siècle, c'est l'Anglo-Saxon, le voisin, ou l'ancêtre européen. L'autre, désormais, est ici, en chacun de nous.

Cela dit, le 19ᵉ siècle et la fin du 20ᵉ sont des périodes où la question nationale préoccupe autant l'Europe que le Québec. En ce qui concerne le Québec, aussi bien à la fin de notre siècle qu'au début du précédent, les revues affirment sa spécificité en même temps que son appartenance à un monde plus large. Dans les deux cas, il s'agit de fonder un sujet, qu'on l'appelle Canadien français ou Québécois, sur les bases nouvelles. On tente de mettre en place un nouveau récit des origines.

Un nouveau récit des origines

Pré-modernité, modernité et post-modernité ; cela ne correspond pas qu'à des rapports au politique, mais encore à des rapports à l'écriture qui concrétisent le rapport à l'espace et au temps les caractérisant. Si au 19ᵉ siècle on situe le sujet québécois dans l'histoire, celle-ci sera un genre littéraire privilégié ou du moins sera présente dans les contes, récits et légendes, dans la poésie lyrique de Fréchette et de Crémazie, genres fondateurs de l'identité... historique.

Quand le sujet intellectuel s'affirme en extériorité-supériorité par rapport au politique, le genre dominant est la poésie, formaliste (à différents degrés), par opposition au lyrisme. À la limite, cela devient une poésie d'experts, pour experts, celle des « pratiques textuelles ».

Puis l'éclatement du sujet collectif en sujets individuels, trouve une expression privilégiée dans la nouvelle. Le retour du sujet individuel, de la narrativité correspond à la « fin des grands récits » historiques... et au retour du récit bref, de la nouvelle.

Quand le Nous québécois n'est pas bien défini, celui des intellectuels ne l'est pas non plus. La fonction intellectuelle est intimement liée à la modernité. Cela ne concerne pas que le Québec, mais en la matière le Québec est une société distincte à la fois de la France et des États-Unis, sociétés avec lesquelles les comparaisons s'imposent presque spontanément. Ce n'est pas tant le référendum qui fait la spécificité du cas québécois (Soulet, 1987) que l'échec d'un projet intellectuel lié à la montée de l'État et à l'intervention de la société sur elle-même, échec comme je l'ai dit plus haut de l'expertise qui s'est muée en technocratisme, du projet scientifique qui a conduit à l'académisme, du projet militant qui s'est retourné contre ceux et celles qui l'avaient porté.

D'une certaine façon, ce triple échec consacre celui – ou à tout le moins l'épuisement – du projet de la modernité québécoise au sens d'auto-institution explicite de la société. Face à cet échec, cependant, on ne peut pas parler de démission des intellectuels, mais de mutation de leur rôle. Il serait présomptueux de parler de période transitoire. Constatons pour le moment que les intellectuels ne sont pas silencieux, même si on peut évoquer un silence analytique. Ils parlent beaucoup, pour témoigner, pour nommer le monde actuel, pour définir ou redéfinir le Québec d'aujourd'hui.

ANNEXE

Corpus par ordre chronologique[1] et selon les genres[2]

1778 d Gazette du commerce et littéraire, pour la ville & district de Montréal

1788 d Le Courier de Québec

1806 d Le Canadien

1806 d Le Courier de Québec

1810 d Le Vrai Canadien. Toujours fidèle au roi

1813 d Le Spectateur

1815 d Le Spectateur canadien

1817 d L'Aurore. Journal politique, littéraire et anecdotique

1818 d L'Abeille canadienne. Journal de littérature et de science

1819 d Le Courrier du Bas-Canada

1825 d La Bibliothèque canadienne

1826 d La Minerve

1826 d La Sentinelle. Québec

1830 d L'Observateur

1832 d Ami du peuple, de l'ordre et des lois

1832 d Magazin du Bas-Canada

1836 d Le Glaneur. Journal littéraire, d'agriculture et d'industrie

1837 d Le Fantasque

1837 d Le Populaire. Journal des intérêts canadiens

1838 d L'Aurore des Canadas. Journal littéraire, politique et commercial

1838 d Le Courrier canadien

1838 d Le Temps

1840 d Journal des étudians

1840 d Le Jean-Baptiste. Canadien avant tout

1840 d Mélanges religieux

1841 d Le Phénix. Les principes et non les hommes

1842 d L'Encyclopédie canadienne. Journal littéraire et scientifique

1843 d L'Abeille canadienne

1843 d Le Castor. Journal politique, littéraire, des arts, de l'agriculture et du commerce

1844 d Charivari canadien

---

[1] Si plusieurs revues sont apparues la même année, elles sont classées par ordre alphabétique.

[2] Genres : a = revue « artistique » ; d = revue du « dix-neuvième » ; i = revue d'« idées » ; s = revue « savante ».

1844 d Le Citoyen. Journal dédié aux intérêts du peuple

1844 d Le Ménestrel

1845 d Revue canadienne. Journal scientifique et littéraire

1846 d Album littéraire et musical de la Revue canadienne

1847 d L'Avenir. Journal publié dans les intérêts populaires

1847 d Le Sauvage. Journal critique publié dans les intérêts populaires

1849 d Le Canadien indépendant. Journal de l'esprit public, politique, commercial, agricole, industriel, scientifique et littéraire

1849 d Le Moniteur canadien. Journal commercial, politique, littéraire et industriel

1852 d Le Pays

1853 d La Ruche littéraire et politique

1854 d La Patrie

1855 d Le National

1857 d La Citadelle

1857 d La Guêpe, journal qui pique ! ! !

1857 d Le Courrier du Canada. Journal des intérêts canadiens

1858 d L'Observateur. Journal critique

1858 d L'Ordre. Union catholique

1858 d Le Charivari. La vérité en riant

1859 d L'Écho du cabinet de lecture paroissial. Montréal

1859 d Le Bourru. Journal à l'usage des gens de belle humeur

1860 d L'Artiste. Journal religieux, critique, littéraire, industriel et musical

1861 d Gazette des campagnes

1861 d Les Soirées canadiennes. Recueil de littérature nationale

1861 d Littérateur canadien

1863 d La Mascarade

1863 d Le Foyer canadien. Recueil littéraire et historique

1863 d Les Beaux Arts. Journal littéraire

1864 d Revue canadienne

1865 d L'Écho de la France. Revue étrangère de science et de littérature

1866 d L'Électeur. Politique, caricature et critique

1866 d Le Bourdon. Journal satirique, anecdotique et &c.

1866 d Le Canada musical. Revue artistique et littéraire

1867 d La Vérité

1867 d Le Nouveau Monde. Journal catholique

1868 d La Lanterne

1868 d Le Charivari canadien. Journal pour rire

1868 d Le Naturaliste canadien

1869 d La Gazette des familles canadiennes. Journal religieux, agricole et d'économie domestique

1870 d L'Opinion publique. Journal illustré

1870 d Le Franc-Parleur. Journal à tous, journal pour tous

1872 d L'Album de la Minerve. Organe de la littérature canadienne

1872 d *Le National*

1874 d *Le Bien public. Journal du commerce et de l'industrie*

1876 d *Le Figaro. Journal humoristique*

1876 d *Le Foyer domestique. Bibliothèque des familles*

1876 d *Le Réveil. Éducation publique, réformes*

1877 d *Revue de Montréal*

1878 d *Le Cochon*

1879 d *Le Castor, Journal humoristique illustré*

1879 d *Le Fanal. Journal hebdomadaire illustré*

1879 d *Le Figaro. Journal hebdomadaire*

1880 s *Bulletin de la Société de géographie de Québec*

1880 d *Le Peuple*

1881 d *L'Album des familles*

1881 d *La Vérité. Journal hebdomadaire*

1882 d *Le Bavard*

1882 d *Nouvelles Soirées canadiennes. Recueil de littérature nationale*

1883 d *L'Album littéraire. Recueil de littérature morale*

1883 d *L'Étendard*

1883 d *Le Figaro*

1883 d *Le Temps*

1883 s *Mémoires et comptes-rendus de la Société Royale du Canada*

1884 d *Le Monde illustré*

1885 d *Le Figaro. Journal hebdomadaire illustré*

1885 d *Le Signal*

1886 d *L'Électeur*

1887 d *Le Pionnier canadien. Journal d'agriculture et de colonisation*

1887 d *Le Réveil littéraire*

1888 s *Canada français*

1888 d *L'Ouvrier. Publié dans l'intérêt de la classe ouvrière*

1889 d *Canada Artistique*

1889 d *Le Clairon. Journal politique et littéraire*

1889 d *Le Godendard*

1888 d *Le Monde*

1889 d *Le National*

1889 d *Le Recueil littéraire*

1889 d *Le Samedi*

1889 d *Petit Recueil littéraire*

1890 d *L'Écho des Deux-Montagnes*

1890 d *L'Iroquois. Journal indépendant*

1890 d *Le Glaneur*

1891 d *Canada-Revue. Revue politique et littéraire*

1892 d *L'Avenir du Nord*

1892 d *L'Écrin littéraire*

1892 d *L'Opinion publique*

1892 d *La Liberté*

1892 d *Le Foyer. Journal mensuel de la littérature, des arts et des sciences*

1892 d *Le Réveil*

1893 d *L'Oiseau-Mouche*

1893 d *La Libre Parole. Le Canada aux Canadiens*

1893 d *Le Coin du feu. Revue féminine*

1894 d *Journal populaire. Organe des travailleurs des villes et des campagnes*

1894 d *Le Réveil. Revue politique et littéraire*

1895 d *Le Journal des étudiants*

1895 d *Le Passe-Temps*

1896 d *L'Avant-Garde*

1896 d *La Feuille d'érable*

1896 d *Le Signal*

1896 d *Le Soleil*

1897 d *Le Citoyen*

1898 d *La Défense*

1899 d *La Petite Revue*

1899 d *La Semaine. Journal politique, littéraire et agricole*

1899 d *Les Débats. Journal populaire*

1902 d *L'Album universel*

1902 d *La Nouvelle-France. Revue des intérêts religieux et nationaux*

1902 d *Le Journal de Françoise. Gazette canadienne de la famille*

1903 d *Le Combat*

1904 d *L'Action*

1904 d *Le Nationaliste*

1904 d *Le Semeur*

1905 d *La Libre Parole*

1906 d *La Vigie. Journal critique d'opinion*

1907 d *L'Action sociale*

1907 d *L'Ami du foyer*

1907 d *La Revue populaire*

1908 d *L'Aube. Des temps meilleurs*

1909 d *La Semaine. Journal politique, littéraire et indépendant*

1909 d *Le Petit Québécois. Humoristique, hebdomadaire, illustré*

1909 d *Le Terroir. Revue de l'école littéraire*

1910 d *Le Pays*

1911 d *L'Action*

1911 d *L'Ami de l'ouvrier. Par le travail, tu vaincras*

1913 d *La Bonne Parole. Organe de la fédération nationale Saint-Jean-Baptiste*

1914 d *Le Nationaliste*

1915 d *La Revue libre*

1915 d *Le Franc Parleur*

1915 d *Le Réveil*

1915 s *Revue trimestrielle canadienne*

1916 d *La Petite Revue*

1916 d *Le Monde ouvrier*

1916 d *Le Pays laurentien*

1917 i *L'Action française*

1917 a *Le Canada musical*

1917 i *Le Cri*

1918 i *La Vie canadienne*

1918 s *Le Canada français*

1918 a *Le Nigog*

1918 a *Le Terroir*

1919 i *La Revue moderne*

1919 i *La Revue nationale*

1921 a *Les Cahiers de Turc*

1922 i *Annales*

1922 a *Le Jardin des muses canadiennes*

1925 s *L'Actualité économique*

1925 i *Le Cri de Québec*

1926 i *Le Journaliste canadien-français*

1927 i *La Voix nationale. Journal de la famille*

1928 i *L'Action canadienne-française*

1928 a L'Âme des livres

1929 i La Terre de chez nous

1929 i Opinions

1930 i L'Émérillon

1930 a Le Fouet

1933 i L'Action nationale

1934 i L'Action universitaire

1934 i L'Ordre

1934 a La Gazette littéraire

1934 i La Relève

1934 i Vivre

1935 i Clarté. Journal d'opinions et d'action populaires

1935 i La Boussole

1935 i La Renaissance

1935 i Les Cahiers noirs

1935 i Les Idées

1936 i L'Émérillon

1936 i L'Indépendance

1936 i L'Ordre nouveau

1936 i La Survie

1936 i Les Cahiers des dix

1936 i Les Pamphlets de Valdombre

1937 i En avant! Hebdomadaire de combat

1937 i Le Jour. Indépendant, politique, littéraire et artistique

1939 i Horizons

1940 i Ensemble! Revue de la coopération

1940 i Regards

1941 a Amérique française

1941 s Bulletin des études françaises

1941 s Cahiers de l'École des sciences sociales, politiques et économiques de Laval

1941 i La Droite. Revue d'éducation nationale

1941 i La Nouvelle Relève

1941 i Relations

1942 s Bulletin des Sociétés de géographie de Québec et de Montréal

1943 a Gants du ciel

1944 i Le Bloc

1945 i Feuilles démocratiques

1945 s Laval théologique et philosophique

1945 i Notre temps. Hebdomadaire social et culturel

1946 s La Revue de l'Université Laval

1946 s Les Archives de folklore

1946 s Revue de psychologie

1946 i Vie française

1947 a Liaison

1947 s Revue d'histoire de l'Amérique française (ou RHAF)

1949 s Recherches. Les Cahiers de l'équipe de recherches sociales

1950 i Cité libre

1950 i Le Haut-Parleur

1950 s Relations industrielles

1951 a Arts et pensée

1951 i L'Action catholique ouvrière

1951 a La Nouvelle Revue canadienne

1951 a Les Cahiers noirs

1951 a Place publique

1951 s Service social

1952 s Contributions à l'étude des sciences de l'homme

1952 i Le Courrier

1954 a Écrits du Canada français

1955 i L'ingénieur. Revue trimestrielle canadienne

1955 i   *Points de vue*

1955 a   *Séquences*

1956 s   *Cahiers de géographie de Québec*

1956 a   *Cahiers de l'Académie canadienne-française*

1956 a   *Cahiers du cercle Robert Choquette*

1956 a   *Le Messager des poètes*

1956 a   *Vie des arts*

1957 i   *Laurentie*

1957 i   *Les Cahiers de Nouvelle-France. Pensée chrétienne et nationale*

1957 i   *Tradition et progrès*

1958 a   *Le Canadien artistique et littéraire*

1959 s   *Anthropologica*

1959 i   *La Revue socialiste*

1959 i   *Le Québec libre. Cahiers de la liberté française en Amérique*

1959 a   *Liberté*

1959 i   *Nation nouvelle*

1959 i   *Saguenayensia*

1959 a   *Situations*

1960 a   *Objectif 60*

1960 i   *Perspectives sociales*

1960 s   *Recherches sociographiques*

1960 s   *Revue de l'Université de Sherbrooke*

1960 a   *Théâtre*

1962 a   *Incidences*

1962 i   *L'Indépendance*

1962 s   *Le Jeune Scientifique*

1962 i   *Maintenant*

1962 a   *Tel quel*

1963 s   *Archives des lettres canadiennes*

1963 i   *Jeune Québec*

1963 i   *La Cognée*

1963 a   *Lettres et écritures*

1963 i   *Parti pris*

1964 s   *Revue de géographie de Montréal*

1964 i   *Révolution québécoise*

1964 i   *Socialisme 64. Revue du socialisme international et québécois*

1965 i   *Aujourd'hui-Québec*

1965 s   *Études françaises*

1965 a   *La Barre du jour*

1966 i   *Cahiers de Cité libre*

1966 a   *Culture vivante*

1966 a   *Poésie*

1966 a   *Théâtre vivant*

1967 i   *Forces*

1967 s   *Interprétation*

1967 a   *Lettres et écritures*

1967 a   *Quoi*

1967 i   *Sexus*

1967 s   *Voix et images du pays*

1968 a   *Délirium très mince*

1968 s   *Études littéraires*

1968 i   *Les Cahiers de la décolonisation du Franc-Canada*

1968 a   *Les Herbes rouges*

1968 a   *Nouveau Cinéma canadien*

1968 s   *Revue canadienne de science politique/Canadian Journal of Political Science*

1969 i   *Allez chier*

1969 i   *Anthropolitique*

1969 i   *Le Nouvel Obsédé*

1969 s   *Les Cahiers François-Xavier Garneau*

1969 i Mobilisation

1969 i QL

1969 i Québec-Presse

1969 s Sociologie et sociétés

1970 s Critère

1970 i De toute urgence

1970 i Écologie-Québec

1970 a Éther

1970 s Études internationales

1970 a Hobo-Québec. Journal d'écritures et d'images

1970 a L'Illettré

1970 a La Bonante

1970 i La Claque

1970 i Le Nouveau Point de mire

1970 i Le Village. Quotidien du Karré

1970 i Mainmise

1970 s Présence francophone

1970 s Protée

1970 s Recherches amérindiennes

1970 i Socialisme québécois

1971 i Agence de Presse libre du Québec

1971 a ARS

1971 a Champ libre

1971 a Cinéma-Québec

1971 a Co-incidences

1971 i La Vache enragée. Bulletin populaire de liaison OD1

1971 s Médiart. Arts contemporains du Québec

1971 a Nord

1971 i Nouvelle Optique. Recherches haïtiennes et caraïbéennes

1971 a OVO

1971 i Presqu'Amérique

1972 s Les Cahiers de Cap-Rouge

1972 i Québécoises deboutte !

1972 i Rivegauche

1972 i Stratégie. Pratiques signifiantes

1972 i Transit

1973 a Brèches

1973 i Bulletin populaire

1973 a Capitaine Kébec (ou Les Aventures du Capitaine Kébec)

1973 a Cul Q

1973 i Le Bulletin du RAIF

1973 s Phi zéro

1974 a Champs d'application

1974 a L'Écran

1974 a L'Œuf. Le journal qui éclôt

1974 a Le Québec littéraire

1974 s Philosophiques

1974 a Requiem

1975 a Chroniques

1975 s Communication et information

1975 a Dérives

1975 a Interventions

1975 a Parachute

1975 s Revue d'ethnologie du Québec

1975 a SEM

1975 s Voix et images

1976 s Cahiers d'anthropologie de l'Université Laval

1976 s Cahiers de recherche éthique

1976 a D'/Écrire

1976 a Estuaire

1976 a Jeu. Cahiers de théâtre

1976 i L'Autre Parole

1976 i Le Q-Lotté

1976 a Lettres québécoises

1976 i *Les Têtes de pioche*

1976 i *Possibles*

1976 i *Unité prolétarienne. Revue théorique du groupe En Lutte !*

1977 s *Alternatives*

1977 s *Anthropologie et sociétés*

1977 a *Baloune*

1977 s *Études inuit/Inuit Studies*

1977 i *Focus*

1977 a *Incidences*

1977 a *La Grande Réplique*

1977 a *La Nouvelle Barre du jour (ou NBJ)*

1977 i *La Revue indépendantiste. La voix du Canada réel*

1977 i *Le Journal du Rézo*

1977 a *Mœbius*

1977 a *Muséo-vision*

1977 i *Zone libre*

1978 s *Considérations*

1978 a *Intervention*

1978 i *Interventions critiques en économie politique*

1978 a *Le Collectionneur. Revue d'information sur le marché de l'art*

1978 i *Le Temps fou*

1978 i *Les Cahiers du socialisme*

1978 i *Monongahéla*

1978 a *Musées*

1978 i *Nouvelles Recherches québécoises (ou NRQ)*

1978 i *Pluri-elles*

1978 s *Revue de l'enseignement de la philosophie au Québec*

1978 s *Son psychanalyste*

1979 i *Alternatives-Caraïbes*

1979 a *Aria*

1979 a *Cahiers*

1979 a *Copie zéro*

1979 a *Croc*

1979 i *Des luttes et des rires de femmes*

1979 s *Écriture française*

1979 a *Imagine*

1979 i *La Gazette des femmes*

1979 s *La Petite Revue de philosophie*

1979 i *Le Berdache*

1979 a *Les Cahiers du Hibou*

1979 i *Luttes urbaines*

1979 a *Pour ta belle gueule d'ahuri*

1979 s *Revue internationale d'action communautaire (ou RIAC)*

1979 s *Revue québécoise de sexologie*

1979 a *Solaris*

1979 a *Spirale. Le magazine culturel de Montréal*

1979 i *Vie ouvrière*

1979 a *24 images*

1980 i *Biosphère*

1980 a *Éloises*

1980 i *Forum international*

1980 a *Groupuscule. Le petit journal qui voit grand*

1980 i *Hom-Info. Bulletin d'information sur la condition masculine*

1980 i *La Vie en rose*

1980 a *Le Bulletin pantoute*

1980 a *Le Sympographe*

1980 i *Liberté-magazine*

1980 i *Offensives*

1980 a *Remue-méninges*

1980 a *Sagamie*

1981 i *Communiqu'elles*

1981 i *Féminin pluriel*

1981 i *Interculture*

1981 i *Jonathan*

1981 s *Philocritique*

1981 s *Pratiques théâtrales*

1981 i *Presse-libre*

1981 a *Propos d'art*

1981 s *Questions de culture*

1981 a *Ré-flex. Cahiers de la danse*

1981 a *Sonances*

1981 a *Urgences*

1982 a *Arcade*

1982 s *Bordures*

1982 i *Conjoncture politique au Québec*

1982 s *Corpus*

1982 a *Espaces*

1982 i *Mouvements*

1982 a *Nuit blanche*

1982 i *Objection. Revue juridique populaire*

1982 s *Politique*

1982 i *Pour le socialisme*

1982 a *Résistances*

1983 s *Cahiers de recherche sociologique*

1983 s *Coopératives et développement*

1983 s *Dires*

1983 i *Humanitas*

1983 i *Idées et pratiques alternatives*

1983 i *L'Analyste*

1983 a *L'Apropos*

1983 i *L'Arme à l'œil. Information-désarmement*

1983 i *L'Une à l'autre*

1983 i *La Calotte*

1983 a *Le Sabord*

1983 a *Lèvres urbaines. Pour parler dans l'inédit*

1983 a *Passages*

1983 a *Vice-Versa. Magazine transculturel*

1984 i *Contretemps*

1984 s *Cultures du Canada français*

1984 a *Dixit .01*

1984 a *Émergence poésie*

1984 a *ESSE*

1984 s *Études d'économie politique*

1984 a *Inter*

1984 a *L'Immédiat*

1984 i *La Libre Pensée. Revue philosophique*

1984 a *Les Foufounes électriques. Organe de la nouvelle culture*

1984 i *Marie-Géographie*

1984 a *Rauque*

1984 i *Rêves en couleur*

1984 i *Révoltes*

1984 a *Terminus*

1984 i *Trafic*

1985 a *Anorexie*

1985 i *Cap-aux-Diamants*

1985 i *Conjonctures et politique*

1985 a *Enfin bref*

1985 i *Humus*

1985 i *Guide Ressources*

1985 a *L'Œil rechargeable. Organe de la nouvelle culture*

1985 a *Modern'*

1985 a *NEX. Nouvelles expressions*

1985 i *Qui-Vive*

1985 a *Trois*

1985 a *XYZ, Revue de la nouvelle*

1986 a Bamboo. La bande décidée d'ici

1986 a Ciel variable

1986 i Critiques socialistes

1986 i Hérésies

1986 i L'Autre Actualité

1986 s Le Beffroi

1986 a Le Défi-A.C.L. (Arts Cinéma Lettres)

1986 i Maximum

1986 a Perspectives. Écrits sur l'art

1986 a Sextant. Un regard sur la bande dessinée

1986 a Stamp/Axe

1986 a Stop

1987 a Division Z

1987 a ETC Montréal

1987 i Indépendance. Publication des indépendantistes canadiens-français

1987 i L'Alternatif

1987 i La Parole métèque. Le magazine du renouveau féministe

1987 a Les Cahiers Molotovs

1987 a N'importe quelle route

1987 s Société

1988 a HOP

1988 s Inter Sections

1988 a Le Québec littéraire

1988 s Nouvelles Pratiques sociales (ou NPS)

1988 s Recherches féministes

1988 i Sans réserve. Expressions autochtones d'ici et d'aujourd'hui

1989 i Écologie

1989 a Est-Ouest

1989 a Humanitas littéraire

1989 a L'Incontournable

BIBLIOGRAPHIE

Sur les revues et les périodiques québécois

ANDRÈS, Bernard, « Des voix pour des voies de recherche : les revues universitaires et l'État », dans LEMIRE Maurice, Pierrette DIONNE et Michel LORD (dir.), *Le poids des politiques. Livres, lecture et littérature*, Québec, IQRC, 1987, p. 161-164.

BEAULIEU, André et Jean HAMELIN, *Les journaux du Québec de 1764 à 1964*, Québec et Paris, Les Presses de l'Université Laval et Armand Collin, coll. « Les Cahiers de l'Institut d'histoire », nº 6, 1965.

BEAULIEU, André, Jean HAMELIN *et al.*, *La Presse québécoise des origines à nos jours*, 7 tomes, Québec, Les Presses de l'Université Laval, 1977-1991.

BÉLANGER, André J., *L'apolitisme des idéologies québécoises. Le grand tournant de 1934-1936*, Québec, Les Presses de l'Université Laval, 1974 (sur *Le Devoir, L'Action nationale, La Relève, Vivre, La Nation*).

BÉLANGER, André J., *Ruptures et constantes. Quatre idéologies du Québec en éclatement : la Relève, la JEC, Cité libre, Parti pris*, Montréal, Hurtubise HMH, 1977.

BETTINOTTI, Julia et Jocelyn GAGNON, *Que c'est bête, ma belle ! Études sur la presse féminine au Québec*, Montréal, Soudeyns-Donzé éditeurs, 1983.

BILODEAU, Rosario, « Les vingt ans de la Revue d'histoire de l'Amérique française », *Revue d'histoire de l'Amérique française*, vol. XXI, nº 1, 1967, p. 1-12.

BONVILLE, Jean DE, « La liberté de presse à la fin du XIXe siècle : Le cas de *Canada-Revue* », *Revue d'histoire de l'Amérique française*, vol. 31, nº 4, mars 1978, p. 501-523.

BONVILLE, Jean DE, *La presse québécoise de 1884 à 1914. La genèse d'un média de masse*, Québec, Les Presses de l'Université Laval, 1988.

BOUCHARD, Gérard, « Apologie et déclin de l'idéologie ultramontaine à travers le journal *Le Nouveau Monde*, 1867-1900 », *Les idéologies au Canada français, 1850-1900*, numéro spécial de *Recherches sociographiques*, vol. X, n⁰ˢ 2-3, 1969, p. 261-291.

CARRIER, Anne, *Une pionnière du journalisme féministe québécois : Françoise, pseudonyme de Robertine Barry*, Québec, Groupe de recherche multidisciplinaire féministe, Université Laval, Cahier 16, 1988.

CHASSAY, Jean-François, « *Stratégie* et *Chroniques* », *Revues littéraires du Québec*, numéro spécial de *Revue d'histoire littéraire du Québec et du Canada français*, n⁰ 6, Éditions de l'Université d'Ottawa, été-automne 1983a, p. 79-83.

CHASSAY, Jean-François, « Une attitude critique : *Le Canada-Revue* et *Le Réveil* », *Revues littéraires du Québec*, numéro spécial de *Revue d'histoire littéraire du Québec et du Canada français*, n⁰ 6, Éditions de l'Université d'Ottawa, été-automne 1983b, p. 27-31.

CHASSAY, Jean-François, « Notre première revue : *L'Opinion publique* (1870-1883) », *Voix et images*, vol. IX, n⁰ 1, 1984, p. 131-142.

CHÈVREFILS DESBIOLLES, Yves, « La reproduction de l'image au Canada de 1848 à 1902 », *Nouvelles de l'estampe*, n⁰ 97, mars 1988, p. 18-28.

DEMERS, Jeanne et Line MCMURRAY, *L'enjeu du manifeste/Le manifeste en jeu*, Montréal, Le Préambule, 1986.

DEMERS, Jeanne et Line MCMURRAY, *L'inframanifeste illimité*, Montréal, NBJ, 1987.

DES RIVIÈRES, Marie-José, *Châtelaine et la littérature (1960-1975)*, Montréal, L'Hexagone, 1992.

DIONNE, René, « Les revues littéraires de nos professeurs », *Relations*, juillet 1971, p. 218-220.

DUCHASTEL, Jules, « Mainmise : La nouvelle culture en dehors de la lutte des classes ? », *Chroniques*, n⁰ˢ 18/19, juin-juillet 1976, p. 38-58.

DUCHASTEL, Jules, « La contre-culture, l'exemple de *Mainmise* », dans PELLETIER, Jacques (dir.), *L'avant-garde culturelle et littéraire des années 70 au Québec*, Montréal, Les Cahiers du département d'études littéraires, UQAM, n⁰ 5, 1986, p. 61-81.

DUMONT, Fernand, Jean-Paul MONTMINY et Jean HAMELIN (dir.), *Les idéologies au Canada français, 1850-1900*, Québec, Les Presses de l'Université Laval, 1971.

DUMONT, Fernand, Jean-Paul MONTMINY et Jean HAMELIN (dir.), *Les idéologies au Canada français, 1900-1929*, Québec, Les Presses de l'Université Laval, 1974.

DUMONT, Fernand, Jean-Paul MONTMINY et Jean HAMELIN (dir.), *Les idéologies au Canada français, 1930-1939*, Québec, Les Presses de l'Université Laval, 1978.

DUMONT, Fernand, Jean HAMELIN et Jean-Paul MONTMINY (dir.), *Les idéologies au Canada français, 1940-1976*, Québec, Les Presses de l'Université Laval, 1981.

DUMONT-JOHNSON, Micheline, « La parole des femmes. Les revues féminines, 1938-1968 », dans DUMONT, Fernand, Jean HAMELIN et Jean-Paul MONTMINY (dir.), *Les idéologies au Canada français, 1940-1976*, Québec, Les Presses de l'Université Laval, 1981, p. 5-45.

DUVAL, Louise, « Quelques thèmes idéologiques dans la revue « L'Enseignement primaire » », *Recherches sociographiques*, vol. IV, n° 2, 1963, p. 201-217.

FALARDEAU, Jean-Charles, « La génération de *La Relève* », *Recherches sociographiques*, vol. VI, n° 2, mai-août 1965, p. 123-133.

FELTEAU, Cyrille, « Aspects de l'histoire de la presse canadienne de langue française au XVIIIe et au XIXe siècles », *Écrits du Canada français*, vol. 47, 1983, p. 89-105, et vol. 48, 1983, p. 111-131.

FILION, Anne, *Québec-Presse. Bilan*, Montréal, ICEA, sans date.

FORTIN, Andrée, « L'autogestion en revue(s) », *Possibles*, vol. 5, n°ˢ 3/4, 1981, p. 161-174.

FORTIN, Andrée, « Les intellectuels québécois à travers leurs revues », *La Revue des revues*, n° 7, 1989, p. 22-25.

FORTIN, Andrée et Éric GAGNON, « Volume 1, numéro 1 », *Nuit blanche*, n° 23, 1986, p. 68-70.

FRANCOLI, Yvette, « *L'Ordre*, quotidien « de culture française et de renaissance nationale » », *Revues littéraires du Québec*, numéro spécial de *Revue d'histoire littéraire du Québec et du Canada français*, n° 6, Éditions de l'Université d'Ottawa, été-automne 1983, p. 33-45.

GAGNON, Nicole, « L'idéologie humaniste dans la revue « L'Enseignement secondaire » », *Recherches sociographiques*, vol. IV, n° 2, 1963, p. 167-200.

GALARNEAU, Claude, « La presse périodique au Québec de 1764 à 1859 », *Mémoires de la Société royale du Canada*, quatrième série, tome XXII, 1984, p. 143-166.

GALIPEAU, Pierre, « La Gazette des campagnes », *Les idéologies au Canada français, 1850-1900*, numéro spécial de *Recherches sociographiques*, vol. X, n°ˢ 2-3, 1969, p. 293-322.

GALLAYS, François, Sylvain SIMARD et Paul WYCZYNSKI, *Le Nigog, Archives des lettres canadiennes*, Montréal, Fides, tome VII, 1987.

GARAND, Dominique, *La griffe du polémique*, Montréal, L'Hexagone, 1989.

GAUVIN, Lise, *Parti pris littéraire*, Montréal, Les Presses de l'Université de Montréal, 1975a.

GAUVIN, Lise, « Les revues littéraires québécoises de l'université à la contre-culture », *Études françaises*, vol. XI, n° 2, 1975b, p. 161-189.

GENEST, Jean-Guy, « La Lanterne, 1868-1869 », *Les idéologies au Canada français, 1850-1900*, numéro spécial de *Recherches sociographiques*, vol. X, n°s 2-3, 1969, p. 389-407.

GÉRIN, Léon, « L'histoire véritable de deux revues québécoises », *Le Canada français*, vol. 13, n° 1, sept. 1925, p. 13-27.

GIGUÈRE, Richard, « *Amérique française* (1941-1955) : notre première revue de création littéraire », *Revues littéraires du Québec*, numéro spécial de *Revue d'histoire littéraire du Québec et du Canada français*, n° 6, Éditions de l'Université d'Ottawa, été-automne 1983, p. 53-63.

GUILMETTE, Armand, « Le Nigog et la modernité », *Protée*, hiver 1987, p. 62-66.

HAMELIN, Jean et André BEAULIEU, « Aperçu du journalisme québécois d'expression française », *Recherches sociographiques*, vol. VII, n° 3, 1966, p. 305-348.

HARVEY, Fernand et Paul-André LINTEAU, « L'évolution de l'historiographie dans la « Revue d'histoire de l'Amérique française », 1947-1972. Aperçus quantitatifs », *Revue d'histoire de l'Amérique française*, vol. 26, n° 2, 1972, p. 163-183.

HAYNE, David M., « *Nouvelles soirées canadiennes* (1882-1888) », *Revues littéraires du Québec*, numéro spécial de *Revue d'histoire littéraire du Québec et du Canada français*, n° 6, Éditions de l'Université d'Ottawa, été-automne 1983, p. 17-25.

LAMONDE, Yvan, « Les revues dans la trajectoire intellectuelle du Québec », *Écrits du Canada français*, n° 67, 1989, p. 27-38.

LATOUCHE, Daniel, *Le bazar. Des anciens Canadiens aux nouveaux Québécois*, Montréal, Boréal, 1990.

LEMOINE, Roger, « L'École littéraire de Québec, un mythe de la critique », *Livres et auteurs québécois*, 1972, p. 397-413.

LORD, Michel, « Le domaine des revues », dans LEMIRE, Maurice, Pierrette DIONNE et Michel LORD (dir.), *Le poids des politiques. Livres, lecture et littérature*, Québec, IQRC, 1987, p. 157-160.

MAILHOT, Laurent, « « Études françaises » sur la place publique », dans LEMIRE, Maurice, Pierrette DIONNE et Michel LORD (dir.), *Le poids des politiques. Livres, lecture et littérature*, Québec, IQRC, 1987, p. 165-168.

MAJOR, Robert, *Parti pris : Idéologies et littérature*, Montréal, Hurtubise HMH, 1979.

MARION, Séraphin, *Les lettres canadiennes d'autrefois*, Hull, Éditions l'Éclair, et Ottawa, Les Presses de l'Université d'Ottawa, tome 1, 1939 (sur *La Gazette de Québec*), tome 2, 1940 (sur *La Gazette littéraire de Montréal*), et tome 8, 1954 (sur *Canada-Revue*).

MARTINEAU, Richard, *La chasse à l'éléphant. Sur la piste des babyboomers*, Montréal, Boréal, 1990.

MÉLANÇON, Benoît, « Les fanzines québécois », *Revues littéraires du Québec*, numéro spécial de *Revue d'histoire littéraire du Québec et du Canada français*, n° 6, Éditions de l'Université d'Ottawa, été-automne 1983, p. 95-98.

MILOT, Louise, « Des revues de plus en plus nombreuses », dans LEMIRE, Maurice, Pierrette DIONNE et Michel LORD (dir.), *Le poids des politiques. Livres, lecture et littérature*, Québec, IQRC, 1987, p. 169-172.

MILOT, Pierre, *La caméra obscura du post-modernisme*, Montréal, L'Hexagone, 1988 (sur *Les Herbes Rouges*, *BJ*, *NBJ*).

MILOT, Pierre, *Le paradigme rouge. L'avant-garde politico-littéraire des années 70*, Montréal, Les Éditions Balzac, 1992 (sur *Socialisme québécois*, *Stratégie* et *Chroniques*).

MOISAN, Clément, « Intentions manifestes/cachées. Présentations, déclarations et liminaires de revues littéraires », *Études françaises*, vol. 16, n°s 3-4, octobre 1980, p. 131-146.

MOISAN, Clément, « Un premier regard sur *Regards* (1940-1942) », *Revues littéraires du Québec*, numéro spécial de *Revue d'histoire littéraire du Québec et du Canada français*, n° 6, Éditions de l'Université d'Ottawa, été-automne 1983, p. 47-52.

MONTMINY, Jean-Paul, « L'Avenir, 1847-1852 », *Les idéologies au Canada français, 1850-1900*, numéro spécial de *Recherches sociographiques*, vol. X, n°s 2-3, 1969, p. 323-353.

MOORE, Marie-France, « Mainmise : version québécoise de la contre-culture », *Recherches sociographiques*, vol. XIV, n° 3, 1973, p. 363-381.

NORMAND, Silvio, « Rempart d'une tradition. La revue du Droit (1922-1939) », *Cap-aux-Diamants*, vol. 5, n° 4, hiver 1990, p. 15-17.

OUELLET, Pierre, « La recherche en revue », dans LEMIRE, Maurice, Pierrette DIONNE et Michel LORD (dir.), *Le poids des politiques. Livres, lecture et littérature*, Québec, IQRC, 1987, p. 173-176.

PAGÉ, Benoît, « Critiques cinématographiques et institution du cinéma québécois (1950-1962) », mémoire de maîtrise, Département de sociologie, Université Laval, 1992 (sur *Découpages*, *Images*, *Séquences* et *Objectif*).

PELLERIN, Gilles, « Le risque d'une image culturelle », dans LEMIRE, Maurice, Pierrette DIONNE et Michel LORD, *Le poids des politiques. Livres, lecture et littérature*, Québec, IQRC, 1987, p. 177-180 (sur *Nuit blanche*).

PELLETIER, Jacques, « La Relève : une idéologie des années 1930 », *Voix et images du pays*, vol. V, 1972, p. 69-139.

PELLETIER, Jacques, « Stratégie : de l'analyse des pratiques signifiantes à la lutte idéologique », dans PELLETIER, Jacques (dir.), *L'avant-garde culturelle et littéraire des années 70 au Québec*, Montréal, Les Cahiers du département d'études littéraires, UQAM, n° 5, 1986, p. 41-60.

PELLETIER, Jacques, « Constitution d'une avant-garde littéraire dans les années 1970 au Québec : le moment d'une négation », *Études littéraires*, vol. 20, n° 1, printemps-été 1987, p. 111-130 (sur *Stratégie*).

POIRIER, Marcel, « Une réforme inachevée : la revue *Communauté chrétienne*, 1962-1972 », dans DUMONT, Fernand, Jean HAMELIN et Jean-Paul MONTMINY, *Les idéologies au Canada français, 1940-1976*, Québec, Les Presses de l'Université Laval, 1981, p. 299-324.

REID, Philippe, « L'émergence du nationalisme canadien-français : l'idéologie du *Canadien* (1806-1842) », *Recherches sociographiques*, vol. XXI, n°s 1-2, 1980, p. 11-53.

ROBIDOUX, Réjean, « *Les Soirées canadiennes* et *Le Foyer canadien* dans le mouvement littéraire québécois de 1869. Étude d'histoire littéraire », *Revue de l'Université d'Ottawa*, vol. 28, n° 4, 1958, p. 411-452.

ROBIDOUX, Réjean, « *Les Soirées canadiennes*, et *Le Foyer canadien* ou le répertoire littéraire d'une époque », *Revues littéraires du Québec*, numéro spécial de *Revue d'histoire littéraire du Québec et du Canada français*, n° 6, Éditions de l'Université d'Ottawa, été-automne 1983, p. 11-16.

ROBILLARD, Yves, *Québec underground*, Montréal, Éditions Médiart, Montréal, tome 2, 1973.

ROY, Camille, *Nos origines littéraires*, Québec, L'Action sociale, 1909.

ROY, Fernande, *Progrès, harmonie, liberté. Le libéralisme des milieux d'affaires francophones à Montréal au tournant du siècle*, Boréal, 1988 (basé sur une analyse de contenu du *Moniteur du Commerce* et du *Prix courant*).

SABOURIN, Claude, « *La Barre du Jour* et *La Nouvelle Barre du Jour* », *Revues littéraires du Québec*, numéro spécial de *Revue d'histoire littéraire du Québec et du Canada français*, n° 6, Éditions de l'Université d'Ottawa, été-automne 1983, p. 69-77.

SAINT-ARNAUD, Pierre, « La Patrie, 1879-1880 », *Les idéologies au Canada français, 1850-1900*, numéro spécial de *Recherches sociographiques*, vol. X, n°s 2-3, 1969, p. 355-372.

SULTE, Benjamin, « Vieilles Gazettes », *L'Opinion publique*, vol. VI, 1875, p. 157, 170, 171, 183, 195, 196, 206, 218, 219, 230, 242, 254, 266, 278, 290, 302, 314, 326.

SYLVESTRE, Guy, « Gants du ciel », *Revues littéraires du Québec*, numéro spécial de *Revue d'histoire littéraire du Québec et du Canada français*, n° 6, Éditions de l'Université d'Ottawa, été-automne 1983, p. 65-67.

TASARINI, Lamberto, « La ville continue. Montréal et l'expérience trans-culturelle de Vice-Versa », *Revue internationale d'action communautaire*, nᵒ 21/61, 1989, p. 57-62.

TEBOUL, Victor, *Le Jour. Émergence du libéralisme moderne au Québec*, Mont-réal, Hurtubise HMH, 1984.

TRÉPANIER, Pierre, « La Défense (18 janvier 1898-12 janvier 1899) », *L'Action nationale*, vol. 66, nᵒ 10, juin 1977, p. 826-847.

TROFIMENKOFF, Susan Mann, *Action française. French Canadian nationalism in the twenties*, Toronto, University of Toronto Press, 1975.

VACHON, André, « *Parti pris* : de la révolte à la révolution », *Relations*, nᵒ 275, novembre 1963, p. 326-328.

VACHON, André, « Une pensée incarnée », *Études françaises*, vol. 5, nᵒ 3, août 1969, p. 249-258.

VALOIS, Jocelyne, « La presse féminine et le rôle social de la femme », *Recher-ches sociographiques*, vol. 8, nᵒ 3, 1967, p. 351-375.

VILLENEUVE, Rodrigue, « Quand l'évidence a disparu : hommage critique à *Jeu* pour ses vingt-cinq numéros », *Revues littéraires du Québec*, numéro spécial de *Revue d'histoire littéraire du Québec et du Canada français*, nᵒ 6, Éditions de l'Université d'Ottawa, été-automne 1983, p. 85-94.

Numéros spéciaux de revues

« Une pensée incarnée : la Gazette de Montréal, la Gazette de Québec, le Canadien », *Études françaises*, vol. 5, nᵒ 3, août 1969.

« Parti pris », *La Barre du jour*, nᵒˢ 31/32, hiver 1972.

« Le manifeste poétique/politique », *Études françaises*, vol. 16, nᵒˢ 3-4, octobre 1980.

« Revues culturelles et littéraires », *Écrits du Canada français*, nᵒ 67, 1989.

« Thèmes idéologiques », *Recherches sociographiques*, vol. IV, nᵒ 2, 1963.

« Les idéologies au Canada français, 1850-1900 », *Recherches sociographiques*, vol. X, nᵒˢ 2-3, 1969.

« Revues littéraires du Québec », *Revue d'histoire littéraire du Québec et du Canada français*, nᵒ 6, Éditions de l'Université d'Ottawa, été-automne 1983.

Collectif, *Sans fleurs ni couronnes, Bilan des Luttes et des rires de femmes*, Mont-réal, Des luttes et des rires de femmes, 1982.

Articles et ouvrages généraux

ANADON, Marta, Dominique MASSON, Marielle TREMBLAY et Pierre-André TREMBLAY, « Les collectives de femmes : une démocratie sororale », *Nouvelles Pratiques sociales*, vol. 3, n° 2, 1990, p. 57-70.

AQUIN, Hubert, « Profession : écrivain », *Parti pris*, n° 4, janvier 1964, p. 23-31.

BAUDRILLARD, Jean, « Modernité », *Encyclopædia Universalis*, tome 15, 1989, p. 552-554.

BELL, Daniel, *Vers la société post-industrielle*, Paris, Laffont, 1976.

BENOÎT, Jacques, *L'extrême-gauche*, Montréal, La Presse, 1977.

BOURDIEU, Pierre, « Le marché des biens symboliques », *L'Année sociologique*, 1971, p. 49-126.

BRUNET, Manon, « Anonymat et pseudonymat au XIXᵉ siècle : l'envers et l'endroit de pratiques institutionnelles », *Voix et images*, n° 41, 1989, p. 168-182.

CHAMBERLAND, Paul, « Dire ce que je suis », *Parti pris*, vol. 2, n° 5, 1964, p. 33-42.

DEBRAY, Régis, *Le pouvoir intellectuel en France*, Paris, Ramsay, 1979.

DEBRAY, Régis, *Le scribe. Genèse du politique*, Paris, Grasset, 1980.

ELLUL, Jacques, *L'empire du non-sens*, Paris, PUF, 1980.

FALARDEAU, Jean-Charles, « Des élites traditionnelles aux élites nouvelles », dans DUMONT, Fernand et J.-P. MONTMINY (dir.), *Le pouvoir dans la société canadienne-française*, Québec, Les Presses de l'Université Laval, 1966, p. 131-145.

FALARDEAU, Jean-Charles, « Décalages et osmoses entre littérature et contre-culture », *Études littéraires*, vol. 5, n° 3, décembre 1973, p. 369-375.

FOUCAULT, Michel, « Vérité et pouvoir », *L'Arc*, n° 70, 1977, p. 16-26.

FOURNIER, Marcel et Robert LAPLANTE, « Borduas et l'automatisme : les paradoxes de l'art vivant », *Possibles*, vol. 1, n°ˢ 3/4, 1977, p. 127-164.

FREITAG, Michel, *Dialectique et société*, 2 volumes, Montréal, Éditions Saint-Martin, 1985-1986.

GAGNON, Nicole, « Les sociologues de Laval et la question de la culture : quelques jalons historiques », dans ROCHER, Guy (dir.), *Continuités et rupture : les sciences sociales au Québec*, Montréal, Les Presses de l'Université de Montréal, 1984, p. 221-231.

HAMELIN, Jean (dir.), *Histoire du Québec*, Montréal, Éditions France-Amérique, 1981.

JACOBY, Russell, *The Last Intellectuals*, New York, Basic Books, 1987.

JULLIARD, Jacques, « Le monde des revues au début du siècle », *Les revues dans la vie intellectuelle, 1885-1914*, numéro spécial des *Cahiers Georges Sorel*, n° 5, 1987, p. 3-9.

KAREL, David, « La théorie de l'art, une œuvre de Louis Kane », dans *Des mille manières. Lectures d'œuvres d'art* (collectif), Québec, Musée d'art contemporain, Ministère des Affaires culturelles, Gouvernement du Québec, 1983, p. 7-20.

LAMONDE, Yvan et Esther TRÉPANIER (dir.), *L'avènement de la modernité culturelle au Québec*, Québec, IQRC, 1986.

LATOUCHE, Daniel et Diane POLIQUIN-BOURASSA, *Le manuel de la parole. Manifestes québécois*, 3 tomes, Montréal, Boréal, 1977-1978-1979.

LE GOFF, Jacques, *Les intellectuels au Moyen Âge*, Paris, Seuil, 1985.

LINTEAU, Paul-André, René DUROCHER et Jean-Claude ROBERT, *Histoire du Québec contemporain. De la Confédération à la Crise (1867-1929)*, 2ᵉ édition, Montréal, Boréal, 1989.

LIPSET, Seymour Martin et Asoke BASU, « Des types d'intellectuels et de leurs rôles politiques », *Sociologie et sociétés*, vol. 7, nᵒ 1, mai 1975, p. 51-90.

LOURAU, René, *Le lapsus des intellectuels*, Toulouse, Privat, 1981.

MEISTER, Albert, *La participation dans les associations*, Paris, Éditions ouvrières, 1974.

MELUCCI, Alberto, « Mouvements sociaux, mouvements post-politiques », *Revue internationale d'action communautaire*, nᵒ 10/50, automne 1983, p. 13-30.

MONIÈRE, Denis, *Le développement des idéologies au Québec des origines à nos jours*, Montréal, Québec/Amérique, 1977.

PINTO, Louis, « Les affinités électives. Les amis du Nouvel Observateur comme « groupe ouvert » », *Actes de la recherche en sciences sociales*, nᵒˢ 36-37, 1981, p. 105-124.

PIOTTE, Jean-Marc, *La pensée politique de Gramsci*, Montréal, Parti pris, 1970.

POLLAK, Michael, « Une sociologie en acte des intellectuels. Les combats de Karl Kraus », *Actes de la recherche en sciences sociales*, nᵒˢ 36-37, 1981, p. 87-103.

RENAUD, Gilbert, *À l'ombre du rationalisme*, Montréal, Éditions Saint-Martin, 1984.

ROBERT, Lucie, *L'institution du littéraire*, Québec, Les Presses de l'Université Laval, 1989.

RUBY, Christian, *Le champ de bataille post-moderne/néo-moderne*, Paris, L'Harmattan, 1990.

SARTRE, Jean-Paul, *Critique de la raison dialectique*, Paris, Gallimard, 1960.

SARTRE, Jean-Paul, *Plaidoyer pour les intellectuels*, Paris, Gallimard, 1972.

SIMARD, Jean-Jacques, *La longue marche des technocrates*, Montréal, Éditions coopératives Albert-Saint-Martin, 1979.

SIRINELLI, Jean-François, *Intellectuels et passions françaises. Manifestes et pétitions au XXe siècle*, Paris, Fayard, 1990.

SOULET, Marc Henry, *Le silence des intellectuels. Radioscopie de l'intellectuel québécois*, Montréal, Éditions Saint-Martin, 1987.

TODOROV, Tzvetan, «Correspondances», *Lettre internationale*, n° 24, printemps 1990, p. 78.

TOURAINE, Alain, *La voix et le regard*, Paris, Seuil, 1978.

TOURAINE, Alain, *Critique de la modernité*, Paris, Fayard, 1992.

VINCENTHIER, Georges, *Histoire des idées au Québec. Des troubles de 1837 au référendum de 1980*, Montréal, VLB, 1983.

Numéros spéciaux de revues

«Les revues dans la vie intellectuelle, 1885-1914», *Cahiers Georges Sorel*, n° 5, 1987.

«La crise dans la tête», *L'Arc*, n° 70, 1977 (sur les intellectuels).

«Qui a peur de l'écrivain?», *Les Herbes rouges*, n°s 123/124, 1984.

«Intellectuel/le en 1984», *La Nouvelle Barre du jour*, n°s 130/131, 1984.

«Le rôle des intellectuels, de l'affaire Dreyfus à nos jours», *Magazine littéraire*, n° 248, décembre 1987.

Mentionnons enfin *La Revue des revues*, dont le premier numéro est paru en mars 1986.

Cet ouvrage a été composé
en caractères Goudy
par l'atelier Mono-Lino inc.,
de Québec, en septembre 1993

Achevé d'imprimer
en octobre 1993 sur les presses
des Ateliers Graphiques Marc Veilleux Inc.
Cap-Saint-Ignace (Québec).